도서출판 대장간은
쇠를 달구어 연장을 만들듯이
생각을 다듬어 기독교 가치관을
바르게 세우는 곳입니다.

대장간이란 이름에는
사라져가는 복음의 능력을 되살리고,
낡은 것을 새롭게 풀무질하며, 잘못된 것을
바로 세우겠다는 의지가 담겨져 있습니다.

www.daejanggan.org

예수의 시학
켜켜이 쌓인 시간을 풀어주는 사람

함석헌평화연구소 김대식

예수의 시학
켜켜이 쌓인 시간을 풀어주는 사람

지은이	김대식
초판발행	2019년 7월 18일
펴낸이	배용하
책임편집	배용하
등록	제364-2008-000013호
펴낸 곳	도서출판 대장간
	www.daejanggan.org
등록한 곳	충청남도 논산시 가야곡면 매죽헌로1176번길 8-54
편집부	전화 (041) 742-1424
영업부	전화 (041) 742-1424 전송 0303-0959-1424
ISBN	978-89-7071-483-7 03230
CIP제어번호	CIP2019025977

이 책은 저작권법에 의해 보호를 받는 출판물입니다.
기록된 형태의 허락 없이는 무단 전재와 복제를 금합니다.

 값20,000원

차례

1 • 나의-앞에-가까이-세우는 성전 …………………………17
2 • 신비가 채 되지 못한 겨울 ………………………………23
3 • 예수에 대한 존재인식 ……………………………………35
4 • 자유정신을 향하여 …………………………………………41
5 • 건강을 찬미하는 사람? ……………………………………47
6 • 이사야서가 가지고 있는 영혼 ……………………………53
7 • 인생의 미로와 믿음 ………………………………………59
8 • 기적을 선택하는 사람들 …………………………………65
9 • 가까이에서 보이지 않는 길 ………………………………71
10 • 세 가지 유혹들 ……………………………………………77
11 • 예수 따름의 요청과 응답: 삶이 곧 십자가 아니던가? …………83
12 • 무한한 용서와 환대 ………………………………………93
13 • 신앙의 고독과 자유 ………………………………………99
14 • 신앙의 의미와 방향 찾기 …………………………………105
15 • 깊이에의 강요 ……………………………………………111
16 • 예수, 영혼의 전율 …………………………………………123
17 • 예수님은 하나님의 몸을 만졌네 …………………………129

18 • 마음의 무덤을 버려라 ………………………………… 137

19 • 무의 가능성을 넘어 섦 ………………………………… 147

20 • 부활의 기억과 보냄의 선물 …………………………… 153

21 • 인생의 두려움과 앞질러-오시는 예수님 …………… 159

22 • 영적 구조의식의 변화 ………………………………… 165

23 • 무의식의 신앙 언어 …………………………………… 171

24 • 삶이 '어차피'라는 부사이더라도 …………………… 177

25 • 끝나지 않은 사랑 ……………………………………… 183

26 • 신앙적인 삶의 그림과 언어 ………………………… 189

27 • 예수님의 이름으로 …………………………………… 195

28 • 신앙의 중심, 사랑과 일치의 공동체 ……………… 201

29 • 예수스러움과 예수적인 것 ………………………… 207

30 • 피곤한 제자도의 시간 ……………………………… 213

31 • 생생한 말씀의 현전 ………………………………… 219

32 • 권위의 원천 …………………………………………… 225

33 • 부끄러움을 깨닫는 신앙 …………………………… 231

34 • 사랑, 기쁜 운명 ··· 237

35 • 신앙 형식의 오류와 고통 ································· 243

36 • 신앙의 무한퇴행과 하나님의 자비 ···················· 249

37 • 신앙의 주이상스 회복 ······································ 255

38 • 자신의 얼굴을 나타내라 ··································· 261

39 • 숨어 있는 것의 성스러운 언어^{고백} ···················· 267

40 • 약자는 강하다 ··· 273

41 • 신앙의 덕, 좋은 몫의 조화 ······························ 279

42 • 공허한 낱말의 기도이지 않기 위한 치열한 자기 검열의 기도 285

43 • 견딜 수 있을 만큼 조금씩 ······························ 291

44 • 아직 가지 않은 길 ·· 297

45 • 그리스도교의 오독^{誤讀}을 견디며 ······················· 305

46 • 사람이 성전이다! ·· 311

47 • 위조된 자리, 거짓의 인격 ······························· 319

48 • 제자, 그 낯선 그림자 ····································· 325

49 • 제 정신을 가진 사람 ······································ 331

50 · 삶의 처세와 신앙적 처신 ·· 337

51 · 부자의 낙관적인 망각과 가난한 자의 눈물의 낙하운동 ······ 343

52 · 믿음에 밑줄을 긋는다는 것 ·· 349

53 · 삶의 지문에 씨앗이 있으려면 ··· 355

54 · 세상에 없는 것을 꿈꾸는 기도 ·· 361

55 · 기도, 민낯의 예술 ··· 367

56 · 불쑥 찾아온 구원 ·· 373

57 · 죽음의 눈빛을 거부하며 ·· 381

58 · 종말의 과녁 ··· 387

59 · 무거운 죽음, 가벼운 구원 ·· 393

60 · 징후는 사랑이다! ·· 399

61 · 말하지 않았던 것을 말할 수밖에 없는 ···························· 405

62 · 켜켜이 쌓인 시간을 풀어주는 사람 ································· 411

63 · 태어난다는 것은 하나의 문장 ··· 419

64 · 말씀으로 초대된 몸/ 들리는 몸, 밝히는 몸 ····················· 425

세콘다 프라티바

예수의 시학 혹은 예수와 신앙적 사유

말마루_경전의 해체구성적 해석학을 위한 시학

"내가 글을 쓰는 건 쓰고 싶기 때문입니다. 다른 사람들처럼 정상적인 노동을 할 수 없기에 글을 씁니다. … 현실을 바꾸지 않고는 현실을 견디지 못하기 때문에 글을 씁니다. … 그리고 혼자 있기 위해 글을 씁니다."_오르한 파묵, 〈노벨문학상 수락 연설문〉에서

필자가 좋아하는 카프카K. Kafka는 "나는 아직까지 결정적인 것을 쓰지 않았다. 나는 아직도 두 팔을 벌린 채 떠내려가고 있다. 앞으로 내가 할 일은 엄청나다"라고 말했다. 사실 그리스도교 경전인 성서를 해석한다는 것은 종교를 공부하면서 내내 많은 부담을 가졌던 것으로 기억된다. 그것은 지금도 마찬가지이다. 경전의 언어와 역사성이 주는 중압감과 청중 사이의 긴장감을 주체하지 못한 경우도 있었다. 수많은 실패의 언어와 서술을 경험하고 나서야 조금 더 겸손할 수 있었고, 나의 고백과 현실을 조화시킬 수 있는 조금의 여유가 생긴 듯하다. 앞에서 카프카가 말했다시피 성서에 대해서 내가 무엇인가 결정적인 것을 서술하기에는 해석학적 식견이나 언어적 한계, 그리고 가장 중요한 깨달음이라는 것이 매우 미천하다는 것을 너무나도 잘 안다. 그럼에도 여기에 버스러진 글

꼭지들을 어쩔 수 없이 나열하고 익명의 독자들과 공유하고자 하는 것은 오늘날 경전으로서의 성서, 수평적 종교 문서로서의 성서에 대한 해석학적 언어들의 고착화와 비현실성에 대한 비판적 의식 때문이다.

그리스도교 역사에서 여러 해석학적 방법과 도구들이 등장하였지만, 왜 여전히 성서적 언어들은 현대 언어와 감각, 그리고 이성과 감성에 부합하지 못하는 것일까. 해석학적 방법은 다양하게 변화되어 왔지만, 그것을 통해서 발언되는 종교 언어들은 거의 변하지 않고 무비판적, 무반성적으로 쏟아내고 있다. 탁월한 설교가로 평가 받는 마틴 로이드 존스Martyn Lloyd-Jones는, 설교는 불붙는 논리logic of fire, 감동적인 이성eloquent reason이라고 역설하면서 진리에 대한 이성은 감동적이어야 한다고 주장한다. 그런데 그러지 못하는 이유는 바로 불량신학 때문이라는 것이다. 한국 교회의 신앙 언어가 사어死語가 되는 데는 비신학적이요 신학적 본질에 부합하지 않는 이른바 작위적인 언어, 선동적인 언어, 사이비 심리 언어, 비검증적 언어 등을 남발하기 때문이다. 논리와 설득, 그리고 명분도 없으면서 마치 경전의 해석자이자 발화자가 책임성도 없는 언어로 청중에게 진리를 전달한다고 하니 문제가 아닐 수 없다. 지극히 이성적이거나 합리적인 수사학을 구사한다면 건조하다는 평을 들어도 오히려 신학적 검증과 종교학적 관용과 포용성과 더불어 철학적·사회학적 사유를 통한 엄밀한 언어를 사용할 수 있을 것이다. 만일 그렇다면 마틴 로이드 존스가 말한 것처럼 청중들로 하여금 뜨겁고 감동을 주는 행동의 신앙인이 되도록 안내를 해줄 수 있을 것이다.

여기에 모인 일부의 언어들은 〈한겨레신문〉에 실린 시들을 보고 영감을 얻은 것이다. 시어들은 새로운 개념과 언어들을 모방하고 만들어내며 경전을 새롭게 볼 수 있도록 언어를 재구성하는 데 탁월하다. 시詩, poem라는 말에서 이미 알 수 있듯이, 시는 세계를 구성하고 창조poiesis, 詩作한다. 영국성공회의 주교이자 신약학자인 톰 라이트Tom Wright는 같은 맥락을 바울로 서신에서 발견한다. "시란 시적인 표현을 사용하여 일상 언어나 글로는 불가능한 한 차원 더 깊은 인간 경험을 들여다보게 해주기도 하고, 베일을 벗겨 내어 듣는 이나 읽은 이로 하여금 또 다른 차원을 느낄 수 있게 해준다. 이것은 깨달음의 충격을 불러일으킨다. 바울로는 그리스도인을 어떤 면에서 '하나님의 시', 하나님의 '예술품'이라고 했다. 에베소서 2,10을 번역할 때 몇몇 성경에서는 이를 '솜씨'라고 했다. 바울로가 여기에서 사용하는 그리스어 단어는 포이에마poiema, 바로 영어 단어 '시' poem가 파생된 그 단어다.… 우리는 시를 살아내고 호흡하며 기도하고 노래하도록 부름받았다." 시인 정호승 역시 다음과 같이 말한다. "우리는 하루하루 밥을 먹을 때마다 새 밥을 먹길 원하지 식은 밥 먹기를 원하지 않습니다. 시도 그렇습니다. 시도 항상 새로움의 밥을 먹기 원합니다. 그래서 시인은 항상 새 밥을 짓는 사람입니다. 항상 공부해야 하고 사물과 인생의 현상과 본질을 새롭게 인식하고 새로운 의미의 옷을 입혀야 하는 사람들입니다."

시는 경전의 세계를 들여다보면서 참여하기도 한다. 예수처럼 시적인 언어를 통해서 세계를 창조한 인물이 있을까. 이 책의 제목을 〈세콘다 프라티카: 예수의 시학〉이라고 붙인 것도 현대의 시와 예수의 감성적 의지가 맞닿아 세계의 창조적, 변혁적 구성을 꾀하려는 의지가 엿보였기 때문이다. 세콘다 프라티카seconda prattica라는 말은 작곡가 클라우디오 몬테베르디Claudio Monteverdi가 1605년 발표한 '마드리갈 곡집' 제5권에서 처음 발견된다. 음악에서는 완전무결한 화성을 중시하며 가사와 교회선법을 중시하는 프리마 프라티카prima prattica, 제1작법 혹은 제1양식, 과거양식와 주인공의 고통이나 슬픔이 표현되는 가사의 의미와 감정을 잘 드러내기 위해서 대위법을 무시하고 성부聲部 간 무게중심을 양극화하여 의도적으로 반음계 진행과 불협화음을 자유롭게 배치함으로써 파격미를 앞세운 세콘다 프라티카제2작법, 혹은 제2양식, 현대양식로 나뉜다. 전자는 절대적이고 보수적인 완고한 전통주의자라고 말할 수 있다면, 후자는 "나는 너희와는 추구하는 바가 다르다"고 선언한 바로크시대 초기 음악가인 클라우디오 몬테베르디의 말처럼 규칙과 원칙을 고수하려는 과거의 구세력과의 단절을 의미하는 말로 사용된다. 16세기 이전까지만 하더라도 음악은 신이 창조한 자연과 우주의 조화를 묘사하는 것이었기 때문에 음악가에게는 불협화음은 세심하게 피해야 하는 것이었다. 따라서 음악가가 의도적으로 불협화음을 사용한다는 것은 신성모독이나 다름이 없었다. 그런 의미에서 예수는 신앙의 불협화음의 수사학자였다고 볼 수 있다. 그의 어법, 논법, 이성과 감성의 분출은 당대의 규칙과 법칙, 율법과는 판이하게 달랐다. 그는 파격미의 선구자였다.

　언어를 사용하는 설교수사학은 새로운 형식과 개념으로 현상을 해석하고 청중들에게 지금과는 다른 세계로 안내해야 한다. 당대가 고수하고 있는 언어와 인식의 틀을 파격적으로 깨지 않는다면 청중의 인식과 실천은 늘 제자리걸음을 할 수밖에 없다. 적어도 종교가 깨달음을 통하여 새로운 세계를 구현하는 목적을 가지고 있다면, 언어와 개념을 확장시킨다는 것은 깨달음으로 들어가는 도구를 두루뭉술한 고착화된 언어와 반복 가능한 언어를 넘어설 수 있어야 한다. 진리의 세계로 들어가는 언어는 그래서 당대의 언어와의 씨름이자 불협화음이며 동시에 신성모독에 가깝다고 볼 수 있다. 하지만 그럼에도 발화자는 진리를 지시하는 언어 사용에 사활을 걸어야 한다. 이는 새로운 인식의 지평과 생활세계를 열고 교회마저도 늘 새로운 사회세계의 지속과 연장을 거듭하고 진리 실천을 용기 있게 할 수 있도록 청중에게 언어로 자극과 긴장, 그리고 충격과 고민, 사유와 성찰 등으로 추동하기 위해서이다. 한국의 교계에 잘 알려진 영국성공회 신부인 존 스토트John Stott는 교회란 "하나님의 새로운 사회"여야 한다고 말한 바 있다. 이 주장의 책임성은 언어의 책임과 맞닿아 있다고 해도 과언을 아니다. 설교자, 즉 발화자는 습관적이고 구태의연한 언어 사용자 혹은 무의미하고 무책임한 언어남용자이어서는 안 되기 때문이다.

다시 카프카로 돌아가 보자. "시간은 짧고 힘은 적습니다. 이런 상황에서는 아름답고 똑바른 삶이 불가능하기에 무슨 수를 써서라도 자신의 길을 찾으려고 노력하지 않으면 안 됩니다." 오늘을 살아가는 필자를 비롯하여 모든 독자들에게 해당되는 충언이라고 생각한다. 몸의 한계를 극복하고 정신력의 명민함이 유지되는 한 시간과 타협을 하면서 경전적 진리를 열어 밝히는 일을 게을리 하지 않을 것이다. 얼마나 더 경전을 풀이할 수 있을지 모르겠다. 몸으로 살지 않는 진리를 자꾸 발언한다는 것에 대한 자괴감에 빠질 것 같아서 그렇다. 하지만 할 수만 있다면 매년 새로운 언어들로 진리의 세계를 밝혀보고자 한다. 그것이 내가 더 바르게 살면서 나의 주체적인 신앙의 길과 삶의 길을 모색하는 지름길이 될 수 있기 때문이기도 하다. 나아가 필자의 고민은 '어떻게 늘 바르고 곧게 그리고 사적私的이지 않고 꾸미지 않은 진리를 잘 지키면서 살 것인가'가 가장 중요한 삶의 관건이다.

이 한 권의 책이 나오기까지 여러 사람의 노고와 희생이 있었음을 말하지 않을 수 없을 것 같다. 무엇보다도 가족들고운과 김지원의 인내와 실존적인 고충은 필자가 강의와 연구를 하면서 짬짬이 글을 쓰는 시간과는 반대로 그만큼의 공통된 시간이 빈곤했음을 암시한다. 미안한 마음을 다 표현할 길이 없다. 다만 이곳에 나타난 종교적·이상적 가치들이 현실이 된다면 필자와 동일성의 시간으로 메워질까. 역시 형이상학적 언어의 그림과 현실은 괴리가 큰 것인가 보다. 그리고 고마운 마음에 스멀스멀 떠오르는 지식知識인들과 은사들. 대구가톨릭대학교 대학원 종교학과의 전헌호 신부님과 생태영성학자 박정환 박사님, 인천가톨릭대학교 교수이시자 미래사목연구소 소장이신 차동엽 신부님, 숭실대학교의 선교신학자 조은식 교수님, 탁월한 종교학자 이찬수 선배님과 이길용 선배님, 복음서의 예수 연구자 유복곤 선배님, 하이데거 연구의 권위자 오희천 교수님, 함석헌평화연구소 소장이신 농사農士 황보윤식 선생님, 융복합적 사유와 연구를 추구하시는 박요섭 목사님, 종교계의 비판적 실천해석자 이호재 선생님, 학문적 지우知友이자 동양철학자 신성열 박사와 기독교교육학자이자 기독교미래교육연구소 소장인 박광수 목사, 실존의 한계 속에서 늘 탈주를 모색하며 노력하는 32년 지기知己 신성대 목사, 메를로-퐁티 미학 연구자 정은희 박사님, 친어머니와도 같은 이찬옥 권사님, 그 외 다 언급하지 못한 선후배와 동학들.

끝으로 초연결시대의 매체란 파격도 되지만 오히려 다른 어떤 단절을 가져오는 충격이 되기도 한다. 글자보다 이미지로 세계를 유혹하는 매체가 도래함으로써 출판의 환경은 날로 어려워지고 있다. 하지만 한국교계의 변혁과 혁명을 위해서 여전히 활자화된 종이책을 통해 비판적 진리를 벼리는 대장간출판사의 배용하 대표님을 비롯하여 여러 직원분들께 진심으로 깊은 감사를 드린다. "보잘 것없는 천박한 지식은 인간의 정신을 무신론으로 기울게 하지만 지식을 쌓아가다 보면 정신은 다시 종교로 되돌아온다"『학문의 진보』. 근대철학자 프란시스 베이컨F. Bacon의 말이다. 아직도 필자는 이 말이 마음에 걸린다直.

2019년 6월

저자 올림

1

나의-앞에-가까이-세우는 성전

루가 2,41-52

싹을 보면 장차 그가 어떤 존재가 될 것인가를 알 수 있다고 했나요? 예수님은 어린 나이였음에도 불구하고 자신의 존재적 위치를 잘 알고 있었습니다. 그가 아버지의 집, 하나님의 영역과 범주 안에 있어야 한다는 사실을 이미 인식하고 있었습니다. 자신의 유한한 육체적 한계를 초월하여 하나님의 영역 안에서 아버지께서 원하시는 일을 바로 거기, 그곳 성전에서 찾았습니다. 어쩌면 성전이라고 하는 곳은 유대교 엘리트 계층의 기지와도 같은 곳이었을지 모릅니다. 그렇기 때문에 성전은 민중의 수탈 장소요, 율법을 통한 민중의 억압의 장소였을 것입니다. 따라서 예수님이 싸워야 할 곳, 성전의 본래적인 의미를 회복해야 할 곳도 바로 성전이었습니다. 성전은 하나님의 거처요, 하나님께 예배를 드리는 장소입니다. 하나님의 영역인 셈입니다. 하나님의 존재를 알게 하는 장소입니다. 그런 장소에서 이루어지는 일은 세속적 가치와 세속적 경제 행위나 세속적 정치 행위가 아닙니다. 하나님의 성스러운 존재를 느끼고 체험하면서 당신의 마음 안에, 당신의 영역 안에 머물려고 하는 백성들의 안식처와도 같은 곳입니다.

성전은 존재 초월의 장소입니다. 자신의 당면 문제들, 자신의 현재 사적인 생각들을 버리고 오로지 하나님께로 향해야 하는 장소입니다. 예수님은 바로 어렸을 때부터 존재를 초월하는 습관이 몸에 배면서 하나님을 사유하고 그 성전의 본래적인 의미를 올바르게 알리고 노력을 하였습니다. 예수님이 어린 나이에 얼마나 영특했는가가 중요하지 않습니다. 물론 성서는 예수님이 어렸을 때부터 남달랐다는 점을 부각하고 있습니다. 하지만 그보다 더 중요한 것은 앞으로 그가 있어야 할 장소를 정확하게 깨달았다고 하는 것입니다. 자신이 있어야 할 곳, 자신의 마음이 향해야 할 곳, 자신의 백성들을 인도해야 할 곳이 어디인지를 알았다는 표현이 맞을 것입니다. 성전이라는 건물이 중요하지 않을 수도 있습니다. 외형적인 건물이 아니라 바로 내면적인 성전이 더 중요합니다. 마음이 성전이 되어야 한다는 말입니다. 그래야만 어느 곳에 있든지 우리 자신 안에 현존하신 하나님에 대한 감각과 사유를 통해서 당신을 향해 존재 전체를 드릴 수 있는 그리스도인이 될 수 있을 것입니다.

우리의 존재 확인의 장소로도 성전은 중요합니다. 성전은 바로 우리 그리스도인이 하나님의 자녀라는 인식을 갖도록 만들어 주는 장소입니다. 하나님의 자녀들이 모여서 예배를 드리면서 하나님의 뜻을 헤아리는 존재론적 거주지입니다. 우리는 성전에서 1시간, 혹은 2시간을 머물면서 우리가 새삼 그리스도인이라는 것을 재확인하고, 그리스도인으로서 어떻게 살아야 하는가를 되새기게 됩니다. 그저 건물이 아니라는 이유가 바로 여기에 있습니다. 성전을 통해서 우리는 하나님의 존재를 만나게 됨으로써 나의 나됨을 확인하고 나 자신을 하나님께로 넘겨줌으로써 헌신을 되짚어 보게 됩니다. 그러므로 성전은 진리 확인의 장소라고도 볼 수 있습니다. 예수님이 율법학자들과 신앙에 대해 논했다는 것은 우리에게 시사하는 바가 큽니다. 성숙한 그리스도인이 되기 위해서는 다만 설교를 듣고 봉헌을 했다는 것으로 위안을 삼을 것이 아니라 신앙을 서로 토론하면서 하나님의 깊이를 서로 나눌 수 있는 공간이 되어야 합니다. 그저 한 사람 혹은 정해진 권위자에 의해서 학습되는 신앙 교육이 아니라 제대로 된 진리의 나눔을 통해서 성전에 현존하고 계신 하나님의 빛에 의해서 자신의 신앙이 점검되는 기회가 되어야 합니다. 마치 사교 장소가 되는 듯이 안부 정도나 묻고 또 서로의 관심사에 대해 대화를 나누고 건강을 염려하는 교제의 차원을 넘어서는 진리의 빛에 자신의 노출시킬 수 있는 신자가 되어야 한다는 말입니다.

성전은 신앙을 생각하는 장소입니다. 삶의 현실 속에서도 신앙을 사유할 수 있지만 좀 더 깊이 숙고하는 것은 어렵습니다. 마음 안에 머물고 마음 안에 현존하는 하나님을 깊이 만날 수 있는 시간을 성전에서 확보하는 것입니다. 세계의 생존적인 시간에 자신이 노출되어서 버겁게 인생을 살아가다 보면 자신 안에 있는 성전이 피폐되고 있다는 것을 잘 깨닫지 못합니다. 성전을 향하고 성전 안에 머물게 되면 나의 삶의 위치와 나의 신앙의 태도를 밝히 알 수 있도록 하나님의 빛이 나의 내면을 비추고 있음을 알게 됩니다. 그분이 나의 마음을 노출시키도록 진리로 혹은 진리의 빛으로 나를 강제하고 있다는 것을 사유하게 됩니다. 그러므로 성전에 있을 동안은 우리의 온 몸짓이 신앙을 사유하는 시간이 되어야 합니다.

세속의 시간에 자신의 의식을 노출시킬 것이 아니라 세속의 시간은 멈추고, 하나님의 시간과 하나님의 빛에 자신을 노출시킴으로써 하나님의 영역 안에 자신이 있다는 것을 알아야 합니다. 성전은 단순히 피상적으로 거룩한 장소라는 인식만으로는 부족합니다. 성전은 그분의 있음, 그분의 존재를 확신하는 곳이 아니라면 전혀 소용이 없는 매우 비실용적인 건물이 됩니다. 그와 같은 건물이 진정한 성전이 되게 하려면 내가 성전이 되려는 마음 자세, 신앙 자세가 있어야 합니다. 내 안에 하나님을 모시고 있게 되면 내가 성전이 되기 때문입니다. 성전을 숭배하다 못해 그 장소의 신비성이 강하게 부각되면 어느 누구도 범접할 수 없는 낯선 장소가 되고 맙니다.

과연 예수나 하나님이 그것을 원하셨을까요? 누구나 들어와서 하나님께 예배를 드리도록, 자신의 있음을 확인하고 힘을 얻도록 성전도 하나님의 특별한 배려 장소임에 틀림이 없습니다. 차별이 없으신 하나님, 성전 안에서도 당신의 음성을 들으려고 하고 당신의 목소리를 청아하게 내려고 하는 이들에게는 성전의 문턱은 어린 아이이든 남루한 거지이든 모두를 위한 장소가 될 것입니다. 그러므로 예수님의 부모처럼 성전에서 찾아야 할 존재는 한갓 어린 아이여서 염려와 걱정을 해야 하는 예수님이 아니라, 바로 그가 만나고 있는 하나님이라는 사실을 기억할 필요가 있습니다. 여러분은 성전에 들어오면 무엇을 찾고 있습니까? 또 여러분은 성전에서 무엇을 말하고 듣고 있습니까? 우리의 언어와 행위는 여전히 삶의 그것들과 구별 없이 쏟아내기 바쁜 것은 아닙니까? 잠시라도 멈추어서 하나님의 존재, 하나님의 있음을 느껴 보려고 애를 쓰는 그리스도인입니까? 성전은 당신의 현존의 목소리를 들을 수 있는 장소임이 틀림없습니다. 그렇다면 이제 생각은 멈추어야 하고 하나님의 생각을 알아차리고 그것을 들으려고 노력하는 모습이 있어야 합니다.

그런 의미에서 보면 성전은 하나님의 언어와 하나님의 몸이기도 합니다. 성전을 들어서는 순간 하나님의 언어가 발언되기 때문에 나의 언어는 조용히 혹은 대침묵으로 일관해야 하고, 당신의 몸을 만지기 위해서 우리의 몸짓은 최대한 경건하고 거룩한 모습이 되어야 합니다. 하지만 우리의 몸짓은 분주하고 바쁩니다. 우리가 해야 하는 일들과 역할들 때문에 성전에 온전히 머물지 못하고 피상적이고 형식적으로 머물고 맙니다. 하이데거는 "언어는 존재의 집이며, 인간은 그 안에 거주하면서 탈존한다" 마르틴 하이데거, 『휴머니즘 서간』, 이선일 옮김, 이정표2, 한길사, 2005, 147쪽고 말을 했습니다. 마찬가지로 그리스도인의 몸은 하나님이 거주하는 집입니다. 동일하게 성전은 하나님이 머무시는 초월자의 집입니다. 그곳에서는 진리가 흘러나오며 당신이 말씀을 하시기 때문에 당신의 거처가 됩니다. 진리를 수호하고 하나님의 시간을 간직한 그곳에서 말씀이 발언되는 순간 존재 그 자체인 초월자는 자신의 집에 머물고 있는 신자들에게 진리 안에 있게 하시고 진리의 빛으로 인도하십니다.

한때 신자들은 예배를 위해서 모임의 장소가 있었으면 좋겠다는 생각을 했습니다. 아니 초월자가 거처하는 장소를 특별하게 만들어야겠다는 의지가 있었습니다. 하지만 이제 한국교회의 교회당이나 성당은 애물단지가 되어가고 있습니다. 성전이 비어가고 있기 때문입니다. 또 설상가상으로 공공연한 매매가 이루어지는 것을 목도하고 있기도 합니다. 성전이 빛을 잃고 있고 진리를 상실한 지 오래입니다. 성전은 더 이상 영혼을 위한 집이 아닌 것입니다. 그렇다면 어떻게 해야 할까요? 성전을 하나님을 더 가까이서 뵙는 장소로 인식하는 본질적인 신앙의 전환이 있어야 합니다.

그분은 우리를 가깝게 만나시기를 원하십니다. 우리를 공동체적으로 모이게 하시고 당신의 그윽한 시선으로 그리스도인을 바라보시기를 즐겨하십니다. 그런데 우리는 하나님의 시간과 공간 안에 있기보다 더 많은 시간을 세계의 시간과 공간 안에 머물기를 원하고 있습니다. 예수 자신이 친히 있어야 할 곳이 바로 아버지의 집이라고 말했던 것처럼, 우리도 우리 자신이 있어야 할 곳, 그 진리의 장소를 소홀히 하거나 외면하지 말고 열심히 나의-앞에-가까이-세우는 성전이 되도록 해야 할 것입니다. 또한 그럴수록 나의 본질이, 나의 내면이 성전이 되도록 하나님의 밝음 가운데 서 있기를 주저하지 말아야 할 것입니다. 세계는 멀리 떨어져 있지만, 하나님은 성전보다 더 가까이 계시기 때문입니다.

2

신비가 채 되지 못한 겨울

루가 2,1-14[15-20]

　인간을 흔히 망각의 동물이라고 합니다만 사람들은 저마다 과거의 삶에 대한 기억들이나 추억들을 가지고 살아갑니다. 그 기억들은 인간들의 삶을 풍요롭게도 하지만, 때에 따라서는 전혀 기억하고 싶지도 않고 추억으로 만들고 싶지 않은 후회스러운 인생의 사건들이 있게 마련입니다. 특히 계절과 관계된 기억들은 누구나 다 가지고 있을 것입니다. 봄과 어우러진 기억들 예컨대 이른 봄 나물을 뜯으며 아지랑이를 신비롭게 바라보던 기억들, 여름이면 동네 샛강에서 멱을 감던 기억들, 가을이면 낙엽을 밟으며 연인과 사랑을 속삭이던 기억들, 겨울이면 하얗게 눈 쌓인 언덕에서 비료포대를 타고 내려오던 기억들 등등 말입니다. 물론 이러한 기억들과 추억은 언제 생각해도 다시 그 시절로 돌아가고 싶을 겁니다. 오늘도, 이 시간도 그러한 추억을 만들어 가고 있는 게 인간들인 셈이죠. 그것을 우리는 '크로노스'라고 합니다. 그런데 우리는 그러한 크로노스를 새롭게 만들고 싶어 하고 옛날의 기억들을 회상하며 보내고 싶어 합니다. 그중에서도 성탄절, 그리스도가 태어나신 날을 기념하는 절기의 경험도 축적된 소중한 추억입니다.

이스라엘의 기후는 우리나라처럼 사계절이 뚜렷한 것이 아니고, 두 시기 즉 우기와 건기로 구분됩니다. 겨울 우기는 보통 11월부터 다음해 3월까지, 여름 건기는 나머지 7개월간 계속되고, 또 겨울이라고 기온이 영하로는 떨어지지 않으니까 루가가 언급한 두 사실2,8·12이 겨울 우기 중에도 일어날 수 있습니다. 여하튼 우리가 맞이하고 있는 12월 25일 성탄절은 콘스탄티누스 황제가 즉위해서 로마의 국교가 된 다음부터 서방교회에서 축제로 지내기 시작한 데서 기원합니다. 이 날은 미트라 태양신을 숭배하던 날이었는데 순전히 이교도적인 축제일을 주 예수를 찬양하는 날로 바꾸어 놓았던 것이죠. 이제 예수께서는 만인을 비추시는 새로운 태양으로 떠오르셨다는 것을 선포하였던 것입니다. 반면에 동방교회에서는 1월 6일을 예수님의 탄생일로 축하하고 있습니다만 정작 크리스마스라는 의미에 대해서는 잘 모르는 것 같습니다. 크리스마스는 그리스도를 뜻하는 Christ와 미사, 즉 경배하다는 뜻을 가지고 있는 라틴어의 mass미사가 결합되어 '그리스도께 경배하라'는 의미를 가지고 있죠.

루가복음 2장의 내용은 크리스마스의 기원이 되는 예수님의 탄생이야기입니다. 매번 듣던 이야기인데 루가는 마태오와는 약간 다른 방식으로 탄생 이야기를 접근합니다. 우선 2,1절을 보면 호적조사를 했다는 말이 나옵니다. 아우구스토는 율리시스 시저의 조카의 아들인 옥타비아누스라는 본명을 가진 아우구스투스 황제를 말합니다. 이 옥타비아누스는 기원전 29년부터 기원후 14년까지 통치를 한 왕으로 알려져 있지요. 루가는 의도적으로 예수님의 탄생이 세계사적인 의미를 지닌다고 생각하고 옥타비아누스의 재위 기간과 연결을 시킵니다. 왜냐하면 역사상 옥타비아누스 황제는 세금을 거두어들일 목적으로 로마의 일부에 호적등록령^{인구조사}을 내린 적인 있지만 제국 전체에 그렇게 한 일은 없었기 때문입니다. 2절에서 루가는 시리아 총독으로 퀴리노가 있었던 때에 호구조사가 이루어졌다고 말합니다. 그런데 그가 이스라엘 전역에 호구조사를 실시한 때가 기원 후 6-7년이었으니까 예수님의 탄생을 그즈음으로 볼 경우 이 호구조사와 예수 탄생과는 아무런 연관성이 없다고 하겠습니다. 더군다나 3절에 나와 있는 것처럼 이 호적등록을 위해서 자기 본고장으로 갔다고 했는데, 역사적 사실은 그런 적이 없으며 호구조사는 각자의 거주지에서 마쳤다고 합니다. 그렇다면 왜 루가는 예수 탄생 시기와 전혀 연관성이 없는 호구조사를 설정했을까요? 그것은 예수님이 베들레헴이라는 마을에서 태어났다고 하는 것을 알리기 위해서였습니다. 베들레헴이 어디입니까? 어떤 지리적 중요성을 갖고 있길래 루가는 그리 했을까요? 우리가 잘 아는 대로 베들레헴은 이스라엘 제2대 왕인 다윗왕의 고향입니다. 그러니까 위대한 이스라엘의 다윗왕의 고향이 베들레헴이었던 것처럼, 다윗의 혈통을 이어받은 왕의 자손은 베들레헴에서 태어나야 한다는 것이고 그가 다윗가문이라는 것을 보여주기 위한 것입니다.

그런데 5절을 보니까 예수 탄생에 있어서 잘 이해가 가지 않는 이야기가 나옵니다. 예수님의 어머니 마리아가 이미 요셉과 정혼을 하고 같이 살기도 전에 아이를 잉태했다는 것입니다. 정혼하다는 말은 그리스어로 "므네스테우오마이 mnesteuomai"라고 하는데, 이는 약혼보다는 강하고 결혼보다는 약한 표현입니다. 그러나 우리나라의 결혼과도 같은 법적인 성격을 띱니다. 여기서 마리아는 히브리 이름 미리암의 그리스식 이름으로서 "높아진"이라는 뜻을 담고 있습니다. 일반적으로 유대사회에서 여자는 12-13세, 남자는 18세-24세에 약혼을 합니다. 그런데 이때 하는 약혼은 성적인 관계만 안 할 뿐이지 법적으로는 이미 부부가 된 것이나 다름이 없습니다. 그래서 만일 약혼 중에 남자가 죽으면 여자는 과부로 취급을 받게 되지요. 또한 동거하기 전에, 약혼 후 1년이 지나면 남자는 여자를 자기 집으로 데려와서 같이 살게 됩니다. 그런데 모세의 율법에 의하면, 약혼한 처녀가 간음을 했을 경우, 게다가 임신을 했을 경우에는 소박을 맞는 것도 모자라 돌로 쳐서 죽이는 형벌을 받게 되어 있습니다. 여인이 소박을 맞고 이혼을 하는 합법적인 절차는 증인 두 사람과 함께 서명을 하고 이혼장을 써주면 그만이었지만, 이 상황은 돌로 쳐서 죽임을 당하게 될지도 모르는 것이었습니다.

이 이야기의 좀 더 자세한 정황들은 마태오에 실려 있습니다만, 루가가 강조하고자 하는 것은 바로 6절과 7절입니다. 예수님은 첫 아들로서 태어났다는 것이고, 그것도 여관 혹은 사관에 머무를 곳이 없어서 포대기에 싸서 말구유에 눕혔다는 것이죠. 여기서 예수님이 마리아에 의해서 첫 아들로 탄생했다는 것은 그 이후에 마리아가 여러 명의 아이들을 낳았다는 해석보다는 첫 아들 그러니까 예수님은 하나님의 차지, 하나님의 소유, 하나님께서 가진 존재로 태어났다는 의미를 품고 있는 것입니다. 따라서 루가에 의하면 예수님은 하나님의 운명, 하나님의 소유입니다. 그렇다고 해서 그의 운명이 기구하다는 것을 말하는 것이 아니라 바로 예수님은 인간의 구원을 위해서 특별히 간택된 인물로 태어났다는 것을 말하는 것입니다. 사실 어떤 의미에서는 예수님은 우리의 맏형이십니다. 우리에게 제일 큰 형이자 제일 큰 오빠나 다름없습니다.

우리는 그리스도인으로서 하나님에 의해 의롭다, 즉 너희는 이미 구원을 받았으니 나의 가족이나 다름없다고 인정을 받은 사람들입니다. 그러니 예수와 우리는 한 가족이나 다름이 없는 것이죠. 첫 아들로 태어난 예수님이 하나님의 소유이며 하나님의 운명을 타고나서 당연히 맏아들로서 해야 할 몫이 있다면 그 것은 인류의 구원사업이라는 것입니다. 그리스도에 의해서 구원을 나눈 사람들, 그리스도에 의해서 실존적인 운명을 같이 한 사람들이 바로 그리스도인들입니다. 그리스도인들은 그런 의미에서 예수님의 유전자를 타고난 사람들입니다. 예수 유전자를 갖고 있는 사람들입니다. 또한 예수님의 가족철학을 갖고 있는 사람들입니다. 하나님의 가족 철학, 하나님의 가훈은 무엇입니까? 인간에 대한 사랑입니다. 예수 유전자, 하나님의 유전자를 갖고 있는 사람들은 좋은 유전자를 갖고 있는 사람들이니 그 유전자답게 살아가는 것이 도리일 것입니다. 현대인들은 자신의 유전자를 바꿔 보려고 애를 쓰기도 하고 유전자를 조작하기도 하지요. 그런데 그게 참 어렵다는 것을 알게 됩니다. 유전자를 바꾸기가 어렵다는 말이지요. 씨도둑은 할 수가 없지 않습니까? 따라서 예수님이 첫 아들로 태어났다는 것은 하나님의 가족철학을 이어 받을, 하나님의 의식을 이어 받을 훌륭한 인물로 태어났다는 것을 말하는 것입니다.

2천년 전에 예수님께서 탄생하신 날은 그리 낭만적인 날은 아니었습니다. 우리나라와 같이 겨울이 되면 눈이 내리고 그래서 그 눈을 낭만으로 생각할 수 있는 땅이 아닌 척박한 사막의 땅이었으니까요. 루가의 표현에 따르면, 아마도 예수께서 탄생하시던 날은 조용한 밤이었던 것 같습니다. 양들도 잠이 들고, 목자도 피곤에 지쳐서 잠을 청하던 적막한 밤하늘엔 아주 많은 별들이 반짝이고 있었겠지요. 그러나 그날 밤 산달이 되어 몹시 힘들고 지쳐하던 두 부부가 있었습니다. 그들은 오랜 여행길에 쉬면서 몸을 풀 수 있는 여관을 찾았지만 성서의 표현대로 '머무를 곳'이 없었습니다.

7절에 예수님이 강보, 즉 포대기에 싸여서 말구유에 눕혔다는 것은 예수님의 운명을 예고하는 것입니다. 예수님은 철저하게 가난한 자로 태어났으며 메시야의 비천함을 타고 났다는 것을 상징적으로 보여주고 있습니다. 파트네^{phatne}라고 하는 구유는 짐승을 매어두는 마구간이나 그들을 먹이는 여물통을 말하는 것이며, 여관이라 하는 사관은 그리스어로 카타뤼마katalyma라 하는데, 여인숙 방이나 가정집 방이라 볼 수 있지만, 객실guest room과 같은 임시숙소였다는 것을 알 수 있습니다. '포대기', '마구간', '여물통', '임시숙소' 등의 단어들은 예수님이 얼마나 가난하고 힘들고 비천하게 태어났는가를 알려주는 말들입니다. 루가는 유독 예수님이 가난하게 태어났다는 것을 강조하고 있습니다. 루가의 공동체는 이방인 공동체이면서 가난한 공동체였습니다. 아마도 루가 공동체는 예수님의 탄생이야기를 들으면서 구세주이신 예수도 비참하고 어렵고 가난하게 태어났다는 사실에 대해 위로를 받았을 것입니다. 가난한 예수님이 가난한 자신들의 처지를 돌아봐 주고 배려해주고 사랑해주고 구원을 위해 목숨을 버렸다는 사실을 잘 알게 되었을 것입니다. 그런 측면에서 본다면 오늘날 예수님은 태어날 곳도, 갈 곳도 없는 사람이 돼버렸습니다.

스스로 가난한 자가 되어 가난한 백성들을 위해 온갖 헌신을 마다하지 않았음에도 불구하고, 오늘날 교회는 예수님의 유전자를 역행하고 있기 때문입니다. 여기서 오해가 없어야 할 것은 가난이란 궁핍이나 적빈을 말하는 것이 아니라 청빈, 자발적 가난을 말하는 것입니다. 가난한 사람들을 위해서, 이 세계의 순수한 정신을 위해서 스스로 가난한 삶을 사는 것입니다. 그래서 필자는 이런 물음을 던져봅니다. '우리 한국교회는 가난하신 예수를 맞이할 공간이 있는가?', '우리 한국교회는 가난하신 예수를 마음에 품을 가난한 마음이 있는가?', '남루하기 짝이 없는 예수님은 우리 한국교회의 높은 문턱을 보면서 쓸쓸히 몸을 돌리면서 가버리고 말 것이 아닌가?', '우리도 예수님처럼 가난할 수 없는가?', '우리도 예수님처럼 가난한 마음이 될 수는 없는가?', '우리도 예수님처럼 초월을 지향할 수 없는가?', '예수님처럼 풍요로운 사회를 향해 물질이 전부가 아니라는 것을 알려주는 교회는 정녕 없는가?

앞에서 이야기 한 것처럼 산모 마리아와 요셉은 허름한 마구간(말구유)에서 예수를 생산하였습니다. 예수님을 눕혔던 구유는 그리스어로 '파트네'라고 했습니다. 이것은 '돌로 만들어진 여물통'을 말합니다. 그 여물통은 쓸쓸한 곳이었습니다. 그 구유는 예수께서 늘 말씀하시던 것처럼 머리 둘 곳조차도 없었던 곳이었습니다. 그곳은 정말 서글픈 곳이었습니다. 그곳은 정말 누구 하나 관심을 두지 않는 곳이었습니다. 그렇게 예수님이 천한 곳에서 태어나셨던 것입니다. 이 이야기는 무슨 말입니까? 한마디로 말한다면, 예수님은 죽을 때와 마찬가지로 태어날 때조차도 가장 버림받은 사람으로 태어나셨다고 하는 겁니다. 그가 우리의 구원을 위해 가난을 택하셨다는 말입니다. 신이신 하나님이 가난한 인간이 되셨다는 말입니다.

예수님은 자신이 인간을 높이고 해방하고 평화를 주시기 위해 스스로 자신을 낮추시고 비참한 현실에 처하셨다는 말입니다. 그가 가난한 사람들과 같이 하고 병자들과 함께 하고 소외된 자, 갇힌 자, 없이 사는 자들과 함께 하시기 위해서 가난한 자가 되셨다는 겁니다. 이것이 기쁜 소식입니다. 그러나 소위 그리스도를 닮아 나가는 제자라는 그리스도인 또는 교회는 이러한 예수님의 삶을 버리고 타협해버리고 말았습니다. 오늘날 우리 한국 교회 현실을 보면 온통 예수님을 믿으면 부자가 될 수 있고 잘 살 수 있다고 말합니다. 마치 부자가 되고 떼돈을 벌기 위해 그리스도인이 되고 예수님을 믿는 사람처럼 말입니다. 그럴 수도 있죠. 그러나 정작 예수님을 잘 믿는 사람들은 예수님의 정신대로 사는 사람들입니다. 예수님의 정신은 가난해지는 것입니다. 마음과 소유욕으로부터 자유로워져서 청빈한 삶을 살아가는 삶이 되어야 하는 것입니다. 그렇다고 그리스도인들이 거지가 되어야 한다는 얘기는 아닙니다만 예수님처럼 남을 위해서 가난해지라는 말입니다. 내가 예수님으로 인해서 기쁜 소식을 들었고 받아들였다면 내 생활도 기쁨이 있는 생활이 되어야 하고 다른 사람들에게 기쁨이 되는 신앙인이 되어야 하는 것입니다. 그래야 우리가 예수님의 정신대로 산다는 말을 듣지 않겠습니까? 도대체 오늘날 국가와 사회 그리고 전세계적으로 화두가 무엇입니까? 그것은 바로 돈입니다. 돈 때문에 사람을 죽이고, 돈 때문에 원조교제를 하게 되고, 돈 때문에 테러가 발생하고, 돈 때문에 남과 경쟁해서 이겨야 하고, 돈 때문에 가정이 파탄나고. 이렇게 물질에 의해서 인간의 관계가 깨지고 있습니다. 이러할수록 우리 그리스도인들은 세상과는 다른 대안공동체, 대체적인 삶을 사는 집단이 되어야 하는데 그러려면 어떻게 해야겠습니까? 예수님께서 가난한 자가 되어서, 비참한 자가 되어서조차도 자신의 삶을 통해 다른 사람을 구원하고 평생 청빈하게 사신 삶을 우리가 본받아야 할 것입니다.

8절과 9절을 보니까 밤을 새워가면서 양들을 지키고 있던 목자들이 하나님의 신비에 둘러 싸여 있음을 보고 겁을 잔뜩 먹은 것을 알 수 있습니다. 그러나 여기에서 우리가 생각해야 할 것은 왜 목자일까 하는 것입니다. 그냥 바로 예수님이 태어난 여관의 투숙객들에게 나타나시지 말고, 바리사이들이나 율법학자들 또는 헤로데왕에게 직접 천사가 나타나서 겁도 좀 주고 그랬으면 좋았을 것을, 왜 마을에서 조금 떨어진 목자들에게 먼저 나타났을까 하는 것입니다. 가난하신 예수님은 그 당시 가장 가난하고 힘없고 천대받는 사람들에게 자신을 드러냅니다. 마태오복음에서는 예수를 가장 먼저 발견한 사람들이 동방박사로 나오지만, 루가복음은 목동들이 예수님의 탄생을 알게 됩니다. 목동, 목자들은 그 당시 사회에서 가장 가난하고 천한 부류의 사람으로서 죄인 취급을 받던 신분이었습니다. 목자들은 남의 풀밭에 짐승을 몰고 가서 풀을 뜯기거나 자기 주인 몰래 양과 염소의 젖을 내다 팔거나 또는 양털을 팔아먹었기 때문에 직업상 죄인 취급을 받기 일쑤였습니다. 바로 이 못난 자들이 다른 사람들보다 먼저 예수를 보앉다는 것이죠. 이처럼 목자는 그 당시에 세리와 같이 천시 받았던 계층이었습니다. 그러나 예수님의 탄생에 대한 기쁜 소식은 그렇게 가난하고 죄인이며 소외된 사람들에게 먼저 알려졌다는 사실입니다. 구원이 먼저 가난하고 불쌍한 사람들에게 임했다고 하는 겁니다.

어떤 의미에서 보면 목자는 우리들의 모범적인 신앙이기도 합니다. 그들은 천사의 이야기를 듣고 나서 예수님의 탄생하심을 믿고 그리고 거리낌 없이 진지하게 받아들였습니다. 이것은 무엇을 보여주는 것일까요? '믿고 따르고 받아들임.' 이것은 신앙생활의 근본이 되는 유형을 말하고 있는 것입니다. 예수님의 말씀을 믿고 그리고 그 말씀을 나의 삶 가운데서 충실히 실천하며 겸손하게 받아들이는 것이 신자의 신앙생활입니다. 루가복음서의 저자는 목자의 이미지를 통해서 바로 그것을 알려주려는 목적이 있습니다. 하나님께서 보내신 천사의 말에 겸손하게 받아들이고 따랐던 목자들이 오늘날 그리스도교 신앙 공동체의 귀감이 되어야 한다는 것이죠. 사실 루가의 교회 공동체는 가난한 교회였습니다. 아니 가난한 사람들이 많이 있었던 교회였죠. 그러니까 그 가난한 사람들이 늘 겸손하게 예수님과 함께 할 수 있다는 위로를 하고 있는 셈입니다. 그래서 행복선언에서도 마태오처럼 심령이 가난한 사람이 복이 있다 하지 않고, 그냥 가난한 사람이 복이 있다고 하는 것이지요.

그렇다고 해서 구원에 무슨 열외가 있다는 뜻은 아닙니다. 14절에 "하늘 높은 곳에는 하나님께 영광, 땅에서는 그가 사랑하시는 사람들에게 평화"라고 그랬습니다. 이 환호성은 아마도 예루살렘 모교회에서 부른 노래의 편린일 것입니다. 여기서 사랑받는 사람들이란 직역하면 '선의의 사람들', 즉 '하나님의 선의로 돌보시는 사람들'이라는 말입니다. 기쁜 소식은 모든 사람들에게 해당됩니다. 그가 사랑하시는 모든 사람들에게 구원이 이루어지는 것입니다.

비록 겨울의 한 가운데이지만, 성탄절만큼은 춥지 않기를 빌어봅니다. 겨울을 좋아하는 분들도 계시지만, 반면에 겨울을 싫어하는 사람들도 참 많습니다. 노숙자들이나 연세가 지긋하신 노인들, 필자처럼 추위를 많이 타는 사람들, 난방비 걱정하는 서민들에게는 겨울은 견디기 어렵지요. 그럼에도 겨울이 신비한 이유는 무엇일까요? 첫째로는 눈이 있기 때문입니다. 눈은 온 세상을 하얗게 소리 없이 덮어 버립니다. 우리의 더러운 죄까지도 덮어 버리는 것 같습니다. 또한 눈은 세상의 시끄러운 소리를 덮어 버리고, 사람들의 마음을 설레게 합니다. 연인과 바둑이의 마음도 설레게 합니다. 이것을 겨울이 갖는 계절의 신비라고 부를 수 있을 것입니다. 두 번째로 겨울이 신비한 이유는 봄을 기다리는 마음이 있기 때문입니다. 추운 겨울은 얼른 따뜻한 봄이 왔으면 좋겠다는 희망을 갖게 합니다. 봄의 희망은 매서운 추위가 있어야 태동하는 것입니다. 고난에서 희망을 피우게 되는 것입니다. 그래서 신비한 것입니다. 겨울이 주는 희망의 신비라고 볼 수 있습니다. 마지막으로 겨울이 신비한 이유는 예수께서 태어나신 날을 기념하는 성탄절이 있기 때문입니다. 예수님이 태어나신 성탄절은 그리스도인뿐만 아니라 전세계의 대부분의 사람들에게 기쁜 마음과 설렘을 갖게 합니다. 즐거움이 있고 나눔이 있기 때문입니다. 그러나 진정한 신비는 이맘때만 되면 예수님의 탄생이 오늘 우리의 신앙을 새롭게 태어나게 하는 데 있습니다. 어린 예수님이 우리를 겸손하게 하고 가난한 마음을 갖게 하면서 우리도 어린 아기의 신앙을 갖게 하는 데 있습니다. 이렇게 그리스도인에게 있어서 겨울은 어느 계절보다도 그리스도의 신비를 더 많이 경험하게 합니다.

부모는 아이들에게 좋은 신앙의 선배이자 인생의 신비를 깨닫게 해주는 어른들입니다. 마찬가지로 성숙한 그리스도인들은 교회 어린이들에게 그리스도의 신비를 깨닫게 해주는 좋은 신앙의 선배들이 되어야 합니다. 그래서 어린 예수님의 탄생은 매년 좋은 신앙의 추억으로 어른들뿐만 아니라 어린 아이들에게도 자리 잡아서 교회에 진정한 예수님의 탄생이 이루어 질 수 있게 해야 할 것입니다. 예수님이 태어나지 않는 성탄절은, 예수님이 없어진 성탄절을 맞이하는 교회는 교회라고 말할 수 없기 때문입니다.

추운 날씨에는 따스한 봄볕이 그리워지곤 합니다. 그래서 정말 따뜻한 기운이 감돌고, 아지랑이 피어나는 봄이 기다려지는 것이겠지요. 창가에 기대어 꽃이 만발한 봄을 상상해 봅니다. 「우리들의 봄」이라는 시를 읽으면서 말입니다.

마른 내 보금자리 위에도 살며시
봄이 오는 예감 때문에
날마다 그대에게 편지를 씁니다.
하지만 그대 모습은 보이지 않고
진달래 지천으로 흔들리는 벌판,
어디로 하얗게 혼자 일어나는 아지랑이.
그때부터 기다림은 시작되었습니다.
돌아보면 인생은, 꽃봉오리 밀어올려
꽃잎이 열리는 한순간.
겨우 한나절 햇살과 한나절 어둠.
잊고 살다 문득 저며오는 시린 가슴입니다.

이 시처럼 우리의 인생도 겨울의 시린 가슴을 품고 있지만 그리스도인의 마음속에서는 예수님의 탄생을 기다리는 삶, 그리고 우리의 삶 속에서 예수님의 정신이 거듭하기를 기대합니다. 또한 예수님으로 인해서 사람들의 마음에 삶의 봄, 신앙의 봄이 찾아들기를 기도합시다. 나아가 매번 성탄절을 맞이하는 그리스도인은 그리스도의 정신을 통하여 이 땅에 다시 한 번 예수님이 태어났으면 좋겠습니다. 동시에 매양 성탄절을 통하여 예수님을 믿는 그리스도인들이 예수님처럼 살겠다는 각오를 새롭게 하는 시간이 되어야 할 것입니다.

3

예수에 대한 존재인식

마르 6,45-52

　예수에 대한 존재 인식은 언제 일어나는 것일까요? 예수님이 나와 함께 있다는 사실을 알게 되는 것을 '항상' 느끼면 좋으련만, 실상은 그렇지 않습니다. 사람이 가진 이성과 감정, 심지어 영성이라는 것도 상황에 따라서 늘 변하기 때문입니다. 그런데 예수님은 인간의 기분이나 조건에 관계없이 늘 있습니다. 원시 그리스도교 공동체도 그렇게 느꼈습니다. 예수님은 돌아가셔서 지금 없지만 그러나 항상 계신다는 역설을 인식했습니다. 어쩌면 예수님은 늘 여하게 자신들과 함께 있다고 믿고 싶어 했을 것입니다. 예수님은 어제나 오늘이나 변함없이 현존하시는 분입니다. 내가 이기적인 삶과 태도, 그리고 신앙을 견지하지 않는다면 그분은 늘 나와 함께 하시면서 당신의 뜻에 부합하는 기운을 불어넣어 주실 것입니다.

　막다른 골목에 들어설 때조차도 우리는 그분이 자기 자신과 우리를 위해서 기도를 한다는 사실을 잊어서는 안 됩니다. 그것이 그리스도인의 신앙 자세입니다. 내 눈 앞에 있어야만 할 것 같은 그분이 시야에서 사라지게 되면 불안합니다. 나를 지탱해주고 삶의 척도가 되며 가치의 기반이 되는 그분이라고 믿고 있기에 한시라도 그분의 존재를 느끼지 못하면 삶은 이내 불안해 지는 것입니다. 그러나 예수님은 우리와 떨어져 있더라도 기도하시는 분입니다. 예수님은 우리와 멀리 있더라도 우리의 삶의 문제에서 한 번도 관심을 기울이지 않으신 적이 없습니다. 자신을 위해서 기도하시더라도, 그 순간에도 기도의 지향점은 항상 우리 자신이었음을 잊지 말아야 합니다. 그분은 무엇을 기도하셨을까요? 궁금합니다. 많은 사람들과 상대하면서 소진하지 않으려는 자신의 몸부림, 즉 영적인 힘을 하나님으로부터 얻으려고 자신의 내면을 수양하며 성찰하는 기도였을 것이라고 상상해 볼 수 있습니다. 그렇다면 반쪽짜리 기도였을 것입니다. 예수님은 기도하는 그 시간과 내용 안에 인간에 대한 관심, 인간의 모든 질곡, 인간의 약함, 인간이 꼭 필요로 하는 것들을 위해서 하나님께 간구하셨을 것입니다.

기도의 언어는 하나님께 자신의 마음을 담은 진실한 말입니다. 하나님께 말문을 열면 그 말이 올라가 하나님께 닿는 것인데, 그 다음의 판단은 하나님의 몫입니다. 사적이고 욕망의 언어만 아니라면, 인간의 충동적 기도 발언의 오만이 아니라면 하나님의 생각은 우리의 마음을 헤아리고도 남을 것입니다.

캄캄한 밤, 칠흑 같은 인생의 장벽을 맞이했을 때에 나는 어찌할 바를 모르고 흔들리고 맙니다. 인생이 호락호락하지 않다는 것을 잘 압니다. 하지만 늘 잠잠할 것만 같았던 인생의 파도가 높은 파고로 나를 흔들 때면 그 파고를 이기지 못하고 결국 그 바다 속으로 빠져들고 말 것이라는 불길한 생각이 듭니다. 아무 생각이 없습니다. 인생을 살면 살수록 노하우도 있고 나름의 방법도 있다고 믿었는데 사면초가에 부딪치는 것을 종종 보게 됩니다. 마치 파도를 만난 제자들의 배처럼, 그리고 그 안에 타고 있는 제자들의 혼란스러움처럼 감정이 요동치고 생명의 두려움에 맞닥뜨리는 것입니다. 아무리 제자들이 어부로서 잔뼈가 굵었다고는 하나 자신들이 해결하지 못하는 파도가 있다는 사실을 새삼 깨닫는 순간입니다. 우리가 인생을 사는 것 같지만, 기실 인생의 높은 파도에 떠밀려서 가고 있는지도 모릅니다. 철학자들이나 인생의 성공자들은 인생의 주체가 되라고 조언을 합니다. 맞는 말입니다. 그런데 인생의 주체가 된다는 것은 결코 인생을 자만하면서 생활하라는 말은 아닙니다. 인생의 주체가 되려면 주체가 되기 위해서 갖추어야 하는 식견과 판단 능력, 그리고 의지 등이 필요한 법입니다. 예측할 수 없는 인생의 파도 앞에서는 자신의 과거 경험들이 아무 소용이 없다는 사실을 새삼 깨닫게 됩니다. 그럴 때 우리는 예수님의 있음, 예수님이 곁에 있음을 비로소 요청하게 됩니다. 예수님이 있으니 내 인생의 파고를 헤쳐 나갈 수 있을 거야, 하고 생각합니다. 내 식견, 경험, 지식보다 예수님의 지혜와 능력이 절대적으로 요청된다는 것을 뼈저리게 느낍니다. 예수님은 유령이 아닙니다. 그런 존재는 인간에게 사악하고 별 긍정적인 힘을 발휘해서 도와줄 수 있는 존재가 아닙니다.

    예수님은 물 위를 걷고 있는 분이지만 그 역시 파고에 휩쓸려 가고 있는 제자들을 놓치지 않고 늘 있음의 상태로 그들과 함께 있었음을 나타내 주는 표현입니다. 어떠한 환경에서도 예수님은 자신의 백성들과 함께 하고 있다는 것을 알 수 있습니다. 처지가 어떠하든 그는 우리와 동행을 하는 존재입니다. 아무리 어려운 일이 있더라도 외면하지 않으려는 예수님의 의지를 엿볼 수 있습니다. 그는 그래서 멀리 있는 분이 아닙니다. 아주 가까이에 있는 분입니다. 우리의 숨결이 감지하지 못할 정도로, 우리의 미세한 감각이 느끼지 못할 정도로 그분은 우리와 매우 가깝게 계시는 분입니다. 우리의 삶의 영역 구석구석 미치지 않은 곳이 없다는 것을 믿어야 합니다. "나다, 겁내지 말고 안심하여라"tharseite, ego eimi me phobeisthe는 말은 우리의 신앙과 삶에서 중요한 믿음의 모토가 되어야 합니다. 예수님은 우리에게 다가올 때 낯선 타자로 다가오는 것이 아니라 바로 "나", "당신"으로 친근하게 다가오십니다. 바로 '나'의 실체를 알아야 합니다. 하나님이라는 실재, 신이라는 실재보다, 더 밀착되어 나타나는 존재는 '나'입니다. 그분은 '나'로 등장합니다. 그는 '그분'으로 등장하지 않습니다. '그 존재', '그 초월자'로 나타나지도 않습니다. 그냥 '나'입니다. 무엇으로 규정할 수 없지만, 구약성서에서 당신 자신을 지칭하던 그 존재, 그것은 '나'입니다. 어느 것으로도 수식할 필요가 없습니다. 그는 '나'입니다. 우리가 미처 깨닫지 못하는 순간에도 그분은 '나'로서 있었던 것입니다.

그러므로 그분이 '나'라고 선언하는 순간, 우리는 오래 전 이스라엘 백성들에게 나타나셨던 초월자를 생각하지 않을 수가 없습니다. 오래 전 이스라엘 백성과 함께 했던 초월자이신 그분, 오래 전 이스라엘 백성들을 도와주시던 그분을 오늘도 똑같이 경험하는 것입니다. 그분은 바로 '나'라고 지칭되는 더 이상 수식어가 필요 없는 존재 그 자체이시구나, 하는 깨달음을 얻게 됩니다. '나'를 나로 말할 때는 수식어가 필요 없습니다. 나는 나이니까요. 예수님은 그러한 분입니다. 바로 '나'와 같은 분. '나'라고 말하면 다 알아들을 수 있는 분, '나'는 나로서 족하는 것이지, 다른 무슨 사족이 요구되지 않습니다. 나와 너 사이에서도 나는 나로서, 너는 너로서 존재하는 그것만으로 만족이 되는 관계이자 주체의 선언입니다. 그것을 우리는 큰 나라고 말한다면 어떨까요? 작은 나는 큰 나에 대한 정확한 인식이 있으면 어떠한 상황에서도 흔들리지 않습니다. 큰 나가 존재하는데 무슨 걱정과 근심이 있을 수 있겠습니까? 작은 나인 내가 큰 나인 그분과 일치하기만 하면 세상사가 아무리 요동을 친다고 해도 달리 보이게 될 텐데 말입니다.

겁을 내지 말아야 합니다. me phobeisthe 겁을 낸다거나 두려움에 떤다거나 불안해한다거나 하는 것은 인간 실존의 당연한 현상입니다. 피할 수 없는 무의식의 강박증과도 같습니다. 하지만 나를 구성하는 본질, 나의 실체를 알면 그 강박증을 이겨낼 수 있습니다. 물론 큰 나를 알면 큰 나가 작은 나의 모든 일을 다 해결해 줄 것이라는 기계적인 개입 deus ex machina 을 말하는 것은 아닙니다. 두려움, 불안, 공포라는 존재는 막을 도리가 없습니다. 하지만 극복할 수는 있습니다. '나'를 나로서 받아들이면 됩니다. '나'는 '나'를 가장 안전하게 만들어 주는 존재입니다. 나를 안심하게 해주는 것은 다른 그 무엇도 아닙니다. 내가 나를 안심하게 하고 내가 나를 안전하게 하고 내가 나를 초월하게 만듭니다. 큰 나를 작은 내가 나로서 인식한다면, 내면에서 부르짖는 큰 나가 나의 무의식의 두려움을 바로 직면하게 한다면 사방에서 일어나는 무수한 공격성의 잡음으로부터 지켜줄 것입니다.

따라서 안심하십시오 tharseite. 이제부터는 요동치는 세상사에서 외부의 움직임, 외부의 힘, 외부의 상황들에 나를 빼앗기지 말고, 나의 내면에서 큰 나를 발견할 수 있어야 합니다. 큰 나를 붙잡으면 아무리 세상 일이 힘들고 어렵다고 하더라도 흔들림이 없이 살아갈 수 있습니다. 마음 안에 큰 나인 예수님이 있는 한 세상은 변하고 세계는 나를 헷갈리게 해도, 늘 똑같은 나로 존재할 수 있습니다. 똑같은 나, 동일한 나, 흔들리지 않는 나, 삶을 극복하는 나를 바라보는 나는 지금 현재가 기적이라는 사실을 잘 알게 됩니다. 기적은 내가 나로서 존재하며, 과거의 내가 오늘의 나로, 그리고 미래의 나로서 변함없이 존재할 수 있다는 가능성, 능력, 그리고 예측입니다. 나의 마음에서 그것이 비롯된다는 사실을 깨닫는다면 큰 나이신 예수를 멀리서 찾을 것도 아닙니다. 그것은 자칫 예수님의 제자들이 잘못 보았듯이, 유령을 찾게 되는 것이나 다름이 없습니다. 예수님이 다른 말이 아닌 "에고 에이미"ego eimi, 즉 "나는 나다"라고 말한 이유가 거기에 있습니다. 그러므로 큰 나는 나의 마음에 있으니 외부의 영향력이 커져서 나를 뒤흔드는 사건이 많아질수록 자신의 내면을 잘 들여다보고 삶과 신앙의 중심을 찾으면 될 일입니다. 그리고 용기를 가지고 담대하게 살아가면 될 것입니다.

자유정신을 향하여

마르 2,13-17

살다보면 한 번쯤 세상을 바꿔보고 싶은 생각이 들 때가 있을 것입니다. 요즈음처럼 헬조선, 금수저, 흙수저, 혐오, 차별이라는 개념이 만연되어 있는 상황에서는 더욱 그런 생각이 듭니다. 마찬가지로 예수님이 바라보았던 1세기의 이스라엘의 현실은 암울하고 참담하기 그지없었을 것입니다. 정치적으로는 강대국의 압제에 시달리고, 경제적으로는 자국의 지배계층으로부터 수탈을 당하고 여성과 어린이들의 인권이라는 것은 전혀 생각해 볼 수 없는 시대에 예수님은 그들을 위해 해방자가 되기로 작정을 합니다. 그 해방자란 다름 아닌 자유정신을 가지고 거칠 것 없이 살아가도록 안내해주는 사람을 말합니다. 그러기 위해서 제일 먼저 예수님은 제자를 선별하는 일을 진행합니다. 예수님이 제자를 간택하는 첫 번째 중요한 요건은 무엇일까요? 즉각적인 응답입니다. 마르코는 예수와 알패오의 아들 레위의 만남을 매우 간결하게 묘사하고 있습니다. "나를 따라오너라"라는 그 한마디에 레위는 어떠한 사족도 달지 않고 그대로 예수를 따라 나섭니다.

레위 마태오는 누구인가요? 세리입니다. 동족의 피를 빨아먹는 세관원이었습니다. 그는 로마에 세금을 바치기 전에 동족에게서 고혈을 짜내는 것도 모자라 중간이득을 챙겼을 것입니다. 그런 세리를 두고 유대인들은 대놓고 죄인이라고 했습니다. 그런 죄인을 제자로 삼겠다고 말한 예수나 그를 아무런 거리낌도 없이 따라나선 세리나 정말 대책이 없는 사람들처럼 보였을 것입니다. 세리라는 신분으로 손가락질을 받는다 하더라도 먹고 사는 데는 아무런 지장이 없었을 법한 그가 무엇이 아쉬워 그를 따르겠다고 생계를 내팽개친 것일까요? 자유정신 때문입니다. 먹고 사는 문제가 아니라 삶을 자유롭게 하는 정신이 더 중요하다는 것을 레위는 알았을 것입니다. 그 정신의 근원이 예수에게 있음을 깨닫고 그가 하겠다고 하는 일에 대해서 같은 뜻을 품는 제자단의 일원이 되는 일이 더 의미가 있다고 판단을 했습니다. 생각이 없는 인간, 그저 먹고 사는 일에만 매달려서 자신의 정신이 썩어 들어가는 줄도 모르고 사는 인간이 너무도 많습니다. 아무리 세리라고는 하나 자신의 신분을 규정하고 생계를 책임져 주는 존재는 로마도 동족도 아니라는 것을 뼈저리게 느꼈습니다. 자신은 더 이상 백성의 소유물도, 로마의 속인도 아닙니다. 자유정신을 가진 존재로서 예수와 함께 이상세계를 건설해야 하는 사람이 되는 것입니다.

문제라고 생각했던 일, 그러나 단 한 번도 그 문제 바깥으로 나오지 못하고 사는 존재가 될지도 모르는 처지를 예수님이 해방을 시킨 것입니다. 문제 안에 있는데도 불구하고 문제 상황 안에 있으면 그 문제를 문제로 인식하지 못하는 경우가 많이 있습니다. 그 문제를 제대로 짚어주고 그곳으로부터 나오라고 일러주는 존재가 있지 않은 이상 문제의 상황으로부터 해방되기는 어렵습니다.

예수님은 레위로 하여금 그 문제를 정확하게 바라보고 사태로부터 해방이 되어야 한다는 것을 말해주었다고 볼 수 있습니다. 동족을 수탈하지 말아라, 정직하라, 아니 그보다 더 근본적으로 동족을 수탈하는 구조와 세계를 바꾸는 인물이 되라고 종용했습니다. 먹고 사는 문제에만 관심을 두면 자신의 세계 밖의 문제를 직시하지 못합니다. 그것을 아예 문제라고 생각조차 하지 못합니다. 그런데 자유정신을 가진 존재는 자신의 삶으로부터도 자유롭게 되는 동시에 다른 사람도 자유롭게 할 수 있습니다. 어쩌면 그리스도인이 된다는 것, 좀 더 근본적으로 신앙인의 된다는 것은 자유정신을 갖고 살겠다고 결단한 사람들입니다. 자기 자신을 정확하게 바라보는 것뿐만 아니라 자신 바깥의 세계를 냉철한 신앙의 시선으로 직시할 수 있는 사람, 그래서 자신을 구속하는 모든 것들로부터 자유로운 삶을 살겠다는 사람이 그리스도인입니다. 예수님이 레위에게 "나를 따라오너라"고 말한 것은 신앙의 결단을 요구한 것입니다. 자유정신으로 삶을 살아갈 것인가 아니면 다른 사람이나 시스템으로부터 주어진 명령에 따라 사는 억압된 존재가 될 것인가에 대한 선택적 행동을 묻고 있는 것입니다. 그리스도인은 주저하지 말고 우물쭈물하지도 말고 즉시 자유정신을 추구하는 존재로 살아가겠노라고 답을 해야 합니다. 예수 때문에 지금까지의 삶의 근간이 뒤흔들리는 일이 있더라도 그가 가는 길에 선뜻 동행하겠노라 말해야 합니다.

예수님은 결코 사람들이 정해놓은 규칙 따위에 연연해하지 않습니다. 그의 자유정신은 당대의 잣대를 넘어섭니다. 죄인들이라고 사회가 규정해놓은 영역의 경계선을 넘나들며 식탁교제를 하는 모습은 그가 얼마나 화통한 사람인가를 알 수 있습니다. 국가나 사회가 규정해놓은 법망을 없애자는 얘기가 아닙니다. 그것이 사람의 자유를 억압하고 차별하고 구별하는 역할을 한다면 과감하게 철폐를 해야 합니다. 자유정신은 사회가 규정해놓은 잘못된 인식을 바꾸는 일을 해야 합니다. 신앙이 행동이어야 하는 이유가 여기에 있습니다. 그리스도인이 예수님의 자유정신을 모델로 삼고 있다면 우리가 가진 정상과 비정상, 신앙과 비신앙이라는 이분법적 기준조차도 넘어서야 합니다. 예수님의 우선순위는 당시 사회에서 죄인이요 병자라고 낙인이 찍혀 있는 사람들에게 자유정신을 알게 해주고 그들을 해방시켜주는 데 있습니다. 강자를 위한 율법은 자신들을 위해서 약자를 짓밟고 억압합니다. 예수님이 그것을 모를 리 없습니다. 모든 사람에게는 다 자유정신이 있는 것인데, 사회적 인식으로 인해서 자신이 자유정신, 해방의 정신이 있다는 사실조차도 알지 못하는 사람들을 어떻게 깨우칠 것인가를 고민했을 것입니다. 그가 병자를 위하고 죄인을 부르러 왔다는 것은 사회적 통념을 바꾸려는 의도가 깔려 있습니다.

교회는 지금 무엇을 하고 있습니까? 예수님처럼 자유정신을 말하고 있습니까? 아니면 새로운 족쇄를 채우고 있습니까? 사회적으로 억압당하고 지배당하는 약자들을 위해서 교회가 자유정신을 깨우쳐줄 수 있어야 합니다. 그러기 위해서는 그리스도인이 예수와 같은 자유정신을 품고 있어야 합니다. 재단하려고 하지 말고 경계를 없애며 이 시대에 아파하는 민중들을 품을 수 있는 자유정신이 절실하게 요청되고 있습니다. 그리스도의 제자는 그렇게 자유정신을 갈망하는 사람이 될 수 있는 것입니다. 그리스도의 제자는 아무나 되는 게 아닙니다. 자유정신을 위해서 살고, 그 자유정신이 곧 하나님의 나라에 초석이 된다는 사실을 신념으로 알고 이 땅에 그 자유정신을 실현하기 위해서 사는 사람만이 제자가 될 수 있습니다. 예수님은 자유정신을 바탕으로 하고 그것을 향해서 정진해 나가는 사람을 제자로 삼기를 원하십니다.

우리는 흔히 그리스도의 제자라고 말을 하곤 합니다. 그런데 여기에는 반드시 책임이 뒤따라야 합니다. 제자는 모델인 스승을 쏙 **빼닮아야** 하는데 어느 때는 스승의 명성만을 빌려서 수단으로 이용하고 자신을 높이기 위해서 자기 멋대로 자칭 제자라고 하는 경우가 왕왕 있습니다. 스승을 욕되게 하는 일입니다. 그리스도의 진정한 이미지, 그것은 자유정신의 표상입니다. 자유정신의 화신입니다. 그분을 따르고 믿는다는 것은 결국 자유정신만을 삶의 목적으로 삼고 그 나머지 모든 것들에 대해서는 부차적인 것으로 여길 수 있어야 한다는 것을 의미합니다. 우리의 언어, 우리의 행위, 우리의 관심, 우리의 실천은 인간의 자유정신이어야 합니다. 하나님이 그리스도인에게 주려고 하는 것은 세상의 모든 사람들이 회피하고 싶어 하는 자유정신입니다.

　그리스도의 제자라고 자부하는 그리스도인조차도 자유정신이 병들어 버린 시대에 살고 있습니다. 우리는 그의 부르심의 본래 목적이 어디에 있는지 다시 확인을 해야 합니다. 사태에 대해서 회의를 해보고 끊임없이 의심을 하면서 거리낌이 없음, 거칠 것이 없음의 생각과 행동을 할 수 있는 자유정신은 나도 살고 남도 살리는 신앙의 힘이라는 것을 알아야 합니다. 예수님은 당대를 의심했고 또 회의를 했으며 세계가 품고 있는 고질적인 욕망, 개인의 고충들로부터 자유롭게 하려고 했다는 것을 잊지 말아야 합니다. 그것을 우리는 자유정신의 발로라고 말할 수 있습니다. 그 자유정신은 어디에서 나오는 것일까요? 바로 신앙입니다. 진정한 제자로 나서겠다는 결단에서 우러나오는 하나님과 자기에게 충실하겠다는 의지를 통한 자기 정신 말입니다. 지금 세계와 교회는 그것을 바라고 있습니다.

건강을 찬미하는 사람?

마르 3,20-21; 요한 8,51-59

"자신의 건강을 찬미하는 사람은 병 한 가지를 더 가진다." 니체Friedrich W. Nietzsche가 한 말입니다. 스스로 자신이 건강하다고 자부하는 사람은 그게 오히려 병이라는 말로도 해석할 수 있습니다. 1세기 유대인들은 자신이 올바르고 건강하다고 생각했습니다. 자신이 육체적으로, 정신적으로 건강하다고 과신하는 사람은 독선과 아집, 독단의 시선을 가지고 있습니다. 그는 자신의 육체나 정신의 기준으로 다른 사람을 판단하고 규정짓는 사람이 됩니다. 육체적 건강, 정신적 건강, 종교적 건강을 언어로 구전되거나 문서로 기록된 경우, 그것을 학습한 사람의 기준은 자신의 이성과 신앙적 판단이 아니라 타자에 의해서 만들어진 판단에 따라서 모든 것을 보게 됩니다. 예수님은 1세기 당시 유대사회에서 건강하다고 하는 기준, 그 척도를 다르게 보고 해석하려고 했던 사람입니다. 마르코복음서 3장은 예수님의 친척들까지도 그를 미쳤다고 생각하고 그의 행동을 만류

하려고 하고, 요한복음서 8장에 나오는 장면에서 유대인들은 예수님이 마귀 들렸다고 단정 짓습니다. 하나님을 아버지라고 하고 예수 자신의 말을 잘 지키면 영원히 살 것이라고 자신하며 아브라함보다 앞서 있었다고 하는 예수님의 선언은 유대인들에게 인정하기 어려운 말이었을 것입니다.

신과 인간을 동격으로 여기면 큰 일이 나는 줄 아는 유대인들은 하나님이 예수님의 아버지라고 말하는 선언에 화들짝 놀랐을 것입니다. 그것을 두고 '참람하다' 혹은 '참란하다'는 표현을 씁니다. 감히 그렇게 말할 수 있는 존재가 있을 수 없는 사회에서 신과 자신을 부자 관계로 선언한다는 것은 가당치 않은 것이었습니다. 신은 인간이 범접할 수 없는 존재요 늘 멀리 있는 낯선 존재이어야만 한다는 게 그들의 통념이었습니다. 그게 종교적 건강성을 지키는 그들만의 방편입니다. 하지만 예수에게 하나님은 늘 가까이 계시는 분입니다. 그에게 하나님은 아버지로 곁에 계시는 분입니다. 하나님에 대한 아버지 선언 혹은 부격父格 지칭은 신과 인간의 관계를 매우 친밀한 관계로 서술한 것입니다. 왜 하나님은 멀리 계셔야 하고 엄하셔야 하고 낯설어야 하는 것일까요? 종교의 건강성의 척도에서 보면 하나님은 가까이 계셔야 합니다. 아버지처럼 살갑고 편하게 사람의 문제에 개입하고 간섭하는 존재라는 것을 사람들이 안다면 신을 무서운 존재, 벌을 내리는 존재로서 그에 대해 의무만 이행해야 하는 하찮은 인간이 되지 않을 것입니다. 왜 유대인들은 그러한 신에 대한 두려움과 심연, 거리 둠만이 건강한 종교성이라고 생각한 것일까요?

아브라함보다 먼저 있었다는 선언은 어떻게 받아들여야 할까요? 아브라함은 만백성의 아버지요 이스라엘의 시조나 다름이 없습니다. 신앙의 아버지인 아브라함보다 훨씬 나은 인물이라고 한다면 그것은 씨족적 개념이나 족보적 관념을 넘어선, 앞에서 말한 구별과 정체성에 따른 배타성을 뛰어 넘는 사람이라는 것을 역설적으로 말하고 있는 것은 아닐까요? 자신의 종교적 건강성, 육체적 유전적 건강성, 정신적 건강성의 척도로 여겨오고 있는 아브라함의 존재를 국수적으로 받아들일 경우 나머지 그 영역 바깥에 있는 사람들은 장애가 있는 사람들입니다. 건강하지 못한 사람들, 죄인들, 구원받지 못할 사람들, 할례를 받아야 할 사람들이라는 등식이 성립합니다. 예수님은 신앙이 건강하고 정신이 건강하려면 자신의 마음에서 구별 짓고 구분하고 있는 분별심을 없애야 한다는 것을 말하고 있는 것입니다. 나와 너, 옳고 그름, 잘남과 못남, 남과 여, 위와 아래, 부와 빈 등 자꾸 가르고자 하는 마음이 생기는 것은 내가 건강하지 못하다는 반증입니다. 그것이 오히려 병입니다. 내가 건강하다고 말하는 그 시선으로 재단하는 것이 병입니다. 건강하다는 것이 다른 사람에게는 폭력이 될 수 있고 위협이 될 수 있습니다. 건강하지 못한 사람은 건강한 사람이 부러움의 대상이 되기도 하지만 위험과 위축, 배제의 대상이 되기도 합니다. 신앙은 경쟁도 아니고 그렇다고 성공도 아닙니다. 그런데 신앙조차도 성장도, 건강성, 성실성, 빈도수 등을 통해서 그 사람의 종교적 건강성 전체를 산출합니다. 지나친 건강은 해가 되는 법입니다. 신앙은 같이 더불어 성장해야 합니다. 무엇을 고수하고 절대 불변의 것으로 상정하고 내달리는 사람은 다른 사람이 눈에 보이지 않습니다. 절대라고 생각하고 이름을 붙일 수 있는 것은 하나님밖에 없습니다. 그 외의 모든 것들은 상대입니다. 우리는 상대를 절대로 인식하는 경우를 종종 보게 됩니다. 민족의 동질성이나 종교의 종단 색깔이 절대가 될 수 없습니다. 예수님은 유대인들이 절대라고 고집하는 것이 오히려 상대라는 것을 꼬집는 충격요법을 쓰고 있는 것입니다. 우리도 신앙생활을 하면서 내가 절대라고 설정해놓은 것은 없습니까? 신앙의 장애가 될 뿐입니다. 절대라는 병에 걸려 있다는 것을 모르는 그것이 바로 불치의 병입니다. 진정으로 건강한 종교인이 되고자 한다면 자신이 절대라고 여기고 있는 것이 혹 상대가 아닌가를 생각해봐야 합니다. 그리고 만일 절대라고 믿어야 할 대상이 상대가 되지 않았는가를 되짚어 봐야 합니다.

예수님은 "내 말을 지키면 영원히 죽지 않을 것이다"라고 말합니다. 죽음이라는 한계상황을 아무도 초월할 수 없는데 예수님은 자신의 말을 준수하면 영원히 살 것이라고 확언합니다. 영원은 죽음의 단절입니다. 죽음을 무화시킬 수 있는 것은 죽음을 이기게 만드는 연속성을 가진 힘이 있으면 됩니다. 예수님은 자신의 말logos을 지키면tereo/ terese 영원히 살 것이라고 말하고 있습니다. '지키다' 혹은 '인지하다', '굳게 붙들다'는 뜻을 가지고 있는 그리스어 terese 테레세는 "계속 주시하여 시선을 놓치지 않는다"는 의미를 품고 있습니다. 신앙인이 살려면 예수님의 말을 붙들고 한시라도 그의 말씀에서 시선을 떼지 말아야 합니다. 그것은 말씀을 붙들고 놓지 않는 것입니다. 말씀은 영혼의 죽음을 무화시킵니다. 영혼이 살 수 있는 길은 끊임없이 예수님의 말씀을 지킬 때라는 것을 말해주고 있습니다. 그리스도인이 사는 길은 예수님의 말에 있습니다. 그의 말을 깨닫고 지키며 마음에 간직하여 살아가야 합니다. 그러므로 유대인들은 잘못 이해한 것입니다. 몸이 죽는다는 육체적 한계를 벗어날 수 있다는 말을 한 것이 아니라 인간의 정신, 영혼을 살 수 있는 길은 말을 깨닫고 지키는 것에 있다는 것을 몰랐던 것입니다.

말의 영원성은 비록 육체적 한계를 갖고 있다고는 하나 말을 향해서 시선을 예의주시하는 데 있습니다. 말의 종교인 그리스도교는 그 건강성을 유지하려면 말의 건강성, 말을 힘 있게 붙잡아야 합니다. 말을 지키고 싶다면 그것의 진정한 의미를 깨달아야 합니다. 의미를 깨닫기 위해서는 말을 늘 예의주시해야 합니다. 말을 떠나서는 그와 함께 할 수 없고 그와 함께 할 수 없으면 생명은 끝난 것입니다. 종교의 건강성이 오래 지속되려면 말을 지켜야 합니다. 예수님의 말을 지켜야 나의 정신, 나의 영혼, 나의 육체가 건강할 수 있습니다. 그의 말을 오래 간직하면 할수록 진리, 이법, 삶의 이치, 이성의 성숙을 가져올 수 있습니다. 단순히 붙잡는 것이 아니라 깨달음을 통한 붙잡음이어야 합니다. 니체는 "종교의 보존은 철저히 유용함의 관점에서 바라는 것이다. 유용함 자체가 최고의 의미도덕성에서 취해진다. 그러나 그것은 보존될 수 없다. 왜냐하면 정직한 선생이 더 이상 없기 때문이다"라고 비판했습니다. 종교의 건강성은 말의 유용성에 있습니다. 말의 유용성은 곧 종교의 영원성과 같습니다. 종교가 영원하고 인간의 삶이 영원하려면 그 말씀을 지키는 사람의 외화外化, 예수님의 화신으로서의 정신을 드러내야 합니다. 그것이 정신의 건강함을 지키는 길입니다. 그리스도교가 유용한가라는 판단은 곧 인간의 보편적인 정신을 건강하게 만들어 줄 수 있는가에 달려 있습니다. 예수님의 진리의 말씀이 정말 실용성이 있고 효용성이 있는가는 그리스도인이 그것을 힘써 지켜서 그분을 드러내는 데 있습니다. 그렇다면 그리스도인 자신의 정신이나 영혼이 상실되지 않을 것이며 교회 공동체 역시 건강함을 유지할 수 있을 것입니다. 그때에 세상은 예수와 그를 믿는 그리스도교가 건강한 종교라는 것을 깨닫게 될 것입니다. 그러므로 세상을 건강한 진리의 언어로 이끌기 이전에 그리스도인이 먼저 예수님의 말씀이 자신의 정신이 되도록 노력해야 할 것입니다.

6

이사야서가 가지고 있는 영혼

루가 4,14-21

예수님의 자의식에 대해서 생각을 해보면 그는 체제와 억압의 해방자라는 생각을 갖고 있었던 것 같습니다. 삶과 신앙에 억눌렸던 사람들에게 해방을 가져다주러 왔다는 하나님의 부르심vocatio을 느끼지 않았을까 하는 추측을 해볼 수 있습니다. 예수님이 봤을 때 자신도 유대인이지만 유대교의 엘리트 계층이 만들어 놓은 질서와 율법의식은 낡았다는 것이지요. 사람들은 율법을 통해서 공허한 말을 하고 아무런 신앙의 도움도 되지 않는 삶의 짐을 민중들에게 지우면서 자신의 체제를 공고히 합니다. 기득권의 세력은 늘 자신의 생각을 옳다고 여기고 기존에 가지고 있던 권력과 이권에 대해서는 전혀 내려놓을 생각을 하지 않습니다. 오히려 신앙을 통해서 해방과 자유를 가지고 와야 함에도 불구하고 끊임없이 신앙의 짐을 지게 하려고 합니다. 그게 곧 율법이라는 사실을 잘 인식하지 못하고 말입니다. 자신의 발언이 율법적이고 고답적인 것이라는 것을 잘 모릅니다. 사람들은 기도를 하면서 내가 이런저런 하나님의 말씀을 받았습니다, 하나님의 뜻입니다, 라고 합리화하지만 가만히 보면 그것은 자신의 욕망이나 신념이지 결코 신앙과는 하등의 관계가 없다는 것을 알게 됩니다.

그래서 기득권의 말이 무서운 것입니다. 기득권이 하는 말은 마치 순종이나 복종을 해야 하는 것으로 착각하기 때문입니다. 그 말을 따르지 않으면 신앙의 해가 된다거나 자신이 속해 있는 공동체가 와해된다는 불안감마저 가지고 있습니다. 잘못된 것임에도 불구하고 함부로, 너무 빨리 '아멘'을 하는 것입니다. 그렇게 되면 신앙은 발전이 없습니다. 사유하지 않는 신앙은 마치 주술magic에 빠져서 헤어 나오지 못하는 것과 같습니다. 인신공희가 잘못되었다는 것을 이성적으로 인식하지 못하고 집단의 희생을 강요합니다. 충분한 성서적 숙고가 없이 회의의 사안만 가지고 득실을 따지는 것은 예수님의 정신과는 전혀 상관없는 판단을 내리게 됩니다. 오늘날 교회가 과연 예수님의 정신대로 산다고 볼 수 있을까요? 혹 낡은 관습과 낡은 신앙, 낡은 사고방식으로 숨 막히는 교회가 되고 있지는 않습니까? 새로운 신앙과 새로운 삶의 해방으로 숨을 터주는 공동체가 되어야 하는데, 오히려 체제의 유지를 위해서 지속적인 신앙의 이데올로기를 주입하고 있는 것은 아닙니까? 마치 바리사이파 사람들처럼, 율법학자들처럼 말입니다. 이것은 성직자도 예외는 아닙니다. 성직자의 해석학적 판단이 어디로 향하고 있는가에 따라서 교회의 모양새가 달라집니다. 철학자 가다머H.- G. Gadamer가 아무리 '지평융합'이라는 말로서 해석학을 설명하고 텍스트를 해석하기 위해서는 일정한 선판단적인 요소가 개입되지 않으면 안 된다고 주장을 했더라도 해석자인 성직자의 편견과는 사뭇 다른 것입니다.

율법의 고답적이고 전통을 유지하기 위해서 오로지 과거의 산물에 지나지 않는 글귀로 사람을 억압한다면 그것은 해방이 아니라 구속입니다. 삶도 변하고 신앙도 변합니다. 그러면 그에 맞게 진리를 해석하고 그 진리를 가지고 사람들의 삶을 자유롭게 만들어 주어야 합니다. 신앙은 자유와 해방이기 때문입니다. 예수님의 말씀을 지키게 되면 그것은 족쇄가 아니라 삶과 영혼의 해방을 가져오게 됩니다. 그런데 예수님의 말씀이 아니라 신자 개인의 말과 판단, 혹은 성직자의 견해가 더 큰 구속력을 가질 경우에는 문제가 달라집니다. 예수 당시에도 그랬습니다. 율법 속에 담긴 하나님의 뜻을 해석하고 그 진의를 알려주고 하나님의 백성으로 살도록 해주어야 하는 게 율법학자들의 마땅한 일이었습니다. 그런데 문자로부터 떠나지 못한 지식인들은 문자대로만 지키는 것을 원칙으로 삼았으니 역동적인 삶에 변화를 가져오기 만무한 것입니다.

예수님이 예언자 이사야서를 읽은 이유가 어디에 있을까요? 그리고 그 내용은 무엇이었을까요? 복음의 대상은 가난한 사람에게 있다, 구속된 자들을 해방시키는 데 있다, 눈먼 자tuphlos들을 보게 하셨다, 보는 것을 되찾아 줌, anablepis 학대받고 억눌린 사람들에게 자유를 주려고 하셨다는 게 요지입니다. 이게 주님의 은총입니다. 그런데 이 말씀이 곧 예수에게서 이루어진 것으로 확신하십니다. 어쩌면 회당에 들어가셔서 예수님이 읽으셨던 예언자 이사야의 말씀이 예수 사역의 핵심이라고 해도 과언은 아닐 것입니다. 가난한 사람들ptochos을 위해서 복음을 전하기 위해서 일생을 헌신한 예수님의 모습을 우리는 잘 압니다. 율법과 정치경제적으로 억압당하는 이들에게 새로운 희망을 불러일으킨 것을 복음서를 통해서 접하게 됩니다. 병자들에게 연민을 갖고 그들을 치유하시는 기적을 베풀어 주셨습니다. 신분이나 계급적으로 힘이 없는 백성들을 변호하시고 그들의 편에 서서 일하셨습니다. 필자는 이런 것들이 오늘날 우리 교회가 해야 할 일이라고 생각합니다.

가난한 이들을 위해서 지속적인 관심을 쏟는 것은 예수님이 곧 기쁜소식이라는 것을 나타내주는 교회의 행위입니다. 가난한 이들에게 사랑을 베풀고 그들을 위한 교회가 되지 못한다면 교회의 모든 소리는 그야말로 소음을 발설하고 소란을 떠는 것이나 다름이 없습니다. 교회는 충분히 부자입니다. 가진 것들이 많이 있는데 정작 더 가지려고 하고 가진 것을 지키려고 하기에 가난한 자들의 공동체가 되지 못하는 것입니다. 피부는 메마르고 거칠며 배운 것은 없어 무지렁이 같지만 그들의 영혼 안에 있는 하나님을 향한 열정과 사랑을 결코 외면하지 말아야 합니다. 하나님의 사랑과 관심은 가난한 사람들의 것입니다. 오로지 교회는 그들을 위해서 존재해야 합니다. 가난한 자들의 비명소리가 사방에서 들려오고 있는데 그들의 손을 잡아주지 못하는 교회가 어찌 은총을 말하고 사랑을 말하며 믿음을 말한단 말입니까? 다 교회 안에 있지만 실상은 종교라는 허울을 뒤집어 쓴 몽상가들의 집단에 지나지 않습니다. 교회는 가난한 자들과 같은 꿈을 꿀 수 있어야 합니다. 있는 자들의 공동체로서 예배드리고 애찬을 나누면서 일주일에 한 번씩 동질감을 확인하는 장소가 아닙니다. 내 주위에 가난한 자들이 있는데 나만 잘 되겠다고 예배를 드리며 하나님께 인정을 받으려는 장소도 아닙니다. 가난한 자들은 우리의 그림자입니다. 그들은 우리의 피할 수 없는 운명인 것입니다. 복음은 그와 같은 가난한 자들에게 울려 퍼지는 예수님의 마음입니다. 그 마음을 나누는 교회가 되어야 할 것입니다.

또한 교회는 육체적으로, 심리적으로 갇혀 있는 이들을 풀어주는 역할을 해야 합니다. 정신적으로 빈곤한 상태에 처해 있는 이들에게 교회가 영적으로, 심리적으로, 정신적으로 그 필요를 채워줄 수 있어야 합니다. 여기에는 공동체가 서로 푸근하며 서로 관심을 갖고 이해하고 포용하려는 자세가 있어야 합니다. 사람들이 사는 곳이니 이해득실을 따지기도 하고 또 갈등과 긴장도 있을 것입니다. 그런데 교회는 영적 공동체입니다. 영이 살아있고 마음이 서로 열려 있다면 너의 문제를 나의 문제로 받아들이며 함께 아파해줄 수 있는 교회가 될 수 있습니다. 교회는 그러기 위해서 사람들을 따로 불러 모이게 한 곳입니다. 사람들의 마음을 읽고 나누며 위로하는 교회, 그래서 영육이 속박된 신자로 하여금 해방감을 느낄 수 있는 그런 교회가 되도록 해야 합니다.

그리고 교회는 마음의 눈, 육체의 눈이 닫혀서 더 이상 볼 수 없는 사람들을 다시 볼 수 있도록 해야 합니다. 교회는 눈을 뜨게 해주는 곳입니다. 기적 같이 앞을 보지 못하는 사람으로 하여금 눈을 보게 해주는 성령의 역사도 일어납니다. 그런데 그보다 더 중요한 것은 마음의 눈, 영적인 눈이 감겨 있다면 더 큰일입니다. 그러므로 눈에 비늘이 떨어져 나가도록 해야 합니다. 신자 스스로도 예수로 인해서 영적인 각성이 일어나는 경험을 하려는 노력이 필요합니다. 물질적 욕구만 채우려는 신앙생활이 아니라 정신과 영이 건강한 상태로 살아가려는 의지가 먼저입니다.

마지막으로 교회는 약자들을 위해서 자유함을 주려고 하는 공동체가 되어야 합니다. 힘이 없어서 자신을 스스로 변론할 수 없는 사람들, 어린이, 여성, 장애인, 노인, 노숙자 등을 위해서 교회는 그들이 스스로 설 수 있는 여건을 마련해 주는 것입니다. 예수님의 관심사는 바로 이들을 향해 있었습니다. 오늘날 예수님의 시선을 따라서 약자들을 위해서 존재하고 기도하고 활동을 전개하는 그런 교회가 요구되고 있습니다. 교회가 비웃음을 사는 이유는 이들의 고통에 대해서 눈을 감고 있기 때문입니다. 약자들은 절규하는 침묵입니다. 그 침묵에 어떻게 응답하느냐에 따라서 교회의 운명이 달라질 것입니다.

7

인생의 미로와 믿음

마르 4,35-41

삶과 신앙이 미로와 같을 때가 많이 있습니다. 도저히 빠져나오기 힘든 삶의 상황들이 전개되어 진퇴양난, 사면초가가 되어버린 때를 경험하게 되면 희망을 찾을 길이 없어 보입니다. 게다가 기도를 해도 하나님은 침묵만 하고 계시는 것 같은 느낌을 가질 때가 한두 번이 아닙니다. 심지어 하나님은 귀가 먼 것은 아닌가? 하나님은 존재하는 것인가? 하는 의구심을 품을 때도 있습니다. 인생이라는 배가 항해를 하게 되면 순탄한 파도를 만나는 것만은 아닙니다. 거센 파도, 배를 집어 삼킬 것 같은 파도를 만나기도 합니다. 그럴 때 우리는 이제 인생은 여기서 끝났다고 단정 짓습니다. 아예 포기를 하고 넋을 놓고 맙니다. 극단적으로는 마음, 삶, 희망, 가능성을 다 내려놓고 자살을 하기도 하지요. 이런 극단적인 상황에서 우리는 묻습니다. '하나님은 정말 나의 영혼을 기억하고 계시는 걸까?' '하나님은 나의 삶에 대해서 간섭을 하고 계시는 걸까?' 절망의 나락에서 붙잡을 수 있는 것은 아무것도 없습니다. 키에르케고르S. Kierkegaard가 말한 것처럼, 절망은 그야말로 죽음에 이르게 만드는 것입니다. 길은 있는데 내 길이 아닌 것 같고 삶은 살고 있는데 내 삶이 아닌 것 같고 생명은 붙어 있는데 내 목숨이 아닌 것 같은 인생에서 우리는 한없는 절망의 나락으로 떨어집니다. 마치 절망이 답인 것처럼 절망의 절망으로 몰고 가는 것입니다.

내 인생의 절망의 순간이 찾아올 때 해답은 있는 것일까요? 오히려 절망의 시간을 겪고 있는 때조차도 예수님은 나와 있지 않은 듯 아무런 변화는 없고 죽음의 문턱을 오르내리는 인생의 쓴잔을 맛보는 것은 아닐까요? 인생의 파도는 나침반도 필요 없다는 듯이 나를 죽음으로 끌고 갑니다. 내가 가고자 했던 방향을 완전히 상실하게 한 채 길을 잃게 만듭니다. 이때 우리의 울부짖음은 예수님의 제자들과 똑같습니다. '우리가 죽게 되었는데 왜 가만히 계십니까?' '왜 돌봐주시지 않습니까?' '왜 염려해주지 않으십니까?' '왜 관심을 가져melei주지 않으십니까?' 숱한 질문들을 던집니다. 어쩌면 죽음의 순간이라면 이보다 더 절박하고 심한 하소연도 할 것입니다. '우리를 사랑한다면 죽게 내버려두면 안 되는 것 아닙니까?' '죽음이 임박했습니다. 죽음을 드리운 그림자, 인생의 파도가 나를 삼키려고 합니다. 왜 침묵을 하고 계십니까? 이러한 질문에 답을 하시는 듯이, 그렇게 태연히 잠만 주무시고 침묵하시던 예수님이 놀라운 일을 일으키십니다. 그가 바람을 꾸짖었더니epetimesen 파도가 잠잠해졌습니다. 그리스어로 시오파오siopao는 '침묵을 시키다'는 뜻이고, 피모오phimoo는 '입을 다물게 하다', '재갈로 입을 막다'는 뜻입니다. 파도가 침묵을 한 것입니다. 침묵하는 예수를 깨웠더니 거센 파도가 되레 침묵을 했습니다. 바람 잘 날 없는 인생, 힘겹게 한 고비 두 고비를 넘겨가며 사는 인생, 어느 덧 인생의 한 고개를 넘겼다고 생각했는데 또 다른 난관에 봉착하면 내 인생이 끝내 침묵할 거 같은 두려움이 엄습합니다. 그런데 그때 예수를 흔들어 깨우면 내 인생이 삽니다. 영원히 생이 침묵할 거 같은 순간에 예수를 깨워야 합니다. 예수를 흔들어야 합니다. 그러기 위해서는 나의 인생의 배 안에 예수님이 타고 계심을 깨달아야 합니다. 그가 깨어나면 인생이 달라집니다. 인생의 온갖 질곡, 아픔, 어려움, 난관, 시험, 장벽 등이 놓여 있다고 하더라도 예수님은 그러한 것들을 잠재울 수 있는 분입니다. 그것을 침묵시키고 삶의 완전한 침묵을 결심했던 나에게 희망을 보여주십니다.

예수님은 우리가 넘을 수 없는 인생의 파고를 재갈로 입을 막듯이 봉해버립니다. 제압을 하고 결박하면서 그 인생의 험난한 파도로부터 우리를 지켜줍니다. 파도에 부딪혀 지금 난파의 지경에 처해 있습니까? 내 힘으로는 어찌 할 수 없는 삶의 한계에 직면해서 빠져나오기가 힘듭니까? 예수에게 의지하십시오. 그러면 그분이 사방에서 들려오는 인생의 부정과 악의 힘을 입 다물게 하실 것입니다. 예수에 대한 신뢰가 있어야 미래에 대한 신뢰가 있습니다. 예수님이 우리의 인생에 함께 하고 있고 또한 난관에 부딪치더라도 이길 것이라는 믿음이 있어야 합니다. 그러므로 무서워하지deilos 마십시오. 겁먹지 마십시오. 예수님이 우리를 지켜줄 것이라는 믿음pistin만 가지고eksete 있으면 됩니다. 다른 것은 다 내려놓을 수는 있으되 믿음만은 꼭 움켜잡고 있어야 합니다. 어떠한 일이 있더라도, 어떠한 시련, 고난, 곤란, 역경이 온다고 해도 믿음마저 잃어버린다면 예수도 깨울 수 없고 예수님이 나의 인생의 배에 함께 하고 있다고 하는 생각조차도 할 수 없습니다. 믿음을 간직하십시오. 믿음을 품으십시오. 그래야 절망과 죽음의 구렁텅이에서 살아날 수 있습니다.

예수님은 인생의 모든 문제들, 심지어 죽음의 문턱에 서 있는 상황에서도 우리의 삶에 적절하게 개입하셔서 그 삶을 순탄하게순종하게, hupakouo하십니다. 예수님은 우리의 삶에 명령을 내려서 자신의 말을 듣도록akouo 하시는 힘을 가지고 있습니다. 이를 두고 흔히 우리는 예수님이 삶을 주관한다고 합니다. 주관이라는 말은 바로 예수님이 삶의 주인이다, 그분이 내 삶에 명령을 내리는 분이라는 의미입니다. 사람이 삶을 살아가는 것 같지만 실상은 예수님이 삶을 인도하는 것이고 삶으로 하여금 자신의 말을 듣도록 하시는 것입니다. 나의 주체성, 나의 이성으로는 가늠이 안 되는 폭풍의 인생 안에 유유히 버티고 계시는 예수를 생각해보면 그는 우리가 살아가도록 삶을 열어주시는 분이라는 것을 알게 됩니다. 폭풍우가 몰아치는 바다 한 가운데에 예수님이 계시는 것입니다. 삶이 경직되어 있다는 것을 모르는 바가 아닙니다. 아니 순간순간 삶은 내 뜻대로 되지 않고 어떤 조건과 욕망에 의해서 형성되는 것을 문득 깨닫게 됩니다. 아차, 하는 순간에 발을 헛딛고 인생의 돛을 잘못 올려서 역풍과 풍랑을 만나게 되면 삶은 이미 내 수중에서 떠난 것입니다. 남는 것은 오직 그분의 침묵뿐입니다. 그러나 그 침묵에 의미가 있습니다. 침묵은 그냥 침묵이 아니라 내가 겪고 있는 인생의 풍랑을 침묵시키려고 준비하고 관조하시는 침묵이라는 것입니다.

그분의 침묵에 소름이 돋을 때가 있습니다. 나는 급하고 힘들고 어찌할 줄 몰라서 종종 거리고 있는데 당신은 유유자적이니까요. 삶이 녹록치 않을 때는 더욱 그러한 생각이 듭니다. 왜 침묵하고 계시는가? 그분의 침묵은 내 생각의 범주 바깥의 침묵입니다. 이해할 수 없는 침묵, 가늠하기 어려운 침묵.

그러나 그의 침묵은 사방을 고요하게 만들기 위한 침묵입니다. 당신의 침묵이 있어야 폭풍우의 존재를 알게 되고 그 존재보다 더욱 강한 예수라는 존재가 비교되는 법입니다. 삶과 세계가 침묵 속으로 빠져들게 만드는 침묵이 더 위대합니다. 그분의 침묵하도록 만드는 침묵이 더 두렵고 떨리는 것입니다. 그분의 침묵은 그저 단순하게 삶을 어떻게 조정해보겠다는 충동과 조짐이 아닙니다. 그분의 침묵은 우리의 삶을 높은 경지에서 바라보는 힘입니다. 그분의 침묵을 인정할 수 있어야 합니다. 오랜 침묵이 나를 힘들게 하고 어렵게 하기도 합니다. 이제 그분의 침묵을 깨울 때가 되었습니다. 삶의 침묵을 깨려면 믿음을 가져야 합니다. 믿음을 가지고 그를 깨워야 나의 삶에 침묵이 생깁니다. 다시 말해서 그분의 침묵이 깨어나 나의 삶을 통제할 때는 나는 그분의 보호 아래에 살게 되는 것입니다. 따라서 믿음을 가지고 그분의 침묵으로 나의 인생 여정의 모든 어렵고 힘든 문제들을 잠재우도록 깨워야 합니다. 그분의 침묵이 우리의 삶을 구원할 것이다. 그분의 침묵의 침묵이 우리를 평화롭고 안전하게 할 것이라는 믿음을 소유해야 합니다. 그분의 침묵이 깨어나고 나의 삶을 호령하고 야단치는 모습을 보기를 원합니다. 삶의 온갖 두려움과 공포, 절망으로 부르르 몸이 떨리는 것을 침묵시키고 당신의 명령 앞에 삶이 떨리고 세상이 떨리는 것을 볼 수 있기를 희망합니다. 주님, 이제 나의 앞에 놓인 죽음과 절망의 삶을 돌아보시고 깨어나소서. 삶의 악들이 깨어나 주님을 더 깊이 잠들게 할까 두렵나이다. 그러하오니 주님, 더 이상 침묵하지 말아 주소서. 아멘.

8

기적을 선택하는 사람들

마르 6,30-44

기적이 그냥 일어나는 것이 아닙니다. 기적은 선택입니다. 사르트르Jean-Paul Sartre가 "사람은 스스로를 위하여 선택한다고 말할 때 우리는 각자가 스스로를 선택한다는 것을 의미한다"고 말했습니다. 스스로의 선택에 의해서 인간은 인간이 될 수도 있고, 짐승이 될 수도 있으며, 성자가 될 수 있습니다. 스스로의 삶에의 투신과 선택에 의해서 삶이 완전히 달라질 수도 있고 삶이 아닌 지옥과 같은 죽음일 수도 있습니다. 우리는 삶을 살아가면서 많은 경우 어려움에 닥치거나 곤란한 일을 겪을 때 기적을 바랍니다. 무언가 초월적인 힘이 작용하거나 천사와 같은 존재가 나의 삶에 개입하여 환경을 바꿔주기를 기대합니다. 나의 절박한 삶이 달라지는 것을 보고 기적이라고 말합니다. 죽을 것 같은 병으로부터 나을 때 기적이라고 합니다. 그런데 기적이 일어나는 것을 보면 전혀 내 힘도 들이지 않고 일어나는 것이 아니라 어떤 선택에 의해서 이루어지는 것을 알게 됩니다. 기적이 일어나도록 만드는 나의 선택, 기적처럼 사건이 완전히 달라지는 나의 선택이 있었기 때문에 기적이 일어난 것입니다. 심지어 행동하지 않고 가만히 있는 것조차도 나의 선택입니다.

마르코복음서 6장의 이야기는 음식기적사화입니다. 사람들이 예수에게 너무 많이 오고 그들을 가르치다 보니 식사를 할 시간도 없었습니다. 그들조차도 식사를 할 수 없었습니다. 여기서 기적이 일어나는 첫 번째 단초를 발견하게 됩니다. 예수님이 그들을 "측은히 여겼다"는 말에 주목할 필요가 있습니다. 무리들에 대한 연민입니다. 그들이 얼마나 가르침에 갈급해 하며 그들의 정신과 영혼을 돌보는 이를 갈망했는지 예수님은 단박에 알아보았습니다. 그리고 그들을 가르치시기로 결정하십니다. 예수님의 선택입니다. 가르칠 수도, 안 가르칠 수도 있었지만 예수님은 그들의 고통을 자신의 고통으로 느끼고 그들의 고통 속에 참여한 것입니다. 그들의 아픔을 자신의 아픔으로 느끼고 그 아픔 속에 자신을 던지시기로 선택하신 것입니다. 민중을 향한 예수님의 특별한 가르침은 그렇게 그의 자발적인 선택에 의해서 이루어진 기적입니다. 민중이 민중으로서 스스로 깨어날 수 있도록 지금까지 진리를 제대로 모르는 무지렁이들에게 자신의 지식과 지혜, 하나님 나라의 말씀을 풀어 가르치는 것은 거의 기적에 가까운 일입니다. 예나 지금이나 배움이라는 것은 부익부빈익빈입니다. 또 철저하게 신분적 계급질서 속에서 이루어집니다. 그런데 차별을 두지 않고 그들에게 가르침을 베풀었다는 것은 배움 수혜자 입장에서 보면 기적에 가까운 일입니다. 스승을 잘 만나면 그 역시 기적인데, 그 기적이 오히려 스승의 선택에 의해서 수많은 백성들에게 일어나는 것은 쉬운 일이 아닙니다. 인생이 바뀌고 삶이 상승되며 체념이 희망이 되기도 합니다. 예수님이 베푼 기적의 첫 번째 마음의 선택, 그것은 측은지심이었습니다.

저녁때가 되었습니다. 그런데 돈과 음식은 부족하였습니다. 수많은 백성들을 먹이기에는 턱없다는 것을 안 제자들은 그들이 알아서 끼니를 해결하기를 청합니다. 그러나 예수님은 이렇게 말합니다. "너희가 먹을 것을 주어라." 예수님은 제자들이 먼저 먹을 것을 나누기를 원하고 있습니다. 또 한 번의 선택이 이루어집니다. 기적은 나누는 데서 시작된다는 예수님의 판단과 선택입니다. 고작 빵 다섯 개와 물고기 두 마리 밖에 없는데서 그는 그것을 나누어주기 시작합니다. 없다, 라고 생각하는 순간 나눌 수가 없습니다. 마음을 닫아버리는 순간 어떤 선택을 할 수도 없습니다. 선택을 하지 않는다면 기적도 일어날 수가 없습니다. 선택을 하게 되면 손해가 발생할 수 있습니다. 하지만 예수님의 제자들이 먹을 것을 주는 순간, 기적은 나눔을 통하여 일어납니다. 나누어야 한다는 것은 타자에 대한 책임입니다. 굳이 나의 것을 나눌 필요가 없는데 타인을 향해서 손을 내미는 이유는 타자를 긍휼히 여기는 사랑 때문입니다. 타인을 책임져야 한다는 것, 자신의 말을 듣겠다고 해질 녘까지 함께 있었던 백성들에게 책임을 져야 한다는 것이 나눔이라는 기적이 일어나게 만든 요인입니다.

기적과 나눔이라는 두 가지 사건 중에 어느 것이 먼저일까요? 사실 기적은 있습니다. 기적이 먼저입니다. 기적이 있기 때문에 사건이 일어납니다. 하지만 기적이 일상화된다면 그것을 우리는 기적이라고 부르지 않습니다. 정말 의식하지도 않는데 벌어지는 일반화되지 않은 일, 그것이 기적입니다. 기적을 기적이게 하려면 선택이 있어야 합니다. 선택적 행위는 기적이라는 사건을 일상적인 사건으로 보이게 합니다. 사실 기적이라는 말이 없는 게 나을지도 모릅니다. 차라리 일상을 기적처럼 여기면 기적이라는 말이 별로 소용이 없습니다. 그런데 우리는 일상보다는 기적이라는 말을 더 선호합니다. 나눔에 별로 관심을 갖지 않은 사람들에게는 나눈다는 것 자체가 기적입니다. 나누면 손해가 되고 내게 이득이 될 게 없다고 생각하며 살아온 사람들에게는 나누는 것 자체가 일상화되지 않았기 때문입니다.

　예수님은 기적은 반드시 있다, 그러나 어떤 선택을 하느냐에 따라서 그 상황이 달라질 수 있고, 달리 보일 수 있다는 것을 실증적으로 보여주었습니다. 마르코복음사가가 보여주는 기적은 나눔입니다. 먹는 것을 나누는 데서 기적이 싹튼다는 것을 예수 사건을 통해서 알려주고 있습니다. 서로 먹는 것을 나누다 보면 내 것과 네 것의 구분이 없어집니다. 많이 가진 사람은 적게 가진 사람과 함께 나누면서 더욱 풍요로운 먹거리가 형성되는 것을 우리는 일상생활에서 경험하곤 합니다. 오늘날 경제문제도 역시 마찬가지입니다. 성장만 강조를 했지 나눔과 분배에 대해서는 소홀한 것이 사실입니다. 가진 자들은 더욱 많이 가지려고 할 뿐 갖지 못한 사람들과 나누려고 하지 않습니다. 경제적인 기적이 일어날 리가 없습니다. 교회도 큰 교회가 작은 교회를 위해서 나누려고 할 때 기적이 일어납니다. 타자에 대해서 책임을 가지려고 하는 실존적 결단과 선택이 예수님이 말하는 기적이 일어나는 것입니다.

　마르코복음사가는 나눔의 기적을 통해 "사람들은 모두 배불리 먹었다"고 기록하고 있습니다. 나눔은 "모두" 배불리 먹게 합니다. 나눔의 기적에는 손해 보지 않는다는 논리가 담겨 있습니다. 나눔에는 누구도 소외되지 않는다는 것을 말해주고 있습니다. 심지어 나눔을 통해서 남은 것도 있었습니다. 그런데도 왜 그러한 기적을 위해서 나눔이라는 선택을 하지 않는 것일까요? 고통과 고난을 당하는 타인에 대해서 책임의식이 없기 때문입니다. 국가도, 교회도, 개인도 타인에 대한 책임의식을 상실했습니다. 약자에 대한 책임의식이 상실한 공동체가 기적이라는 하나님의 선택을 불러일으킬 리가 만무합니다. 기적은 하나님의 주체적 선택입니다. 하지만 기적을 일으키게 만드는 사건과 행위는 인간의 선택입니다. 하나님이 스스로 인간을 향해서 기적을 행하시도록 선택을 유도하는 몫은 인간에게 달려 있습니다. 인간이 어떠한 선택을 하느냐에 따라서 기적이 일어나고 안 일어나고가 결정된다는 말입니다. 예수님은 우리에게 말합니다. "너희가 먹을 것을 주어라." 1차적 행위의 주체는 우리 자신입니다. 나눔의 주체인 우리가 나눔의 수혜자나 대상이라고 생각할 수 있으나 오히려 타인을 생각하는 배려나 환대가 먼저라는 얘기입니다. 우리가 먼저 나누지 않는다면 기적은 결코 일어나지 않습니다. '다른 사람이 좀 먼저 나누어주면 나도 좀 나눌 거야', 라는 소극적인 자세로는 하나님의 주체적 선택인 기적이 발생되지 못합니다. 기적은 나눔에 앞섭니다. 하지만 나눔의 선택이 그 기적을 가능하게 한다는 것을 기억해야 합니다. 우리는 삶을 살아가면서 하나님의 주체적 선택인 기적으로부터 자유로울 수 없습니다. 삶은 복잡다단합니다. 힘겹습니다. 오르막길입니다. 그렇기 때문에 나만 생각할 수밖에 없는 상황이 발생하여 여유가 없습니다. 선택이 가능성이 아닌 실제 현실이 되도록 자기를 극복하고 세계가 기적의 일상화가 이루어지도록 그리스도인이 먼저 그러한 신뢰와 용기 그리고 자유를 가져야 할 것입니다. 그러므로 나의 실존적인 현실 너머에 있는 하나님의 선택적인 기적을 품으십시오. 삶이 다르게 보일 것입니다.

9

가까이에서 보이지 않는 길

루가 5,27-32

그리스도인은 일정한 목적 혹은 일정한 삶의 방향을 향해 나아가는 순례자라고 말할 수 있습니다. 왜 하필 그리스도인일까요? 그리스도인이 아니더라도 삶의 목적이나 추구하는 삶의 가치관이 없는 것은 아닙니다. 다만 그리스도인이 가야 하는 삶의 여정은 비종교인과 다릅니다. 보이지 않는 이상과 실재를 향해서 한 걸음 한 걸음 나아가는 그리스도인은 가시적인 목표를 붙잡고 성취하기 위한 비종교인과 다른 초월자의 부름이 있기 때문입니다. "따라오너라"akolouthei moi는 명령이기도 하지만 초청입니다. 연기하거나 지체하지 않고 즉각적으로 따라야 하는 데는 예외가 없습니다. 루가가 말하고자 하는 신앙과 삶의 철학은 "따라오너라"라는 명령어에 함축되어 있습니다. 그것은 그와 같은 길을 가며 그와 같이 동행하는 따름을 말합니다. 그것은 임의의 길이 아니라 그리스도인이 반드시 가야 하는 필수적인 길입니다. 어쩌다 생각이 나면 따름을 신앙의 가치나 신앙의 척도로 인식했다가 또 망각하면 그만인 그러한 따름의 길이 아닙니다. 따름은 그가 쉬지 않고 길을 가고 있을 때 그저 묵묵히 동행하고 같은 목적지를 가고자 할 때 우리의 모든 생각과 감각, 감정을 그에게 맡기는 것입니다.

그런데 보이지 않는 그분, 그리고 보이지 않는 신앙의 이상이 현실과 욕망에 가려서 아예 따름을 관념으로만 생각하는 것은 아닙니까? 혹 그 길을 따르라는 예수님의 목소리를 듣지 않고 있는 것은 아닙니까? 좋은 길이든 나쁜 길이든 우리가 선택해야 하는 길이 아님에도 불구하고 길의 환경에 따라서 따름이 결정된다면 대단히 이기적인 그리스도인입니다. 따름, 그것은 무엇입니까? 그것이 바로 따름이다, 라고 말할 수 있는 기준은 무엇입니까? 그리스도를 따른다고 말하는데 우리는 그 따름의 진정한 의미를 알고 있는 것입니까? 따름은 그 따르는 자에 의해서 따름이라고 하는 그 고유의 신앙적 성격이 드러납니다. 다시 말해서 따름은 따르는 자에 의해서 드러나는 것이지 따름이라고 하는 것이 따로 있는 것이 아닙니다. 그리스도인인 내가 그 길, 예수님의 길을 따라나서야 따름이 신앙의 실제가 되는 것입니다. 그리스도인이 예수님의 길 위에서 나란히 걷는 것, 그리스도인이 예수님이 걷는 길 위에서 함께 걷는 것을 통하여 그 따름의 신앙 그 자체가 드러나는 것입니다. 교회에서 그저 안정감을 찾기 위해 모인 사람들, 일정한 사회적 소속감을 갖기 위해서 모인 사람들, 태생적으로 교회에 발걸음을 하게 되어 모인 사람들이 아니라 예수님의 삶 그 자체에 매료된 사람들이 그의 길을 숙명처럼 여기고 따라 나선 사람들이라는 따름 자체의 신앙적 의미가 부여되어야 합니다.

예수를 따라 나선 사람들은 고상한 사람들이 아니었습니다. 신분이나 계급이 미천하기 짝이 없는 사람들이었습니다. 예수님의 제자단은 대부분 무지렁이들이었습니다. 예수님이 뜻을 세우고 같이 그 일을 도모하고자 했던 사람들은 결코 엘리트 계층의 사람들이 아니었습니다. 새로운 역사의 길, 새로운 신앙의 길을 개척하는 사람들은 힘이 있는 사람들이 아니라는 것을 보여주고 싶었습니다. 그들을 통해서 하나님의 나라가 확장되며 하나님의 뜻이 펼쳐지는 것을 알리고 싶었던 것입니다. 그러한 사람들의 입을 통해 하나님의 나라를 말합니다. 무식한 사람들이 오히려 더 순수한 마음을 가지고 하나님의 뜻을 실현합니다. 하지만 사람들은 그런 무지렁이들이 새로운 길을 내는 것을 원하지 않습니다. 낯설고 혐오스럽게 여기고 배타적으로 그들을 밀어내어 인정하려 들지 않습니다. 따름이라는 것, 그것의 실체가 무엇인지를 보여준 예수님의 제자, 그 근본에는 이것저것 재지 않고 예수님의 길에 선뜻 들어서는 것이라는 것을 과감하게 보여준 그들이 내키지 않았습니다.

따름은 그렇습니다. 따름은 계산하면 안 됩니다. 따름은 이익을 생각해서도 안 됩니다. 따름은 자신의 경험과 처지로 판단을 하면 안 됩니다. 따름은 순종이고 들음이며 자신의 실존적인 결단입니다. "나를 따라오너라", 하는 말에 질문이나 반문이 없는 것은 그의 권위 때문이 아니라 그가 하고자 하는 일의 당위성, 당위적, 소통적 일치 때문입니다. 하나님 나라를 위해서 예수님처럼 살겠다는 자기 결단이 이성과 신앙을 통해서 확고하게 이루어질 때 따름이라는 신앙적 행위가 발생하게 됩니다. 뒤를 돌아다보고 현실을 생각하는 것은 따름을 위해서 아무런 도움이 되지 않습니다. 신앙의 이상과 종교의 본질을 구현하겠다는 각오로 앞을 내다보는 시선만이 따름의 길로 인도할 수 있습니다. 예수님의 심장을 가지고 이 땅 위에 새로운 삶의 기운과 하나님의 사랑을 불어넣는 데 기여하겠다는 자발적인 의지가 있다면 따름의 길로 접어들 수 있습니다. 교회가 이와 같은 가치와 신앙, 그리고 종교적인 신념들을 자꾸 상실하고 있습니다. 옥죄는 현실과 실제의 삶, 자본의 억압이 종교적 가치마저도 포기하게 만들기 때문입니다다. 종교의 본질적 가치와 순수성, 그리고 하나님에 대한 성실함이 삶의 현실과 갈등을 빚고 있습니다.

예수를 따르는 것이 생명의 길이고 궁극적으로는 삶에 행복을 가져다주는 길이라는 것을 모르지 않습니다. 그런데 사람들은 조금 타협도 하고 때도 묻고 그렇게 살고 싶어 합니다. 종교가 갖고 있는 속성들에 따라서 살게 되면 삶이 고단해지고 자유롭지 못하다고 생각합니다. 그래서 세속의 권력과 자본, 그리고 인위적인 권위에 따르려고 합니다. 그것들은 세상이 모두 인정하고 따르려고 하는 모델이니 오히려 그게 더 안정감을 주기 마련입니다. 안타까운 것은 그리스도인조차도 그렇게 생각한다는 것입니다. 성과 속을 구분하려는 것이 아닙니다. 어차피 성과 속은 뒤섞여 있고 성스러움 안에 속됨이, 세속적인 것 안에 성스러운 것이 들어 있기 때문입니다. 하지만 우리가 그리스도인이라면 예수를 따라야 하는 근본적이고 원형적인 이유, 그리고 세상의 가치와는 분명히 다른 것이 있다는 것을 알아야 합니다. 예수님이 보장해 주는 따름의 결과는 물질적인 부나 명예, 권력이 아니었습니다.

그러한 것들은 내 몸과 내 의식, 내 겉치장을 위한 사족에 지나지 않습니다. 예수님은 더 근원적으로 내면으로 들어가 인간을 구속하고 있는 신경증, 인간을 병들게 하는 의식, 인간의 영혼을 성형시키려고 하는 외부의 영향력을 타파하려고 했습니다. 우리는 그것을 구원이라고 합니다. 예수님이 우리를 부르시고 자신을 따르도록 하신 이유는 바로 인류를 구원하시기 위함입니다. 모두가 보이지 않는 절벽을 향해 치닫고 있는 사람들을 향해 멈추라고 제동을 걸어줄 사람들을 모아서 새로운 신앙 운동을 전개하시기 원합니다. 새로운 의식의 운동, 새로운 정신 운동, 새롭게 깨어나는 운동을 통해서 인간이 전적으로 탈바꿈되는 세계를 만들기를 원하십니다. 우리가 그러한 대열에 동참하도록 요청하고 계십니다.

　스스로 의인이라고 자부하는 사람은 예수 따름을 추구할 필요가 없습니다. 그들은 예수님의 구원의 초청에 배제될 수밖에 없습니다. 스스로 죄인이라고 여기는 사람들에게 구원과 해방이 임하는 법입니다. 자신을 한없이 낮고 천하게 여기는 겸손한 자가 구원을 얻습니다. 자신의 한계를 알고 그 한계가 인류의 공통적인 한계라는 것을 깨닫는 자가 구원을 위해서 나설 수 있는 것은 아닐까요? 스스로 죄인이라고 여기지 못하는 사람보다 의인이라고 여기는 사람이 더 문제가 있습니다. 세상살이도 그런 것 같습니다. 자신을 죄인이라고 여기는 사람이 더 구원에 가깝습니다. 반면에 의인이라고 여기는 사람에게는 구원은 더 먼 법입니다. 역설적으로 예수를 따르는 사람은 의인이 아니라 죄인입니다. 하지만 예수님의 시각에서 보면 자신을 따르는 죄인이 오히려 의인이라고 볼 수 있습니다. 신앙의 역설, 신앙의 일대 전환을 위해서 예수님은 지금도 죄인을 부르시고 계십니다. 구원의 위대한 드라마를 연출하기 위해서, 세계를 완전히 뜯어고치기 위해서 자신을 헌신할 겸손한 자를 찾고 계십니다. 이제 우리가 응답할 차례입니다.

10

세 가지 유혹들

루가 4,1-13

성령 안에서 사는 삶은 유혹이 많습니다. 거룩한 영, 혹은 거룩한 정신을 뒤흔들고 탁하게 만들기 위해서 나의 마음에 파고드는 것들이 하나둘이 아닙니다. 삶이 단조로우면 단조로울수록, 삶이 복잡하면 복잡할수록 하나님이 거하는 마음으로 침투하는 여러 가지 유혹들은 일순간에 간파하기가 어렵습니다. 교묘하고 또 나의 약점을 파고드는 것이라 그것이 유혹이라고 생각하지 않을 정도로 나에게 찾아옵니다. 딱 그 순간, 내가 정말로 필요로 하는 그 무엇이 내 눈앞에 등장하면 그것이 하나님의 것인지, 아니면 악마의 것인지 분별하지도 식별하지도 못하는 것입니다. 먹는 문제는 인간에게 가장 기본이 되는 실존적인 문제입니다. 하루 한 번 이상은 밥을 먹지 않고 살 수 있는 사람은 거의 없습니다. 먹기 위해서 돈을 벌어야 하는 고단함이 그냥 생긴 게 아닙니다. 돈이란 나의 육체적 필요를 위해서 반드시 있어야 하는 것인데, 먹는 문제를 가지고 기득권자들은 거래를 하려고 하고 심지어 위협과 협박을 합니다.

오늘날 우리가 사는 게 이토록 힘든 이유가 어디에 있습니까? 가진 자들이 없는 자들에게 온갖 횡포를 자행하고 있기 때문입니다. 없는 사람들에게는 먹고 사는 문제가 아킬레스건입니다. 하루 벌어 하루 먹고 살기 힘든 사람에게는 내일이란 없습니다. 오직 지금 당장 배를 채워야 하는 급박한 삶의 현실만이 있을 뿐입니다. 여기에 타협을 하지 않을 사람이 얼마나 있을까요? 그래도 나는 정신과 영혼을 가진 고상한 존재이니 설령 먹는 문제가 해결되지 않는다 하더라도 나의 정신과 영혼을 병들게 하는 모든 것들은 거부하리라, 하는 사람이 몇이나 있을까요? 먹어야 몸이 유지가 되고 정신이 작용하는 것이 당연한 이치임에도 불구하고 정신을 훨씬 높은 가치로 삼는 사람들은 과감하게 먹는 문제에 대해서 초연하려고 합니다. 생계의 문제에 걸려 있을 때 어느 누구도 마음이 약해지지 않는 사람이 없을 것입니다. 체면이 무엇이며, 지위가 무슨 상관이란 말입니까? 그저 목에 밥이 들어가야 사람이라고 말할 것입니다. 현실이 이렇다 보니 먹는 문제에 관련하여 많이 먹여 주겠다고 하는 곳이 있으면 물불 가리지 않고 찾아가고 경쟁을 합니다. 앞 다투어 그것을 손에 넣으려고 혈안이 되어 있습니다. 예수라고 무슨 뾰족한 수가 있었을까요? 광야에서 금식을 하시면서 하나님과 맞대면하고 자기 자신의 할 일을 곰곰 묵상하였던 터라 얼마나 허기가 졌을까요? 바로 앞에 가장 근본적인 문제에 봉착합니다. 그런데 그가 빵에 대한 유혹을 어떻게 물리치셨습니까? "사람이 빵으로만 산다고 하더냐?" arto mono zesetai ho anthropos라고 일갈하십니다.

여기서 그리스어는 매우 중요한 사실을 알려줍니다. 빵으로만을 뜻하는 arto mono 아르토 모노는 '오직 빵만으로', '오직 빵 하나만으로'라는 의미로 번역할 수 있습니다. 삶에는 여러 가지 조건이 있을 수 있는데 먹는 문제에만 초점을 맞추면서 살아갈 수 없지 않습니까? 짐승이나 동물도 먹는 문제에 관심을 기울입니다. 인간은 달라야지요. 먹는 문제에서 조금 초연할 수 있어야 하지 않느냐?, 하는 것을 우리에게 말해준다고 볼 수 있습니다. 더군다나 zesetai 제세타이라고 하는 그리스어는 zao 자오라고 하는 살다라는 동사에서 파생된 것으로서 하나님과의 관계에서 살아가는 것, 영원한 생명, 생존을 위한 생명이라는 것을 함축하고 있습니다. 우리에게 영원한 생명과 생존을 위한 생명은 빵에만 있지 않다고 하는 것입니다. 우리가 살아가는 데 빵만 있으면 됩니다, 먹는 문제만 해결되면 됩니다, 라고 주장하는 순간 참다운 생명, 신앙의 본질을 잃을 수 있기 때문입니다. 빵이라고 하는 것을 살아가는 유일한 목적으로 둔다면 세상은 모두 그 빵을 차지하기 위해서 경쟁과 다툼을 벌일 것입니다. 지금도 우리는 그러한 사실을 목도하고 있습니다. 빵만이라고 할 때 오직 ~만, 혹은 단 하나의, 유일한이라는 뜻을 품고 있는 그리스어 monos 모노스에 주목을 해야 합니다. 삶은 빵으로만 충족되지 않습니다. 만일 그렇게 생각한다면 그리스도인은 자본가들과 똑같이 정신이 병들고 말 것이며 착취와 수탈을 통해서 빵을 차지하기 위해 신앙과는 다른 길을 갈 수도 있습니다.

　순수한 신앙을 간직하기 위해서 경계해야 할 것이 또 있습니다. "세상의 모든 왕국"pasas tas basileias tes oikoumenes, 그리고 권세와 영광입니다. 악마는 "만일 당신이 내 앞에 엎드려 절만 하면 모두가 당신의 것이 될 것이오"라고 말합니다. 엎드려 절하다, 라는 말의 그리스어는 proskuneses 프로스퀴네세스입니다. 이마를 땅에 대거나 경배자의 옷이나 땅에 입을 맞추는 것을 지칭합니다. 아부와 굴욕을 통해서 얻어진 세상의 권세와 영광이 진정 우리가 추구해야 하는 삶의 가치인가를 예수 유혹사화를 통해서 묻고 있습니다. 사람들은 권력을 갖고 싶어 합니다. 아니 어쩌면 권력이 없으면 세상사가 잘 안 풀리는 게 현실이기도 합니다. 그래서 한 번쯤 나도 권력을 좀 가졌으면 하는 생각, 나도 권력 가까이에 좀 있어봤으면 하는 생각을 하게 됩니다. 때로는 어느 지위와 직책에 있는 것조차도 권력이 됩니다. 권력을 누림으로써 그는 많은 사람으로부터 영광을 받습니다. 그런데 예수님은 세상사의 이치를 거부합니다. 우리가 정말 가져야 할 것, 우리가 진정으로 추구해야 할 것은 보이지 않는 가치라는 것을 말합니다. "하나님을 예배하고 그분만을 섬겨라." 섬기다는 동사는 latreuseis 라트레우세이스, 즉 남에게 고용된 종처럼 섬기라는 것입니다. 여기에서도 오직~만이라는 monos가 등장하는 게 흥미롭습니다. 우리에게 권력을 주겠다, 영광을 받도록 해주겠다는 사람에게 머리를 조아릴 것이 아니라, 오직 하나님께만 종처럼 섬기고 경배하라는 것입니다. 왜 스스로 영광의 자리에 있으려고 합니까? 왜 권력을 가지고 남에게 군림을 하려고 합니까? 권력을 가졌다고 하는 사람들, 명예를 가졌다고 하는 사람들, 지배력을 가졌다고 하는 사람들이 정작 사람의 정신과 백성의 마음, 그리고 그들의 삶을 소중히 여기던가요? 따라서 우리가 바라야 하는 것은 그러한 힘이 아닙니다. 예수님의 신앙 논리는 오히려 우리는 종처럼 오직 하나님만을 유일하게 섬기는 사람이어야 한다는 것입니다. 권력형 인간, 군림형 인간, 지배형 인간에서 섬김의 인간이 되어라, 하고 충언을 해주고 있습니다.

악마는 하나님을 시험하려고 ekpeiraseis까지 합니다. 마음으로는 하나님이 정말 우리와 함께 하시는가, 하는 의구심을 품을 때가 있습니다. 악마처럼 그분을 한 번 시험하고 싶은 생각이 들 때가 있습니다. 신앙이나 삶을 도박처럼 자신의 신앙의 중심을 생각하지 않고 오직 하나님의 존재성, 하나님의 보호하심이 있기나 한 것인지 회의를 하고 그분의 존재성을 나타내도록 하고 싶은 욕구가 없지 않을 것입니다. 그런데 그것이 결국 악마의 생각과 다르지 않다는 것을 알게 됩니다. 시험한다는 것, 그가 정말 하나님인지 아닌지, 그가 계신지 안 계신지를 증명하도록 유도한다는 것이 이미 비신앙의 전제나 다름이 없습니다.

얼마 동안은achri 유혹이 물러갈 것입니다. 다음번에 또 다른, 혹은 똑같은 유혹과 시험이 닥쳐올지도 모릅니다. 살다가 보면 왜 안 그렇겠습니까? 하나님을 믿는다고는 하지만 삶은 각박해지고 풀리지 않는 숙제를 안고 살아가는 듯한 삶이 연속일 때면 예수님이 당한 시험들이 우리에게도 똑같이 찾아옵니다. 먹는 문제에만 해결되면 되는 것이지, 그래 권력이 있어야 세상사가 편한 거야, 하나님을 한번 흔들어 볼까? 그럴 때 예수님은 어떻게 물리쳤습니까? 예수님은 어떤 힘을 극복하고 거부했습니까? 하나님의 말씀에 단단히 서 있었습니다. 하나님의 말씀이 내재화되고 그 말씀이 힘이 되면 신앙의 가치에 반하는 힘과 맞설 수 있습니다. 나의 의지와 감정, 그리고 이성은 환경에 따라서 변할 수 있지만 하나님의 말씀은 그와 관계없이 늘 우리 자신의 마음을 비추고 있고 삶의 문제를 조망하며 지혜롭게 판단할 수 있는 능력을 주십니다. 유혹과 시험에 맞부딪쳤을 때 어디에서 길을 찾고 어디에서 물음의 길을 발견하겠습니까? 가장 내밀하고 사밀한 하나님의 말씀이 삶을 이기게 합니다. 그 말씀은 늘 문제의 거기에 있고 문제의 거기를 비추고 있으며 그 문제의 거기에 대해서 응답하고 있습니다. 그러므로 하나님께 오사바사한마음이 부드럽고 사근사근하다 신앙을 가지고, 그 말씀을 붙잡으시고 관상하십시오.

11

예수 따름의 요청과 응답: 삶이 곧 십자가 아니던가?

마태 16,21-28

마태오는 "그리고"라는 상투어가 아닌 "그때부터"라는 말을 사용함으로써 앞으로 나타날 모든 시대를 암시하고 있습니다. 또한 이제부터는 예루살렘 상경기에 해당하는 이야기가 전개됩니다. 그러면서 세 번에 걸친 자신의 죽음에 대한 예언16,21-23=막8,31-33; 17,22-23=막9,30-32; 20,17-19=막10,32-34의 첫 번째가 등장합니다. 21절에 내용은 공공연하게 제자들에게 자신의 죽음과 부활에 대해서 말을 꺼내기 시작했다는 것을 말하고 있는 것입니다. 마태오는 예루살렘을 첨가하면서 그곳에서 예수님이 고난을 받고 죽게 되리라는 것을 강조하고 있습니다. 더군다나 마태오는 가장 오래된 수난사화를 보존하고 있는 마르코의 단어들을 수정하고 있습니다. 마르코는 예수님께서 죽으시고 "사흘 후에"마르8,31 부활하신다는 것으로 기록하고 있으나, 마태오는 "사흘날혹은 사흘째 되는 날"에 하나님에 의해 다시 살아날 것일으켜질 것이라고 고쳤습니다. 마태오 공동체의 의례나 신앙고백1고린 15,4에서 유래했을 법한 "사흗날"이라는 말이 더 정확할 것입니다.

자신의 죽음을 예고하고 있는 예수님을 향해 베드로는 "주님, 안 됩니다"라는 말은 달리 표현하면 "맙소사. 주님!"이라는 뜻인데, 직역하면 "하나님께서 당신께 은혜로우시기를!", "당신을 가호하소서!"라고 번역할 수 있습니다. 다시 말하면 하나님께서 예수에게 은혜를 베풀어주셔서 그런 일이 일어나지 않도록 해 주시기를 기원하는 것입니다. 마태오의 가필입니다.

그러나 23절을 보면 예수님은 그렇게 말하고 있는 베드로를 향해 "걸림돌"스칸달론이라고 말합니다. 이것 또한 마태오의 가필입니다. 스캔들scandal이라는 말을 그냥 자구대로 번역하면 '추문'이라는 뜻을 갖고 있지만, 원래는 거꾸로 매달아 올리는 함정이라는 뜻의 "스칸달론"scandalon에서 유래한 말입니다. 고대 그리스 신화에 보면 미의 여신 비너스와 군대의 신 아르스가 나옵니다. 그런데 비너스는 남편 헤파이토스의 눈을 피해 바람을 피우다가 자신의 남편이 설치해놓은 그물에 걸려들어 발가벗긴 채 사로 잡히고 맙니다. 그리고 그들은 허공에 매달려 모든 신들의 웃음거리가 됩니다. 여기에서 바로 "걸려들다", "넘어지다"라는 것이 스캔들입니다.

이 개념을 가지고 사도 바울로와 복음사가들은 변증적, 설득적으로 사용하였습니다. 그리스인들에게 있어 십자가에 못 박히신 그리스도는 이성적, 혹은 신앙적 전통에서는 도저히 이해할 수 없는 걸림돌scandalon일 수밖에 없습니다. 왜냐하면 그리스인들의 철학적 사고 즉 로고스적 사유에서는 그것을 "어리석다"그리스어로 morian, 영어로는 moron고 생각했기 때문입니다. 게다가 유대인들에게는 그리스도가 나무에 달려 죽으심은 약하고 비천하기 이를 데 없는 것이며 모멸적인 사태일 뿐, 신적인 힘의 표징으로 받아들이기 어려웠습니다. 그렇기 때문에 그들에게도 역시 추문이요, 걸림돌 즉 스칸달론인 것입니다.

스칸드 scand는 위로 향하는 것을 의미하는 그리스어로서 인간이 육체적 욕구를 채우기 위해 신성을 더럽히는 것이었습니다. 그래서 걸림돌은 죄를 짓게 하거나 신앙을 방해하는 일이라는 의미로 해석하게 된 것입니다. 이것을 성서에서는 달리 "실족한다" 요한 16:1 혹은 "추태를 보인다" being scandalized는 뜻으로 번역을 하기도 합니다. 좀 더 정확한 뜻풀이는 사람이 걸어가는 보행길에 걸림돌을 두어 그 사람이 발에 채여 넘어지게 하는 일을 말합니다. 그리스도인에게 있어서 스캔들은 십자가의 신학 혹은 십자가의 삶의 실천에 저항하는 데서 경험하게 됩니다. 이에 대한 극명한 본보기가 베드로에게서 나타납니다. 베드로는 십자가의 부인에서 십자가 신학의 교두보 역할을 하는 제자가 됩니다.

그때에 예수님께서는 제자들 여기에서는 모든 그리스도인에게 말씀하십니다. "나를 따르려는 사람은 누구든지 자기를 버리고 제 십자가를 지고 따라야 한다." 여기서 따르다는 말은 단순히 뒤를 좇는 행위를 말하는 것이 아니라, 자신을 부정하고 자기의 십자가를 짊어지는 것을 의미합니다. 그러므로 예수님 때문에 자기의 목숨을 잃는 사람이야 말로 오히려 자신의 목숨 영혼, 프쉬케을 얻게 될 것입니다. 마태오는 목숨을 구원한다는 말 대신에 얻다는 표현을 쓰고 있는데, 이 말은 달리 찾다, 발견하다는 말로 옮길 수도 있습니다. 목숨은 그리스어로 프쉬케인데, 영혼 혹은 자기 자신을 나타내는 말입니다.

그렇게 자신의 목숨까지도 내어 놓는 사람들은 결국 하나님이 되갚아주십니다. 27절에서는 예수님께서는 사람의 아들이 다시 오는 그 때에 각자에게 행한 대로 되갚아 줄 것이라고 말씀하십니다. 개인에 대한 응보 사상은 예수 당시에나 복음서 작가들만 가지고 있었던 것은 아닙니다. 마태오에 나와 있는 이 응보사상은 시편 28,4절 혹은 62,13절을 인용한 것인데, 그 외에도 욥 34,11; 잠 24,12; 렘 17,10; 25,14; 32,19; 겔 18,30; 호 12,3 등에 나타나고 있습니다. 신약성경에는 롬 2,6; 딤후 4,14; 계 2,23; 20,12; 22,12 등에도 비슷한 사상이 등장합니다. 이른바 동태보상률입니다.

이와 같이 선행을 강조하고 있는 사상은 마태오의 중요한 신학사상 중에 하나라고 볼 수 있습니다. 마태오는 24-27절을 마르코의 본문을 많이 따르고 있지만, 27절은 자신의 신학 사상을 펼치기 위해서 많이 다듬은 것입니다.

28절에서는 예수님께서 종말에 관한 짧은 말씀을 하고 계시는 것인데, "자신을 보고 있는 사람들^{청중들} 중에 죽기 전에 사람의 아들이 오는 것을 볼 것"이라는 것입니다. 죽기 전에는 "죽음을 맛보기 전에"라고 번역할 수 있는데, 이것은 셈족어의 특징적인 표현입니다. 여기서 마태오는 '하나님 나라'가 아니라 '그의 나라'라고 말합니다. 따라서 예수님이 자기 나라에 온다는 것은 그가 임금으로서, 심판자 및 주인으로서 재판하고 통치하러 오는 것입니다. 그러므로 "자기 나라에"라는 말을 "임금으로", "다스리러", "왕권을 가지고", "임금의 권능과 함께", "자기 왕국과 함께" 등으로 옮길 수도 있습니다.

이렇게 말할 수 있었던 것은 예수님 자신이 이 현상이 자신의 세대에 일어날 일을 확신하고 예고하셨다고 볼 수 있습니다. 그런데 이 사건이 분명하게 어떤 사건을 두고 말하는 것인지 알 수가 없습니다. 다만 이를두고 70년경에 일어나게 될 예루살렘 멸망을, 혹은 부활하신 주님의 발현, 혹은 거룩한 변모^{변화산 사건}를 말하기도 합니다.

그리스도인의 실존은 예수 따름에서 규정됩니다. 예수 따름이 그리스도인의 신앙의 핵심이라고도 말할 수 있습니다. 그것 없이는 어떠한 신앙적 사건이나 삶의 변화조차도 일어날 수 없습니다. 따름이 없는데 나의 삶의 자리에서 예수님의 역사적 사건과 실존을 통한 세계 변혁은 꿈도 꿀 수 없습니다. 따름에는 갈등과 긴장, 주저와 포기라는 부정적 현상을 딛고 일어설 수 있는 용기가 필요합니다. 베드로는 예수님의 운명, 곧 그가 자신의 삶을 백성들을 위해서, 인류를 위해서 내던질 것이라는 예견에 대해서 부정하고 거부합니다. 죽음의 운명을 순순히 받아들일 사람이 세상에 그렇게 많지 않을 것입니다. 죽음의 그림자가 예수에게 엄습해 올 때 문득 베드로는 알았을 것입니다. 그 운명이 곧 자신들의 운명이 될 것이라는 것을 말입니다. 예수님이 추구하며 걸었던 신앙의 길을 자신도 따라야 한다는 것을 모르지 않았을 것입니다. 절대 그런 일이 있어서는 안 된다는 베드로는 결국 우리 자신의 말이기도 합니다. "당신이 그렇게 죽음의 운명을 받아들여야 한다면 우리 자신도 똑같이 죽음의 운명 앞에서 아무런 갈등이나 번민이 없이 세상의 구원과 해방을 위해서 목숨을 내던질 각오를 해야 합니다. 아직 우리에게는 그러한 준비가 되어 있지 않습니다. 아니 그러고 싶지 않습니다." 고상한 신앙을 간직하고 평탄하게 신앙생활을 하고 싶은 우리는 그렇게 외치고 싶을 것입니다.

그런데 그리스도인이 예수를 따라야 할 공동 운명을 가지고 있다면, 결코 그리스도교의 신앙은 고상한 데 있지 않습니다. 그것은 그야말로 사람의 일입니다. 사람들은 신앙의 요청과 십자가를 향한 부르심에 대해서 반대 방향으로 가기를 원합니다. 다른 것은 몰라도 예수를 있는 그대로 따르라는 요청에 대해서 응답하기를 주저합니다. 나를 만나는 것은 십자가에서 만나는 것이다. 나와 사귀는 것은 십자가의 현실에서, 십자가의 사건에서 사귀는 것이다, 라고 말하는 예수님의 목소리를 가까이 하고 싶어 하지 않습니다. 예수와의 만남과 사귐은 나의 필요와 욕구에 상응할 때 나의 삶의 자리에 현존하여 사건을 변화시켜 주시는 분으로만 기능할 뿐입니다. 그분의 십자가를 짊어지라, 너의 십자가를 짊어지라는 요청에 대해서는 순종하기를 꺼려하는 우리의 모습을 보게 됩니다. 십자가는 나의 삶의 이익을 가져다주는 것이 아니기 때문입니다. 십자가의 현실, 십자가의 사건은 고통과 고난이기에 그 앞에서 압도당할 것 같은 무게감을 느끼기 때문입니다. 그런데 그러한 신앙의 실존과 십자가의 무게감이 인류와 국가와 사회, 그리고 개인을 구원하고 해방시킵니다.

그러므로 십자가를 장애물로 여기지 마십시오. 십자가를 내 삶과 신앙의 걸림돌로 생각하지 마십시오. 십자가를 지고 죽음의 현실, 죽음의 문화, 죽음의 언어, 죽음의 사상으로 들어가야 합니다. 죽어야 살 수 있습니다. 죽어야 살릴 수 있습니다. 물론 죽음의 사건, 죽음의 실존은 쉽지 않습니다. 죽음이라는 것이 나의 완전한 사라짐이기 때문에 더욱 그렇습니다. 두려운 일입니다. 내키지 않은 일입니다. 그런데 실증적으로 예수님의 죽음을 통해서 세계가 살고 세계가 지탱되고 세계가 끝끝내 버티면서 역사가 지속되려고 하는 것이 아닐까요? 그의 죽음이 헛일이 아니라 죽음이 온 인류를 살리는 일이라는 것을 보여준 사건이라는 것입니다. 나의 십자가를 지고 예수를 따르려는 신앙 의지, 그리고 그분의 요청에 응답하는 것이 중요한 이유가 여기에 있습니다. 고단한 삶의 무게, 무거운 삶의 진실, 버거운 삶의 고통 등이 나를 억누릅니다. 인생을 살면서 내던지고 싶은 것들이 한두 가지가 아닙니다. 내려놓고 싶기도 합니다. 포기하고 싶습니다. 하지만 그러한 것들은 오히려 나의 신앙 실존으로 받아들이고 묵묵히 지고 가야 합니다. 예수님이 졌던 십자가의 무게와 부담, 그리고 심적 고통은 나의 것과 비교가 되지 않습니다. 다만 매번 다가오는 인간으로서의 삶의 버거움과 그에 따른 신앙의 짐은 예수와 다를 바가 없습니다. 왜냐하면 그것은 결국 결단의 문제입니다. 질 것이냐 말 것이냐, 타협할 것이냐 돌파할 것이냐, 하는 실존의 고민이 항상 찾아옵니다. 죽음을 생각하며 아니 죽을 각오로 살다보면 내가 진 신앙의 십자가, 삶의 십자가가 가볍게 여겨질 것입니다. 그래서 죽음을 생각하고 그렇게 살려고 하는 자에게는 삶과 생명이 찾아오지만, 오히려 생명과 목숨을 구걸하려는 자에게는 죽음이 찾아오게 될 것이라는 역설적인 말씀을 하고 계시는 것입니다.

목숨, 나의 호흡에 대해서 연연해하지 않는 자유로운 신앙을 가진 사람은 삶이 달라집니다. 예수를 따르는 자의 숨은 나의 숨이 아니라 예수님의 숨이라는 것을 알기 때문입니다. 예수로 인해서 사는 자는 예수님의 숨을 쉬는 사람입니다. 예수님의 숨을 쉬어야 진정으로 살고 있다고 말할 수 있습니다. 숨을 들이쉬고 내쉬는 모든 것이 예수에게서 근원한다는 사실을 알고 있는 존재가 바로 그리스도인입니다. 만일 그것을 모르는 사람이라면 그리스도인이라 말할 수 없습니다. 나의 숨의 근원지, 나의 사유의 발원지, 나의 삶의 출처는 모두 예수에게서 온다는 것을 아는 사람은 예수와 똑같은 죽음의 운명을 거부하지 않습니다. 그로인해 삶의 결실과 신앙의 행위들이 달라지기 때문에 예수를 긍정하고 나를 부인하면서 죽음의 극단적 상황이 전개된다 하더라도 진정한 신앙의 행위를 발생시킬 수 있게 됩니다. 예수를 따른다는 것이 그래서 쉬운 일만은 아닙니다. 나를 부정하고 오히려 예수를 긍정해야 하는 것, 내 안에 예수님의 흔적과 말씀이 진정성을 갖고 있다는 것을 보여주어야 하는 막중한 책임이 뒤따르기 때문입니다. 만일 그렇게만 된다면 우리는 죽기 전에 예수를 볼 수 있습니다.

예수님께서 오셔서 심판하실 그 때에 각자는 자신의 생활에 따라 심판을 받을 것입니다. 생명을 얻는 방법은 예수님을 위하여 자신의 목숨을 버리는 것입니다. 예수님은 그것을 청중들이 죽기 전에 맛볼 것이라고 했는데, 그 말인즉슨 예수께서 하나님의 영광을 입을 부활 후의 시기라고 봐야 할 것입니다. 그리스도교적 교리에 입각하여 종말론적 심판을 믿는다면 예수님의 신앙 논리에 따라 살다가 정말로 임금이신 예수님의 삶에 흡족한 삶을 살았다고 판결을 받을 사람이 몇이나 될까요? 별로 없을 것입니다. 사는 것이 십자가의 삶이라고 생각하고 '생즉필사 사즉필생'이라는 마치 이순신 장군의 신념처럼 우리도 그리 산다면 예수님의 제자라 해도 손색이 없을 것입니다. 욕망하고 있는 나는 없고 오로지 예수를 따르고 있는 나만 있다고 하면 목숨도 내 목숨이 아니요, 삶도 내 삶이 아니니 지금 죽어도 그 영원한 생명을 당장 맛볼 수 있을 것입니다.

예수를 본다는 것이 그를 실물로 보는 것을 의미하지 않습니다. 우리가 예수를 구현하면 서로의 신앙 안에서 예수를 보게 됩니다. 십자가를 지며 예수를 따르겠다는 각 사람에게서 예수님의 현존이 나타나기 때문에 그 속에서 우리는 예수님의 살아 있음을 보게 됩니다. 모든 사람에게서 예수님의 현존이 나타나는 것은 아닙니다. 반드시 예수 따름을 구현하는 신자로 살아가는 그리스도인에게서만 예수님의 현존을 볼 수 있습니다. 예수 따름의 행위로 예수와 같은 운명으로 살아가려고 노력하는 신자에게서 우리는 예수님이 살아 있음을 알게 되는 것입니다. 지금 교회는 예수와 같은 운명으로 살아가려는 각오와 결단이 필요한 때입니다. 비어가고 있는 교회가 예수 정체성을 분명히 한다면 예수님의 운명대로 살려고 하는 사람들 안에서 예수님의 현존을 보기만 한다면, 교회는 살 수 있습니다. 교회가 비어가고 죽어가는 이유는 공동체 안에서 예수님의 현존을 보지 못하기 때문입니다. 이에 교회는 예수 따름의 초청과 요청에 어떻게 응답하고 반응할 것인가를 깊이 고민해야 할 것입니다.

예수께서는 지금 자신의 죽음에 대해서 예고하고 계십니다. 베드로는 그것에 대해서 단호하게 거부하고 있는 것을 볼 때, 우리 자신의 욕망과 한계를 엿보게 됩니다. 신적인 것과 인간적인 것 사이에 들어오는 경계선에는 항상 걸림돌이 나타나기 마련일까요? 인간이 자신의 생각에만 갇혀 있을 때 하나님의 생각에 대해서는 마음을 닫아 버립니다. 하나님의 생각이 인간의 생각보다 더 높고 깊습니다. 그것을 이해하기 위해서는 주님의 가르침에 좀 더 충실할 수밖에 없습니다. 추종이란 외적인 추종, 겉치레가 아니라 속따름, 내적인 추종이 동반되어야 합니다. 그러기 위해서는 자기를 버려야만 합니다. 자기를 버린다는 것은 자신을 안다는 것이요, 자신에 대해서 더 이상 집착하지 않는다는 것입니다. 자신에 대해서 집착하지 않을 때 집이나 가족, 직업을 포기하는 것 이상의 속따름이 가능해집니다. 또한 주님을 추종한다, 혹은 따른다는 것은 자신의 운명을 받아들이고 자기 자신의 이익을 끊어버리겠다는 단호한 의지와 결심을 말합니다. 다시 말해서 죽어야 하는 운명이라 할지라도 그것을 포기할 수 있는 것까지도 말입니다.

12

무한한 용서와 환대

루가 15,11-32

　루가복음서의 저자는 합리적이지 않은 아들과 아버지의 모습을 그리고 있습니다. 철부지 아들은 아버지에게 자신의 몫으로 재산을 달라고 합니다. 그럼에도 자신의 몫으로서의 재산을 주장할 수 있는 존재인지 아닌지 아버지는 묻지 않습니다. 두 아들에게 재산을 나누어줍니다. 방랑이 시작이 됩니다. 작은 아들이 멀리 떠납니다. 하지만 그의 행보의 결과가 결정되었다는 듯이 이야기는 작은 아들이 받은 재산을 모두 탕진하고 엉망진창으로 생활을 하는 것으로 묘사를 합니다. 하이데거M. Heidegger가 방랑의 여정은 귀향이라고 했던가요? 방랑을 하며 힘겹게 생활을 하는 그는 아버지의 집을 그리워합니다. 방랑과 방탕은 다릅니다. 그가 정말로 재산을 온갖 지저분한 삶을 살면서 탕진해버렸는지 아니면 일정한 직업도 없이 여기저기 떠돌아다닌 방랑 생활을 했는지 분명하지 않습니다. 중요한 것은 그 순간 그가 아버지의 집을 향해 눈을 돌렸다는 것입니다.

누구에게나 자신의 삶의 규범과 고착화된 삶의 현실로부터 탈출하고 싶은 생각을 가질 수 있습니다. 젊을수록 그러한 성향이 강하지요. 아버지의 충고, 아버지의 지혜, 아버지의 울타리가 소중하다는 생각을 별로 하지 못합니다. 반항하고 싶고 의무보다는 권리를 찾고 싶은 것입니다. 신앙도 그렇습니다. 신앙의 의무보다 신앙의 권리를 주장하고, 신앙의 울타리라고 하는 것을 자꾸 벗어나고 싶은 충동을 느낍니다. 이미 내가 아버지의 집에 있으면서 그가 내게 해주는 것들이 안정감이 있고 좋은 보호막이 된다는 사실을 인식하지 못합니다. 신앙은 아버지를 향해 있어야 합니다. 신앙은 아버지의 울타리에 있어야 합니다. 아무리 아버지가 나에게 강요하는 것이 없다고 하더라도, 아버지라는 분이 집에 있다는 사실만으로 이미 나는 아버지의 사랑과 관심으로 살아가는 것입니다. 아버지를 떠난 철부지 신앙인은 그만큼 고생과 고난을 자초하게 됩니다. 숱한 방랑을 하지만 결국 깨닫게 되는 것은 나는 아버지의 품, 아버지의 집에 있어야 자유롭고 행복하다는 사실입니다. 신앙의 방황과 방랑을 모험이고 도전이라고 생각하는 사람이 있습니다. 그런데 떠나고 보면 아버지의 가슴과 아버지의 마음이 얼마나 그립고 사무치는지 모릅니다.

더 중요한 것은 아버지의 깊은 마음입니다. 그분은 방랑자 생활을 하고 있는 아들을 단 한 번도 잊어본 적이 없습니다. 해가 뜨고 질 때마다 동구 밖으로 시선을 던져 행여 아들이 돌아올까 노심초사 기다리고 또 기다렸습니다. 아들은 자신이 죄인이라고 말하면서 아버지의 품꾼으로라도 써주기를 간절히 청하지만, 아버지는 떠날 때도 아들이었고 돌아올 때도 아들이었습니다. 아들에 대한 사랑은 그렇게 변하지 않습니다. 아버지의 사랑과 자비는 쉬 변하지 않습니다. 아버지의 마음은 기다리는 마음입니다. 긴 시간 아버지의 품, 아버지의 말, 아버지의 사랑, 아버지의 집을 떠나있었지만 아버지는 인내를 가지고 아들을 기다립니다. 방황하고 반항하고 거역하며 권리만을 따지는 아들을 외면하지 않습니다. 기다리고 또 기다립니다. 아버지이신 하나님은 우리를 그렇게 기다리는 줄 모릅니다. 하나님을 등지고 마음으로 멀리 떠나고 몸으로도 멀어진 나를 아버지 하나님은 기다리고 계십니다. 아버지는 방랑과 방황, 반항과 거역을 하며 멀리 있는 아들이라도 항상 곁에 계셨습니다. 기다리는 마음은 그저 멀리서 바라보는 것이 아니라 그런 삶을 살고 있는 나의 곁을 떠나신 적이 없으십니다. 아버지의 기다리는 마음은 시간과 공간의 제약을 받지 않고 늘 떠난 아들과 함께 있었다는 것입니다. 아들을 위한 삶이 곧 아버지의 삶이나 마찬가지이니 아들의 방황하는 순간조차도 아버지의 시선은 늘 아들에게 가 있었던 것입니다. 마찬가지로 하나님의 시선이 그렇습니다. 하나님 아버지의 시선은 단 한 번도 우리 주위를 떠나본 적이 없으십니다. 다만 우리가 그 시선을 외면하고 그 마음을 읽지 못하고 있을 뿐입니다.

　어디 그뿐입니까? 아버지는 아들이 돌아왔으니 정말 아들로서 대접하기를 원하십니다. 아들로서의 신분을 회복하고 잔치를 벌여서 만방에 나의 아들 됨을 선언하십니다. '나의 아들이 돌아왔다, 죽었던 아들이 돌아왔다'고 아들의 귀향으로 아버지와의 관계가 회복되었다는 것을 알립니다. 아버지의 용서하는 법은 그렇습니다. 아버지의 품을 떠난 나의 신분을 다시 아들로, 아버지의 집을 떠난 자식을 사랑하는 아들로 인정하시는 것, 아무것도 묻지 않고 잘 돌아왔다고 마음껏 품으로 안아주시는 그 넓으신 아량이 아버지의 용서입니다. 나는 죄인이라고 했지만 아버지는 나를 더 이상 죄인이 아니라 내가 사랑하는 아들이라고 말씀하시고 너그럽게 받아주시는 분이십니다. 나에 대한 아버지의 호명, 아들이라는 지위, 신분, 실존, 본질, 존재는 어떠한 행위를 하였더라도 아버지의 집에, 아버지의 품에 돌아온 이상 그것은 회복되고 또 남아 있는 것입니다.

문제는 큰 아들입니다. 방탕한 생활을 청산하고 돌아온 동생을 환대하는 아버지의 태도가 마음에 들지 않았습니다. 불평이 나옵니다. 아버지를 한 번도 떠난 적이 없었던 나를 더 인정하셔야 할 거 아니냐는 것이지요. 그러나 아버지는 말합니다. 너는 항상 나와 함께 있지 않느냐, 그리고 나의 재산이 곧 너의 것이 아니냐고 말입니다. 아버지의 품에서 떠나지 않았던 아들이 더 많은 권리를 누려야 하고 더 인정을 받아야 한다는 것은 그저 아들의 생각일 뿐입니다. 아버지의 마음은 다 똑같습니다. 오히려 늘 아버지의 품 안에 있었던 자식은 아버지에게 가까이 있었습니다. 다시 말해서 아버지는 당신의 품 안에서 있었던 자식과 떨어진 적이 없으셨다는 말입니다. 끊임없이 대화하고 지속적으로 사랑하고 한시도 한 눈 팔지 않고 똑같은 마음으로 큰 아들을 대했습니다. 아버지의 마음이 큰 아들과 작은 아들로 갈라지고 차별했던 것이 아니라 가장 가까이 있으나 가장 멀리 있으나 똑같이 아버지 자신의 중심에서 벗어나지 않도록 해왔습니다.

우리는 그것을 잘 모릅니다. 신앙생활을 더 열심히 했다고 해서, 교회를 더 많이 들락날락 했다고 해서, 성서를 더 많이 읽었다고 해서 아버지 가까이 있었으니 좀 더 많은 은총을 받아야 하는 것이 아니겠는가? 그렇게 생각할 것입니다. 그것이 상식이라고 말입니다. 그러나 아버지의 계산법은 다릅니다. 아버지는 어느 그리스도인이 당신과 가까이 있다고 더 가까이 다가가 계시고, 멀리 있다고 해서 멀찍이 떨어져 계신 분이 아닙니다. 누구에게나 똑같이 환대를 하시되 오히려 방황하고 거역했던 그리스도인을 더 반갑게 맞아주신다는 것입니다. 우리도 하나님 아버지와 같은 심정으로 하나님을 멀리하고 신앙을 등한히 했던 사람에게 환대할 수 있어야 합니다. 그가 영적으로 죽었던 사람이 아닙니까? 그가 잃어버렸던 사람이 아닙니까? 그러니 그가 돌아온 날은 모두가 기뻐해야 할 날입니다. 예수님이 우리에게 말하려고 했던 것도 교회가 아버지의 마음을 품고 환대하는 공동체가 되어야 한다는 것입니다. 아버지의 집에 머물러 있었던 나는 터줏대감이니 공동체에서 다시 신자로서의 자격을 부여받고 싶다면 그만한 의무를 다해야 한다는 식의 배타적인 태도를 지양해야 합니다. 신자의 생사여탈권을 쥐고 있는 것은 아버지이신 하나님뿐입니다. 그런데 신앙생활을 오래한 그리스도인일수록 자신의 관점과 생각으로 다른 신자, 새로운 신자를 판단하는 경향이 있습니다. 하나님 아버지는 그가 공동체를 떠나 있던 신자이든, 새로운 신자이든 이미 그들과 마음이 함께 있었다는 것을 깨달아야 합니다. 그러므로 우리는 그저 하나님 아버지와 같은 너그러운 마음, 사랑스러운 마음을 가지고 그들을 맞이하기만 하면 됩니다. 하나님 아버지가 원하시는 것은 바로 그와 같은 무한한 환대요 무한한 용서입니다. 방탕한 생활을 했던 아들과 늘 아버지의 곁에 있었던 아들 그 모두에게 하나님의 눈빛이 공존했다는 것을 기억해야 할 것입니다. 하나님 아버지의 존재는 그렇게 모두에게 열려 있습니다.

13

신앙의 고독과 자유

루가 18:9-14

하나님 앞에서 보면 신앙적으로 누가 잘 나고 누가 못 나고 하는 것이 있을까요? 내가 교회를 좀 더 열심히 다니니까 교회를 다니지 않는 사람보다는 좀 나을 거야, 교회를 자주 빠지는 사람보다 내가 훨씬 성실하다고 하실 거야, 라는 나의 판단과 의로움은 하나님의 기준과는 다릅니다. 오히려 그런 사람일수록 하나님과 전혀 상관없거나 아니면 자신의 신앙관에 의해서 설정된 기준에 따라서 생각하는 사람일지도 모릅니다. 그는 현존재의 자기 상실과 자기 소외 신앙에 빠져 있음에도 그러한 오만한 마음을 품을 수 있습니다. 자기 기만, 자기 교만, 자기 오만으로 올바른 자기 인식을 제대로 하지 못하는 그리스도인입니다. 그는 자신의 신앙의 감각과 신앙의 눈을 통해서 세계를 잘 감응responsiveness한다고 자신하지만 실제로는 그렇지 못합니다. 더불어 하나님에 대해서 감응한다고 하면서 실상은 감응하지 못하는 그리스도인이라는 것을 잘 모릅니다. 마치 바리사이파 사람처럼 자기 잘 난 맛에 살고 자아 도취적인 신앙에 빠져 있기 때문입니다.

반면에 죄인은 자신이 하나님으로부터 멀리 떨어져 있다고 생각합니다. 신앙의 소외감을 느끼는 것입니다. 하나님을 낯설게 느끼는 사람들입니다. 자신이 죄인이라고 인식하면서 거룩하신 하나님께 범접할 수 없다는 신앙 의식을 가지기 때문에 지극히 자신을 낮추고 겸손한 사람이 됩니다. 너무나 많은 죄, 매우 깊은 죄, 씻을 수 없는 죄, 감당할 수 없는 죄, 용서받지 못할 죄를 갖고 있다고 생각하는 죄인은 자신의 힘으로 죄의 한계를 극복할 수 없다고 믿습니다. 오로지 자신의 죄를 감당하고 사해주실 수 있는 분은 하나님밖에 없다는 신앙의 내려놓음과 온전한 내맡김만이 가능한 상태, 죄인은 그것을 느끼고 있는 것입니다. 어찌할 바를 모르는 죄인은 자기가 하나님으로부터 철저하게 소외되어 있다고 스스로 단정 짓기에 불안감을 느끼게 마련입니다. 그 불안의 시초는 의미 빈곤이나 실존적 공허, 정신적 공백과는 다릅니다. 죄인은 하나님을 위해서 현존하지 못한다는 자책과 불안, 그리고 자기 낮춤을 통해서만이 자신이 진정으로 하나님에게 다가갈 수 있다고 고백합니다. 내가 죄인인데 내가 살아야 할 의미, 내가 존재해야 할 목적, 내가 추구해야 할 가치 등 끝없는 의미 물음Sinnfrage으로 몸부림을 칩니다. "주여, 저는 죄인입니다. 제가 무엇을 하리이까?" 마치 성 아우구스티누스Aurelius Augustinus가 고백한 것처럼, "당신께서는 당신을 위해 우리를 창조하셨으므로, 우리의 마음은 당신 안에서만 안식을 취합니다. 내 영혼은 당신 품에서 휴식을 취할 때까지 결코 평안하지 못할 것입니다 … 나는 주님이며 하나님이신 당신을 어떻게 불러야 합니까? 주님이시여, 천지를 창조하신 주님이시여, 내가 주님을 부를 때, 내 안의 어느 자리로 들어오실 수 있겠습니까? 나의 주, 하나님이시여, 내 속에 당신을 영접할 수 있는 곳이 어디 있습니까?"라는 기도를 드리게 되는 것입니다.

하나님은 이런 사람에게 다가오십니다. 하나님을 위해서 현존하는 자, 무엇을 위해서 현존하려고 하는 자에게 하나님은 당신을 숨기지 않고 드러내려고 하십니다. "나는 죄인입니다. 내 안에 당신을 모실 자리가 없습니다"라는 겸손한 고백이 하나님의 마음을 움직이는 것입니다. 형식적이고 그리고 고착화된 양식의 기도나 고백이 아니라 진심으로 "나는 죄인입니다. 내가 어떻게 당신을 부를 수 있겠습니까?"라는 그리스도인 됨, 그리스도인다움, 신앙인다움의 발견을 위한 기도를 올릴 수 있을 때 하나님의 감동을 불러일으킵니다. 하나님의 감응, 하나님의 반응, 하나님의 호응을 이끌어낼 수 있습니다. 이것은 하나님이 멀리 계시는 것 같지만 그분을 더 가깝게 자신의 가슴으로 찾으려고 하고, 더 가까이 다가가려는 자기 정화와 자기 정결, 자기 순수성의 발로입니다. 깨끗한 사람이, 죄가 없는 사람이, 거룩한 사람이 정말 자기가 그렇다고 말합니까? 그는 깨끗하고 무죄하며 거룩한 사람이 아닙니다. 자기 안에 티끌만한 죄가 없다고 하는 사람은 정결한 사람이 아닙니다. 하나님의 눈을 보지 못한 사람입니다. 하나님의 눈을 똑바로 쳐다볼 수 없는 사람입니다. 하나님의 거룩함 앞에 서게 되면 누구나 다 죄인이라는 것을 깨닫게 됩니다. 하나님의 지극한 순수함 앞에서는 어느 누구도 순수하다고 자부할 수 없습니다. 하나님이 지금 나의 곁에-있음$^{Bei-Sein}$, 옆에-있음을 인식하는 신자라면 두려움과 떨림, 죄스러움으로 감히 얼굴을 들지 못할 것입니다. 그러면 바리사이파 사람이 하나님을 제대로 안 것일까요? 아니면 자신을 죄인이라고 고백한 세리가 하나님을 올바로 파악한 것일까요? 세리는 자신이 있는 그 자리에 곧 하나님이 곁에-있음, 옆에-있음을 너무나도 잘 알았던 것입니다. 멀리 계신 하나님, 나의 죄성 때문에 나와는 상종조차도 하지 않을 것 같은 그분이 지금 나의 바로 옆에, 나의 바로 곁에 있다고 믿게 되니 더 두려움과 떨림으로 당신의 현존 앞에 무릎을 꿇고 "나는 죄인입니다"라는 기도로 일관할 수밖에 없었습니다.

죄인은 자기 인식과 자기의 신앙의 자리를 통하여 신앙을 재발견하고자 하나님과 신앙에 지향성을 두게 됩니다. 죄인이라고 하는 존재는 본래 자기 자리를 항상 점검하는 사람이며 늘 하나님을 향한 지향성을 염두에 두고 있습니다. 죄라는 속성을 마음에 담고서는 당신과 만날 수 없다는 사실을 뼈저리게 알기 때문에 하나님 당신 현존에 무릎을 꿇고 지금 내가 있는 자리를 거룩하게 하옵소서, 라는 기도를 올리게 됩니다. 자기 자리가 죄의 자리라는 것을 알게 됩니다. 죄를 지은 죄인의 자리에서는 하나님 당신의 얼굴을 똑바로 대면할 수 없습니다, 라는 기도가 나올 수밖에 없습니다. "주여, 이 죄인을 불쌍히 여기소서", "주여, 이 죄인에게 자비를 베푸소서", 라고 기도하면서 모든 것을 당신의 사랑과 긍휼하심에 의탁하게 됩니다. 죄인은 자신은 더 이상 없으며 오로지 하나님 당신밖에는 없습니다, 라는 깨달음 속에서 하나님의 인정과 승인을 기다릴 따름입니다. 그래서 죄인은 한없이 낮아지면서 한없이 높이 올려질 수 있는 가능성이 있습니다. 하나님 앞에서 낮아지려고 하고 자신의 비천함을 인정하는 자에게 하나님은 당신의 자비의 손길로 구원하시고 더 품어주시려고 하십니다. 죄인은 이 세상에서 하나님 한 분이면 만족한다는 심정으로 모든 것을 내려놓고 오로지 하나님께로만 마음을 향합니다. 그러기에 죄인은 스스로 내가 하나님과 항상 함께 있는가, 하나님 곁에 있는가를 성찰해보려는 사람, 자기 삶의 중심에 하나님을 놓고 그 중심에서 벗어나지 않으려는 자기 규정을 처절하게 하는 사람입니다.

의인이라고 자부했던 바리사이파 사람과 같은 신앙인은 자기 초월을 하고 항상 하나님을 향하고 있다고 하지만 실상은 하나님을 벗어난 사람일 수 있습니다. 자신을 의인이라 여기는 자는 자기의 신앙이나 삶의 눈이 바깥을 향해서만 열려 있고 자기 자신의 신앙적 내면을 향해서는 눈을 두지 않는 사람이기 때문입니다. 신앙과 삶의 눈이 하나님에게 열려 있고 그분에게 당신 자신을 위해서 존재하는 사람이라고 승인받아야 하지만 신앙이 좋다고 하는 사람, 나는 의인이다, 라고 자부하는 사람일수록 하나님 바깥에 있는 사람입니다. 하나님에게 바쳐진 삶이 아니라 눈치를 보고 세간의 소문에 민감하고 체면과 처신을 생각하여 자기의 외형적 처신에만 골몰하는 사람입니다. 그러므로 의인의 자기 긍정은 하나님에 대한 부정으로 비춰질 수 있습니다. 반면에 죄인의 자기 부정은 하나님의 긍정을 얻을 수 있습니다. 자기를 긍정하기보다는 하나님을 긍정하려는 그리스도인이 되어야 합니다. 지금 우리는 현존하고 있는 바로서의 나what-am-I와 존재해야 할 바로서의 나what-I-ought-to-be를 헷갈려하고 있는 게 문제입니다. 지금 나는 죄인으로서 존재하고 있습니다. 그런데 나는 의인이라고 착각을 하고 있습니다. 나는 의인입니다, 라는 자기 고백과 규정은 앞으로 내가 그렇게 존재해야 할 미래의 신앙적 지향점입니다. 그러기 위해서는 자신을 죄인이라고 여기고 한없이 자신을 낮추었던 세리처럼 스스로 죄인임을 깨닫고 자신의 삶과 신앙의 자리를 깊이 바라보고 하나님 앞에서의 신앙적 고독 속에서 하나님의 빛에 의해서 자신의 죄성을 깨달아야 할 것입니다. 그뿐만 아니라 그 죄의 고백, 죄인이라는 처절한 고백을 통하여 자신의 나약함을 인정하고 하나님께서 주시는 참된 자유와 당신 품이 어느 곳보다도 더 그리운 곳이며 긍휼과 평안의 품이라는 것을 절실하게 그리워해야 할 것입니다.

14

신앙의 의미와 방향 찾기

요한 7,40-52

일반적으로 사람들은 단지 일상적인 사건이나 보통 물건이지만 거기에다 어떤 의미를 부여하고 그것을 특별한 사건과 물건으로 간주하려고 합니다. 인간이란 단 한 순간도 의미가 없다는 것에 대해서 못 견뎌합니다. 의미가 없다는 것은 결국 허무주의로 치닫고 맙니다. 눈은 떠있고 밥은 먹고 있지만 그때그때 주어지는 시간과 공간은 아무런 의미가 없는 것입니다. 어쩌면 인간은 의미가 없이는 한시라도 살 수 없는 존재인지 모릅니다. 밥을 먹어도, 일을 해도, 사람을 만나도, 잠을 자도 따지고 보면 다 의미가 없이 움직이거나 활동을 하지 않습니다. 그것을 우리는 로고데라피의 창시자 빅터 프랑클V. E. Frankl이 말한 '의미에의 의지' der Wille zum Sinn라고 부를 수 있을지 모르겠습니다.

인간에게는 사소한 일에서조차도 의미를 찾고 부여하려는 의지가 있습니다. 아니 그러한 의지를 통해 내가 살고 있다고 증명해내려고 합니다. 삶의 의미가 빠지고 그때그때 주어진 삶에 아무런 가치도 없다면 인간은 무엇으로 버텨나갈 수 있을까요? 보이지 않는 의미를, 있지도 않은 의미를 저 허무의 끝 언저리에서 나마 발견하고 싶어 하는 인간은 때로는 사회적 동물이기 때문에 인간 그 자체에서도 얻어 보려고 합니다. 그때그때 내게 주어진 시공간에 있는 사물들과 사건들은 변하지만 적어도 같은 시공간을 살아가는 인간에게만은 어떤 희망을 걸어보려고 합니다. 그 사람에게서 새로운 의미를 찾고 절박한 상황에서 어떤 의미의 응답을 듣고 싶어 합니다.

그런 의미에서 예수님은 '의미의 의미'입니다. 1세기 사람들도 우리와 똑같이 시간 속 존재로서 삶의 의미를 찾았습니다. 좀 더 정확하게는 특별한 의미를 띤 인물을 만나고 싶어 했습니다. 반드시 자신들에게 의미를 주는 그런 의미의 존재가 나타나리라고 굳게 믿고 있었습니다. 그런데 사람들은 방향을 상실하고 예언자에 대한 구구절절한 해석들과 근거들에 우왕좌왕합니다. 그가 예언자일까?, 그가 그리스도일까? 그가 메시아일까? 정말 우리 삶에 의미를 부여해 줄 참된 가치를 지닌 사람이 맞는 것일까? 혹시 그가 우연한 출현자가 아닐까? 의심도 품어 봅니다. 해석하고 또 해석합니다. 생각하고 또 생각해봅니다. 사람들은 일정한 정보에 의해서 정향, 곧 오리엔테이션이 되어 있다고 하지만 정작 방향을 잘못 짚고 있는 경우가 너무나도 많습니다. 정향의 상실이라고도 볼 수 있습니다. 방향을 잡고 있다고 하지만 정말 제대로 잡아야 할 방향으로 가지 않고 자기 식대로 해석하고 판단합니다. 지금도 여전히 예수님이 우리에게 어떤 의미 부여를 해준 사람보다도 더 강력하고 더 매력적이고 더 확고한데도 불구하고 흔들리고 회의를 합니다. 그가 진정으로 의미의 의미, 의미 중의 의미를 부여해 줄 사람이자 의미 그 자체를 품고 있다는 것을 알아야 합니다. 그가 우리 생에 있어서 의미가 없는 존재라면 무엇 때문에 교회에서 시간을 투자하고 헌금하며 봉사를 한단 말입니까? 그가 의미의 존재이기 때문에 그런 것이 아닙니까? 아니면 의미의 투자라고 해야 할까요? 지금까지 다른 어떤 것에 의미 투자를 해보았지만 의미를 찾지 못했으니 예수라는 존재에게 마지막 희망을 걸어보고 의미 투자를 해보아야지, 그런 것일까요? 그러한 자세의 신앙인이라면 그래도 나은 편이라고 봅니다. 하지만 그것도 아니고 의미의 의미라는 확신, 그를 믿는 정당성을 찾지도 또 그럴 의지도 없다면 심각한 것입니다. 그러니 지금이라도 당장 예수에게 의미 투자라도 하는 것이 나을 것입니다.

사람들은 의미의 추구가 좌절되면 실존적 좌절을 겪게 됩니다. 그것을 '실존적 공허'existential vacuum라고 말합니다. 그리스도인조차도 무엇을 찾고 있는지 무엇을 만나고 싶어 하는지 무엇을 믿고 싶어 하는지 모릅니다. 의미를 찾고 있지만 끝내 찾지 못하는 현대인들은 '의미 결손'Sinn-Defizit을 느낍니다. 매일 반복되는 일상과 시공간, 그리고 사람과의 관계에서 점점 더 의미를 찾지 못하고 있습니다. 가족 관계에서도 의미를 느끼지 못하는 사람들이 가족이라는 작은 공동체를 등지기도 합니다. 부부관계는 말할 것도 없지요. 의미의 결손, 의미의 공허를 겪는 사람들이 그렇다고 무엇을 믿기 위해서 예수라는 인물에게 의미를 투자하려는 모험을 하지 않습니다. 그저 삶의 우연에 맡겨서 살 뿐입니다. 우리는 삶의 의미와 목적을 예수라는 의미의 의미 속에서 찾아야 합니다. 그가 구원자요, 그리스도요, 메시야요, 예언자라는 그저 도식적인, 성서적 개념에 의해서 규정된 존재가 아닌 우리 삶과 신앙의 의미 그 자체라고 뼛속 깊이 느끼고 고백해야 합니다.

세상에서 말하는 말들이 얼마나 공허한가, 단지 스쳐지나가고 말뿐 내 영혼과 마음을 굳게 잡아주는 말들이 흔하지 않습니다. 잠깐 머물러서 나의 표피적인 삶을 어루만질 뿐이지 심층을 헤아려주지 못하고 의미를 부여해주는 말은 거의 없습니다. 말이 난무하지만 나에게 핵심이 되고 의미가 되는 말은 존재하지 않습니다. 방향을 잡을 수도 어떤 목적을 향해 나아가야 할지도 모르도록 만드는 말들이 무수히 떠돌아다닙니다. 예언자 예수님의 말, 그 말은 말씀입니다. 내 마음을 어떻게 가꾸어 가야하고, 내 삶을 어떤 방향으로 이끌어 가야 하는지 그 말의 씀씀이를 분명하게 알도록 해주는 말입니다. 그래서 그 말이 진리가 되는 것이고 진리이기 때문에 의미가 있는 것입니다. 변하지 않는 말이기에 진리가 아니라 나의 심층과 폐부를 찔러 정신을 바짝 차리게 만드는 의미의 의미이기 때문에 진리입니다. 아무나 진리를 읊조리지 않습니다. 모든 삶의 가치와 근거, 그리고 신앙의 기준으로서 그 예수님의 말이 지금 우리에게 진리가 되고 의미가 되는 것입니다.

그리스도는 강요하지 않습니다. 우리를 초청합니다. 자신의 의미처로 오기를 고대하고 있습니다. 말의 진심과 의미에 머물러 있기를 바라고 자신의 존재 자체에 대해서 회의를 하기보다는 확신을 가지고 구원자로서의 예수로 받아들이기를 조용히 초대합니다. 만일 우리가 그 의미의 의미를 받아들이지 않는다면 비겁한 것입니다. 더 자극적이고 더 흥미롭고 더 흥분시키는 어떤 의미를 만나기를 바란다면 방향성을 잘못 짚은 것입니다. 무상의 진리를 내뿜는 예수, 고귀한 삶의 자유를 부여해주는 예수, 자신의 의미처에 거하라는 예수님은 지금 우리의 마음의 갈릴래아에서 탄생하고 있습니다. 방향은 갈릴래아입니다. 갈릴래아의 예수를 기억할 때 신앙이 잡히고 삶이 의미가 있어집니다. 방향을 상실하고 그저 해석만 하다가 오판을 하고 마는 어리석은 사람이 되지 말고 신앙의 의지처인 갈릴래아, 그 신앙의 탄생지를 향해서 나아가야 합니다.

삶의 의미, 신앙의 의미를 깨닫지 못했다면 갈릴래아의 예수를 생각해보십시오. 누가 갈릴래아를 둥지 삼아 만백성을 위한 말과 행위를 보여주었단 말입니까? 그의 말과 행위는 갈릴래아에서 비롯되었습니다. 갈릴래아가 없었다면 우리가 믿는 예수님의 의미가 별볼일 없었을지도 모릅니다. 하지만 갈릴래아는 수탈당하고 늘 빈곤에 허덕이는 백성들이 살던 곳이었습니다. 하나님의 나라가 맨 처음 말해졌던 장소, 그 갈릴래아는 예수를 예언자요 그리스도로 만들었습니다. 예수님이 의미가 되었던 곳입니다. 반대로 예수 때문에 갈릴래아가 의미의 장소가 되었다고도 볼 수 있습니다. 갈릴래아를 기억한다는 것은 예수를 기억하는 것이고, 예수를 기억한다는 것은 신앙의 의미를 기억한다는 것입니다. 우리는 자신에게 의미의 의미가 되는 것이 있는가를 물은 적이 있습니까? 다른 그 어떤 의미보다도 가장 중요한 의미를 부여하고 싶어 하는 사람이 있는가를 생각해 본 적이 있습니까? 의미를 상실하고 또 의미를 찾지 못해서 방황하며 인생의 잘못된 방향으로 나아가는 사람이 있다면 이제라도 의미의 의미인 예수를 만나볼 차례입니다. 의미의 지향성을 예수에게 둘 때가 되었습니다. 다른 무엇이 더 필요할까요? 의미를 계산하지 마십시오. 그저 궁극적인 의미, 최종적인 의미의 장소가 누구인지만을 생각하십시오. 그러면 인생과 신앙의 방향을 잘 잡아나갈 수 있을 것입니다.

15

깊이에의 강요

요한 12,1-8/11

"사랑할 때는 고통을 모른다, 고통은 이미 사랑받고 있기에"

– 성 아우구스티누스

파트리크 쥐스킨트Patrick Sskind는 「향수」라는 유명한 소설을 썼습니다. 그 소설 말고도 「깊이에의 강요」라는 짤막한 책을 읽어본 적이 있습니다. 거기에는 이런 말이 등장합니다. "그녀에게는 깊이가 없어요. 사실이예요. 나쁘지는 않은데, 애석하게도 깊이가 없어요." 이런 평가를 받은 여류화가는 심각하게 고민하다 못해 결국 자살로 생을 마감하게 됩니다. 도대체 깊이라는 것이 무엇이기에 절망을 극복하지 못하고 삶을 접도록 만드는 것일까요? 좀 허무적이라는 생각도 듭니다. 까짓것 나의 작품에 깊이가 좀 없으면 어떻고, 삶의 깊이가 좀 없으면 아무렴 어떤가, 하며 여유로운 생각을 가질 수 있습니다만, 깊이가 강요되면 삶이 힘들어집니다. 누가 누구에 의해서 부여된 깊이의 강요인가요? 자신의 잣대와 자신이 스스로 부여하는 깊이라면 얘기가 달라집니다. 하지만 깊이가 있고 없고의 여부를 타인에 의해서 평가를 받을 때, 그 권력과 권위에 의해서 자신이 초라해지고 굴종적으로 되기 마련입니다. 여기 그 깊이에의 강요, 다시 말하면 신앙의 깊이를 강요당한 한 여인의 이야기가 있습니다.

서기 30년 4월 초순 과월절을 맞아 예수께서는 제자들과 함께 예루살렘으로 순례를 가셨습니다. 복음서에 등장하는 베다니는 예루살렘에서 예리고로 가는 길을 따라 2마일이 채 되지 않는 거리의 올리브산감람산 기슭에 위치해 있었습니다. 요한복음서 12장에 등장하는 장소는 바로 그곳에 있는 라자로의 남매들이 사는 집인 것 같습니다. 예수님은 돌아가시기 일주일 전에 그들의 집에서 마르타의 시중을 받으며 식사를 하고 있었습니다. 그때 한 여인이 등장합니다. 그 여인의 이름은 막달라 마리아입니다. 그녀는 우리에게 일반적으로 창녀로 알려진 인물이었습니다. 마태오나 마르코에 의하면 그녀는 단순히 한 여자정도로만 가리키고 있습니다. 그런데 루가는 그녀를 "죄인으로 소문난 여자"로 기록하고 있습니다. 그래서였는지 이른바 신앙의 표본이 되고 모범이 되는 인물이 아니라 깊이가 없는 여인의 대명사로 일컬어졌습니다. 하지만 그것은 잘못된 해석이라는 것이 판명이 났습니다. 교황 그레고리우스 1세는 591년 루가복음 7장 36-50절에 언급되는 "죄인으로 소문난 여인"을 지칭하여, '죄인'을 이르는 헬라어 'harmartolos'하르마르토로스를 '창녀'를 의미하는 헬라어 'porin'포린으로 잘못 해석했다는 것입니다. 그로 인해 많은 이들은 약 1500년 동안 막달라 마리아를 회개한 창녀로 잘못 생각해 왔습니다. 마침내 가톨릭교회는 1969년에야 이를 공식적으로 철회했습니다. 그녀는 부유한 상업지역인 막달라 태생으로 인간이 누릴 수 있는 자유와 영화를 알고 있었습니다. 그녀는 유대인이었지만 이방인이 많이 있는 지역에서 살고 있었기에 같은 동족에게서도 이방인 취급을 받았습니다. 또한 그 당시 온전한 인간으로 대접받지 못했던 한 여인이었기에 말 못할 억압과 고통을 느꼈을 것입니다. 일곱 마귀로 표현되는 그녀의 고통은, 그녀에게 삶의 희망을 잃게 하고 여러 가지 육체적, 정신적 한계 상황을 가져왔습니다.

박노해의 "나도 '야한 여자'가 좋다"라는 글에는 여성의 애달픈 삶의 모습이 잘 그려져 있습니다.

> 야한 여자를 보면
> 텔레비에서 거리에서
> 야한 여자를 보면
> 나는 눈물이 난다
> 주렁주렁 귀고리에 분 바른 화장에
> 긴 손톱에 화려한 의상에
> 지워져 버린 그녀의 존재,
> 장식하지 않으면 존재조차 없는
> 야한 여자들을 생각하며
> 나는 서럽게 서럽게 운다
> …
> 야한 여자를 보며
> 나는 구토를 한다
> 우욱우욱 구토를 한다
> 자본이 없기에 팔려 나와
> 영등포 뒷골목의 유리 상자 안에

무리지어 진열된 야한 여자건

새벽이면 쓰린 속을 부등켜안고

벌거벗은 몸매로 해장국을 퍼먹는

역 앞에 방석집 야한 여자건

팔려가기 위해 포장된 야한 여자를 보면

싸아한 눈물 끝에 구토가 난다

압구정동 거리나 백화점에 쇼핑 나온

자본을,

남의 노동을 덕지덕지 바른

고상하게 야한 여자들을 보면

울컥울컥 구토가 난다

구토 끝에 눈물이 난다

…

손톱을 기르고 화장을 하는

야한 여자 하나 가꾸는 데 드는 노동,

공장의 수백 수천의 순이를 생각하며

치떨며 치를 떨며 나는 운다

야한 상품으로 야한 물건으로

인간이 성이 아름다움이 팔려 가는

노동이 상품이 되어버린 저주받은 땅에서

야한 여자 야한 세상 야한 세계를 보며

차가운 눈물로 운다 싸늘한 눈물로 운다.

이처럼 힘겨운 삶의 현실과 억압의 지배에 억눌려 살았던 여인, 예수님의 치유로 새로운 삶을 얻게 된 그녀는 그를 찾아와 값비싼 향유를 발에 붓고 자신의 머리털로 닦습니다. 그래서 복음서 학자들은 이 요한복음서 12장의 사건을 두고 "도유사화"라고 부릅니다. 그녀가 예수를 위해서 부은 향유의 가격은 당시로서는 어마어마한 것이었습니다. 향유를 뜻하는 그리스어 뮈론myron은 마른 가루이거나 혹은 액체의 형태로 된 몰약으로 만든 향유나 연고를 가리킵니다. 이곳 복음서에서 등장하는 나르드 향유 한 리트라는 약 327g으로서 로마 화폐로 300데나리온, 오늘날로 치면 약 2천 만원 가까이 되는 돈입니다. 그도 그럴 수밖에 없는 것이 나르드nardos, 피스타치오 열매[pistachio nut]의 아람어 발음이나 번역이다는 감송을 말하는 것으로서 동인도산의 방초芳草인데 아라비아와 인도에서 자라며 가장 값비싼 향수를 만드는 식물이기도 했습니다. 하지만 그 향유가 무엇이건 주변에 있었던 제자 가리옷 유다는 여인의 행동이 깊이가 없는 짓거리라 생각했던 것 같습니다. 그 돈으로 가난한 사람들을 위해서 봉헌했더라면 좋았을 것을 왜 하필 그 비싼 향유를 발에 부어 순식간에 사라지고 말게 하는가, 라는 의문을 품었습니다. 가리옷 유다가 보았을 때 그것은 깊이가 없는 신앙이다 못해 아예 깊이가 없는 행동, 생각이 없는 행동이나 다름이 없었습니다. 사실 가리옷 유다가 그렇게 생각하고 말하는 것은 이해할 수 있습니다. 그는 회계를 담당하던 제자였으니 그 여인의 행동 자체가 헛된 소비, 가치가 없는 허비라고 여겼을 것입니다. 가난한 사람들, 그리스어로는 프토코스ptochos라고 나오는데, 아예 끼니조차 없어서 걱정을 해야 할 정도로 가난한 사람들을 의미합니다. 그들에게 향유를 팔아서 나누어 주었더라면 얼마나 좋았을까 하며 투덜거렸습니다. 얼핏 보면 가리옷 유다의 말은 오히려 여인의 행동보다 깊이가 있어 보입니다. 그러나 요한복음사가는 가리옷이 도둑이었다고 말합니다. 돈주머니를 맡고 있었지만 그는 자주 돈에 손을 대었기 때문입니다. 가리옷은 정확하게 이스카리옷, 즉 강도를 가리키는 말인데, 그의 전직을 의미하는 말일 수도 있습니다. 가리옷 유다는 생각 따로 관심 따로였습니다. 가난한 사람들을 빌미로 탐심어린 허욕을 드러낸 것이기 때문입니다.

성 아우구스티누스는 "마음이 교만하면 교만할수록 그 마음은 하나님께로부터 그만큼 더 멀어진다. 그리고 만일 그 마음이 하나님께로부터 멀어져 가면, 그것은 나락으로 떨어져 내리게 된다. 이와는 달리 겸손한 마음은 하나님을 하늘로부터 자신에게로 끌어당긴다"고 했습니다. 이 말은 겸손의 깊이를 달리한 사람들은 그만큼 하나님과 가까워질 수 있다는 말로 이해할 수 있을 것입니다.

그런 측면에서 과연 그녀의 향유 붓는 행위는 소비 혹은 허비된 것일까요? 신앙의 깊이가 없었던 무모한 행동이었을까요? 예수님이 보았을 때 어느 것이 더 깊이가 있는 신앙적 사유나 행위였을까요? 옛 이스라엘에서는 장례 때 시신에 향유를 발랐습니다. 이처럼 마리아는 장례절차를 앞당겨 예수께 향유를 바른 것입니다. 랍비신학에서는 장례를 치르는 것이 구제보다 더 자비로운 행위라고 보았습니다. 삶에 있어서는 매일 죽을 수밖에 없는 여인이 한 남성 예수님의 죽음을 준비해주는 행위는 성스럽고 영묘한 모습이었습니다. 살아야 할 가치, 의미에의 의지를 표현한 행위는 그녀만의 삶의 깊이요 신앙의 깊이를 드러내는 것이었습니다. 죽음을 앞둔 예수에게 말을 건네는 방식은 말만 있는 것은 아닙니다. 말로서 예수님의 죽음을 다 표현할 수 없습니다. 말보다 더 강력한 것은 무릎을 꿇고 전 존재를 드린다는 행위 그 자체입니다. 그녀의 행위는 진리의 행위였을까요? 삶의 행위였을까요? 살아야겠다는 간절함이었을까요?

프랑스 철학자 모리스 메를로-퐁티Maurice Merleau-Ponty는 우리의 몸은 지각의 장the field of perception이라고 했습니다. 그러면서 우리는 볼 수 있는 것만 본다는 매우 그럴 듯한 말을 하였습니다. 지각의 장은 타자와 공유된 감각으로 나아가야 합니다. 주체 혹은 개별자의 감각으로 그치면 소통이 이루어지지 않습니다. 향유를 부어 자신의 머리카락으로 예수님의 발을 씻는 그녀의 신앙 감각적인 행위가 공유되지 못하면 괜한 짓거리, 공연한 짓거리를 하고 있다고 생각할 것입니다. 그래서 가난한 자 운운하면서 헌신의 기본적인 신앙 감각도 공유하지 못하는 인간, 기본도 안 되어 있는 인간, 기초 신앙도 안 되어 있는 인간이 되고 말지요. 신앙 행위를 온 몸으로 표현하는 그녀의 감각적인 행동 속에는 무엇인가를 말하고 있는 메시지가 있습니다. 그것은 단순한 향유 붓기와 머리카락으로 발 씻기라는 행위 이상의 예수님과 감각적인 신앙 교감이 있었다는 것을 말해주고 있습니다. 어쩌면 예수 아기의 데레사가 말한 것처럼, "오로지 내가 원하는 것, 그것은 예수님을 기쁘게 해드리는 것입니다"라는 고백을 일찌감치 실천한 여인이었는지 모릅니다. 우리는 그것을 헌신의 기쁨, 혹은 거꾸로 기쁨의 헌신이라고 말을 하지요. 그러면서 이렇게 말을 덧붙입니다. "자기를 맡겨 버리고 자기에게 구애되지 않고 자기에게 되돌아가지 않는 자아포기! 자기를 버린다는 것은 그녀에게 있어서는 사랑하는 것이며, 자애심에서 멀찍이 떠나 하나님만을 받들고자 하는 마음의 욕망, 억누를 수 없는 마음의 넘침입니다. 복음이 우리를 자아포기의 길로 인도하는 것은 사랑하기에, 사랑으로 말미암아, 사랑 때문인 것입니다. 자아포기라는 것은 자기 자신을 위해서는 살지 않는다는 영혼의 자세입니다. 그것은 진지하고도 줄기찬 마음가짐입니다. 자기에게 마음을 쓰지 않으려는 체념, 자기에게 무관심하려는 노력, 자기를 버려두려고 하는 마음씨입니다."

조경란의 『식빵 굽는 시간』이라는 소설에는 이런 말이 등장합니다. "기본이라 해서 간단한 것은 세상에 아무것도 없을지 몰라." 단문의 표현이지만 많은 것들을 암시하고 있다고 봅니다. 우리가 신앙생활에서 "기본"이라고 생각했던 거, 그게 정말로 지켜지고 있는 것일까, 하는 반성을 하게 됩니다. 마리아의 신앙적 행위가 특별한 것일까? 한마디로 그렇습니다. 여성이라면 하찮게 여겼던 유대 사회에서 예수 이야기에 여성이 등장한다는 것은 반드시 기록으로 남겨야 할 만큼 실제로 있었던 중요한 사건이었다는 것을 암시해 주고 있는 것이니까요. 그렇다면 그것을 우리는 기본이라고 말할 수 있는 것일까? 아니, 어쩌면 그것이 신앙의 기본인가?, 라고 묻기 이전에, 기본이 되어야 할 깊이 있는 신앙행동을 우리에게 말해주고 있는 것인지도 모릅니다.

누군가 "세계는 무자비하게 닫힌 조개이다."라고 말을 했습니다. 세계의 폐쇄성, Geschlossenheit der Welt을 일컫는 말입니다. 세계 곳곳에서 일어나는 폐쇄적인 모습도 큰 일입니다. 그러나 그보다 더 큰 문제는 마음의 폐쇄성입니다. 그래서 상호간의 열린 마음을 가지고 신뢰하고 헌신하고 봉사하는 모습들을 점점 더 보기가 힘들어집니다. 그것은 교회도 예외가 아닙니다. 우리가 교회에 모인 이유는 자기계발이나 사교모임의 연장을 위해서가 아닙니다. 우리에게 그리스도라는 존재가 공통된 관심사가 아니라면 모일 이유가 없습니다. 그리스도에 대한 헌신과 봉사가 아니라면 굳이 이 자리에 앉아 시간을 낭비할 명분이 없습니다.

가리옷 유다는 가치가 향유-안에 있다고 생각했습니다. 향유의 가치, 향유의 가격, 향유의 품질, 향유의 수단 등. 이처럼 향유에 시선이 가 있을 때, 향유 안에 빠져 있을 때 향유가 닿은 발, 향유를 붓는 여인의 마음과 행위는 보이지 않습니다. 여인에게 향유는 목적이 아니라 수단이었습니다. 예수에게 자신의 사랑을 표현하는 수단, 예수님의 죽음을 준비하는 수단일 뿐이었습니다. 이 장면에서 우리는 어디에다 시선을 두고 있습니까? 가리옷 유다처럼 향유입니까?

아니면 예수입니까? 또한 예수님의 죽음을 준비해 본 적이 있습니까? 예수님이 죽어야 인류의 구원이 있고 내가 구원을 얻는다는 신앙은 있었지만, 예수님의 죽음을 마음을 다해 준비하는 시간이 있었습니까? 가난한 사람은 항상 우리 곁에 있지만 예수 자신은 곧 사라질 것이다, 라고 말씀을 하셨습니다. 예수님의 사라짐, 예수님의 죽음, 예수님이 곁에 없음의 비극에 나는 무엇을 준비하고 있습니까? 지금 여기에서의 향유를 부음으로써 미래의 거기에서 죽음을 맞이하고 있습니까? 마리아는 값비싼 향유를 포기하고 내버림, 아니 선물로 줌으로써 예수님의 죽음에 참여하고 자기 자신을 내어 준 것이요 포기한 것입니다. 자기 자신의 포기를 결정하는 방식이 향유에서 나타나는 것이고, 향유를 붓는 행위에서 예수님의 구원이 성취된 것이라는 인식이 있었습니다.

예수님의 죽음을 떠맡음은 무슨 이해관계가 있어서가 아닙니다. 향유를 부음은 예수님의 죽음과 나란히 있음, 예수님의 구원과 머물러 있음입니다. 향유는 그 순간 예수와 함께 있겠다는 의지, 예수와 머물러 있겠다는 의지, 향유는 언제나 기억될 것이라는 의지입니다. 향유는 예수와 그녀를 이어주는 관계물입니다. 관계를 나타내는 상징물입니다. 그 향유를 통해 나와 예수님이 어떤 의미의 존재인지 알게 해주는 매체입니다. 예수님은 나의 의미요 내 생애의 전환점이라는 것을 말해줍니다.

이관용의 『시간표 없는 정거장』이라는 책에는 이런 글이 나옵니다. "나는 무엇인가? 어디로 가야 하는가. 세속인도 될 수 없었다. 그렇다고 승려도 아니었다. 삶의 방향 감각을 상실했다. 왜 살고 있는지, 무엇을 향해 삶의 걸음걸이를 하고 있는지, 목적이 없었다. 자살할까도 생각해 봤다. 이렇게 가치 없는 삶은 무의미했다. 머릿속엔 이렇게 살아라, 저렇게 살아라. … 수학 공식 같은 답안지가 다 들어 있었다. 평범하게 사는 게 제일이라는 답안지도 떠올랐다. 하지만 그렇게 … 세상 사람들처럼 살고 싶지 않았다. 욕망에 매달려서 평생을 구속받으며 살고 싶지가 않았다." 삶의 무게에 지쳐서 이렇게 저렇게 살아가야 할까 궁리를 하지만 답안이 나오지 않을 때, 방향을 찾기 어려운 삶을 살고 있을 때 문득 어느 순간에 예수님이 나의 답이라는 사실을 깨달을 때가 있습니다. 마리아에게 말을 건네고 그녀에게 다가왔던 삶의 전환점이 나에게도 찾아오는 때가 있는 것이지요. 예수님의 말이 머물고 예수님의 생각이 나에게서 떠나지 않는 시간들이 계속되는 것입니다.

그러면 우리는 예수와 함께 머물고 있습니까? 만일 그런 적이 없었다면 잠시라도 예수와 함께 머물도록 하십시오. 향유는 죽음을 흘러내리게 합니다. 향유가 죽음의 향기를 내뿜습니다. 향유가 죽음의 침묵을 깨웁니다. 향유는 하나님의 슬픈 눈물이 됩니다. 향유는 예수님의 죽음에 머물렀다가 인류의 사랑으로 피어나는 향기입니다. 향유는 예수님의 고독이 끝나고 하나님의 고독이 시작되는 것입니다.

요한복음서에 등장하는 한 여인의 이야기는 누구의 죽음도 아닌 죽음이 될 수 있었던 사건을 나의 죽음, 우리의 죽음으로 알게 해준 사건, 나의 구원, 우리의 구원으로 알게 해준 사건입니다. 죽음에 도취되고 열광하라는 것이 아닙니다. 죽음은 상의 대가를 바라지 않는다는 진리요, 죽음은 공상이나 공허가 아니라는 것을 말해주는 행위가 아닙니까? 죽음은 상실이지만, 덧없는 생명의 사라짐이지만, 그 죽음을 말이나 관념으로 받아들이지 말라는 엄중한 몸짓입니다. 시신을 위한 향유는 온몸에 충분히 부어야 하는 것이고, 살아 있는 자의 영광과 명예가 목적이라면 머리에 붓는 기름을 붓는 것이 마땅한 일입니다. 마태오와 마르코의 도유사화는 예수님의 머리부터 향유를 붓기 시작한 것이 온몸과 발에 이르기까지 흘러내리는 것으로 묘사하고 있습니다. 그런데 요한복음서에서만 유독 발에다 향유를 부은 것처럼, 예수님의 발에 초점을 맞춘 것은 여인의 헌신과 숭고한 봉사를 더 극적으로, 극사실적으로 표현하기 위한 문학적 장치인 것 같습니다.

그러므로 향유를 부은 여인의 행위는 철학자 니체가 말한 "경건한 기만"pia fraus이나 허위가 아닙니다. 신을 통해 우리는 자신을 기만하고 신에게 허위의 몸짓을 보여주곤 합니다. 가식입니다. 쥐스킨트는 조언합니다. "너는 네 삶을 변화시켜야 한다." 또 다른 말로 "삶을 기억하라"memento vivere고 번역할 수도 있습니다. 독일의 신학자 칼 바르트K. Barth는 말합니다. "신앙이란 매일 아침 새롭다!" 습관적인 몸짓, 전례, 언어, 눈빛이 아니라 매일 신의 부르심에 의해 살고 있는 우리가 예수와 나란히 머물고 있는가, 예수와 더불어 살면서 생경한 그의 말씀에 투신하고 순종하고 있는가를 물어야 할 것입니다. 마리아가 향유를 부을 때, 가리옷 유다처럼 그저 깊이 없는 짓거리를 한다고 생각하면서 저 향유에 도취된 채 서 있을 것인가, 그 향유의 가격이나 계산하며 우월한 합리적 신앙을 내세울 것인가, 아니면 도저히 어울릴 수 없을 것 같은 향유와 발, 두 사이에서 나도 또 하나의 향유가 되어 예수님의 죽음에 깊이 관여하는 존재가 될 것인가 결단을 해야 합니다. 매일 아침 예수님의 발에 새로운 향유를 부어드리는 그리스도인이 되어야 합니다. 그리고 우리 자신이 매일 아침 새로운 향유가 되어 예수님의 고단한 발, 그러면서도 고귀하고 순수한 모순인 발에 부어져야 할 것입니다. 오, 순수한 모순이여! 신비한 향유를 부은 예수님의 발이여!

16

예수, 영혼의 전율

마태 1,18-25

시인 라이너 마리아 릴케는 "왜 당신은 신을 앞으로 올 자로서, 영원한 옛날부터 미래로 접근하는 미래의 존재로서, 우리가 그 잎인 수목의 최후의 과실로 생각지 않으십니까? 신의 탄생을 생성하는 시간 속에 투입하여, 당신의 삶을 위대한 잉태의 역사 속에서 괴로움과 미의 하루로서 사는 것을 무엇이 방해하는 것일까요?"하고 묻습니다. 하나님의 아들 예수 그리스도는 하나님으로부터 온 사람입니다. 하나님 안에서 그는 탄생하고 하나님의 삶을 갖고 태어난 사람입니다. 그는 하나님의 사람입니다.

하나님의 삶을 살기 위해서 하나님 안에서 하나님과 더불어 하나님을 위해서 태어난 사람입니다. 그래서 그의 이름은 임마누엘, 곧 하나님께서 우리와 함께 하신다는 뜻을 갖게 된 것입니다. 그러면 하나님의 의미, 하나님의 사랑, 하나님의 생명을 갖고 태어난 예수를 믿는다는 것은 무슨 의미일까요? 그것은 우리도 하나님의 삶을 살겠다는 것을 신앙으로 동의하는 것입니다. 예수님의 태어남이 그의 죽음과 연속선상에 있는 이유는 하나님의 삶을 살기 위해서 태어났고 또 하나님의 삶을 살다가 죽었기 때문입니다.

한 사람이 태어난다는 것은 분명히 신의 축복입니다. 기적입니다. 경이입니다. 독일어에서 놀라움을 나타내는 Verwunderung 페어분더룽은 기적Wunder이라는 말에서 나왔습니다. 이처럼 예수님의 탄생은 인류사에서 기적이자 놀라움입니다. 그의 태어남이 온 인류에게 구원을 가져다주었다는 것 때문이기도 하지만 인류의 정신사에서 매우 중요한 역할을 하였기 때문입니다. 경이로운 그의 탄생은 하나님의 상상력입니다. 하나님 당신이 이 세계에 어떻게 오신 것인가에 대한 성스러운 이야기입니다. 예수라는 아기에게서 우리는 하나님 자신이 이 역사에 개입하셨다는 것을 고백합니다. 예수님의 탄생은 인류의 과거처럼 보이지만 그것은 하나님의 미래였습니다. 하나님께서는 이 세계가 어떤 모습으로 그려져야 하는가를 예수를 통해서 만들어 보려고 하였습니다.

예수님이 잉태한 생각들은 자신의 생각이 아닙니다. 그것은 하나님의 마음이자 하나님의 생각이었습니다. 애초부터 그는 하나님을 이 세상에서 점점 더 만들어가기 위해서 태어난 사람이라고 말해야 할지도 모릅니다. 하나님이 사라진 세상, 하나님이 아무런 능력도 발휘하지 못하는 것 같은 세상에서 하나님이 살아 계시다는 것을 그의 삶을 통해서 보여주어야 했습니다. 다시 말해서 예수님은 자신의 태어남과 삶을 통해서 하나님을 노출시킨 것입니다. 안셀무스는 자기 자신을 바라보면서 "나를 당신에게 노출시키소서! 나로 하여금 나를 알 수 있도록 허락하소서!"Revela me de me ad te! Da mihi, ut intelligam!라고 기도하였고, 하나님을 바라보면서 "당신을 나에게 노출시키시고 알리소서! 당신 자신을 나에게 주옵소서, 나의 하나님!"이라고 기도하였습니다.

예수님은 바로 하나님의 노출입니다. 예수님은 하나님의 계시요 하나님 자신의 드러내심입니다. 예수 안에서 우리는 하나님을 보게 됩니다. 예수님의 태어나심 안에서 하나님 자신의 일하심을 알게 됩니다. 우리는 하나님 자신이 노출하시지 않으시면 알 수가 없습니다. 우리는 하나님 자신이 우리에게 보여주지 않으시면 알 수가 없습니다. 그런 의미에서 하나님은 심연입니다. 한없는 어두움과도 같습니다. 우리가 보고 싶어도 보이지 않는 무한자로서, 무한한 심연을 가진 존재입니다. 그런 어두움과도 같은 존재에게서 신의 아들의 탄생이 일어난 것입니다. 릴케Rainer M. Rilke는 다시 이렇게 노래했습니다.

> 너 어둠이여, 나는 너에게서 태어났노라,
> 나는 불꽃보다 너를 사랑하노라
> 불꽃은 그 무슨 소원을 위해
> 찬연히 빛나면서
> 세계를 경계지어도
> 그 바깥에선 아무것도 불꽃을 알지 못하노라.
> 허나 어둠은 스스로 온갖 것을 품고 있어라,
> 형상과 불꽃, 짐승과 나를,
> 어떻게 어둠은 사로잡는가,
> 인간과 권력조차도

릴케가 말하는 어두움이란 하나님의 심연입니다. 하나님의 마음, 하나님의 현실이라고도 말할 수 있습니다. 어두움 안에서만 우리는 불꽃을 볼 수 있습니다. 어두움 밖에서는 불꽃은 아무런 소용이 없습니다. 그것이 불꽃인지 아닌지는 오로지 어두움이라는 현실, 어두움이라는 암흑 속에서만 알게 됩니다. 하나님의 헤아릴 수 없는 심연 속에서 하나님의 아들의 탄생이 일어난 것은 어두움이 모든 것을 품고 있었기 때문입니다. 하나님의 심연은 모든 생각, 의지, 마음, 방향, 계획을 다 품고 있습니다. 그래서 어두움은 부정과 악이 아니라 우리가 들여다봐야 하는 거룩한 장소입니다. 거룩한 어두움, 곧 성스러운 심연이 없다면 예수님의 탄생도 없습니다. 모든 것을 품고 있는 어두움 속에서 배태된 예수여야만 불꽃으로 존재할 수 있는 것입니다.

중세의 신비가 마이스터 에크하르트는 영혼의 근저Seelengrund에서 신의 탄생, 신의 아들이 탄생된다고 말합니다. 깊은 어두움에서 신의 아들이 탄생할 수 있습니다. 내면의 어두움이 강할수록 그 심연은 하나님의 아들이 탄생될 수 있습니다. 어떻게 유한자인 인간의 내면에서 무한자인 신을 만날 수 있단 말입니까? 우리의 영혼의 근저는 하나님의 아들이 탄생하는 자리입니다. 우리의 내면에서 하나님을 체험하고 그 체험을 통해서 신과 인간이 합일되는 것입니다. 거룩한 어두움 그 자체이신 하나님을 통해서 예수라는 하나님의 삶과 생명이 탄생된 것처럼, 우리의 영혼의 심연에서도 하나님의 탄생이 발생해야 합니다. 어두움이 죄악을 말하는 것이 아님을 기억할 필요가 있습니다.

영혼의 저 밑바닥, 그 순수한 영혼 안에서 하나님을 맞대면하는 순간 하나님의 아들, 예수님이 새롭게 탄생하게 됩니다. 그럼으로써 우리 자신이 과거의 하나님, 과거의 예수만을 기억하는 것이 아니라 매일 매순간 현재의 하나님을 만나게 되고 현재의 예수 그리스도의 탄생을 통한 삶을 살게 되는 것입니다. 과거의 하나님을 무한한 미래의 하나님으로 체험하는 것, 항상 지금 여기의 하나님으로 체험하는 것이 예수 탄생의 새로운 의미입니다. 우리는 그를 죽은 하나님으로 만나지 않습니다. 살아있는 하나님으로 만납니다. 예수님이 임마누엘로

부르시고 이 세계로 소환하신 것처럼, 하나님께서는 우리 안에서 끊임없이 예수님이 탄생해야 한다고 부르시고 계십니다. 그의 부르심은 말씀을 잘 지키고 당신의 뜻에 순종하기 위해서 부르셨다기보다 당신의 아들 예수를 우리의 영혼의 근저에서 매일 탄생시켜야 한다는 목적으로 부르신 것입니다.

세상은 하나님을 어두움이라고 치부하고 더 이상 관심의 대상으로 여기지 않습니다. 어두움을 싫어하기 때문입니다. 사람들은 어두움 그 자체에서 탄생하는 불꽃을 보지 못했기 때문이기도 합니다. 어두움 그 자체에서 생명으로, 삶의 희망으로 일어나는 빛을 보지 못했기 때문입니다. 그런데 그 어두움 그 자체에 하나님의 아들의 탄생이 있다는 것을 알게 해야 합니다. 어두움에서 태어난 존재, 어두움의 깊이가 크면 클수록 그것을 외면하지 말고 그 어두움을 직시하고 그 속에서 탄생하는 구원을 보라고 해야 합니다. 그리스도인은 어떤가요? 자신의 영혼의 근저, 영혼의 심연에서 하나님의 아들 예수 그리스도가 탄생할 수 있도록 해야 합니다.

사람들로 하여금 어두움이 곧 밝음의 양면성이자 신의 자리라는 것을 알도록 해주어야 합니다. 그러기 위해서 우리 안에 있는 어두움의 심연, 영혼의 근저를 두려워해서는 안 됩니다. 나의 영혼의 깊이를 신앙의 눈으로 바라보고 예수님의 삶과 생명이 탄생하도록 해야 할 것입니다. 그렇게 함으로써 이 땅에서 예수라는 존재를 어떻게 만들어갈 것인가를 고민해야 할 것입니다. 하나님의 삶이 이 땅에 가득하기 전까지는 예수님은 완성된 존재가 아니라 우리에 의해서 생성되어야 할 존재이기 때문입니다. 우리의 삶과 영혼의 심연을 통해서 말입니다.

뉴만 추기경이 쓴 것입니다.

사랑하는 주님, 제가 가는 곳마다 당신의 향기를 퍼뜨릴 수 있게 도와주소서. 제 마음을 당신의 정신과 생명으로 채워주소서. 제 존재에 온전히 스며들고 차지하시어 제 삶이 당신 생명을 비추게 해주소서. 저를 통하여 빛나시어 제가 만다는 사람들이 모두 제 안에 깃들인 당신을 느낄 수 있도록 제 안에 머무소서. 사람들이 저를 보지 않고 제 안의 당신을 보게 하소서. 저와 함께 머무시어, 제가 당신의 빛으로 하시고, 다른 사람들이 제 빛으로 밝아지게 하소서. 오 주님! 모든 빛은 주님으로부터 옵니다. 아주 희미한 빛이라도 제게서 나오는 것은 하나도 없습니다. 주님께서 저를 통하여 비추시는 것입니다. 제 입이 삶의 모범과 함께 당신을 찬미하게 하시고, 당신을 설교하되 말보다는 행동으로, 행동으로 보여주는 모범으로, 당신이 제 마음에 주시는 사랑의 빛, 눈에 보이는 빛으로 설교하게 하소서. 아멘.

17

예수님은 하나님의 몸을 만졌네

요한 13,1-17, 31하-35

독일의 시인 라이너 마리아 릴케는 "신은 온갖 것을 포옹하기 위해서 최후의 자가 되지 않으면 안 되는 것이 아닐까요?"라고 의문을 던집니다. 예수님이 신이 될 수 있었던 것은 모든 것을 얻기 위해서 오히려 자신이 가진 모든 것을 버렸기 때문입니다. 그래서 그는 최후이자 최초가 될 수 있었던 것입니다. 예수님은 모든 인류와 우주를 끌어안기 위해서 자신을 버리신 분입니다. 릴케의 표현대로 예수님은 최후의 존재입니다. 가장 소중한 존재들을 살리기 위해서 가장 중요한 자신의 목숨을 내버리기로 작정한 것입니다. 복음서는 예수님이 자신의 죽음을 앞두고 제자들을 "극진히 사랑해주셨다"고 기록하고 있습니다. 국어사전은 "극진히"라는 말을 "마음이나 대접이 매우 정성스럽게"라고 풀이하고 있습니다. 마음과 정성을 다해서 제자들을 섬기는 예수님의 모습을 담고 있습니다. 예수님의 그러한 마음과 행위를 드러내주는 것이 제자들의 발을 씻는 행위였습니다. 발을 씻는 것, 즉 예수님이 제자들의 발을 만졌다는 것은 단순히 그들을 사랑하고 섬겼다는 것을 알려주는 상징적인 정보가 아닙니다.

예수님은 제자들의 몸을 만진 것이 아니라 하나님의 몸을 만진 것입니다. 제자들의 모습을 예수 앞에 있는 하나님으로 여기고 그들의 발을 씻긴 것입니다. 예수님이 보고 느낀 것은 하나님의 발이었습니다. 지저분하고 흙먼지가 달라붙어 있는 발이 아닙니다. 그들의 발은 거룩한 발이요 사랑스러운 발이었습니다. 예수님은 제자들의 발, 제자들의 몸을 통해서 하나님을 본 것입니다. 성 토마스 아퀴나스Thomas Aquinas는 "거룩함이란 하나님께 자신을 내맡기는 영혼의 영웅적인 결단이요, 행위이다. 우리는 자발적으로 하나님을 사랑하고, 하나님을 향해 달려가고, 하나님께 다가간다. 우리는 그분을 소유한다"라고 말합니다. 제자들의 발을 씻기는 예수님의 행위는 성스러운 몸짓입니다. 앞으로 그들의 발이 어떻게 될 것인가, 그들의 발을 통해서 어떤 하나님의 역사가 이루어질 것인가를 내다보고 하나 둘 제자들의 발을 씻어줍니다. 거룩한 그의 몸짓에서 하나님을 향한 마음과 하나님을 사랑하는 마음이 넘쳐나고 있음을 볼 수 있습니다. 마찬가지로 우리가 신자들의 몸짓, 눈빛을 교환하고 말을 하고 악수례를 하는 그 모든 몸짓에서는 하나님의 몸을 느낄 수 있어야 합니다. 교회 안에서 몸과 몸이 만나는 것은 단순한 교제 이상의 의미가 들어 있는 이유가 여기에 있습니다.

그냥 스쳐지나가는 몸짓, 습관적으로 작용하는 의례, 인사와 말 섞임, 마음 나눔 등은 모두가 하나님이라는 존재가 개입되고 만나는 것입니다. 나의 몸짓, 마음, 말 등이 거짓이 없고 가식이 없어야 하는 것은 타인이자 같은 교회에 다니고 있는 신자 안에 하나님의 모상, 하나님의 형상이 존재하고 있기 때문입니다. 나의 하나님의 형상이 존재하고 있다면, 그 하나님의 형상을 더럽히고 속이지 않기 위해서라도 형제요 자매인 신자의 모든 몸짓과 몸 부딪힘이 진실 되고 사랑스러워야 합니다. 복음서의 표현대로 "극진히", 정성과 사랑을 다하여 신자를 대해야 할 것입니다. 그러기 위해서는 매순간 하나님의 마음과 하나님의 예민한 신앙 감각을 가지고 있어야 합니다. 한시라도 그의 마음과 눈빛을 견지하지 못한다면 서로의 몸짓에서 하나님을 찾을 수 없습니다. 하나님은 고사하고 아예 속 다르고 겉 다른 이중적인 관계의 정략적인 몸짓이 될 수 있습니다. "내가 왜 지금 너희의 발을 씻어주었는지 알겠느냐? 스승이며 주인 내가 너희의 발을 씻어주었으니 너희도 서로 발을 씻어주어야 한다. 내가 너희에게 한 일을 너희도 그대로 하라고 본을 보여준 것이다."

　이 말이 그냥 곧이곧대로 서로 발을 씻어주라고 하는 말로 들리십니까? 그래서 다른 때는 아니더라도 수난주간의 성목요일이 되면 그런 전례를 가져야만 하는 강박관념이 생기는 것입니까? 문자나 언어가 문제가 아니라 의미의 문제입니다. 우리의 스승이신 예수님이 발을 씻는 행위를 보여주었고 게다가 그렇게 하라는 말씀이 있으니 그리 해야 되는 것 아니냐는 생각이 들 수도 있습니다. 그런데 행간의 의미는 그보다 더 강력합니다. 그것은 "내가 너희들 안에서 하나님을 본 것처럼 너희들도 사람들 안에서 하나님의 모습, 하나님의 몸을 볼 수 있어야 한다"는 것입니다. 사실 그것이 더 어렵습니다. 발을 씻는 행위는 얼마든지 할 수 있지만 매일 매순간 항상 타인의 몸을 하나님의 몸으로 인식하는 것은 불가능에 가깝습니다. 그래도 그리스도인이라면 같은 정체성을 가지고 있으니 노력하면 어느 정도는 그 저의에 가깝게 다가갈 수 있을 거 같은데, 종교를 가지고 있지 않은 사람을 그렇게 대한다는 것은 쉽지 않은 일입니다. 일상을 살면서 타인의 몸을 하나님의 몸으로 본다는 것, 타인의 몸짓 안에서 하나님의 움직임을 깊이 관찰한다는 것, 타인의 표정에서 하나님의 얼굴을 발견한다는 것은 내가 극진하게 그를 사랑하는 마음과 정성을 다하겠다는 자세나 각오, 결단, 신앙적 훈련과 깊이가 없다면 할 수 없을 것입니다. 할 수 없을 거 같은 불가능한 가능성을 제자들에게 가르치셨던 것처럼 예수님은 우리에게도 요구하고 있습니다. "너희도 내가 그렇게 보고 또 들여다보고 깊은 신앙적인 직관을 유지하고 그것을 사람들에게서 한순간도 거두지 않았던 것처럼 그래야 한다"고 말입니다. 예수님께서 제자들의 발을 만지고 씻었던 것은 그들의 몸이 아닙니다. 제자들의 발, 제자들의 몸은 하나님의 몸입니다. 최후의 시간까지도 그는 제자들 앞에선 하나님을 본 것입니다. 이와 같이 우리도 서로 안에서, 그리고 타인 안에서 하나님을 만지고 느끼는 신앙적 감각을 가져야 할 것입니다.

잠시 동안, 아주 잠깐 동안만 제자들과 머물 수 있다던 예수님은 제자들에게 새로운 계명을 줍니다. "서로 사랑하여라. 내가 너희를 사랑한 것처럼 너희도 서로 사랑하여라." 앞으로 예수를 직접 뵐 수는 없습니다. 다만 우리가 서로 사랑한다면 그 사랑이 예수를 보는 것이나 다름이 없을 것입니다. 우리의 사랑이 진심이고 우러나는 사랑이라면, 그리고 그 사랑이 신앙적 바탕에서 나타난 것이라면 우리의 사랑은 예수님이 우리를 사랑한 바로 그 사랑을 실천하고 있는 것입니다. 이 사랑을 계속 간직하기 위해서는 어떻게 해야 할까요? 예수님이 제자들 안에서 하나님을 보았던 것처럼, 우리도 그리스도인 안에서, 타인 안에서 예수를 보아야 합니다. 일본의 현대철학자 니시타니 케이지西谷啓治는 비운다는 것, 비움은 곧 자비로 충만해 있는 것이라고 하면서, "의무의 본질은 존재the is의 타자지향성이다"라고 덧붙입니다. 우리가 자신의 욕망, 자신의 시선, 자신의 판단, 자신의 지식, 자신의 경험을 가지고 타인에게 향한다면 결단코 사랑할 수 없습니다. 사랑은 나를 비우고 예수로 가득 채워져 있을 때 피어날 수 있는 감정입니다. 내 안에 예수님이 들어와 있을 때 사랑할 수 있습니다. 마치 연인들이 서로 사랑할 때는 상대방만이 마음에 가득하여 눈을 뜰 때나 잠이 들 때나 오직 사랑하는 연인만 생각하는 것과 같은 이치입니다. 사랑하면 내 안에 나는 없고 내가 사랑하는 상대방만이 있을 뿐입니다.

따라서 내가 비워지고 우리 안에 예수로, 예수님의 사랑으로 가득할 때 타인을 사랑할 수 있습니다. 사랑을 해야 한다는 것은 그리스도인의 당연한 의무입니다. 그 의무를 이행하지 않는다면 나는 그리스도인이라는 존재, 정체성을 나타낼 수 없습니다. 왜 그러한 의무와 정체성을 가져야 하는 것일까요? 예수님이 "너희가 서로 사랑하면 세상 사람들이 그것을 보고 너희가 내 제자라는 것을 알게 될 것이다"라는 말에서 해답을 찾을 수 있습니다. 먼저 "너희가 서로 사랑하면"이라고 했습니다. 이 말은 그리스도인이 된 우리들이 서로 사랑해야 한다는 것입니다. 교회를 다니며 예수를 믿는다는 그리스도인들이 서로 반목하고 질시하고 물어뜯고 싸우고 분쟁하고 예수 아닌 시각으로 상대를 판단한다면 사랑이 없는 것입니다. 사랑하는 것이 아닙니다. 아니 예수님의 사랑을 모르는 것입니다. 우선 우리가 서로 사랑하는 아름다운 모습을 보여야 종교를 갖지 않은 타인들에게 본이 됩니다. 우리가 서로 사랑해야 우리 안에서 예수님의 모습을 봅니다. 우리가 서로 사랑해야 우리가 그리스도로 옷을 입고 있다는 것을 알게 됩니다. 말과 언어, 전례적 몸짓이 타인과 다르니까 그리스도인이구나, 하고 평가하고 생각하면서 우리를 존중하는 것이 아닙니다. 우리가 본질적이고 본래적으로 우리 자신이 되고 그리스도인이 되는 것은 오직 사랑밖에는 없습니다. 사랑하지 않으면 그리스도인이 아닙니다. 사랑이 아니고서는 어느 것도 그리스도인이라고 내세울 수가 없습니다. 사랑이 없으면 우리가 그리스도를 입고 있는 것이 아닙니다. 사랑을 나누지 않으면 예수님은 아예 없습니다. 왜냐하면 사랑하지 않는 나는 그리스도인도 아니고 예수님의 제자도 아니기 때문입니다.

독일의 철학자 마르틴 하이데거의 말을 빌려서 말한다면, 사랑하지 않는다면 우리는 본래적으로 사는 것이 아니라 그들theyness처럼, 일상인das Man처럼 생각 없이 사는 사람들입니다. 자기 자신으로 살아가는 것, 그리스도인으로 살아가는 것이 아닙니다. 그들이, 일상인들이 사랑하라면 사랑하고 그들이 사랑하면 사랑하고 그들, 타인에 의해서 규정된 삶을 사는 것입니다. 평판Gerede에 따라서 사랑하는 사람들, 사랑을 수다나 잡담처럼 여기는 사람들, 바보 같은 이야기로 여기는 사람들이 되어 버립니다.

예수께서는 하나님을 입음입니다. 예수께서는 하나님을 입었습니다. 예수를 보면 하나님을 알 수 있는 이유가 여기에 있습니다. 그가 제자를 사랑하고 또 우리를 사랑하신 것을 보면 하나님께서 우리를 얼마나 사랑하시는 줄 알 수 있습니다. 그러므로 우리도 그리스도를 입어야 합니다. 우리도 그리스도로 완전히 옷을 입어야 합니다. 그리스도의 사랑이 가득해야 합니다. 그리스도의 사랑이 떠날 줄 몰라야 합니다. 그래야 우리의 말과 언어, 전례, 행위 등 모든 몸짓에서 그리스도의 색깔, 그리스도의 품새, 그리스도의 모양새가 나올 수 있습니다. 그러므로 우리 모두 그리스도의 사랑의 옷을 입어야 할 것입니다.

그때 거기에, 2천 년 전 성주간의 목요일에 우리가 존재해야만 하는 것은 무엇 때문일까요? 우리는 이제 그분을 어떻게 소유할 수 있을까요? 모든 것을 버리신 그분 예수. 그 예수로 채워져야 합니다. 예수님의 사랑으로 채워져야 합니다. 그분의 눈빛이 그립습니다. 그분의 마음을 느끼고 싶습니다. 그게 우리 그리스도인의 실존입니다. 우리가 어떻게 예수님의 존재로부터 벗어날 수 있을까요? 교회에 발을 들여놓는 순간 우리는 예수와 떼려야 뗄 수 없는 존재가 된 것입니다. 성 목요일은 다시 그의 눈빛과 마음을 그려보는 시간입니다. 그가 보았고 체험했던 하나님을 우리가 만나는 시간이기도 합니다. 애틋하게 제자들 하나하나를 부르시면서 지극하고 말로 다 할 수 없는 사랑을 알게 해주신 것처럼 우리도 그 사랑을 깨달아야 합니다.

아낌없이 버리신 당신 마음, 오늘 우리가 그 사랑을 실천하면 그것을 버리신 것이 아니라 온 인류가 그 사랑을 얻게 하시기 위함이라는 것을 알 것입니다. 그가 그렇게도 바라셨지만 우리가 이루어드리지 못한다면 우리는 완전히 그의 마음을 버린 것이나 다름이 없습니다. 버린 것은 완전하게 하기 위함입니다. 그때 거기에, 우리가 동일한 마음으로 존재한다면 그의 사랑을 완전하게 할 수 있습니다. 그러므로 사랑을 포기하지 마십시오. 하나님에 대한 감각을 민첩하게 하십시오. 하나님의 마음이 결핍된 신자가 되지 마십시오. 버려야 할 것은, 결핍되어야 할 것은 타인을 사랑하지 않는 나의 마음일 뿐입니다. 내가 타인을 사랑하고 나의 몸으로 받아들인다면, 예수님의 사랑 안에 타인이 속하도록 만든다면, 바로 거기에 예수님이 있는 것이고 예수에게 속해 있는 것입니다. 이것이 성목요일에 예수님이 우리에게 주시려는 당신의 뜻-밝힘입니다.

마음의 무덤을 버려라

마태 27,57-66; 요한 19,38-42

저무는 들녘

파도가 쓸어간 갯벌에 해가 빠진다

짚을 태우는 연기 하늘하늘

자기 꼬리를 자를 듯 치솟는 새

하 날아오르는 것에는 발자국이 없네

…

삶이란 깨진 유리를 밟는 것처럼 아슬한 것이거늘

하루의 허기진 노동을 끝내고

촉촉하게 젖은 얼굴도 뒤돌아보는 어깨 위로

지그시 새 날개처럼 덮어오는 들녘의 어둠

시인 조영관의 「산제비」라는 시의 전반부입니다. 요즈음 필자는 불현듯 봄이 다가오면 해질 녘 서산 마루를 쳐다보며 고단한 하루를 해와 함께 마무리하고 싶다는 생각이 듭니다. 늦가을 마른 잎사귀들이 하나둘 떨어질 때 저녁 찬 공기가 저의 코끝을 간질이고 하루가 다 간 듯 붉게 물든 서쪽 하늘을 망연자실 바라보고 싶습니다. 왜 안 그러겠습니까? 무덤을 바라보는 사람들은 인생의 덧없음을 느끼며 곧 우리도 사라지고 말 것이라는 것을 새삼 깨닫게 됩니다. 몇 년 동안 돌보지 못하다 겨우 시간을 내어 최근에 찾아뵀던 선친과 선비, 그리고 선조비의 낮아진 봉분 앞에서 더욱 숙연함을 느꼈던 것도 그 때문이었습니다.

30년 4월 7일. 삶의 잣대요 표준이 되어준 예수께서 죽으신 무덤을 보는 사람들은 모든 것이 끝났다고 생각하고 절망의 늪으로 빠져들었습니다. 탁월한 언변력, 삶을 통찰하는 훌륭한 직관력, 사람들의 마음을 꿰뚫는 신통력, 사회적 모순을 신랄하게 비판하던 예언자의 모습 속에서 그들은 메시아를 보는 듯했는데 힘없이 죽어갔고 그리고는 무덤에 묻히고 말았습니다. 시인이 말한 것처럼 아슬한 삶이 되어버린 것입니다. 유리조각을 밟는 것 같은 아픔을 느끼게 된 것입니다. 그런데 시인은 말합니다. "날아오르는 것에는 발자국이 없네." 그들처럼 우리는 그의 무덤 속에서 존재하지도 않는 발자국에 연연해하고 있습니다. 무덤이라는 두 글자에 신앙을 내려놓습니다. 무덤이 우리의 신앙을 직시하도록 만들기보다는 오히려 눈을 멀게 만듭니다. 무덤에서 나와야 할 예수님, 무덤에서 부활해야 할 예수님을 생각하기보다는 우리 스스로 '신앙의 무덤'에 갇히고 마는 것입니다. 실제의 무덤보다 더 무서운 것은 '신앙의 무덤'입니다. 그곳에 들어가면 더 이상 나올 수 있는 길이 없습니다.

신앙의 무덤, 인생의 무덤을 타파하기 위해서 자신의 발자국조차 남기지도 않았건만 왜 우리는 무덤에서 예수님의 흔적을 찾으려고 합니까? 무덤은 예수님의 거처domus가 아닙니다. 예수님의 둥지는 없습니다. 그는 부활하셨기 때문입니다. 그래서 그분은 우리의 신앙의 자리, 우리의 마음속에 둥지를 틀고 계십니다. 만일 우리가 그의 부활을 믿지 않는다면 우리의 신앙의 자리인 마음속에 당신은 계시지 않는 것입니다. 부활의 자리는 무덤이 아니라 어쩌면 우리 자신의 신앙의 자리인 '마음'인지 모릅니다. 마음이 믿지 않는데 무슨 무덤을 향하여 쳐다보고 그가 언제 부활할 것인가, 아니면 그의 죽음을 어떻게 애도할 것인가를 생각할 수 있겠습니까? 우리의 마음이 무덤일 수 있습니다. 그러니 마음이 무덤이 되지 않도록 마음을 깨우고 마음 안에서 주님이 부활하실 수 있도록 열어놓아야 할 것입니다.

해마다 전세계의 그리스도인들은 성주간이 되고 부활대축일을 맞이할 때면 항상 빈무덤을 생각하며 부활하신 예수 그리스도를 찬미합니다. 그런데 왜 예수님은 우리 삶에서 늘 죽은 존재처럼 마음의 무덤에 갇혀 있는 것일까요? 혹 예수님은 부활하셨는데 우리 자신의 마음은 부활한 것이 아니라 마음의 빗장을 걸어 잠가 두고 그를 박제화시키고 있는 것은 아닐까요? 예수님의 부활을 위해서 제발 무덤아 비어 있어라, 하고 고대하는 신앙 이전에 더 중요한 것은 우리의 굳어져 있는 신앙의 무덤이 열려 있는 것이 급선무입니다. 그래야 죽어 있는 예수님을 깨울 수 있습니다. 전례를 통해서 얼마간은 예수님이 고통을 당하시고 죽으시고 무덤에 머무셨다가 부활대축일에는 부활하시겠지요. 그러나 얼마간입니다. 무덤의 비어 있음을 확신하기 위해서는 내 마음이 비어 있어야 하고, 예수님이 부활하셨다는 것을 확증하기 위해서는 내 마음이 부활해야만 합니다.

그러기 위해서는 예수님의 무덤을 지키고 있었던 여인들처럼 우리의 마음을 예의주시해야 합니다. 잠시라도 마음의 무덤에 머물러 있는 나를 발견할 수 있어야 합니다. 무덤 안으로 들어가 존재 자체이신 예수님을 자유롭게 해드려야 합니다. 예수님을 자유롭게 해드린다는 것은 결국 내가 무덤으로부터 해방되고 자유롭게 되는 길입니다. 자신의 무덤을 인식하지 못하는 신자가 어떻게 부활의 기쁨을 맛볼 수 있겠습니까? 그러므로 나의 무덤 속에 계신 예수님을 만나게 된다면 얼른 그를 부활시켜야 합니다. 무덤 안에서 혹은 무덤 밖에서 머물러 계신 예수님은 사실 아무데도 존재하지 않습니다. 그는 무덤 안에도, 무덤 밖에도 갇혀 있는 분이 아니기 때문입니다. 그런데 우리가 그를 무덤에 가두어 놓고 있습니다. 자유로운 그분을 무덤에 두고 그분이 도대체 어디에 계시냐고 묻고 있습니다. 무덤 속의 예수를 만나고 싶거든 여러분의 영혼mens 안으로 들어가십시오. 그러나 거기에는 예수님이 계시지 않을 것입니다. 다만 우리의 적나라한 무지와 불신앙의 실체만이 보일 것입니다. 무덤의 발견, 무덤을 지킨다는 것은 나의 빈 무덤을 위해서, 예수님께서 내 마음에서 부활하시도록 하기 위해서 지키는 것입니다. 무덤에서 발견하는 것은 예수님이 보이는 것이 아니라 내가 보이는 것입니다. 무덤 속에 갇혀 있는 나의 영혼과 마음이 보일 뿐입니다.

그러므로 우리는 무덤을 통해서만이 나의 부활을 경험할 수 있습니다. 무덤은 부활하신 예수님에게 가는 통로입니다. 무덤은 나의 참모습을 찾을 수 있는 장소입니다. 그래서 그리스도인에게 무덤은 죽음으로 환원될 수 없는 상징입니다. 신앙적으로 보면 무덤은 죽음이 아니라 생명이고 삶입니다. 두려움의 장소가 아니라, 신학자 칼 라너K. Rahner의 말을 빌린다면 하나님의 시간이 무르익어 가는 장소입니다. 하나님께서는 예수님의 죽음을 내버려두시지 않으시고 죽음의 무덤을 빈 무덤으로 만드시는 분입니다. 무덤에 들어가신 예수님은 그러므로 하나님의 시간 속에 있었던 것입니다. 하나님께서 개입하셔서 당신의 은총으로 부활을 준비하시기 위한 잠정적인 장소일 뿐이었습니다. 그것은 영원한 죽음의 상징이 아니었던 것입니다. 적어도 예수님께는 말입니다. 마찬가지로 우리가 신앙의 무덤 속에 있다고 하더라도 그것은 하나님의 은총의 때를 기다리는 장소, 공간에 불과합니다. 하나님께서는 우리의 신앙의 무덤을 없애시기 위해서, 우리가 신앙의 무덤 속에 있다는 것을 깨닫도록 하시기 위해서 잠깐 동안만 그 속에 계시도록 한다고 볼 수 있습니다. 그러므로 자신의 신앙의 무덤을 보았더라도 두려워하거나 염려하지 마십시오. 그 깨달음이 곧 우리의 신앙의 무지와 무덤으로부터 나올 수 있는 첫 걸음이기 때문입니다.

또 한 가지 기억해야 할 것이 있습니다. 무덤은 하나님의 손 안에 있다는 사실입니다. 빈 무덤이 되는 것은 하나님의 소관입니다. 하나님의 손이 예수님을 부활하게 하신다는 것입니다. 하나님의 손은 무덤 속에서도 한 줄기 빛으로 태어나기를 바라는 간절한 소망의 손이요 생명의 손입니다. 당신의 손은 부활을 기다리는 모든 사람들에게 능력의 손이요 은총의 손이기도 합니다. 하나님의 손은 죽음의 손이나 저주의 손이 아닙니다. 그러므로 무덤 위에 하나님의 손이 있다는 것을 잊지 말아야 합니다. 예수님의 무덤 위에 하나님의 눈이 머물고 있다는 것을 알아야 합니다. 하나님의 눈과 손이 예수님의 죽음을 목도했습니다. 그분의 죽음에 함께 했습니다. 하나님의 손에 자신의 생명을 의탁하신 것처럼, 당신의 부활 역시 하나님의 손에 의탁하신 것입니다.

더 나아가 빈 무덤을 통하여 하나님을 인식할 수 있는 능력 capax Dei이 있어야 합니다. 무덤은 죽음과 함께 해야 부활도 함께 할 수 있다는 것을 의미합니다. 무덤이 없는 부활은 환상입니다. 무덤이 있었기에 부활이 있었습니다. 무덤은 부활이 일어나는 장소입니다. 무덤을 환상으로 또 거짓으로 만드는 사람들이 있습니다. 아니 좀 더 정확하게는 부활을 환상이나 거짓말쟁이가 지어낸 헛소리로 여기는 사람들이 있습니다. 그런데 다른 사람들도 기억하고 있습니다. '반드시 부활할 것이다', '내가 살아날 것이다', 라는 예수님의 말을 다른 사람들이 기억하고 있는데 우리는 망각하고 있는 것은 아닙니까? 다른 사람들은 무덤이 빈 무덤이 될까봐 걱정을 하고 있는데, 정작 우리는 그 사실조차 까마득하게 잊고 있는 것은 아닙니까? 빈 무덤을 생각한다는 것은 예수님의 말씀을 마음속에 되새김질recordatio하는 것입니다. 그리스도교에서 빈 무덤은 예수님의 "살아날 것이다"라는 말씀을 다시 떠올리는 매체가 되는 것이지, 그것 자체가 죽음을 상징하는 것이 아니라는 말입니다. 그러므로 오히려 우리는 빈 무덤을 통해서 예수님께서 살아나실 것이라는 말씀의 확신을 가지고 더 이상 빈 무덤에 시선을 두는 것이 아니라, 부활하신 예수님께로 시선이 향해야 하고, 하나님께로 눈길이 향해야 할 것입니다.

프란치스코 수도회의 거장 신학자 보나벤투라는 이렇게 말합니다. "그는 십자가라는 지팡이의 도움으로 홍해를 건너 이집트를 떠나 광야로 갈 수 있다. 거기서 그는 숨겨진 만나를 맛보고 그리스도와 더불어 무덤 속에서 안식을 누린다. 말하자면 겉으로는 죽었으나 그는 그리스도와 함께 십자가에 달렸던 강도에게 했던 말씀, 즉 "내가 진실로 너에게 말한다. 너는 오늘 나와 함께 낙원에 있을 것이다"라는 말씀의 뜻을 순례의 길목에서 깨닫게 된다." 어떤 의미에서 무덤은 죽은 자의 것이 아니라 하나님의 것입니다. 하나님은 죽은 자가 아니라 산 자입니다. 철학적으로 초월자라고 하지요. 그런 분에게 무덤이란 잠깐의 안식이요 잠시 동안의 낙원이라고 해석할 수 있습니다. 그러면 빈 무덤은 역설적으로 무덤이 존재esse하는 한 살아 있다vivere는 것을 증명해주는 강력한 매체입니다. 빈 무덤은 예수께서 부활하셨다는 흔적입니다. 물론 하나님의 생명을 취하기 위해서는 무덤으로 들어가야 합니다. 하나님께로 가까이 가기 위해서는 죽어야 합니다. 죽지 않고서는 살아날 방법이 없습니다. 죽음이 아니고서는 부활이 없습니다. 무덤에 갇혀 있음, 무덤에 떨어져 있음은 어쩔 수 없는 인간 현존재의 실존이기도 합니다. 그렇기 때문에 우리는 하나님 안에서 완전히 죽어야 합니다. 죽어야 내 힘이 아니라 하나님의 힘을 의지하게 됩니다. 예수 아기의 데레사가 말한 것처럼 예수님의 것이 되기 위해서는 작아져야 합니다. 또한 하나님의 생명을 얻기 위해서는 무덤이라는 신뢰의 장소에 있어야만 합니다. 그 신뢰의 장소에 예수께서 계셨습니다. 그리고 그 신뢰가 부활이라는 기적을 가져온 것입니다. 마찬가지로 매일 매순간 나는 무덤이라는 그 신뢰의 장소에 있으면서 "나는 죽었으니 주 하나님 나를 살리십시오. 나는 매일 매순간 죽습니다. 죽은 제가 바라는 것은 오직 하나님의 생명뿐입니다"하고 부르짖으면서 그분으로 인해서 부활을 경험하고 있는가 반성해봐야 할 것입니다.

어느 시인은 말합니다. "눈이 빠지도록 기다렸었네." 이 말은 결코 목소리의 과잉이 아닙니다. 그저 상투적인 말이 아닙니다. 생명의 부활, 삶의 부활, 인생의 부활, 정치의 부활, 경제의 부활을 꿈꾸며 목소리를 높여서 외쳐야 할 소리입니다. '주님, 우리가 예수님의 부활을 눈이 빠지도록 기다리고 또 기다립니다. 당신이 부활하셔야 우리가 부활할 수 있습니다. 아니 부활이 있다는 사실이 확증이 됩니다', 라는 말을 해야 합니다. 무덤의 어둠 속에서 한 줄기의 빛으로 예수님은 부활하셨습니다. 적막하고 어둡고 차가운 돌무덤에서 그는 우리를 위해서 부활하셨습니다. 그러므로 더 이상 무덤에 연연해하지 마십시오. 무덤에 시선을 두지 마십시오.

마더 데레사는 이렇게 말합니다. "예수님 부활의 기쁨을 잊어버릴 정도로 슬픔에 압도되지는 마십시오." 예수님의 무덤이 빈 무덤이라는 사실을 깨닫지 못할 때는 우리의 마음에 슬픔만이 가득할 것입니다. 무덤이라는 부정적 실재 때문에 우리의 신앙이 슬픔에 빠져서도 안 될 것입니다. 그러기에는 아직 부활의 기쁨이 남아 있기 때문입니다. 그러나 아직도 우리의 마음에는 무덤이 빈 무덤이 아니라 죽은 자의 무덤, 아직 부활을 생각조차 하지도 못하는 무덤 같습니다. 그리스도인의 마음이 죽은 무덤이 아니라 산 무덤, 예수님의 삶을 생생하게 살아내는 열린 마음이 되지 않기에 더욱 그렇습니다. 그러므로 그리스도인은 죽은 예수님을 무덤에서 끌어내기 전에 자신의 마음에 죽어 있는 신앙의 무덤을 버리십시오. 우리 마음에 굳어져 있는 신앙의 무덤을 열어놓으십시오. 그러면 우리의 마음의 부활이 예수님의 부활을 더 기쁘게 맞이할 수 있을 것입니다.

다음은 조영관의 시 「산제비」의 마지막 부분입니다.

웅숭그리고 있던 잠에서 깨어
가슴에 불을 담고 뜀박질했던 날을
야만이 끝나는 그 순간에 또 다른 야만이 길을 트는데
아무도 희망을 말하지 않아도
항상 처음처럼 들풀들은 자라나고
하늘 향해 길을 낸 버드나무를 바람이 흔들면
날카로운 삶의 흔적처럼
파들파들 떠는 사시나무 잎사귀에
둥지에
햇살이 걸리면
사금파리 같은 빛살이 희망을 쏘고
광야로 길을 떠난
발바닥이 뜨거워 잠들지 못하는
목이 말라
하 목이 말라서

우물 빛 하늘 때굴때굴 굴러가는 저 새야.

　이제 봄이 되었습니다. 봄볕 아리자랑이 꿈틀거리듯 우리 마음속에 부활하신 예수님을 통하여 새로운 삶의 희망, 그리스도인의 신앙의 희망이 싹 터오르기를 바랍니다. 버드나무에 물이 오르듯이 도타운 예수님의 부활의 생명이 우리를 살릴 것입니다. 이 부활의 봄에 죽음의 야만을 이기시고 우리에게 삶의 뚜렷한 흔적을 안겨주신 예수님을 만나십시오. 그리고 우리의 무덤 속에 잠들어 있는 예수님을 깨우고 희망의 부활을 맞이하십시오. 영혼의 무덤 속에 죽어 있는 나 자신을 깨우고 밝은 햇살 속에서 예수님을 맞이하십시오.

19

무의 가능성을 넘어 섬

요한 20,1-18; 루가 24,1-12

세네카는 "죽으면 모든 것은 끝난다. 죽음도 끝난다"고 말했습니다. 내가 죽으면 죽음이라는 존재는 물론 죽음을 경험하는 나라는 존재도 사라지니 이 말은 죽음 경험의 주체가 더 이상 죽음을 경험할 수 없다는 역설일 것입니다. 그런데 정말 죽음은 무無일까요? 죽음은 실존의 사라짐일까요? 실존의 끝일까요? 이런 물음을 무색하게 하는 한 사건을 우리는 기억합니다. 죽음이 끝이 아니다, 죽음이 허무가 아니다, 라는 것을 알게 해준 사건이 일어났습니다. 무의 불가능성을 보여준 사람이 있었으니 그가 바로 예수입니다.

신학자 칼 바르트K. Barth는 "예수님의 생이 지니는 의미는 인간적인 가능성을 넘어선 가능성의 실현에 있다. … 멸망되어야 할 마지막 원수는 죽음이다. 부활은 영원을 의미한다. 부활이란 시간에게 의미를 부여하는 하나님의 주권이기 때문에, 이 부활은 이 시간 안에 있지 않다." 인간적으로는 불가능한 사건인 것 같지만 신앙적으로 무의 불가능성을 넘어서는 사건이 부활입니다. 부활은 이 시간을 초월하고 하나님의 영역, 하나님의 주체적인 행위입니다.

그렇다면 어떠한 말로 부활이라는 개념을 정확하게 번역할 수 있을까요? 오늘날 현대인들에게 죽었다가 다시 살아난 사건이 발생했다고 하면 누가 믿을 수 있을까요? 신학자 레오나르도 보프는 "죽음은 이제 마지막 발언권이 없다"는 말을 하였습니다. 이 보다 더 적절한 부활에 대한 풀이가 없을 듯합니다. 부활 앞에서는 죽음은 절대로 발언할 수 없습니다. 죽음은 부활에게 함구할 수밖에 없습니다. 그리스도인에게 있어 죽음은 결코 주인이 될 수 없습니다. 죽음을 이기고 부활하신 예수님은 죽음을 이겼기 때문입니다. 그러므로 죽음이 어떻게 우리의 삶의 주체, 신앙의 주체가 될 수 있겠습니까? 그리스도교 신앙에서 신앙의 주체, 신앙의 주제는 부활이어야 합니다. 죽음의 무뢰한 사실 factum brutum과 죽음의 폭력은 현실 세계에서는 불가항력적으로 다가오지만 신앙의 세계에서는 결코 우리를 포박할 수 없는 존재입니다.

프리드리히 니체는 "근원적으로 나는 삶만을 사랑한다"고 했고, "삶이여, 삶이여! 나는 그대를 혀로 핥고 싶다"고 했습니다. 생명에 대해서, 다시 살아남에 대해서 혐오를 하는 사람은 없을 것입니다. 이런 의미에서 그리스도교는 생명의 종교요 부활의 종교라고 말할 수 있습니다. 삶을 사랑하고 영원한 생명을 갈망하는 하나님은 당신의 주권으로 예수님을 살리시고 인간에게 새로운 삶의 기회와 영원한 생명을 약속하셨습니다. 그러므로 죽음이 우리를 억압할 수 없고 위협할 수도 없습니다. 오직 부활의 소망만이 우리를 견디게 하며 자유로운 삶을 살도록 만들어 줍니다.

또 니체는 "폭풍을 가져오는 것은 가장 조용한 언어이고, 비둘기의 발로 다가오는 사상이 세계를 이끌어 간다"고 은유적으로 말했습니다. 부활은 가장 강력하면서도 조용히 싹터오는 새벽의 언어입니다. 세상에게 희망을 주는 언어요 이 세계의 역사를 주도해 나가는 언어입니다. 부활이라는 언어가 사라지거나 죽지 않고 지금까지 남아 있는 것도 이를 반증합니다. 새벽에 동터오는 희망의 언어, 사랑의 언어, 믿음의 언어인 부활은 예수님과 우리를 무한히 연결해왔던 언어입니다.

부활은 우리의 삶이란 죽음으로 환원될 수 없다는 것을 의미합니다. 부활은 부활의 주체가 되었던 예수님과 무한하게 연결되어 있다, 생명이신 하나님과 무한하게 접합되어 있다(무한한 접합적 존재, unendlich-zergliedert-sein)는 것을 상징적으로 보여주는 사건입니다. 그분이 죽지 않는다면, 그리고 하나님께서 영원한 생명의 존재라면 우리도 신의 생명과 연결되어 있어서 죽지 않고 살게 될 것이라는 믿음의 확신을 갖게 되는 것입니다. 그러므로 부활은 의미Sinn로의 귀환이기도 합니다. 죽음은 무의미함, 허무함을 일컫는 대명사가 될 수 있으나, 그리스도인의 죽음은 예수님의 죽음과 연합되며 동시에 그분의 생명으로 우리가 살게 된다는 의미, 우리는 생명적 존재라는 것을 알게 해주는 의미로 지칭되는 사건입니다. 죽음으로 삶의 의미가 사라질 뻔하고 신앙의 가치나 의미가 송두리째 뽑힐 뻔하였지만 부활로 인해서 신앙과 삶은 새로운 의미를 갖게 되었습니다.

그래서 부활은 결코 눈멂의 신학, 눈멂의 기억, 눈멂의 철학이 아닙니다. 예수님은 자신이 죽었다가 반드시 살아날 것이라고 그렇게 얘기를 했건만, 사람들은 망각을 하고 죽음의 사건에 신앙의 눈이 멀어버렸습니다. 제자들도, 여인들도 모두 눈이 멀었습니다. 신앙을 잊어버렸습니다. 죽음의 사건은 우리를 그렇게 끌고 갑니다. 신앙을 깡그리 잊게 만듭니다. "누군가 시체를 꺼내갔습니다. 누군가 시체를 도둑질해갔습니다." 그들의 전언은 눈멂의 신앙을 대변해주는 말들입니다. 신앙의 눈이 멀게 되면 능동성을 상실하게 됩니다. 수동성 이외에는 어떠한 마음도 가질 수가 없습니다. 어떤 행동을 취해야 하는가, 이것을 어떻게 받아들여야 하는가, 하는 신앙의 판단이 완전히 정지하게 됩니다. 예수님의 죽음의 사건은 제자들과 여인들에게 신앙의 수동적 존재로 만들어버렸을 것입니다. 무의 존재가 되어 버린 예수님은 신앙 행위를 하는 데 있어서 더이상 어떤 능동적 역할을 할 수 없는 분이라고 생각할 수 있습니다. 하지만 예수님의 죽음은 우리를 결코 신앙의 수동적인 존재로 만들지 않습니다. 왜냐하면 그분의 죽음은 하나님의 살리심이요 그분의 죽음은 자신이 살 것이라는 말씀의 전조에 불과한 것이기에 상호능동적 사건입니다. 예수님의 확신과 의지, 그리고 하나님의 개입이 있었기 때문에 예수님의 죽음이 허망하거나 무력한 것이 아니라는 사실입니다. 그래서 우리도 부활에 대해서 수동적인 존재가 될 수 없습니다. 부활은 예수님으로 인해서 새롭게 눈뜨는 신앙이기 때문입니다. 눈멀었던 죽음, 죽음으로 인해서 예수님을 망각했던 우리가 그분의 부활로 인해서 신앙의 눈을 뜬 위대한 사건입니다.

더불어 그의 부활은 "신체로의 귀환"입니다. 물질과 육체는 악하다, 영혼은 선하다, 라고 생각하고 탈물질적인 신앙으로 일관하려는 우리들에게 새로운 시각을 열어줍니다. 바로 그가 육체로 귀환했다, 다시 말해서 육체로 온전하게 부활했다는 것입니다. 그래서 칼 바르트K. Barth는 "부활은 새로운 실체성a new corporeality를 의미한다. 부활이란 인간의 한 경험이라는 사실이다." "은혜로 말미암아 하나님의 자녀된 자들의 경험, 이 경험은 당신의 경험인 동시에 나의 경험 이 경험은 곧 하나님에 대한 경험, 이것이 부활의 의미이다"라고 말합니다. 죽음이라는 한계조건을 이기고 부활한 예수님은 예수 그리스도라는 존재를 "최종 어휘"로 인식하도록 만들었습니다. 철학자 리처드 로티R. Rorty는 말합니다. 그리스도인에게 있어 "예수 그리스도는 최종 어휘이며, 그것을 통하지 않고서는 얘기를 할 수 없다"고 말입니다. 이처럼 예수님 자신을 최종 어휘로 만든 사건이 부활사건입니다. 부활의 대명사, 죽음으로부터 산 사람이라는 타이틀이 붙고 이제까지 신앙과 삶에 있어서 가장 근본적이고 신앙의 바탕이 된 어휘, 예수 그리스도는 부활하셨다, 라는 것입니다.

소설가 조경란은 "죽음과 만나지 않은 고독이란 고독이라 말할 수 없다"고 했으며, 작가이자 미학자인 프리드리히 쉴러Johann Christoph Fridrich von Schiller는 "너희의 의지 속에 하나님을 받아들여라. 그러면 하나님은 세계의 보좌로부터 내려오시리라"고 말했습니다. 죽음의 무덤 속에서 우리는 얼마나 고독해야 했으며 고통과 절망 속에 있어야 했습니까? 우리도 신앙으로 그리스도의 죽음에 참여함으로써 그의 고독과 나의 고독을 경험했습니다. 실존의 무라고까지 여기기도 했습니다. 그러나 그의 부활, 즉 무의 불가능성을 보고 신앙으로의 귀환이 가능해졌습니다. 나는 매일 절망하고 죽지만 동시에 매일 부활하는구나, 하는 것을 느꼈습니다. 그러므로 이제 부활을 믿음으로 받아들이십시오. 하나님의 주권이자 주체적 행위인 부활을 인정하게 되면 하나님의 생명을 지금 여기에서 맛보게 될 것입니다. 부활은 날마다 부활이요, 매순간 부활입니다. 부활을 해석하려고 하지 마십시오. 부활은 사태Tatsache일 뿐입니다. 사태는 "모든 해석을 거부하는 순수한 '무엇 무엇이라고 하는 사실'da…, that…로서의 사태" 죽음의 해석학: 사태, 최성환입니다. 은폐된 진리는 밝히 드러날 것입니다. 하나님께서 우리를 날마다 살게 하신다는 사태, 즉 절대적으로 다른 것을 경험하게 될 것입니다. 내가 부활을 믿음으로 승인하게 될 때 마음으로부터 이루어지는 새로운 삶의 부활을 영원히 깨닫게 될 것입니다.

20

부활의 기억과 보냄의 선물

마르 16,9-18

예수님이 부활하셔서 막달라 마리아와 제자들에게 나타나셨습니다. 그러나 믿지 않았습니다. 나타났다는 것은 사람들 곁에 있음, 사람들 옆에 있음을 의미합니다. 그런데 믿지 않음의 상태는 예수께서 막달라 마리아와 제자들'의 옆에 있음'을 모르는 것입니다. 그분의 '곁에 있음' presentness, 현전성을 망각하는 것입니다. 예수님의 죽음과 사라짐은 삶의 완전한 단절이 아니었음을 말해주고 있는 것입니다. 그분의 죽음으로 모든 것이 끝난 줄 알았습니다. 삶은 조각이 나고 예수님의 기억은 모두가 헛된 꿈처럼 느꼈을 것입니다. 그리고 지금까지의 모든 삶을 정리하고 다른 삶을 살기로 작정을 하였습니다. 예수님과 함께 했던 삶이 아니라 그가 곁에 없는 삶을 살려고 했던 것입니다. 그분의 사라짐은 곧 예수님과 함께 했고 그와 함께 꿈꾸어 왔던 세상을 접어버릴 수밖에 없음을 의미합니다. 하지만 예수께서 다시 나타남으로써 인생은 계속 되어야 하고 지금까지의 삶이 결코 헛되지 않았다는 사실을 알게 되었습니다.

그분이 부활하셨다는 것은, 그래서 우리의 곁에 계시는 한 우리의 삶은 계속되어야 한다는 것을 말해주고 있습니다. 부활이라는 것은 그렇습니다. 새로운 생명을 준다는 것, 새로운 삶의 희망을 준다는 것, 죽음이 전부가 아니라 새로운 탄생이라는 것을 깨우쳐 주는 것입니다. 그가 죽었다고 해서 이제 더 이상의 신앙의 가치나 삶의 가치는 끝장났다는 것을 전복시켜버리는 것이 부활입니다. 지금 그가 살아 있어서 내 곁에 계신다는 것만으로도 얼마나 큰 위로와 희망, 격려와 힘이 되는 줄 모릅니다. 그들이 직접 경험한 예수님의 부활은 더 했을 것입니다. 부활의 경험은 바로 삶은 중단 없이 지속되어야 한다는 것입니다. 예수님과 함께 했던 생각, 신앙, 하나님의 사랑, 희망을 다시 시작해야 한다는 것을 의미합니다. 단순히 예수님이 부활하셨으니 우리도 부활할 것이라는 신앙을 품는 것보다 더 중요한 것은 예수님 부활로 그가 생각하고 말했던 모든 것들이 현실이 되었다는 것입니다. 그 현실은 예수님의 부활을 기점으로 더 확장되고 확대되어서 구체화해야 한다는 것을 가리킵니다. 부활을 통해서 우리가 부활을 살아야 하는 것은 예수님의 정신과 예수님의 말씀대로 현실을 살아야 한다는 것과 동일한 것입니다.

부활은 다시 삶이고 다시 생명이다, 라고 말하는 거기에 "다시"라는 부사어가 붙어 있다는 것이 중요합니다. 다시 살아야 하고, 다시 꿈꾸어야 하고, 다시 생명을 확신해야 하고, 다시 예수님의 말씀을 구현해야 하고, 다시 하나님 나라 운동을 해야 한다는 막중한 의무감과 책임감이 뒤따르게 됩니다. 우리가 부활을 산다는 것은 그런 의미입니다. 예수님처럼 다시 죽었다가고 살아남이라는 종말론적 약속도 믿어야 하지만 다시 산다는 것에 대한 실존적인 신앙을 어떻게 정립할 것인가가 더 중요합니다. 그리스도교가 부활의 종교라고 하지만 정작 우리 삶에서 그 부활을 얼마나 재현하고 있습니까? 부활절 때만 대축일로서 그가 살아나셨다는 기쁨과 신앙을 만방에 전하고 또 축제로 지키면 그만인가요? 부활에 대한 이야기는 미사와 예배를 통해서 매번 강조되고 고백되는 사건입니다. 그 사건을 단지 일회성의 한 절기로, 의례로만 끝낼 수 있는 것이 아닙니다. 부활은 살아내야 하는 우리의 삶입니다.

예수께서 부활하셨다면 그 부활한 예수님을 우리의 삶으로 다시 나타나도록 해야 합니다. 그분이 정말 부활했다고 하는 사건이 말이나 신앙, 그리고 교리로만 전할 것이 아니라 그분이 곁에 있음, 옆에 있음처럼, 아니 옆에 있고 곁에 있으니까 우리처럼 살도록 해야 한다는 것을 여실하게 보여줄 수 있어야 합니다. 부활한 예수님은 결국 우리의 몸-짓을 통해서 보여줄 수 있고 말할 수밖에 없습니다. 부활이 참이라면 그 참이 우리의 멈추지 않는 삶, 생명의 소중함, 희망을 갖고 사는 삶의 모습들 속에서 충분히 보여줄 수 있어야 합니다. 그래서 예수님은 제자들에게 복음을 전하라고 명령하십니다. 예수님을 만나고 부활을 목격한 사람들은 반드시 모든 사람들에게 복음을 전해야 합니다. 그것을 위해서 예수님을 만난 것이고 또 모든 그리스도인들이 보냄을 받은 것입니다. 하이데거는 보내다schicken라는 독일어에 주목을 합니다. 신의 섭리Geschick는 보냄, 혹은 받은 명령을 보냄mittence이라는 것입니다. 인간이 자신의 운명을 떠맡는다는 것은 신이 하게 하는 것, 신의 보냄에 응답하는 것입니다. 우리는 모두가 보냄을 받은 존재입니다. 하나님의 뜻은 모든 그리스도인이 보냄의 명령을 따르기를 원하십니다. 그리스도를 위해서 이 땅에, 그리고 부활의 증인으로서 보냄을 받았다는 것을 자신의 운명으로 삼기를 바라십니다. 그래서 모든 그리스도인들의 운명은 예수께서 현존재에게 보낸 것입니다.

사람들에게 가야 합니다. 부활의 삶을 가지고 그들에게 보냄 받은 목적을 구현해야 합니다. 하나님께서는 우리가 그렇게 하시기를 원하십니다. 아니 그렇게 운명 지어진 존재가 바로 그리스도인입니다. 하나님께서 친히 우리에게 부여한 운명을 어떻게 피하겠습니까? 복음의 증인, 부활의 삶을 통해서 예수님을 나타내야 합니다. 지금 우리 곁에 뿐만 아니라 온 백성, 온 민족의 바로 곁에 머물러 계신다는 것을 알려주어야 합니다. 무너져 버린 삶, 절망과 좌절이 되어버린 삶을 살고 있는 사람들에게 부활이란 당신들 곁에 예수께서 계신다는 것을 믿는 것입니다, 라는 것을 증언해야 합니다. 정치적 피로감, 경제적 무능력, 불안과 공포, 분노와 우울, 그리고 저항할 힘조차 없어서 살기 어려운 사람들에게 우리 자신의 삶이 곧 부활을 사는 삶이라는 것을 자신 있게 말할 수 있어야 합니다. 많은 사람들이 포기와 죽음을 생각하며 살아갑니다. 도저히 이 사회를 치유할 어떤 장치도 없는 듯이, 아무런 기대도 없이 살아갑니다. 이런 상황 속에서 그리스도교의 부활이 희망이 되어주어야 합니다. 예수님처럼 삶의 질곡, 삶의 처참함, 삶의 배신이 찾아와도 일어나고 또 다시 일어날 수 있다는 것을 알게 해주어야 합니다.

그런 의미에서 부활은 희망입니다. 죽음이라는 한계 조건 혹은 한계 상황 속에서도 다시 살아날 수 있구나 하는 절대적 희망입니다. 그것이 없다면 죽음과 죽음에 처한 모든 현실은 절망과 고통만이 남게 될 것입니다. 그러므로 부활의 복음을 통해서 이 사회를 꿰매야 합니다. 상처가 나고 찢기고 터져버린 삶을 봉합할 수 있는 것은 부활의 사건, 부활의 힘밖에는 없습니다. 꿰맨 곳에는 흔적이 남을 것입니다. 그 자국에 새로운 삶이 돋아나도록 만드는 것은 예수 그리스도의 부활입니다. 모순으로 가득 찬 세상에 새로운 희망이 만들어지는 것은 부활을 억압했던 죽음의 빗장이 열리고 죽음이라는 인간의 유한한 조건을 극복한 예수 그리스도에게 찾을 수 있습니다. 사람들은 그리스도인에게서 부활의 조짐,

부활의 기쁨, 부활의 가능성, 부활의 흔적, 부활의 기대를 보고 싶어 합니다. 그리스도인들끼리 말로만 떠들어대는 부활이 아니라 실증적으로 삶으로 보여 달라고 요구를 합니다. 죽음의 기운이 꽉 찬 무덤을 텅 빈 공간으로 만들고 생명의 숨구멍, 삶의 숨구멍을 만들어 낸 예수님을 보여줄 때가 되었습니다. 지금까지는 사변적이고 변증적이고 교리적인 부활신학과 신앙이었다면 앞으로는 죽음은 곧 삶과 생명의 연장이라는 것, 연속선상에 있다는 것을 자신 있게 보여주어야 합니다. 우리 스스로 삶의 무덤에서 예수 그리스도의 부활의 숨결을 느끼게 해주고 그분의 죽음은 곧 나의 죽음이었으며 그분의 부활은 곧 나의 부활이었다는 것을 전할 수 있어야 합니다. 부활은 그리스도인의 눈먼 희망이나 기대가 아닙니다. 부활은 우리를 살게 하는 하늘의 소리이며 하나님의 보내신 선한 사건입니다. 그러므로 부활이 매년 이루어지는 그리스도인의 반복 강박이 아니라 실제의 사건과 변화의 삶이라는 것을 이제 실패와 도둑맞은 삶을 살고 있는 모든 사람들에게 알도록 해야 할 것입니다.

21

인생의 두려움과 앞질러-오시는 예수님

요한 6,16-21

살다보면 누군가 곁에 있어서 늘 힘이 되어 주는 사람이 있었으면 좋겠다는 생각을 한 번쯤 해보게 됩니다. 특히 그런 사람이 있으면 어려운 일을 당했을 때 내게 위로와 격려를 해주고 좋은 조언을 해줌으로써 인생의 난항을 잘 극복해 나가기도 합니다. 사람은 절대적으로 그런 사람이 필요합니다. 신앙의 문제가 아니더라도 그런 사람쯤은 꼭 있어야 합니다. 그렇지 않으면 사회적 동물인 인간은 고독과 외로움 속에 갇혀 고립된 채로 극단적인 선택을 할 수도 있습니다. 철학이나 심리학에서는 인간이란 존재는 실존적으로 고독이라는 상황에 놓여 있을 필요가 있다고도 얘기를 합니다. 틀린 말은 아닙니다. 하지만 고독은 복잡한 인간관계나 노동의 관계 속에서 성찰적 시간을 갖기 위한 방편은 될 수는 있어도 평생 그렇게 살기는 어렵습니다. 다시 말하면 사람에게는 사람이 필요한 법입니다. 진정성과 진심을 나누는 사람 말입니다. 그런데 경쟁 사회 속에서 그런 사람을 만나기가 자꾸 어려워집니다. 자신의 이익과 이득이 되지 않으면 인간관계조차도 수단이나 도구가 되어버리는 세상입니다. 서로 돕고 마음을 나누어도 모자랄 판에 거짓과 위선으로 가면을 쓰고 타자를 이용하는 세상은 무섭기 짝이 없습니다.

그러면 교회생활은 어떤가요? 교회 공동체 안에서 우리는 서로 외롭고 힘들며 어두운 삶을 살아가는 사람에게 따뜻한 관심을 가질 만한 신앙의 자세가 되어 있는 것일까요? 교회 공동체 안에서는 무엇보다도 서로 사랑하라는 계명에 입각해서 그 실천을 해보려고 무진 애를 쓰고 있기나 한 것일까요? 교회 공동체 내에서의 생활도 예배를 위해서 그저 일정한 시간과 공간에 잠깐 머물렀다가 헤어지는 마치 익명의 무리들처럼 행동을 하지는 않습니까? 신앙 공동체는 마음을 나누고 또 같은 예수님의 정신을 모색하면서 신앙 언어를 가다듬어 진정한 예수 공동체로 만들어 가야 합니다. 단 한 사람도 소외되거나 외롭거나 해서 불안과 두려움, 어두움에 사로잡힌 인생을 살지 않도록 우리의 눈이 예수님의 시선을 가지고 바라볼 수 있어야 합니다. 그것은 언제나 자기 자신에게만 시선이 머무는 것이 아니라 자기 자신을 넘어서 타자를 향해 있는 것입니다. 내가 나 자신을 넘어서 타자를 향해 시선을 던질 때에 동일한 지평에서 타자도 나를 향해 시선을 맞출 수가 있습니다. 시선을 맞추지 않으면서 왜 타자는 나에게 시선을 주지 않는가를 묻는 것처럼 우매한 질문이 없습니다. 나를 넘어서 타자를 향해 던지는 시선이 있을 때에 미소와 푸근한 마음이 생깁니다. 그것을 우리는 감정의 교류 혹은 교감이라고 말합니다. 그렇게 서로와 서로가 신앙 공동체 안에서 마음의 교감이 이루어질 때 신앙적인 교감과 신앙 공동체의 의식이 생기는 것입니다.

인생의 저녁 때, 어둡고 캄캄한 때를 경험하고 있는 신자가 있을지도 모릅니다. 지금도 우리 곁에서 함께 예배를 드리지 못하는 공동체 구성원이 그런 상황에 처해 있을지 알 길이 없습니다. 또 설령 예배의 자리에 나와서 무거운 심정으로 앉아 있으면서 자신의 마음에 예수께서 찾아 주십사하고 간청하는 신자가 있을지도 모릅니다. 우리가 경험하는 바이지만 어둡고 캄캄한 인생의 터널을 터벅터벅 가고 있다고 느낄 때 예수님도 나에게 아직 오지 않은 것 같은 절망감에 사로잡힐 때가 있습니다. 그럴 경우 우리는 신앙의 불안과 두려움에 사로잡힙니다. 사람도 나에게 위로가 안 되는 마당에 예수님까지도 아직 나에게 오지 않는 상황이라면 나는 어떻게 살아야 하는가하는 인생의 절망적인 물음이 제기될 수밖에 없습니다. 그런데 우리는 깨달아야 합니다. 예수님은 그 순간에 우리를 떠나거나 아직 오시지 않은 분이 아니라 이미 앞질러 와 계신다는 사실을 말입니다. 우리의 인생의 두려움과 어두움, 불안의 상황에 예수님께서는 이미 앞질러 와서 우리와 함께 하고 계신다는 것을 믿어야 합니다. 인생의 어려움에 닥친 사람일수록 자신의 처지밖에는 아무것도 보이지 않습니다. 무슨 말을 해도 귀에 들리지도 않습니다. 문제에 빠져 있기 때문입니다. 그런데 시선을 돌려서 자기 자신의 시선을 신앙의 시선으로 바꾸려고 하면 예수님께서 어두움을 밝히는 빛으로, 불안을 평안으로, 좌절을 희망과 기대로 변화시키고 계시는 것을 볼 수 있습니다.

우리는 어렵고 힘이 들 때, 겨울과도 같은 엄혹한 인생의 계절이 찾아올 때 그것을 쳐다보려 하지 않습니다. 외면하고 회피하고 싶습니다. 그런데 우리는 그 문제를 똑바로 직시해야만 합니다. 왜냐하면 정작 예수님께서는 거센 풍랑과 요동치는 파도와 같은 우리의 문제의 상황에 앞질러 그 문제를 뚫고 오시기 때문입니다. 문제를 똑바로 쳐다보면 예수께서 그 파도를 잠잠케 하고 우리가 처한 바로 그 문제의 핵심으로 들어와 해결해주신다는 사실입니다. 인생의 어렵고 힘든 문제들, 어둡고 캄캄한 마음들, 무겁고 절망스러운 마음들을 향해 다가오시는 예수님을 볼 수 있어야 하는데, 우리는 문제의 그 상황, 문제의 그것에만 바라보기 때문에 더 두려움에 벌벌 떨게 되는 것 같습니다. 그분이 안 계신 것 같은 상황에서의 두려움과 공포, 불안은 당연합니다. 문제에 직면해 있는 신앙인에게 마치 아무 말씀도 없으시는 것 같은 느낌, 나의 문제에 대해서 침묵을 지키고 계시는 예수님을 생각해보면 문제가 더 크게 보이고 두려울 수밖에 없을 것입니다. 그러나 그런 상황일수록 우리의 시선은 문제의 이면, 문제의 저 끝이 아니라 문제의 바로 앞에 앞질러 오고 계시는 예수님을 볼 수 있어야 합니다. 예수님께서는 말씀하십니다. "나다, 두려워할 것 없다" ego eimi, me phobeisthe.

이미 예수님은 우리가 무엇이 필요한지 알고 계십니다. 우리가 어떤 상황인지 알고 계십니다. 그렇기 때문에 아무리 어렵고 힘든 상황이라도, 두려움과 캄캄한 인생의 순간이라도 예수님께서는 외면하지 않고 우리에게 찾아오시되 문제보다 앞질러 오고 계신다는 것입니다. 이때 우리의 시선을 어디다가 두어야 할 것이냐 하는 것입니다. 문제를 보면 예수님은 안 보입니다. 그러나 문제 너머에다 시선을 두면 예수님이 걸어오고 계시는 것이 보입니다. 예수님은 항상 문제에 앞질러 계십니다. 우리의 두려움과 공포에 앞질러 오고 계십니다. 우리의 어려움과 힘겨움, 그리고 낙심보다 앞질러 오고 계십니다. 그러므로 우리는 우리의 신앙적인 시선을 문제에다 둘 것이 아니라 우리의 문제 넘어, 우리 자신을 넘어서 예수님을 향하도록 해야 할 것입니다.

제자들이 거센 풍랑과 파도에 벌벌 떨고 있을 때에, 예수님께서 안 계신 상황에서 어찌해야 할지를 모르고 있을 때에, 예수님이 다가오신 것을 보고 예수님인 줄을 알아차리지 못했습니다. 결국 예수님의 자기 선언에 의해서 자신들의 스승이신 것을 안 제자들이 예수님을 배 안에 모셔 들이려고 하였습니다. 이때에 요한복음사가의 말이 흥미롭습니다. "그러나 배는 어느새 그들의 목적지에 가 닿았다." 문제의 상황을 해결하기 위해서 나타나신 예수님, 그러나 항상 인생의 풀리지 않는 문제에 단 한 번도 함께 하지 않으신 적이 없으신 예수님은 우리의 삶에 늘 개입하고 계셨다는 증거입니다. 우리의 문제, 그것이 신앙의 문제이든, 교회의 문제이든, 인생의 어둡고 캄캄한 상황의 문제이든, 마음의 질병이든 예수님이 늘 개입하시고 함께 하시고 계신다는 것을 깨닫는 순간, 순풍을 만난 배처럼 인생의 항해가 순항을 한다는 암시입니다. 우리가 살고자 하는 참다운 인생의 목적지와 신앙의 궁극적인 목적지에 다다를 수 있도록 하신다는 것입니다. 우리는 깨달아야 합니다. 예수님께서는 우리의 문제의 곁에-계시고, 우리의 어려움과 힘겨움 안에-계신다는 사실을 말입니다. 다만 우리가 미련하게 문제의 상황만을 쳐다볼 것이냐 아니면 예수님께서 항상 모든 문제에 앞질러-오고-계시다는 것을 믿을 것이냐 하는 것입니다. 앞으로는 문제에 골몰하여 예수님께서 안 계신다는 두려움에 사로잡혀 있을 것이 아니라 이미 문제의-안에-있으면서 문제의-거기에서 우리를 위해서 근심하고 염려하시면서 해결해주시려고 하신다는 것을 믿음으로 받아들여야 할 것입니다.

22

영적 구조의식의 변화

요한 21,1-19

사람이 어떤 경험을 하느냐 혹은 어떤 존재를 만나느냐에 따라서 삶이 완전히 뒤바뀌기도 합니다. 요한복음서가 보여주는 이야기는 예수께서 부활하셔서 제자들에게 나타나시기 전과 후의 삶과 신앙의 모습이 어떻게 달라지는지를 잘 묘사해주고 있습니다. 그들은 예수님이 돌아가신 후에 다시 생업으로 돌아가려고 합니다. 삶이 정지해있는 상태, 삶이 회귀를 하는 것을 엿볼 수 있는 대목입니다. 무슨 신앙적인 사건을 기대할 수도, 또 새로운 신앙 운동을 전개해야 한다는 책임의식도 전혀 나타나지 않습니다. 그들은 그저 모든 것이 끝났다고 생각하고 다시 먹고 사는 문제의 현장으로 복귀하는 것입니다. 그것을 탓할 수는 없을 것입니다. 신앙 운동의 구심점이라 할 수 있는 예수님이 돌아가셨는데 그게 무슨 소용일까 하는 생각을 왜 안 했을까요? 거기에는 예수님과 함께 했던 대의와 신앙, 그리고 하나님 나라 운동의 명분들이 몽땅 사라진 것이나 다름이 없었습니다. 그러니 무슨 신앙적인 삶을 지속한다는 것은 어려웠을 것입니다. 그들은 본래적인 예수님과 함께 하나님 운동을 펼치던 제자들이 아니라 그냥 평범한 일상인으로 돌아간 셈입니다.

그런데 삶은 변하기 마련입니다. 그 계기는 특별한 만남과 경험, 그리고 기억을 통해서 이루어집니다. 예수님께서 제자들에게 나타나시기 전까지는 그들은 그저 일상적인 삶을 살아나가려고 했던 사람들에 지나지 않았습니다. 그들은 예수님과 분리된 사람들처럼 배를 띄우고 고기를 잡는 어부들로 돌아가려고 하였습니다. 하지만 그들은 예수님을 만나고 나서 정신적인 구조, 신앙의 구조와 의식이 바뀌었습니다. 제자들은 예수님과 만났던 그곳 바닷가에서 다시 존재의 변화를 경험하게 됩니다. 예수님과의 이야기, 예수님과의 함께 했던 기억들이 되살아나면서 삶을 긍정하고 새로운 세상을 꿈꾸기 시작합니다. 이것이 바로 부활의 신비입니다. 새로운 삶을 계획하고 예수님과 함께 새로운 세상을 만들기 위해서 그분과 함께 했던 시간으로 돌아가려고 하는 것, 그래서 이제와는 다른 세계를 기획하려고 하는 것입니다. 그것을 존재론적 변화라고 합니다. 우리가 부활을 믿고 그것을 지금 여기에서의 사건으로 받아들인다면 우리도 예수님과의 만남을 현재화하고 새로운 삶의 기획들과 신비들을 구현하려고 노력해야 합니다. 부활의 현존을 지금 여기로 앞당겨 사는 것입니다. 부활을 맛보는 것입니다.

부활을 지금 여기에서 앞당겨 사는 사람들은 어떻게 삶을 살아야 하는가라는 진지한 고민을 하게 됩니다. 아니, 오히려 예수님께서는 이제 너희들이 부활의 사건을 목격하고 또 그것을 간접적으로 경험하였다면 어떻게 삶을 살아야겠느냐 하고 묻고 있습니다. 예수님께서는 그것을 베드로에게 묻는 질문을 통하여 우리 전체에게 묻습니다. "나를 사랑하느냐?" 사랑이라는 말은 신앙의 혁명적 언어입니다. 그 혁명을 가지고 올 말을 세 번이나 연거푸 물으셨다는 것은 사랑에 대한 무한한 확장과 책임을 깨우쳐 주고 있다고 볼 수 있습니다. 부활하신 예수님께서 베드로에게 묻는 물음은 사랑의 확신, 다시 사랑을 재확인하는 것이 아닙니다. 그것은 예수님 안에 있어야 한다는 명령을 인식시키는 것입니다. 물음을 묻는 주체가 사랑을 받기 위해서 묻는 질문이 아닌 것입니다. "나를 사랑하느냐?"라는 물음을 다른 말로 바꾸면 "너는 내 안에 존재하느냐?"입니다. "내 안에 있다고 말할 수 있느냐? 내 안에 머문다고 고백할 수 있느냐? 나의 현존을 의심 없이 받아들일 수 있다고 생각하느냐?"

이 당혹스러운 질문 앞에 베드로는 어쩔 줄 몰라 합니다. 사실 이 모습은 우리 자신의 모습이기도 합니다. 우리가 정말 예수님 안에 있는 것일까? 자신이 없습니다. 우리 안에 예수님께서 계신다는 고백은 할 수 있어도, 예수님 안에 우리가 존재한다는 것은 말하기가 그리 쉬운 대답이 아닙니다. 과연 그분의 의지나 감정, 그리고 생각 속에 우리 자신의 존재가 있다고 자신할 수 있는가는 의문의 여지가 있기 때문입니다. 당신 안에 제가 있습니다, 그것을 어떻게 의심할 수 있겠습니까? 하고 반문을 할 수 있지만, 예수님의 시야에 우리가 없을 수도 있습니다. 우리는 자신을 예수님께 내맡길 수 있어야 합니다. 우리의 운명은 당신의 것입니다. 당신의 소유이오니 우리가 당신의 사랑 안에 거할 자격을 주옵소서라고 기도해야 합니다. 참으로 사랑하는 사람은 자신을 예수님께 투신하게 됩니다. 진정으로 사랑하는 사람은 그분이 나를 사랑하도록 맡김으로써 그분의 깊은 사랑 안에 잠기기를 원합니다. 그러므로 그분과의 일치를 이루고자 하는 사람은 그분의 사랑을 향해 자신을 열어놓아야 합니다. 그분이 사랑을 다가오실 때 제자들이 예수님께서 부활하신 것을 알아차린 것처럼 우리가 그분에게 다가갈 수 없을 때 당신은 우리에게 다가오십니다. 예수님의 사랑을 부담으로 여기게 되면 이제 우리가 그분을 사랑하게 될 것입니다. 그분이 다가오시기 전에 우리가 그분에게 다가가 우리의 사랑을 표현하게 될 것입니다.

예수님께서는 베드로에게 말씀하십니다. "내 양을 잘 돌보아라." 이 말은 사랑의 영성, 즉 사랑이란 타인을 향해서 움직여야 한다는 것을 말해줍니다. 사랑하는 이로부터 사랑을 받는다는 것은 그저 자기중심적인 사랑으로만 그쳐서는 안 됩니다. 사랑은 공동체성입니다. 자신의 정신적 구조나 신앙적 구조, 혹은 의식이 변화되었다면 다른 사람의 정신적, 신앙적 구조를 바꾸게 해야 할 책임이 있습니다. 교회 공동체는 바로 그러한 신앙의 혁명적 언어인 사랑을 통해서 사람들을 먹여야 합니다. 육체적인 양식이 아니라 정신적이고 영성적인 양식입니다. 교육하고 관심을 갖고 영의 양식을 잘 먹여야 할 책임이 교회 공동체에게 위임되어 있는 것입니다. 돌봄이 약한 교회일수록 예수님께서 말씀하신 사랑을 잘 이행하지 못합니다. 사랑을 관념으로만 생각하고 서로의 마음을 움직이지 못하기 때문입니다. 사랑은 공동체의 마음을 움직이는 힘입니다. 사랑은 공동체를 보존하고 돌보는 필수적인 감정입니다. 그 사랑이 메말라 있는 것은 아닙니까? 철학자 오르테가 이 가세트Jose Ortega Y Gasset는 "나 자신을 타자들을 통해서 본다"고 말하면서 "인간은 타인에게, 즉 자기 자신이 타자Alter에게 생래적으로 개방되어 있기 때문에 좋든 싫든 간에 이타주의자Altruist이다"라고 말합니다.

교회 공동체는 한 사람이 예배를 드리지 않습니다. 우리는 공동체적으로 예배를 드리고 만남을 가집니다. 타자와의 관계를 고려하고 배려하지 않고서는 공동체가 유지될 수 없습니다. 당연히 교회 공동체는 타자를 돌보아야 합니다. 베드로에게만 맡겨진 위임이 아니라 오늘날 교회 공동체 전체에게 위탁된 책임입니다. 앞에서 말한 것처럼 그것의 근본 토대는 무엇입니까? 사랑입니다. 예수님을 사랑한다면 우리는 서로서로 돌보면서 서로를 세우는 공동체가 되어야 합니다. 그런 의미에서 오르테가 이 가세트가 말한 것처럼, 교회 공동체는 이타주의 공동체가 되어야 합니다. 예수님으로 인해서 나의 정신적 구조나 신앙적 구조의 변화도 중요하지만 타자의 정신적 구조와 신앙적 구조의 형성도 그와 못지않게 중요하다는 인식을 해야 합니다. 이것은 반드시 신앙의 지도자에게만 해당되는 사항이 아닙니다. 교회 공동체 구성원 모두에게 맡겨진 일입니다. 모두가 하나님의 말씀을 민감하게 알아차리며 순종할 수 있도록 배려하는 공동체여야만 우리 가운데 부활하셔서 현존하시는 예수님의 사랑을 나누는 것입니다. 베드로에게 했던 질문에 대해서 어떻게 응답을 할 것인가를 깊게 사유하는 신앙 공동체가 되어야 합니다. 하나님의 빛을 받아서 자기 이해를 분명히 할 수 있어야 하며 자기 자신이 예수님께서 묻는 질문에 어떻게 마주 대할 것인가에 대해서 등한히 한다면 교회는 공동체성을 유지하기가 어려울 것입니다. 교회가 부활 영성으로 나아가고자 한다면 예수님의 사랑에 대한 물음에 마음과 정신을 열고 인격과 인격이 만날 수 있어야 합니다. 그것은 지금도 우리에게 얼굴과 얼굴을 맞대고, 우리의 의지 안에서 당신의 양을 돌보시는 일을 하시려고 우리에게 묻고 있는 내면의 신앙적인 목소리일 것입니다. 우리는 그에 대해 어떻게 답변을 해야 할까요?

23

무의식의 신앙 언어

요한 6,60-71

"무의식은 언어처럼 구조화되어 있다." 정신분석학자 자크 라캉J. Lacan은 언어는 꿈이라고 말합니다. 알아듣기 어렵습니다. 언어가 꿈이라니, 아마도 꿈이 언어로 해석되기 전에는 인간의 무의식이 어떤 것인가를 알 수 없다는 말일 것입니다. 무의식을 알 수 있는 길은 그것을 이성, 즉 인간의 언어로 의식화 작업을 하지 않으면 안 됩니다. 예수님의 말씀을 의식의 언어로만 받아들인 제자들은 그의 말을 알아듣지 못합니다. 자신의 무의식에 내재되어 있는 신앙의 본바탕을 예수님의 말과 연결 짓지 못하기 때문입니다. 인간의 무의식 안에는 분명히 물질적이고 육적인 것이 아니라 정신적이고 영적인 것을 추구하고 있음을 이미 간파하고 있었습니다. 영적이고 생명적인 것이 인간의 무의식 안에 있는 것인데, 인간은 자꾸 의식의 차원으로만 생각하고 믿는 버릇이 있습니다. 의식의 언어는 물질적인 것, 육체적인 것을 좇고 있고 그것을 자신의 언어라고 철썩 같이 믿고 있기 때문일 것입니다. 사실 우리가 사용하는 모든 언어들이 대부분 의식의 언어들입니다. 신앙의 언어들도 마찬가지입니다. 따라서 의식의 표층만이 진실로 알고, 그것을 신앙의 본질이라고 붙잡는 게 우리의 현실입니다.

예수께서는 그래서 자신의 말을 알아듣지 못한다는 것입니다. 예수께서는 신앙의 표층을 말하고 있는 것이 아닙니다. 신앙의 무의식, 즉 영적이고 정신적인 것, 보이지 않는 것, 하늘의 것을 말하고 있습니다. 그것을 인간이 추구하지 않는 것은 아닙니다. 다만 자신의 무의식에 내재되어 있는 것을 언어화하지 못할 뿐입니다. 자신이 왔던 곳으로 되돌아 갈 것이라는 말을 이해하지 못한 것은 제자들이 의식의 표층 언어로만 알아들었기 때문입니다. 자신이 왔던 곳, 즉 하나님의 자리, 하나님의 품으로 돌아간다는 것으로 파악해야 함에도 불구하고 그것을 이 세상의 의식의 언어로만 인식하려고 했으니 무슨 말인지 이해할 수가 없었을 것입니다. 그러므로 우리가 신앙의 언어를 말할 때 그 언어가 의식의 언어인지 무의식의 언어인지를 알아야 하고, 또한 의식이 아니라 무의식이 진정으로 그것을 갈급해 하는 신앙 현실인가를 알아차려야 합니다. 일본의 철학자 고쿠분 고이치로國分功一郎는 "사람은 사유하는 것이 사유하는 것이 아니다. 사유하게끔 된다"고 했습니다. 마찬가지로 우리가 신앙하는 것이 아니다 신앙하게끔 하는 것이고, 신앙언어로 말하는 것이 아닌 신앙언어이게끔 한다고 말할 수 있습니다. 그 신앙하도록 하고 신앙이게끔 하는 것이 바로 무의식입니다.

예수님을 믿지 않는 이유는 바로 지나치게 신앙의 언어를 표층의 의식의 언어로 해석하려고 하기 때문입니다. 자신의 상황이 현실이고 가시적 세계 속에 있기 때문에 신앙의 언어를 알아듣는 것도 한계가 있을 것입니다. 자기식대로 알아듣기에 오해가 있을 수 있고 이해할 수 없고 또 와 닿지 않으면 신앙의 언어가 아니라고 단정을 짓습니다. 말을 할 때에 그 말을 상상력의 폭에 따라서 하나님 혹은 예수님을 재단합니다. 자신이 만들어 낸 하나님 이미지, 예수님 이미지에 의해서 신앙을 형성하는 것입니다. 이른바 거짓 무의식입니다.

그런데 우리의 무의식은 진실이라고 믿으면서 내가 형성한 신앙의 대상을 버리고 진정한 신앙의 대상을 찾기를 원합니다. 무의식은 어떤 형태로든 왜곡되거나 억압되어서 그 사람이 가진 욕망의 원천이 됩니다. 자신의 욕망으로 만들어낸 예수님 이미지가 있는데, 그리고 의식이 경험한 신앙의 상식이라는 것이 있는데 거기에 맞지 않는 신앙의 언어와 경험이 발생하면 믿지 않으려고 합니다. 마치 제자들이 그랬던 것처럼 말입니다. 그것을 덜어놓고, 자신의 쓰레기와도 같은 무의식의 창고에 무엇이 들어있는지를 직면하고 의식의 언어로 승화될 때 참된 신앙을 만들어갈 수 있습니다. 대부분의 그리스도인은 자신의 무의식에 자신만의 예수님 이미지를 만들어 놓고 거기에 따라서 의식과 의식의 언어를 맞추어 갑니다. 그런데 거기에서 괴리감이 생깁니다. 괴리감이 생기는 것이 신앙의 병리요 신앙의 탈선이요 신앙의 오해요 신앙의 만용입니다. 나의 의식과 의식의 언어로는 도저히 이해할 수 없는 예수님의 언어, 신앙의 언어를 받아들일 수가 없습니다. 자신의 무의식에서 일어나고 있는 욕망을 들여다 본 적이 없기 때문입니다. 적어도 예수님이라면 이러저러해야 한다고 말하는 것도 따지고 보면 나의 무의식의 욕망의 창고에서 지시하고 있는 표층의 언어일 뿐이지 제대로 된 의식의 언어는 아닙니다.

그러므로 단순히 나의 경험에 의해서 축적된 의식의 언어를 가지고는 예수님을 이해할 수 없습니다. 무의식에서 진정한 자아를 발견하기 위해서는 하나님의 도움이 필요합니다. 하나님의 빛이 나의 심층을 비출 때 비로소 나의 무의식이 보입니다. 나의 무의식 안에 들어 있는 온갖 죄성과 인간적인 욕망들이 결국 나라고 생각했던 의식 혹은 의식의 언어였던 것이구나라고 깨닫게 됩니다. 그렇게 될 때 우리의 인격과 신앙이 성장하게 됩니다. 그것을 신앙적인 언어로 말한다면, 우리가 하나님께 다가갈 수 있는 준비가 되었다고 볼 수 있습니다. 예수님께서 가시려고 하는 하나님의 자리, 하나님의 장소, 하나님의 품으로 우리도 갈 수 있고 또한 그것을 직간접적으로 경험할 수 있는 여지가 생기는 것입니다. 하나님의 허락, 하나님의 빛은 궁극적으로 하나님의 말씀입니다. 그 말씀에 의해서 우리의 무의식에 있는 억압, 히스테리, 강박, 욕망, 상처 등을 알아차리게 되고 그 무의식의 창고가 다 나쁜 것은 아니지만 그것들이 나의 신앙과 신앙 언어들을 움직이게 하는 원천이라는 것을 알게 됩니다.

세상의 모든 인간은 이미 병리적인 요소들을 가지고 있습니다. 온전하고 완전하다고 여기는 사람조차도 자신의 진정한 자아가 어떻게 생겼는지, 그것이 생명적인 것을 지향하는지 죽음을 지향하는지 잘 모릅니다. 도무지 이해할 수 없는 사건과 사고가 발생하는 것도 그러한 이유입니다. 시몬 베드로는 말합니다. "주님, 주님께서 영원한 생명을 주는 말씀을 가지셨는데 우리가 주님을 두고 누구를 찾아가겠습니까?" 세상의 해결책은 바로 이 고백입니다. 나의 왜곡되고 욕망 덩어리인 무의식을 비춰주고 깨닫게 해주는 말씀이 예수님의 말씀입니다. 그분의 말씀은 영원한 생명의 말씀입니다. 그 말씀을 통해서 우리의 무의식을 들여다 볼 때 우리의 어두운 자아도 밝은 의식으로 변할 수 있고 의식의 언어로 말할 수 있는 용기가 생기는 것입니다. 나의 무의식이 하나님의 말씀과 언어로 의식화가 된다는 것은 내가 악마가 될 수 있는 가능성을 줄일 수 있다는 말입니다. 우리의 무의식은 악마도 자리 잡고 있습니다. 어느 때는 선한 사유와 행위를 하다가, 어느 때는 악한 생각과 행동을 하는 것도 알고 보면 무의식의 창고 안에 있는 여러 가지 잔존물, 해결되지 않은 나의 무의식적 자아에서 기인합니다. 그러니 선한 사람이라고 평가받는 사람이었음에도 불구하고 어느 날 갑자기 악마의 화신이 되어버린 듯이 나쁜 결과를 초래할 수밖에 없는 것입니다.

이제부터라도 나의 무의식의 심층을 외면하거나 회피하지 말아야 합니다. 그것을 생각하고 의식으로 떠올리는 것만으로도 어렵고 거부하고 싶더라도 포기해서는 안 됩니다. 자신의 무의식의 신앙과 삶을 해석하고 그 심층에 예수님의 거룩한 빛으로 비출 수 있도록 해야 합니다. 동시에 "우리는 주님께서 하나님이 보내신 거룩한 분이심을 믿고 또 압니다"라고 말했던 것처럼 우리 무의식 안에 거룩하신 예수님을 모셔 들여야 합니다. 예수님조차도 잡동사니 같은 나의 무의식을 알까봐 힘들어 했다면, 그래서 그분이 나의 무의식 안을 훔쳐 보는 것을 거부했다면 이제는 받아들이십시오. 거룩하신 예수님을 통하여 나의 무의식을 거룩한 곳으로 승화시킬 수 있어야 할 것입니다. 독일의 신학자 디이트리히 본회퍼D. Bonhoeffer는 "그리스도교적 삶은 그리스도의 삶"Christusleben이라고 말합니다. 거룩하신 예수님이 우리의 무의식에 자리 잡고 계신다면 우리의 삶이 그리스도의 삶이 될 것입니다. 예수님께서 말씀하신 것처럼 우리도 하나님의 자리, 하나님의 품, 성스러운 하늘 가까이에 다가갈 수 있는 삶으로 변화될 것입니다. 지금 우리는 내가 사용하고 있고 또 의식하고 있는 신앙 혹은 신앙의 언어가 단순히 왜곡된 자아에 의해서 형성된 표층의 신앙과 언어가 아닌지 살펴봐야 합니다. 만일 나의 억압되어 있고 상처 난 무의식의 자아가 나의 신앙을 축조하고 있다면 예수님의 빛, 예수님의 생명의 말씀으로 그 무의식을 거룩하게 해야 할 것입니다.

24

삶이 '어차피'라는 부사이더라도

요한 14,7-14

시인 진은영은 '언제나'라는 시에서 이렇게 읊었습니다.

> 삶은 부사副詞와 같다고
> 언제나 낮에 묻은 봄풀의 부드러운 향기
> 언제나 어느 나라 왕자의 온화한 나무조각상에 남는 칼자국
> 언제나 피, 땀, 죽음
> 그 뒤에, 언제나 노래가
> 태양이 몽롱해질 정도로
> 언제나
> 너의 빛

삶은 '어차피'라는 부사로 위안을 얻는 경우가 많이 있습니다. 어차피는 사전적인 의미로 '이렇게 하든지 저렇게 하든지 또는 이렇게 되든지 저렇게 되든지'입니다. 어차피 ~할 바에야, 어차피 ~할 거면, 하는 식으로 사용합니다. 삶이 팍팍하거나 자포자기를 할 때 혹은 무언가가 잘 풀리지 않을 때 사용하는 말입니다. 시인이 노래를 하듯이 언제나 뒤에는 삶의 긍정과 부정이 뒤섞입니다. 하지만 삶의 긍정과 부정 뒤에도 마음은 늘 빛으로 향하게 됩니다. 인간이기 때문입니다.

언제나 삶에 빛이 들어왔으면 좋겠다, 언제나 마음속에 한 줄기 빛이라도 비추었으면 소원이 없겠다고 빌어보는 날들이 많은 것은 '어차피'라고 하는 부사가 우리를 추락하게 만들기도 하기 때문입니다. 그럴 때면 예수님을 면전에서 뵈었으면 하고 간절히 바라게 됩니다. 예수님은 나를 알았고 보았다면 이미 하나님을 보았다고 말씀을 하고 계시는데, 우리는 언제나처럼 당신을 알고 또 뵙지 못하는 게 현실입니다. 오히려 작가가 말하는 부사적인 삶, 어차피라는 말을 입에 달고 살면서 자포자기하려는 나 자신을 보게 됩니다. 우리는 언제나 그를 말씀으로 대합니다. 말씀으로 알게 되면 그를 알게 된 것이고 그를 본 것입니다. 그는 말을 남겼고 그 말은 곧 우리에게 언제나 함께 하겠다는 약속의 말씀이었습니다.

우리가 어차피라는 부사를 날마다 되뇌이는 만큼 당신의 말씀의 현존이 우리를 떠나지 않는 것을 잘 알고 있습니다. 말씀이 간절해지고 언제나 당신을 사랑하려고 한다면 예수님은 떠나지 않을 것입니다. 외롭고 힘들어서 어차피 이렇게 살거라면이라고 생각하면서 극단적인 선택 앞에 놓일 때 예수님은 나의 말을 읽고 듣고 깨달아서 언제나 내가 너와 함께 일치된 삶을 살고 있다는 것을 알라고 말씀하십니다. 그분의 몸의 실체는 부활하셔서 지금 여기에 없지만 당신의 흔적인 말씀으로서의 현존은 언제나 우리와 함께 하고 있습니다.

당신의 말씀 속에서 우리는 하나님의 모습을 봅니다. 당신의 삶 속에서 하나님의 뜻을 읽을 수 있습니다. 그것을 간파하지 못하고 자꾸 부정의 부사어를 입에 달고 사는 것이 우리의 현실입니다. 우리가 당면한 외부의 사태들과 나를 옭아매는 여러 가지 내면의 갈등들이 지금 그 부정의 부사어를 마음에서 떠나지 못하도록 하는 것입니다. 이해가 갑니다. 또 그것을 예수님께서 모르는 바도 아닙니다. 하지만 안타까운 것은 부활하신 예수님이 우리 안에 현존하고 있다는 것, 지금 여기에서 우리의 삶을 간섭하신다는 것을 자꾸 잊어버린다는 것입니다. 그분 안에 하나님 아버지가 계시고, 하나님 아버지 안에 예수님이 계신다는 것을 망각하고 있습니다. 아버지이신 하나님의 자리에 그분이 계심으로써 우리의 기도를 들으시고 응답해주신다는 것을 애써 외면하고 있는지도 모릅니다. 예수님은 우리의 거울과도 같은 존재입니다. 우리는 예수님을 통해서 우리 자신을 봅니다. 마치 예수님께서 하나님 안에 있는 자신의 모습을 보는 것과 같이 우리도 예수님을 통해서 우리를 비추는 것입니다. 예수님의 삶과 말씀이라는 거울을 통해서 우리는 자신 안에서 일하고 계시는 하나님을 인식하게 됩니다.

예수님은 우리의 어차피 인생을 나무라지 않으십니다. 부정의 부사어를 사용할 수밖에 없는 이 현실에 대해서도 인정하고 계십니다. 다만 그럼에도 불구하고 dennoch 우리의 고통스러운 삶과 현실 속에 당신이 일하고 계신다는 것을 깨닫지 못하는 것을 안타까워하시는 것입니다. 삶을 버리고 싶고 포기하고 싶을 때에도 하나님께서는 우리가 쓰레기처럼 여기는 인생도 꽉 붙들고 계시다는 것을 우리가 잘 모르고 있습니다. 당신이 버티고 있기 때문에 우리가 이 만큼이라고 살고 있다는 것을 인정하지 않습니다. 어차피라고 말하는 순간, 우리 자신이 스스로 인생을 부정하고 비웃는 것일 수 있습니다. 그런데 예수님께서 그 인생을 포기한 적이 있으시던가요? 포기와 버림은 우리의 의지이지 결코 그분의 의지는 아닙니다. "내가 하나님 아버지의 품 안에 있는 것처럼, 너희도 나의 품 안에 있다는 것을 잊지 말아라. 나를 알지 못하느냐? 나의 말을 기억하지 못하느냐? 그것을 회상한다면 너희 안에 내가 있다는 것을 언제나 잊지 말아라"고 말씀하시는 듯한 음성을 들리지 않습니까?

당신의 삶 속에서 하나님께서 어떻게 일하셨는지, 그리고 당신의 현존을 나타내셨는지를 우리는 잘 알고 있습니다. 예수님의 말씀과 그분의 일하심 안에 하나님께서 함께 하셨던 것처럼 우리의 하찮은 것 같은 인생이라도 그분은 우리의 삶을 날마다, 언제나 부활하도록 하실 것입니다. 이제 우리가 해야 할 일은 우리 개인의 삶을 넘어서 하나님의 일, 예수님의 일을 해야 한다는 점입니다. 당신의 현존의 궁극적인 의미는 인생의 부정의 부사어에만 매몰되어서 허우적거리고 구석진 삶을 붙잡고 '어차피'를 반복하면서 마치 삶이 결정되어진 것처럼 끝내는 데 있지 않습니다. 그것을 넘어서 예수님의 일, 하나님의 일을 함으로써 당신과 일치된 삶을 살기를 원하십니다. 우리가 만일 당신과 일치된 삶을 살고 예수님 안에서 하나님께서 일하신 것처럼 우리 안에서 예수님께서 일하시는 것을 나타낸다면 우리는 부정의 부사어의 삶이 아닌 언제나 당신과 일치된 긍정의 부사어적 삶을 살게 될 것입니다.

그러므로 아무리 질곡진 우리의 인생이 전개된다 하더라도 언제나 당신이 우리와 함께 하신다는 사실을 믿음으로 받아들여야 합니다. 이제는 구하십시오. 기도하십시오. 예수님께서 당신의 이름으로 구하는 것을 무엇이든지 다 들어주시겠다고 장담하셨습니다. 엄혹한 세상을 만나서 사는 것이 쉬운 일은 아닙니다. 불안과 고통, 좌절과 낙심, 포기와 절망의 연속이 전개되어 '어차피' 이렇게 된 바에야 하고는 인생을 놓아버리려는 사람들이 많이 있습니다. 그 연속된 부정을 깨고 새로운 연속인 언제나 우리와 함께 하고 언제나 우리가 기도하면 당신이 들어주신다고 하신 약속을 생각하면 힘이 납니다. 예수님과 일치된 기도를 하게 되면 우리의 마음과 삶 안에 언제나처럼 평안과 위로의 빛이 스며들 것입니다. 당신의 빛이 우리의 인생에 가득 비출 때에 하나님께서 영광을 받으실 것입니다. 부정의 부사어를 사라지게 하고 하나님의 빛이 묵묵히 우리의 인생을 지키고 계실 것입니다.

부정의 부사어의 인생으로 달아나려고 하지 마십시오. 예수님께서 우리의 기도에 응답할 준비가 되어 계십니다. 기도를 향해 나아가야 우리의 삶이 지속될 수 있습니다. 기도를 통해서 우리가 당신의 현존 안에 있으면서 잔인한 삶, 유한 조건인 죽음을 극복할 수 있습니다. 말에 따라서 우리의 신앙 기분도 달라집니다. 기도의 언어는 부정의 부사어에 의해서 투사된 넋두리가 아니라 희망의 언어요 삶이 훼손되지 않는 치유의 언어입니다. 부정의 부사어를 사용하면 신앙 기분이 우울하고 절망스러울 수밖에 없습니다. 긍정의 부사어인 언제나, 매일 매일, 매순간, 당신의 현존이 지속될 것이라는 기대를 가지고 기도하는 신앙인이 되어야 합니다.

부활하신 예수께서 원하시는 언어는 삶의 부정과 단절의 언어를 바라시지 않고 그리스도인의 지속적인 희망의 삶의 언어를 원하시고 계시기 때문입니다. 우리는 어떤 몸짓으로 신앙의 기분을 달래야 할까요? 예수께서 주시려는 일치의 언어를 통해서 당신과 하나가 되어 당신께서 주시는 삶의 연속적인 선물을 선사 받을 수 있도록 해야 합니다. '어차피'는 무엇인가 다급하게 우리의 삶을 결정하려고 합니다. 그러나 '언제나'는 지금 여기에서의 하나님의 빛을 느끼며 알아차리려고 합니다. 삶의 앙심을 품은 듯 '어차피'를 난발하는 삶은 미래가 소거되어 버리고 삶은 무력해지고 맙니다. 삶이 단절되려는 순간 다시 하나님의 빛, 예수님의 말씀을 상기하면서 삶의 지속성을 살려내는 그리스도인이 되어야 하는 이유가 여기에 있습니다. 삶의 소중한 미래를 만들어 내는 몸짓은 현재에도 언제나 당신의 현존이 우리와 함께 하고 있다는 작은 믿음입니다. 그렇게만 된다면 삶이 헛헛하지 않을 것입니다.

25

끝나지 않은 사랑

요한 13,31-35

사랑이라는 말이 희소가치가 있는 것일까요? 이 사회에서 이제는 사랑이라는 말은 연인끼리도, 가족끼리도, 부부끼리도, 직장 동료끼리도 어울리지 않는 매우 형식적인 언어가 되어버렸습니다. 교회는 어떤가요? 교회라고 예외는 아닌 듯합니다. 하도 많이 들어서 내성이 강한 언어가 되어버렸는지 모릅니다. 으레 우리는 사랑이라는 말을 들으면 가슴 뛰는 말은 아닐지라도 의무감 같은 것을 느끼는 말이 되어야 하는데도 말입니다. 우리가 만든 사회, 우리가 만든 제도, 우리가 만든 관계들, 우리가 만든 물건들이 자꾸만 좋은 언어들을 망가뜨리고 있습니다. 아니 그것들로 인해서 언어들이 퇴색되고 망각되고 있는 것입니다. 사람과 사람들의 관계만으로도 충분했던 사회가 어느 순간 기계로부터, 그리고 국가로부터 통제와 감시를 받는 개인의 삶이 되어버렸으니 사랑이라는 감정 또한 그렇게 조작되거나 통제되는 것은 아닌가 싶습니다. 사랑도 저만치 멀어져 갑니다. 마치 조지 오웰G. Orwell의 『1984』를 연상시키는 사회가 되어버렸습니다. 사랑조차도 마음대로 할 수 없는 사회가 된 것이지요.

이제 사랑이라는 감정 표현과 사랑을 나누고 속삭이고 하는 것, 사랑의 행위조차도 모두 꿈속에서나 가능할 수 있을지 모르겠습니다. 그만큼 사랑은 서서히 사라지고 있는 것입니다. 그래도 설마 인간의 사랑이나 그 감정이 사라지겠어? 하고 의구심을 품는 분들이 있을 것입니다. 그러나 가만히 보면 모든 사랑의 언어들, 사랑의 행위들, 몸짓들, 표현들이 이미 습관적이고 학습된 듯한 조작적인 사랑을 하고 있다는 것을 깨닫게 됩니다. 시인 신해욱의 「끝나지 않는 것에 대한 생각」에서 "누군가의 꿈을 대신 꾸며/ 누군가의 웃음을/ 대신 웃으며/ 나는 낯선 공기이거나/ 때로는 실물에 대한 기억/ 나는 피를 흘리고/ 나는 인간이 되어가는 슬픔"이라고 말하고 있습니다. 이처럼 어디서 본 듯한 사랑, 어디서 들은 듯한 사랑, 누군가가 했었던 듯한 사랑을 모방하고 있는 우리 자신을 발견하게 되면 소스라치게 놀랍니다. 아니 그렇게라도 자신의 독창적이지 못한 사랑을 하고 있는 것을 깨닫기라도 하면 다행입니다. 그것도 모른 채 여전히 나만의 사랑법으로 가족, 친지, 부모, 애인, 동료, 물건 등을 사랑하고 있다면 문제는 달라집니다. 지금 우리는 그렇게 어떤 인위적이고 조작적이며 통제적인 사랑을 하고 있습니다. 이 상황에서 교회는 사랑의 마지막 보루가 될 수 있을까요? 사랑의 특수성, 사랑의 독창성, 종교적이지 않더라도 적어도 인간적인 사랑을 나눌 수 있는 본능적이고 본질적인 것을 알려줄 수 있을까요? 종교에서는 인간의 마음 저 깊은 곳에서 흘러나오는 순수한 감정으로 사심 없이 인간을 사랑하고 신을 사랑하라고 가르칩니다. 어떤 조작이나 인위가 아닌 자발적이며 깊은 영혼의 울림을 통한 사랑을 이야기합니다.

그리스도인의 사랑으로 하나님께 영광이 되고 또 그리스도께도 영광이 되는 그러한 사랑이 교회 내에 존재하는 것일까요? 사람들이 교회 공동체를 보면 우리가 모르는 사랑하는 법, 사랑의 가치를 아직도 간직하고 있구나 하는 생각을 가질 수 있도록 사랑하고 있는 것일까요? 사랑의 형이상학적인 가치나 몸짓은 나를 위한 것이 아니라 하나님의 영광을 위해서 존재해야 한다는 것은 사랑이 이익이나 단순한 사적인 감정으로 치우쳐서 가변적인 사랑으로 끝나버려서는 안 되는 것을 의미합니다. 사회나 국가, 미디어, 심지어 직장 공동체에서 말하는 사랑이라는 것은 이미 계산이 된 사랑이라고 말한다면 오해나 과장된 표현일까요? 만일 그것을 정확하게 사태 짐작을 한 것이라면 교회는 아무런 이익과 관심, 헛된 욕심이나 욕망이 개입되지 않은 인간을 위한 순수하고 애틋한 그리스도의 사랑을 보여주어야 합니다. 그리스도의 변하지 않는 사랑을 통해서 하나님께 영광이 되고, 그분을 사랑함을 통하여 다시 우리는 측량할 수 없는 사랑을 받은 것에 대한 감사로 기쁜 삶을 살아간다면 사랑이 수단이나 수치로 전락하지 않을 것입니다.

예수께서는 부활 이후에 하나님의 자리, 하나님의 장소로 가심으로써 우리는 더 이상 그를 볼 수 없게 되었습니다. 하지만 볼 수 없다고 해서 그가 안 계신 것은 아닙니다. 우리가 사랑을 하면 그분은 우리의 사랑 가운데 늘 현존하시는 것입니다. 좀 더 정확하게는 그분께서 사랑으로 현존하기 때문에 우리가 사랑한다는 것이 맞을 것입니다. 그분은 사랑 그 자체이시기 때문입니다. 그러므로 우리가 서로 사랑한다면 그분이 현존하는 것입니다. 그분의 사랑 안에 우리가 있는 것입니다. 사랑이신 그분 안에 우리가 머무는 것입니다. 그로써 우리도 서로 사랑을 할 수밖에 없는 존재가 되는 것입니다. 사랑하려면 사랑의 예수님 안에 있어야 합니다. 진정으로 사랑을 나누고 경험하려면 어떤 매개체, 인위적인 사회적인 이성, 관습, 습관, 제도, 국가의 조작적인 통제, 미디어의 세뇌나 학습에서 거리를 두고 사랑 그 자체, 순수한 사랑을 베풀었던 존재 안에 머물도록 해야 합니다. 사람들이 그리스도인의 그렇게 사랑을 나누는 것을 보고 아, 참다운 사랑이 존재하는구나. 진정한 사랑이 아직 남아 있구나, 하는 것을 알게 해야 합니다. 그리스도의 사랑이 어떤 모방적인 사랑이 아니라 이 땅을 벗어난 초월적인 시간과 공간으로부터 흘러넘친 사랑이기 때문에 반드시 이 세계의 좋은 대안적인 사랑이 될 수 있을 것입니다.

그러기 위해서는 우리가 서로 깊이 사랑해야 합니다. 단순히 입버릇처럼 사랑하고 습관적이고 형식적인 사랑을 한다면 그것도 가짜입니다. 만일 그렇다면 우리도 그간에 사랑에 대해서 많은 이야기들을 들어왔기에 습관적인 사랑을 하는 것이나 다름이 없는 것입니다. 반면에 우리 안에 그리스도의 사랑이 있어서 그 사랑을 토대로 서로 감정을 나누고 이성적으로 사람을 대한다면 얼마든지 달라질 수 있습니다. 사람들이 그리스도인의 사랑을 보고 그 사랑 안에 들어오고 싶어 하도록 해야 합니다. 그리스도는 우리에게 새로운 계명entole을 주셨습니다. 그것은 그리스도인이라면 반드시 지켜야 할 조건, 곧 사랑하라는 명령입니다. 그것도 자신만을 사랑하라는 것이 아니라 "서로"allelois하라고 하셨습니다. 공동체적으로, 공적으로 사랑하는 것입니다. 나만을 사랑한다, 혹은 나를 중심으로 나와 밀접한 관계를 가진 존재만을 사랑하면 소용이 없습니다. 그것도 계산된 사랑입니다. 그리스도께서 말씀하신 사랑은 그것을 뛰어넘어 서로 다른 입장과 다른 생각과 다른 처지를 가지고 있더라도 "서로"allelous 사랑하라는 것입니다. 거기에는 어떤 조작과 인위와 습관과 형식이 포함되어 있지 않습니다. 무조건 사랑해야 합니다. 자기중심적인 사랑이 아니라 상대를 포용하는 사랑을 해야 한다는 말입니다. 물론 쉽지 않습니다. 그렇기 때문에 교회 공동체에서 말하는 사랑이라는 것이 국가나 사회, 그 외의 다른 기관이나 공동체에서 말하는 수단과 전략 혹은 정책적 관계의 사랑을 초월할 수 있는 것입니다. 그래야만 교회가 말하는 사랑이 호소력이 있으면서 점차 사랑이라는 감정과 관계와 표현이 시들해지고 진정성이 사라지는 것을 막을 수 있고 극복할 수 있습니다. 우리가 서로 사랑하면 세상 사람들이 그리스도인을 보고 예수님의 제자라고 인정할 것이라고 했습니다. 여기에는 인식적인 앎, 이성적인 앎을 내포하고 있습니다. 그리스도인의 사랑을 보고, 그 고귀한 사랑의 감정을 아름다운 미소와 언어로 표현하고 나누는 것을 보고 비로소 세상이 참다운 사랑을 알게 된다는 것을 의미합니다. 만일 우리가 예수님의 제자된 것을 자랑스럽게 생각한다면 이런저런 조건을 달지 말고 무조건 "서로" 사랑하십시오. 마땅히 그래야 합니다. 그리스도께서 우리를 죽기까지 사랑하신 것을 안다면 어려울 것도 없습니다. 습관적이고 형식적으로 하라는 것이 아니라 마음을 다하여 성령에 의존하여 사랑하십시오. 사랑한다고 하더라도 의지적으로도 잘 안 되는 경우가 많습니다. 이해 관계에 얽혀 있고 감정이 상해 있을 때는 그리스도인이 아닌 사람보다 더 마음의 문을 걸어 잠그기도 합니다. 그리스도를 마음에 모시고 사는 그리스도인, 그리스도의 제자라고 말하기가 무색할 정도로 냉기가 흐릅니다. 그럴 때는 하나님의 영에 도움을 받아 하나님과 예수님을 위한 사랑을 베풀 수 있도록 노력해야 할 것입니다. 그리스도인의 사랑이 인간적인 사랑이 아니라 바로 예수 그리스도의 사랑이기 때문에 더욱 그리해야 합니다. 그리스도인의 사랑은 조작으로는 할 수 없고 오직 하나님의 사랑으로만 될 수 있기에 세상의 사랑과는 다른 것입니다. 사람들은 세상의 몽상과도 같은 식상한 사랑이 아니라 바로 진실한 그리스도의 사랑을 보기 원한다는 것을 알아야 할 것입니다.

신앙적인 삶의 그림과 언어

요한 15,18-21

그리스도인이 신앙의 현실을 잘 그리려다 보면 미움을 사기도 합니다. 철학자 비트겐슈타인L. Wittgenstein에 의하면 언어는 현실의 그림을 그리는 것인데, 그리스도인의 신앙 언어가 사람들로 하여금 빈축을 사고 있습니다. 그런데 신앙적인 삶의 그림을 현실로 표현하기 위해서 사용하는 언어가 삶을 뒷받침해주지 못한다면 그것은 그야말로 비난받을 수밖에 없습니다. 그것을 가지고 괜히 나는 현대판 신앙의 순교자요 박해를 받는 자라고 착각을 하면 곤란합니다. 신앙적 삶의 그림을 잘 그려내지 못해서 그 그림이 흉측하고 아름답지 못하다면 자신의 신앙적 언어가 설득력이 없는 것은 당연한 것입니다. 그러한 것을 자각하기는커녕 오히려 나는 그리스도처럼 세상으로부터 미움을 받고 있다고 공언하는 것은 문제가 있는 신앙인입니다. 신앙적 삶의 그림은 예수께서 그렸던 하나님 나라의 그림, 가난한 사람들을 위한 그림, 약자들을 위한 그림, 죄를 지은 사람들을 위한 너그러운 그림 등 그분이 꿈꾸었던 것들을 함께 그려내는 삶을 의미합니다.

그럴 때 사람들은 신이 존재할 수는 없어도 그리스도인의 신앙적인 말로 표현되고 생각되어지는 것을 보니까 정말 예수님을 보는 것 같구나, 하는 것을 알게 되는 것입니다. 사람들은 신이 존재하지 않는다고 말을 합니다. 보지 못하니까 그리고 그것이 참이라고 검증될 수 없으니까, 논증될 수 없으니까 존재하지 않는다고 강변합니다. 그럴 때 우리는 신앙적인 삶의 언어, 신앙적인 삶의 그림을 통하여 예수께서 그리려고 했고 말씀하셨던 것을 표현한다면 사람들은 예수님을 보게 되는 것입니다. 때에 따라서는 그러한 신앙적인 언어, 신앙적인 삶의 그림으로 인해서 사람들이 불편해 할 수 있습니다. 당면한 자신들의 삶의 언어와 현실, 그리고 삶의 그림들이 그리스도교에서 말하는 것들과 다르기 때문입니다. 충돌과 갈등을 일으키면서 거부를 하게 됩니다. 그것이 싫어서라기보다 무거운 삶의 실천의 무게를 느끼기 때문입니다. 신앙적인 삶의 그림과 언어들이 분명히 좋은 방향과 지향성을 가지고 있다는 것을 알게 되면 자꾸 그 지향점을 향해서 살아야 할 것 같은 강박관념을 갖게 됩니다. 심할 경우 완강한 거부와 거절로 인해서 그리스도인의 삶의 그림과 언어를 왜곡시키고 비판합니다. 자신의 그림과 언어의 정당성을 강하게 주장하고 변론하기 위한 몸부림 때문에 그렇습니다. 이러한 세상의 모습에 대해서 예수께서 하시는 말씀은 세상이 그리스도인을 미워하는 것이 아니라 예수님을 미워하는 것이라고 말씀하십니다. 우리의 신앙적인 삶의 그림과 언어를 보고서 예수님을 보기 때문에 그런 것이지요.

세상 사람들이 살고 있는 삶의 방식, 즉 삶의 그림과 언어대로 우리가 같이 호응하고 또 동조한다면 당연히 그들도 자신들과 같은 부류의 사람으로 인식하고 대우할 것입니다. 하지만 여전히 그리스도인이 예수님의 삶의 그림과 언어를 따라 살아가려고 한다면 세상은 그리스도인을 배척할 것입니다. 분명하게 알아두어야 할 것은 우리가 박해를 받고 배척받는 것이 예수님의 삶의 그림과 언어가 우리 자신의 모습 속에 투영되기 때문이어야 하지, 우리의 편협하고 옹졸하며 우리끼리의 그럴듯한 불통의 신앙의 그림과 언어를 사용함으로써 손가락질 받는 것은 배척이 아니라는 사실입니다. 그것은 우리의 배타성과 우월성에 의해서 다른 사람들을 무시한 결과로서 주어지는 비난의 화살입니다. 예수님의 삶의 그림과 언어는 포용적이고 자연스럽게 하나님을 드러내는 사랑의 표상이었습니다. 다시 말해서 비트겐슈타인이 "말로 할 수 없는 것들이 정말 있다. 그들은 '스스로를 보여준다.' 신비적인 것이 이런 것들이다"라고 말할 것처럼 우리의 삶의 그림과 언어들을 통해서 예수님을 스스로 보여주는 신앙생활이어야 하는 것입니다. 스스로 당신 자신이 우리를 통해서 나타날 수 있도록 그러한 신앙적 언어와 삶의 그림이 되어야 사람들이 자신들의 삶을 들여다 볼 수 있는 것입니다. 우리가 그리스도의 제자라면 응당 그렇게 해야 마땅한 것입니다. 제자는 스승의 그림과 언어를 흉내를 내고 모방을 할 뿐만 아니라 온몸으로 체득해서 자신의 것으로 하는 게 당연한 태도입니다. 앞에서 말한 예수님의 신앙적 삶의 그림과 신앙적 언어들을 묘사할 수 있는 우리가 정말 제자라고 말할 수 있으려면, 예수님과 똑같은 신앙적 삶의 그림과 언어들을 훈련해야 합니다. 그래야만 세상 사람들이 가진 삶의 그림과 언어들이 달라져야 한다고 말할 수 있는 것이고 또한 변경시킬 수 있는 자격이 있는 것입니다.

그리스도인이 예수님의 신앙적 삶의 그림과 언어들을 학습하고 훈련하는 이유는 내가 달라지기 위해서이기도 하지만 세상을 변화시키기 위한 것이며 그것이 제자가 된 자로서의 소명이기 때문입니다. 언어는 말이기도 하고 행위이기도 합니다. 그래서 언어 행위라는 말을 하는 것입니다. 단순히 그리스도인의 언어를 달리 사용한다는 것, 신앙적 언어를 세상 사람들과 다르게 사용하는 것은 삶의 그림을 다르게 그리기 위해서, 삶의 현실의 그림을 다르게 그릴 수 있도록 하기 위해서입니다. 언어가 달라지면 삶의 현실, 세계의 현실의 그림이 달라집니다. 세상을 변화시키기 위해서 제자로서의 삶을 살기를 원한다면 언어를 다르게 사용해야 합니다. 그것은 결국 세계가 어떤 상태로 존재하기를 원하는가를 반영하는 신앙인들의 바람과 기도가 담겨 있다고 볼 수 있습니다. 예수님께서는 세상 사람들이 생각하고 바랐던 삶의 그림과 언어가 아닌 전혀 다른 방식의 것들을 말씀하셨습니다. 그러니 예수님을 싫어했던 것입니다. 예수님을 싫어했다는 것은 하나님을 미워했다는 말과도 동일합니다. 예수님은 하나님의 생각과 뜻을 전달하였던 것이므로 예수님의 증오나 미움은 곧 하나님의 증오나 미움이 되는 것입니다.

그렇다고 해서 그리스도인이 고상하고 멋진 언어들, 상투적인 귀족적인 언어들을 사용하고 무조건 말도 안 되는 이상세계와 허무맹랑한 꿈을 꾸라는 말이 아닙니다. 그것은 게토화된 언어에 지나지 않습니다. 예수님이 보여지는 진정한 신앙적인 언어를 말하고, 그에 따른 삶의 그림들을 그리라는 말입니다. 그것이면 족합니다. 위선적이고 가식적인 언어, 알지도 깨닫지도 못한 세계 지향성의 그림을 그린다고 해서 사람들에게 감동이 되고 설득이 되는 것은 아닙니다. 괜히 말을 잘못하면 예수님이 가려지는 경우가 있습니다. 우리가 가진 신앙의 문법, 신앙 언어의 문법, 신앙적 삶의 그림의 문법이 생소해서가 아니라 우리의 삶의 구조로 인해서 예수님이 묻혀버리는 기이한 현상이 전개되기 때문에 그렇습니다. 역효과입니다. 신앙 언어의 문법과 신앙적 삶의 그림의 문법을 독특하게 구사하는 이유는 예수님을 잘 드러내기 위해서입니다. 마치 예수님의 모습 속에서 하나님이 어떤 분이신가를 잘 나타내신 것처럼 우리도 자연스럽게 우리 마음에 예수님과 같은 신앙의 문법들이 녹아들어가 있어야 합니다.

그러려면 신앙 언어의 형식에 신경을 써야 할 것이 아니라 내용에 관심을 기울여야 합니다. 다시 말해서 협조자이신 하나님의 영께서 우리로 하여금 진리를 말하도록 할 터인데, 그 진리는 형식이 아니라 바로 복음의 내용이고 삶의 현실입니다. 우리가 신앙적 언어와 삶의 새로운 그림을 그리고자 한다면 진리의 영이신 하나님의 영에 의존해야 합니다. 진리의 영이 우리 마음속에 현존하게 되면 우리의 신앙의 문법이 달라집니다. 신앙의 문법이 변하면 자연스럽게 신앙의 언어와 신앙적 삶의 그림 또한 달라지게 됩니다. 그뿐만 아니라 하나님의 영은 우리가 예수님과 같은 새로운 신앙의 언어로 세계의 현실, 세계가 달라지도록 삶의 그림을 그리려고 할 때 용기가 부족하게 되면 옆에서 도와주시고 함께 증인의 역할을 해주실 것입니다. 세상 사람들이 그리스도인의 신앙 문법에 대해서 회의를 품고 있습니다. 그로 인해서 아무리 그리스도인이 새로운 신앙 언어와 신앙적 삶의 그림을 통해서 세계의 현실을 변화시키려고 해도 반응을 하지도 주목하지도 않습니다. 이른바 그리스도인의 신앙 문법에 대한 불신입니다. 그럴수록 그리스도인은 진리의 영을 마음에 모시고 협조를 구할 뿐만 아니라 로고스 자체이신 예수님의 삶의 문법, 신앙의 문법을 더욱 닮아가려고 노력해야 합니다. 포기하거나 낙심하거나 심지어 분노할 것이 아니라 현재 우리의 신앙 문법에 문제는 없는 것인지, 세상 사람들이 불신하는 이유를 잘 파악해서 신비 자체이신 예수님을 드러내야 할 것입니다. 그럼으로써 그들의 삶의 그림을 새롭게 구성하고 세계의 새로운 현실을 만들어 가도록, 신앙적 언어와 신앙적 삶의 그림으로 바로 잡을 수 있도록 도와주어야 할 것입니다. 설령 박해와 미움을 받더라도 말입니다. 종교의 눈으로 보면, 세계는 신앙적 언어들의 총체입니다. 그것으로 세계가 존재하는 것이며 세계의 현실이 그려지는 것입니다. 기억하십시오. 세상으로부터 그리스도인이 미움과 박해를 받는 것은 그만큼 예수님의 신앙적 언어와 신앙적 삶의 그림에 근접해 있다는 증거라는 것, 그게 곧 그리스도인이고 예수님의 제자라는 범주에 속한다는 사실을 말입니다.

예수님의 이름으로

요한 16,23-28

예수께서 계신 듯 안 계신 듯 아리송한 시대에는 무엇을 어떻게 해야 할지 몰라서 그저 맹목이나 맹종적으로 신앙을 고수합니다. 그분의 음성과 감각은 죽어가고 있고 생생하게 현전하는 존재로서 우리에게 침묵하고 계실 때에는 도대체 어떻게 신앙생활을 해야 할지 막막하기조차 합니다. 예수께서는 그런 우리에게 단적으로 말씀하고 계십니다. "너희가 내 이름으로 en to onomati mou 아버지께 구하는 것이면 아버지께서 무엇이든지 주실 것이다." 예수님의 이름 onoma, 본질적 실체나 권위의 상징으로 우리의 심정을 아뢰고 호소하는 길밖에 다른 도리가 없습니다. 신앙이 망가지지 않고 우리가 명목상으로라도 신자의 호칭을 유지하려면 기도를 해야 합니다. 예수께서 안 계신다는 현실을 극복하고 그분을 늘 내 옆에 있게 하는 길은 예수님의 이름을 부르는 것입니다. 하나님께 기도할 때마다 그분의 생생한 현전이 이루어질 수 있도록 예수님을 호명한다면 그 결과로 하나님께서 우리의 기도를 들어주실 것입니다. 그분을 부른다는 것은 정말 우리의 곁에서 떠나있기 때문이 아니라 항상 예수님을 욕망하는 그리스도인이 되기 위한 것입니다.

그분의 이름을 부름으로써 무엇인가를 얻는다는 것이 목적이 아니라 그분의 과거와 미래를 현재 속에서도 여전히 체험하면서 존재를 잊지 않기 위한 것입니다. 또한 그분의 이름을 부름으로써 우리는 하나님을 향하게 합니다. 궁극적으로 예수님의 이름으로 기도하고 간구하는 것은 하나님을 향하면서 그분의 마음을 헤아리기 위해서입니다. 당신의 존재는 보이지도 않고 볼 수도 없지만 이름을 부름으로써 당신은 늘 현존하는 것이고, 당신의 현존으로 하나님의 마음을 떠올려 보게 되는 것입니다. 그래서 예수님의 이름으로 구하는 것은 하나님께서 다 들어주실 것이라는 것은 우리가 그분의 존재 안에 있기 때문에 가능한 일입니다. 이름으로 구하라고 하는 이유는 이름이 갖고 있는 능력과 더불어 그 이름의 신뢰성에 힘이 있기 때문입니다. 예수님의 이름은 신뢰와 믿음, 그리고 확신을 가져다줍니다. 사실 우리가 신앙생활을 하면서 예수님의 이름을 한두 번 부르는 것이 아닙니다. 그런데도 그 이름을 통하여 그분의 능력의 현존과 신뢰성을 찾지 못한다면 우리가 그분의 이름을 잘 못 부르고 있다는 말이 됩니다. 아니 진심과 사랑, 그리고 존경하는 마음을 가지고 부르는 것이 아니라 그저 습관적이고 타성적으로 부르는 이름으로 전락하고 말았다는 것을 말해줍니다. 그러니 그리스도인이 예수님의 이름을 부를 때 그분과 마음을 나누고 시선을 맞추는 것이 아니라 멍한 시선으로 뜻 없는 눈빛만 던지고 있는 것입니다. 그분은 그와 같은 소리를 듣지도 못하고 그분에게는 들리지도 않습니다. 당연히 우리가 그분의 이름으로 무엇을 구하기는 해도 하나님으로부터 아무것도 받을 수가 없습니다. 예수님의 이름을 그저 소리로만 되뇌고 투명하고 명료한 목소리가 아니라 그림자와 같은 흐릿한 소리를 내고 있기 때문입니다. "지금까지 너희는 내 이름으로 아무것도 구해 본 적이 없다. 구하여라. 받을 것이다. 너희는 기쁨에 넘칠 것이다"라고 말씀을 하신 까닭이 여기에 있습니다. 우리는 실상 예수님의 이름으로 구해 본 적이 없습니다. 소리를 내봐야 겸연쩍은 듯, 자신이 없는 듯, 무목적성을 가진 듯이 내뱉은 것이 전부일 것입니다. 이름을 소리 내는 것이 중요한 것이 아니라 그 소리에 얼마나 예수님의 과거와 미래를 현재에서 현전하도록 하느냐, 마치 그 이름이 인생에서 최종적인 양 의지를 담아내느냐가 중요한 것입니다.

따라서 우리가 예수님의 이름을 불러 그 이름이 실감이 나도록, 현실이 되도록 해야 합니다. 내 이름으로 구한 적이 없다는 것은 바로 예수님의 이름을 부르는 데 무감각한 태도로 불렀다는 것을 의미합니다. 예수님의 이름이 우리 삶의 전부인 양 부를 수 있어야 하고 실제로 그런 고백의 마음을 가지고 불러야 합니다. 그러한 신앙도 없이 그 이름을 부르면서 그 대가로 어떤 소망을 성취하겠다는 것은 무임승차나 다름이 없습니다. 하나의 이름은 기쁨이 되고 희망이 되며 삶의 의미가 됩니다. 예수님의 이름을 부르게 되면 그와 같은 신앙의 결과를 경험하게 됩니다. 예수님의 이름을 부르는 데 망설이지 마십시오. 그 이름으로 향하는 하나님이 우리에게 도래하는 시간이 늦춰질 수 있습니다. 이름 부르기를 주저하지도 마십시오. 하나님이 우리에게 주시려고 하는 기도의 내용에 주저하실 수도 있기 때문입니다. 이제는 용기를 내어 그리고 의식적으로 그분의 이름 안에 잠겨야 합니다. 이름을 함부로 부르지 않기 위해서, 좀 더 신중을 기하기 위해서 이름 앞에 서서 그 이름의 의미를 다시 한 번 생각하며 이름을 뚫어지게 바라볼 필요가 있습니다. 다시 말해서 이름을 응시하는 것입니다. 무관심하고 무의식적으로 읊조리던 이름이라면 이제는 하나님을 향한 마음을 담아 그 이름을 불러야 하고 그 이름값에 준하는 우리의 신앙적 태도가 뒤따라야 합니다.

예수께서는 우리를 위해서 따로 하나님께 구하지는 않을 것입니다. 당신의 이름의 신뢰성을 담보로 구하는 우리의 호명의 경중을 볼 것이기 때문입니다. 기도나 우리의 삶의 사태의 변화는 예수님의 이름을 부름으로써 하나님을 불러낼 수 있느냐 없느냐에 달려 있습니다. 예수님의 이름은 곧 하나님의 하강을 가능하게 만듭니다. 그러므로 자주, 그리고 진심을 다해서 그분의 이름을 불러야 합니다. 그분의 이름은 과정이자 목적이기도 합니다. 이름을 통해서 하나님께 마음을 쏟아놓기 때문에 그런 것이요 이름 그 자체가 갖는 최종적인 의미 때문에 그렇습니다. 그 이름을 통해야 하고 그 이름에 머물러야 한다는 점에서 과정이고 최종입니다. 그 이름을 부름으로써 우리는 그 이름으로 들어갑니다. 거룩한 이름이기에 범접할 수 없는 것이 아니라 그 성스러운 이름으로 인해서 나의 존재를 확인하게 되고 절박한 마음들을 그 이름 안으로 방기할 수 있기에 더욱 머물러야 할 이름입니다. 누군가 자신의 이름을 함부로 부르고 그 이름의 덕을 보겠다면 흔쾌히 허락할 사람은 많지 않을 것입니다. 하지만 예수님은 자신의 이름을 내주기로 하셨습니다. 부르라고 허락하셨고 또 당신의 이름을 부름으로써 신자들이 더 행복하고 기쁘기를 바랐습니다.

이름을 내주고 양도했다는 것은 백성들을 사랑하시기 때문입니다. 당신의 이름이 필요로 하는 곳이면 그 이름으로 언제든지 얻고 싶은 것을 얻을 수 있도록 하시겠다는 의중이 깔려 있습니다. 위대한 사람일수록 자신의 이름을 헌신짝 버리듯이 버렸습니다. 아니 좀 더 정확하게는 모든 사람들을 위해서 양도했습니다. 그것을 통해서 사람들에게 자유와 해방을 가져왔습니다. 삶의 변화들을 일으켰습니다. 자신의 이름이 있지만 또 다른 구원자의 이름을 부르는 것은 자신 안에서 새로운 탄생이 이루어집니다. 자신의 이름을 함부로 부르는 것을 싫어하는 사람도 있지만 예수께서는 자신의 이름을 항상 부르도록 하셨습니다. 그렇게 함으로써 당신의 이름이 오르내리는 사람들에게서 당신이 살아있고 현존하고 있음을 스스로 증명해보이셨습니다. 분명한 것은 우리가 예수님의 이름을 부르는 것은 아버지께로 가기 위함입니다. 그분이 아버지께로부터 왔으니 우리도 그 근원본질인 아버지께로 가는 것이 마땅한 일입니다. 더욱이 그분의 이름을 호명하고 우리 자신이 참된 그리스도임을 나타내 보인다면 하나님으로부터 사랑을 받는 자녀들이 될 것입니다.

예수님의 이름에 마음을 실어야 합니다. 깨어 있을 때나 잠들어 있을 때나 항상 그 이름을 잊지 말아야 합니다. 그 이름은 아버지께로부터 왔으니 아버지께로 가는 길입니다. 무슨 이름을 소리 내고 있는지도 정확히 알아야 합니다. 그 이름은 우리를 살게 합니다. 그 이름은 환상이나 거짓이 아닙니다. 우리가 쉽게 단념할 수 있는 것과는 달리 그분의 이름을 부를 때는 존재하지 않는 것이 아니라 존재하는 것입니다. 그리스도인은 과연 그분의 이름을 부르는 존재입니다. 그분의 이름을 부를 때에 그분의 존재를 깨닫게 되고 더불어 하나님을 알게 됩니다. 그러므로 그리스도인은 예수님의 이름으로 먹고 산다는 고백이 정직한 말일 것입니다.

28

신앙의 중심, 사랑과 일치의 공동체

요한 17,20-26

구름없는 밤하늘

한가운데 환하게 떠 있는

둥그런 보름달보다

소나무 밤나무 감나무 가지들 헤치고

나뭇잎 사이로 수줍게 발돋움하는

초승달 일그러진 모습이

더욱 아름답게 보이는 까닭

모르지요.

시인 김광규의 "모르지요"라는 시입니다. 사랑은 나뭇가지 사이로 살포시 드러난 초승달과도 같습니다. 초승달은 자신을 뽐내지 않습니다. 뭔가 알 수 없는 묘한 기분으로 사람의 감정을 겸손하게 하지요. 밝지 않지만 보고만 있어도 인생과 삶을 숙연하게 하는 기운을 가진 달입니다. 보름달을 향해서 자꾸만 채워 나가는 초승달은 이미 비워본 경험이 있기 때문에 채우려고 하는 욕망을 가지고 완전한 형태를 갈망하는 것은 아닙니다. 그가 다시 그믐달이 될 것이라는 것을 알아서인지 모르겠습니다. 사랑도 그렇습니다. 완전한 사랑을 꿈꾸는 연인을 보면 비우기보다는 채우려고 합니다. 소유하려고 하고 집착하려고 합니다.

복음서에 말하는 사랑은 하나hen가 되는 데 있습니다. 그것은 타자를 나의 것으로 하여 타자는 없고 오로지 나의 것으로 만드는 사랑을 말하지 않습니다. 예수께서 말씀하신 사랑은 상호주관적인 사랑입니다. 상호주체로서 타자인 우리가 예수님 안에, 그리고 우리 안에 예수님이 거하시는 것입니다. 우리가 사랑을 위해서 예수님을 완벽하게 나의 것으로 하겠다는 것은 있을 수 없는 일입니다. 예수님도 나를 위해서 나만을 자신의 사랑 안에 두겠다고 하는 것도 말이 되지 않습니다. 모두가 서로를 위해서 자신을 내줄 때 비로소 사랑이 부추는 것입니다. 사람과 사람 사이의 간격과 여백이 있어야 참으로 사랑을 할 수 있습니다.

소유를 위한 일치나 사물처럼 다루기 위한, 떨어지지 않기 위한 부단한 관리도 아닙니다. 사랑은 타자를 타자로서 인정하고 배려하면서 포용하는 것을 말합니다. 각기 다른 사람들이 모여서 일치를 이룬다는 것은 쉬운 일이 아닙니다. 그런데 교회 공동체나 일정한 집단에서 타자를 완전히 동일화하려는 것을 사랑이라고 착각을 합니다. 그와 같은 폭력을 사랑이라고 생각하는 것은 오히려 사랑의 몰락을 가지고 오는 지름길입니다. 일그러진 초승달처럼 그것 자체로서 인정할 수 있는 여유가 아름다운 사랑입니다. 예수님의 품 안에서는 모두가 일그러진 초승달과 같은 존재에 지나지 않습니다. 저마다 자신은 완벽한 보름달과 같은 존재로 생각하면서 예수님을 소유라도 할 수 있는 양 교회 공동체에서 타자를 무시하고 신앙생활을 하는 경우가 왕왕 있습니다. 자신은 예수님의 품 안에 있다고 자신하고 있는 것입니다.

예수님이 원하시는 사랑과 일치는 예수님 자신이 하나님과의 일치된 삶을 사셨던 것처럼 그와 같은 하나 됨을 신자들이 살기를 바라는 것입니다. 예수님은 하나님의 뜻에 부합하고 그분과의 일치 속에서 오로지 아버지의 뜻에 따르기를 원하셨습니다. 그리스도인이 하나가 되고 일치와 사랑을 추구할 때 가장 중요한 것은 타자의 자발적인 자기 사랑과 의지의 양도입니다. 공동체와 그 공동체 구성원을 위해서 자신을 비울 수 있는 신앙의 자세가 일치와 화합, 그리고 사랑을 이룰 수 있는 길입니다. 사랑을 위한 일치는 자신의 원의와 의지, 그리고 근본 기분이 있지만 타자를 위해서 포기할 수 있는 용기가 우선이 되어야 합니다. 예수님도 자신의 뜻을 내세웠다고 한다면 예수께서는 하나님의 뜻을 이룰 수 없었을 것입니다. 하나님 안에서 그 사랑과 원뜻을 찾고 그것을 위해서는 자신이 가진 생각과 의지, 기분을 포기하고 아버지의 뜻을 따랐기 때문에 하나님과 완전한 일치를 이룰 수 있을 뿐만 아니라, 우리는 예수님을 보면서 하나님을 알 수 있고 볼 수 있는 것입니다.

예수께서 교회 공동체에 바라시는 것도 바로 이것입니다. 예수께서는 매우 감동적인 기도를 하십니다. "아버지, 이 사람들이 모두 하나가 되게 하여주십시오. 아버지께서 내 안에 계시고 내가 아버지 안에 있는 것과 같이 이 사람들도 우리들 안에 있게 하여주십시오. 그러면 아버지께서 나를 보내셨다는 것을 세상이 믿게 될 것입니다." 예수께서 하나님 안에 있고 하나님 안에 예수님이 계신 것처럼, 하나님과 예수님 안에 그리스도인이 있기를 간절히 청원하고 계신다는 것입니다. 우리 그리스도인이 하나가 되면 세상이 예수께서 하늘로부터 왔다는 사실을 믿게 될 것입니다. 하나가 된다는 것은 그만큼 초월적이고 이상적인 삶의 가치라는 것을 의미합니다. 또 어렵다는 이야기도 될 수 있습니다. 교회 공동체가 하나가 되고 그리스도인이 일치가 된다는 것은 예수님의 원의를 잘 받들고 그대로 살겠다는 의지가 강하게 반영된 것이기 때문입니다. 반대로 하나가 되지 못하고 사분오열되는 공동체가 된다면 예수님의 신적 기원은 허망하게 무너지고 맙니다. 하늘의 의지, 하나님의 사랑과 일치를 구현하기 위해서 이 땅에 왔으며 그분의 사명은 바로 이 세상이 하나님 안에 있기를 바란다는 것을 온 몸으로 보여주셨다는 것을 우리 자신이 규명해내지 못하는 것이나 다름이 없습니다.

하나님은 우리가 하나가 될 수 있도록 이미 영광^{doxa}을 주셨습니다. 그것은 우리를 영화롭게 하셔서 하나가 되기 위해서입니다. 영화로움의 자격을 부여하신 것에 걸맞게 그리스도인은 하나가 되기 위해 자신의 초승달 신앙을 기억하고 모두가 보름달이 될 수 있는 공동체를 모색해야 할 것입니다. 그렇게 우리가 서로 하나가 되면 하나님의 사랑과 예수님의 사랑을 나타낼 뿐만 아니라 우리 모두가 사랑을 먹고 사는 사람들이라는 평가를 들을 수 있습니다. 그만큼 하나 됨과 사랑함이라는 것은 떼려야 뗄 수 없는 관계라는 것을 예수님은 말씀해 주고 계시는 것입니다. 따라서 사랑하면 하나가 되고 하나가 되면 사랑하는 것이 당연한 신앙의 이치가 되어야 합니다. 맑디 맑은 사랑으로 우리가 예수님 안에 있고 예수님 안에 우리가 있다는 사실을 증명해보여야 합니다. 사랑이 아니면 세상이 그리스도인을 단지 신앙을 빙자하여 자신의 유익을 위해서 공동체적 삶을 살아가는 사람들이라는 말을 할 것입니다. 그래서 하나님과의 일치, 예수님과의 일치된 삶은 사랑을 통해서 나타나지 않으면 그리스도인이라는 정체성을 가늠할 방도가 없습니다. 사랑과 일치가 곧 그리스도인의 대명사가 되어야 한다는 말입니다.

곳곳에서 벌어지는 분열과 반목, 그리고 질시와 분쟁, 다툼과 적대는 하나 같이 예수께서 청원했던 기도와는 상반되는 행위들입니다. 요한복음사가의 그리스도교 공동체도 유대교로부터 얼마나 많은 박해와 생명의 위협, 그리고 분열의 위기를 느꼈겠습니까? 그럴수록 교회 공동체의 생명력은 하나 됨과 서로 사랑이라는 분명한 신앙의 의식을 가지고 견뎌내야 한다는 것을 알았을 것입니다. 반성적으로 타자를 대하고 대상에 대해서 사랑의 감정으로 대하려고 하는 자세는 타자를 동일자로 완전히 포섭하겠다는 뜻은 결코 아니었을 것입니다. 타자가 존재하지 않고서는 내가 존재하지 않는다는 강한 위기의식, 그것은 공동체성을 유지해야 한다는 강한 발로와 맞물려 있습니다.

공동체는 나만 존재한다고 해서 잘 될 수 있는 게 아닙니다. 물론 나 홀로주의는 공동체라 말할 수 없는 것은 당연합니다. 그렇기 때문에 타자에 대한 사랑, 타자에 대한 인정 없이는 교회 공동체는 존속할 수 없는 것입니다. 게다가 타자를 사랑하는 것은 나를 위한 것도 아닙니다. 그것은 신앙 공동체라고 하는 보다 큰 하나님의 뜻을 위한 집단을 위해서 타자와 동일한 목적을 수행하기 위해서 감싸 안는 것입니다. 그런 의미에서 그리스도인의 사랑은 바로 하나님의 뜻을 실현하기 위해서 나와 타자가 서로 연대감을 형성하는 것이라고 말할 수 있습니다.

오늘날 교회 공동체는 자신들만의 사랑과 일치를 말하면서도 실상 그것조차도 제대로 구현하지 못하고 있는 실정입니다. 분열과 반목은 다반사로 일어나고 있고 하나님과의 일치는 고사하고 평화와 사랑의 일치는 끼리끼리가 되어버렸습니다. 명분이나 실리가 아니면 사랑도 일치도 없습니다. 이제는 그리스도인의 사랑과 일치를 확장해야 할 때가 되었습니다. 세상 사람들과의 사랑과 일치를 통해서 진정으로 예수께서 원하셨던 순수한 사랑, 평화로운 세계 공동체를 만들어야 할 것입니다. 교회의 자기 분열은 그만 두어야 합니다. 무한한 용서와 자비를 통해서 예수님 안에 있는 것처럼 서로 예수님 품 안에 있기를 바라고 또 바라야 합니다. 안에 있다는 것은 나의 자아를 분리하고 그분의 진정한 자아에 나의 영혼과 의지를 내어드리는 것입니다. 내 자아의 포기와 소박한 태도의 초월, 그리고 자기 집착으로부터의 자유는 예수님 안에서 진정한 자신을 만나는 것임을 알아야 할 것입니다.

29

예수스러움과 예수적인 것

마태 7,15-27

인간의 신앙적인 몸짓에서 말과 행위를 일치시킨다는 것은 매우 어려운 일일 것입니다. 아마도 그리스도교 신앙의 역사에서 언어와 행위가 완전히 하나가 되었더라면 인류의 역사는 정말 이상적으로 바뀌었을 것입니다. 하지만 예수께서 말씀하신 신앙의 열매를 우리가 잘 맺고 있는가를 반성적으로 살펴보면 그렇지 않다는 것을 단박에 알 수가 있습니다. 라이너 마리아 릴케가 말한 연인들 사이의 "순수한 지속"은 상호간의 진실한 열매에서 가능한 것일진대 그리스도인은 예수님의 말씀을 삶으로 구체적인 실천으로 행하지 못하고 있습니다. 순수하고도 지속적인 신앙 관계를 형성하고 있지 못하다는 반증입니다. 만일 우리가 예수님께 머물러 있고 그와 밀접한 관계 속에서 살고 있다면 그와 닮은 언어의 열매와 행위의 열매를 맺어야 합니다. 그러나 우리는 매일 가까이 그분과 있기 보다는 매일 멀어지고 도망가기 바쁩니다. 부담이 되는 것은 신앙과 별개로 생각하고 자신에게 이익이 되는 것은 취하려고 하기 때문에 예수님으로부터 직접적인 신앙적 자양분을 얻고 있지 못하는 것입니다. 어쩌면 예수님과 함께 있는 시간을 통해서 열매를 맺기보다 다른 곳에서 열매를 맺기 때문에 기이한 열매들이 맺히는 것인지도 모릅니다. 문제는 우리가 어떤 신앙의 열매를 맺고 있는지를 잘 모른다는 데 있습니다.

예수님을 껴안고 비비면서 사랑의 관계를 맺고 있어야 그와 같은 열매들이 우리 안에서 영글어 갈 텐데 예수님과의 포옹을 낯설어 하고 그분과 함께 있는 장소를 어색해 한다는 것입니다. 말은 그럴 듯하게 하면서 정작 행위가 뒷받침이 안 되는 것은 바로 예수님과 함께 있으면서 시간이 멈추는 경험을 거의 하지 못하는 신앙적 현실 때문이기도 합니다. 말로는 예수님을 연인처럼 간질이듯 부르기도 하고, 멀리서 멀어지는 연인을 놓칠세라 목청껏 부르기도 하지만 정작 만남은 데면데면하기 때문에 그에 상응하는 행위가 수반되지 않습니다. 예수께서는 행위를 보면 그 사람을 알 수가 있다고 했습니다. 말로는 사람을 속일 수 있습니다. 그렇지만 행위는 속의 존재를 겉으로 드러내야 하기에 속일 수 없습니다. 안의 본질이 행위를 결정짓는다는 말입니다. 행위를 통해서 그 사람이 참 신앙이 있는지 없는지를 감지할 수 있습니다. 다시 말해서 행위를 통해서 그리스도인의 존재를 확인할 수 있게 되는 것입니다. 행위에서 표출되는 기운과 분위기는 곧바로 타자에게 전달이 되면서 그 사람이 가지고 있는 언어적 표상과 마음의 상태를 간파하게 됩니다.

그렇다고 해서 행위의 몸짓에 신경을 써라는 말로 이해해서는 안 됩니다. 어디까지나 말과 행위는 동전의 양면이기도 합니다. 행위를 그럴 듯하게 만들어 가겠다고 하면서 언어나 마음 안에서 그리스도에 대한 그리움도 없는 신자가 된다면 그것은 더욱 큰 문제가 아닐 수 없습니다. 그것은 예수님을 빙자해서 또 예수님의 이름을 상품화시키고 브랜드화해서 상업적 종교로 전락하는 것도 다 그런 데 이유가 있는 것입니다. 안과 밖이 동일한 두 신앙적 시공간을 가지고 있어야 하고 그리스도인의 아름다운 신앙적 이상이 되어야 하는데 자꾸 포장을 하려고 합니다. 언어로 포장을 하고 행위로 꾸미려고 합니다. 어떤 경우에도 예수님을 내세워서 마치 그분이 원하시는 것처럼 일을 도모하는 듯이 언어와 행위를 사용하면 안 됩니다. 가식적이고 가장하려고 하는 그리스도인에게는 천사의 언어와 행위가 나타난다는 것은 있을 수 없습니다. 오로지 하나님 아버지의 뜻대로 말하고 행동하려고 하는 그 모습 속에서 그리스도인의 신앙적 진정성을 발견할 수 있을 것입니다. 말이 어눌하고 행동이 어색하더라도 그것이 하나님의 뜻에 따라서 하려는 몸짓이라면 세상이 그리스도인의 신앙을 아름답게 바라볼 수 있을 것입니다. 그럼으로써 사람들은 그리스도인의 진정성 있는 신앙 안에 그리스도가 있음을 승인하려고 할 것입니다.

그렇다면 어떻게 해야 그리스도인이 있는 그대로의 진정성을 가지고 존재할 수 있을까요? 그리스도의 언어와 행위가 그리스도인의 마음속에서 소멸되지 않도록 해야 합니다. 소멸되지 않는다는 것은 항상, 매순간 깨어 있다는 말과도 같습니다. 내가 그리스도인의 뜻대로, 하나님의 뜻대로 말하고 행동하고 있는가를 매순간 묻는 그리스도인이라면 그 신앙적 몸짓에서 예수님의 존재를 증명해낼 수 있을 것입니다. 그리스도인은 하나님의 나라에 들어가는 것을 갈망합니다. 그런데 예수께서는 그 자격조건이 말에 있지 않고 실천에 있다고 말하고 있습니다. 본회퍼는 "하나님 앞에서의 인간의 유일하고 적절한 태도는 하나님의 뜻을 행하는 것임이 명백하다"고 말했습니다. 그리스도인으로서의 신분적 타당성, 정체성의 분명한 척도와 기준은 하나님의 뜻을 행하느냐에 있는 것이지 얼마나 말을 잘하느냐, 그럴 듯한 신앙언어를 구사하여 신앙이 있는 척하느냐에 달려 있지 않다는 것입니다. 자칫하면 우리는 신앙적 위선과 기만에 빠질 수 있다는 것을 알아야 합니다. 다시 말해서 주인을 잃어버린 언어나 발언하고 있는 것인지도 모릅니다.

그렇다면 어떻게 해야 그리스도인의 언어와 행위가 일치될 수 있을까요? 예수께서는 그 마음의 상태, 언어의 훈련을 바로 말씀을 깊이 아로새김으로써 될 수 있다고 하십니다. 행위의 근본은 말씀에서 나와야 합니다. 그 말씀은 초월자의 언어와 행위여야 합니다. 예수님이 우리의 고향의 언어와 행위의 표준이 되어야 하고 그분의 기억의 언어를 통해서 실천의 능력을 발휘할 수 있는 그리스도인이 되어야 합니다. 그분을 신앙적으로 매일 혹은 매주일 기억한다는 것은 언어와 행위를 반복적으로 충실하게 실천하겠다는 다짐과 함께 그것을 확인하는 시간이라고 볼 수 있습니다. 최승자는 "나를 안다고 말하지 말라. 나는 너를 모른다. 나는 너를 모른다. 나를 안다고 행동하지 말라"는 단문의 시로써 우리에게 신앙적 경각심을 불러일으켜 주고 있습니다. 안다고 말할 수 있는 것은 말을 듣고 행하는 차원으로까지 나아가야 합니다. 우리는 예수님을 안다고 말하지만 그분이 말을 실천하지 않고 있다면 안다고 말할 수 없습니다. 안다는 것은 상대방을 파악하는 행위이며 그와 동일한 형태의 것을 행하려고 노력하게 됩니다. 마찬가지로 우리가 신앙적으로 예수님을 안다고 하는 것은 '예수적인 것'이 무엇인가를 자꾸 간파하면서 그것을 실천하려고 하는 데서 그 타당성을 찾을 수 있습니다. 예수적인 것, 신앙적인 것, 하나님적인 것에 대한 질문과 그것을 자신의 신앙 실천의 근거로 삼을 때 신앙이 더 견고해질 수 있습니다.

모른다는 것은 예수적인 것이 진정 무엇인지 모르면서 말로만 예수님을 입에 올리는 것을 뜻합니다. 예수적인 것을 알면 자신의 삶과 언어적 토대를 예수님께 두려고 할 것이고 말보다 실천을 더 우선시하는 신앙인이 될 것입니다. 따라서 신앙인답다, 그리스도인답다라는 것은 결국 '예수스럽다'라는 말과 일맥상통하는 것입니다. 허언을 하지 않고 자신의 신앙 신념과 말, 그리고 행위를 완전히 일치시켜서 하나님이라는 존재를 몸소 보여준 것처럼 우리 자신도 예수님의 존재를 보여줄 때 비로소 예수스럽다라는 말을 들을 수 있고 우리의 모든 삶의 기준이 바로 예수님에게 두고 있다는 것을 보여주는 것입니다. 믿음이 있다는 표준은 무슨 보이지 않는 실체와 아직 도래하지 않은 미래의 소망을 지금 여기에서 실현될 것이라고 확신하는 것이 아니라 바로 예수님의 말씀과 행위를 신앙의 완전한 토대로 삼고 있느냐를 나타내는 것을 의미합니다. 그리스도인이 신앙이 있다는 것을 드러내주는 표현은 그 사람의 말과 행위의 양날개로 균형 있게 살아가고 있음으로 측정될 수 있습니다. 신앙 언어는 늘 그럴 듯하지만 신앙 행위가 그에 부합하지 않는다면 모든 것이 공허할 뿐입니다. 성숙하고 설득력이 있는 신앙 행위가 없는 매끄러운 수사학적 신앙 언어는 아무런 소용이 없습니다. 그 둘은 반드시 일치를 해야 합니다. 그러므로 신앙 언어만으로 신앙 행위가 가볍게 평가되지 않도록 해야 할 것이며, 신앙 행위는 예수님의 말씀에 기초하여 펼쳐지는 예수스러움의 입증 행위여야 할 것입니다.

30

피곤한 제자도의 시간

마태 16,24-27

김수영의 "피곤한 하루의 나머지 시간"이라는 시를 한 수 읊어드리겠습니다.

피곤한 하루의 나머지 시간이 눈을 깜짝거린다
  세계는 그러한 무수한 간단間斷
  오오 사랑이 추방을 당하는 시간이 바로 이때이다
  내가 나의 밖으로 나가는 것처럼
  눈을 가늘게 뜨고 산이 있거든 불러보라
  나의 머리는 관악기처럼
  우주의 안개를 빨아올리다 만다.

우리의 인생은 어떤 시간을 살고 있나요? 온통 피곤한 시간의 연속에서 빠져나오지 못하는 공허한 삶을 살고 있는 것은 아닌가요? 조각조각 시간이 쪼개져 있지만 그 틈새라도 들어가서 잠시 쉼이라도 얻어 보려고 몸부림치면서 사는 것은 아닌가요? 그렇게 그리스도인이 조각난 시간 속에서 십자가라는 단어를 떠올리며 산다는 것은 쉬운 일이 아닙니다. 조각난 시간 속에 피곤에 지쳐서 눈을 감았다 뜨는 것만이라도 나의 시간으로 삼고 싶은데 현실은 그렇지 않습니다. 누군가에 의해서 또 어떤 의지에 의해서, 구조 속에서 나는 시간을 맘대로 하지 못하고 살아갑니다. 거기에서 십자가를 생각하고 게다가 그 십자가를 지고 예수님을 따른다는 것은 매우 비현실적인 얘기인지 모릅니다. 하지만 시인이 말하는 것처럼 설령 "사랑이 추방당하는 시간"을 산다고 해도, 하루의 나머지 시간도 확보하지 못하는 삶이라 할지라도 그 시간조차 나의 십자가라고 여기고 시간의 틈바구니에서 예수님을 떠올리는 치열함이 있어야 합니다. 피곤한 시간, 추방당한 시간, 나를 사랑할 여유조차도 없는 시간에서 어떻게 십자가를 지고 예수를 좇을 수 있겠습니까?, 라고 반문할 수도 있습니다.

그와 같은 질문을 하기 전에 먼저 우리는 예수님을 따르겠노라 작정하고 결심한 그리스도인이 아닙니까? 그렇다면 예수를 따르고자 하는 의지가 시간에 투영되지 않으면 안 됩니다. 현대인들이 얼마나 시간에 대한 강박관념이 큽니까? 온갖 매체가 시간을 조각조각내서 사용하도록 합니다. 사실 그러한 시간은 나의 시간이 아닙니다. 타자의 시간입니다. 비자율성의 시간, 비의지적인 시간이나 다름이 없습니다. 그러므로 눈을 깜박거리며 사는 순간에 우리가 예수님의 십자가를 떠올리며 나의 십자가의 삶, 아니 십자가가 되어 버린 시간 속에서 꿋꿋하고 고집스럽게 그리스도인의 삶을 살아가야 합니다. 시간의 십자가를 문제의식으로 삼고 그것을 돌파해내려고 하는 신앙의 용기가 있다면 우리가 스스로 십자가라고 여기는 본질적인 문제에 대해서 제대로 보고 신앙적으로 해결해 나갈 수 있을 것입니다.

그분을 따르려거든 시간 속에 있는 나 자신을 버려야 합니다. 시간을 핑계 삼아 현실과 상황이 예수님을 따르지 못하게 한다는 논리는 구차한 변명에 불과합니다. 이미 조각난 시간 속에 던져진 자기 자신을 발견한다면, 그 시간의 구속으로부터 자유를 얻어야 십자가를 볼 수 있고 질 수 있습니다. 시간에 함몰되어 빠져나오지도 못하고 그러한 자기 자신을 발견하지도 못하는데 십자가를 질 수 없습니다. 신앙인식이 불가능합니다. 시간을 스스로 제어하지 못하는 그리스도인은 자신이 지고 있는 것이 시간의 십자가라는 것을 모른 채 영영 굴레와 같은 십자가나 지다가 생을 마감할지도 모릅니다. 알 수 없는 시간, 무심코 정해져 버린 시간에 내던져진 자신을 볼 수 있어야 합니다. 그럼으로써 시간으로부터 해방되고 시간을 떠난 상태에서 진정한 초월자의 만남을 이룰 수 있을 것입니다.

그러므로 우리를 옥죄고 있는 시간을 비판적으로 쳐다봐야 합니다. 시간은 우리의 목숨 줄까지 쥐고서 협박을 합니다. 현대 사회는 시간과의 싸움이라는 프레임으로 인간의 의식마저도 조각내려고 하고 있습니다. 시간을 위해서 자기 자신의 목숨을 내주려고 하는 사람은 잠시 동안은 연명할 수는 있어도 결국 그 시간으로 인해서 자신의 목숨, 즉 존재가 사라지고 말 것입니다. 그리스도인은 하나님의 시간 속에서, 하나님의 시간을 위해서 자신의 존재 전체를 내어놓을 수 있어야 합니다. 하나님의 시간은 모든 존재를 살게 하는 시간이요 우주의 생명을 위해서 느릿느릿 흘러가는 시간입니다. 하나님의 시간 속에 있어야 의미가 있습니다. 하나님의 시간은 계산하거나 양적으로 측정하는 시간이 아닙니다. 신앙을 그렇게 할 수는 없는 노릇입니다. 우리는 신앙조차도 그렇게 양화시키려 합니다. 양적 시간을 위해서 자신의 목숨을 버리려고 하는 사람들이 많습니다. 그것이 잠깐의 이익은 될 수 있을 것입니다. 그리고 안정감을 줄 수도 있습니다. 하지만 착각일 뿐입니다. 하나님의 시간을 양적으로 투자하면 곧 나에게 그만큼의 결과가 산출되겠지 하는 것은 올바른 제자도의 모습은 아닙니다.

오히려 그렇게 양화된 하나님의 시간을 거부하는 것이 제자도의 정직한 태도입니다. 세계의 모든 시간들은 하나님의 시간을 무시한 채 오로지 양화시키고, 아니 시간이라는 것이 아예 '없다'고 못 박음으로써 더욱 시간에 목을 매게 합니다. 아무것도 보지 못하는 것입니다. 시간 속에 현존하고 계시는 하나님을 보지 못합니다. 시간이 없다고 강조하고 몰아세우는 사회는 내가 소유하려고 할 뿐 하나님이 살아계실 만한 시간을 확보하지 못하기 때문입니다. 제자로서 예수님을 따라갈 수 있는 시간이 없다고 말합니다. 그러니 거기에 무슨 하나님과 호흡하는 시간, 예수님과 눈을 맞출 시간이 있겠습니까? 하나님과 호흡을 할 수 있는 그야말로 하나님의 시간을 하나님께 내어드릴 수 있어야 그 시간 안에서 우리가 살 수 있습니다. 시간은 인간의 시간이 아니라 하나님의 시간, 우주의 시간, 자연의 시간입니다. 모든 존재가 그분과 함께 호흡하고 살아가야 하는 시간입니다. 그리스도인이 피곤한 시간, 짬이 없는 시간이라고 말하는 것은 이미 거기에 하나님의 시간은 존재하지 않는다는 강한 반증입니다.

우리는 하나님의 시간을 위해서 살았고 하나님의 진정한 시간을 만들기 위해서 노력했다는 실천적 신앙을 내보여야 합니다. 예수께서는 그렇게 하나님을 위한 존재로서, 당신 자신을 위한 시간대로 살아보려는 신앙인들에게 보상을 해주실 준비가 되어 있습니다. 하나님의 시간을 지금 여기에서 탄생시키고 새로운 삶의 조건들을 만들려고 하는 신앙인에게만이 상이 주어질 것입니다. 물론 상을 받기 위해서가 아닙니다. 상보다 더 중요한 것은 내가 세상의 낡은 시간 속에서 살고 있지는 않은가에 대한 반성입니다. 하나님의 시간은 화해와 사랑의 시간을 의미합니다. 그것을 우리가 살아가는 시간 속에서 실현하려는 이들은 이미 하나님을 체험한 것이요 하나님과 함께 한 사람들입니다. 하나님이 빠져 나간 시간은 아무런 소용이 없습니다. 매시간, 시간의 틈새에 하나님이 현존하도록 해야 합니다. 모두가 바쁘게 살아가는 것을 잘 압니다. 그렇기 때문에 피곤한 것이 사실입니다. 그런데 역설적으로 그런 시간 속에 빠져 있는 우리들이 더 힘든 것입니다. 시간 안에 하나님이 늘 현존하도록 하고 그 현존 의식 속에서 살아간다면 행복할 수 있습니다. 시간으로 인해 행복할 수 있다는 것, 행복한 시간을 경험한다는 것은 타자를 행복하게 만들 수 있으며 화해와 사랑을 베풀 수 있는 마음의 준비가 생길 수 있다는 것을 뜻합니다. 마음에도 하나님의 시간이 스며들기 때문입니다. 하나님은 시간을 넘어서 동시에 시간을 통해서, 시간 안으로 들어오십니다. 그것은 분명한 사실입니다. 다만 우리가 그것을 인식하느냐 못하느냐에 차이일 뿐입니다. 그저 세상의 낡은 시간 속에서 나 자신의 삶이 질질 끌려가도록 내버려둔다면 하나님께서 새로운 신앙의 시간, 하나님의 시간에 머물고 계신다는 인식을 할 수 없습니다. 낡은 시간만이 전부라고 생각하는 신앙인에게는 하나님의 시간이 개입될 여지가 없습니다. 따라서 지금 하나님의 현존을 경험하고 싶다면, 하나님께서 지금 오시는 것을 보고 싶다면 낡은 세계의 시간, 자투리의 시간을 극복하고 하나님의 시간, 의미의 시간뿐만 아니라 온전하고도 지속적인 신앙 흐름의 시간을 회복해야 할 것입니다. 그렇게 될 때 생의 시간 속에서 예수님을 따르는 제자로서 살아갈 가능성이 열리게 될 것입니다.

31

생생한 말씀의 현전

요한 16,12-15

그리스도교는 말logos의 종교이기도 합니다. 사건을 발생시킨 주요 인물들, 그리고 그 인물들에 의해서 일어난 사건들은 말을 통해서 이루어진 행위였습니다. 말과 행위가 따로 떨어져 있는 게 아니었습니다. 말은 곧 행위나 다름이 없었고 그 둘의 측면을 후대에 전한 것도 말이었습니다. 그러한 말에 의해서 종교인들은 느끼고 경험하고 변화를 가져옵니다. 그래서 요한복음사가가 태초에 말이 있었다, 로고스logos가 있었다고 말을 하는 것도 틀린 말이 아닙니다. 그만큼 종교의 탄생에서 말은 강력한 힘이 되었던 것입니다. 언어에 대한 인식, 언어에 대한 깨달음, 언어가 지시하는 대상을 파악하는 것은 종교에서 매우 중요한 것이었습니다. 지금 이 순간도 우리에게 말은 주어져 있습니다. 그 말을 어떻게 해석하고 또 그 해석된 말을 어떻게 받아들이냐에 따라서 삶의 의미 혹은 신앙의 의미가 달라집니다. 주어진 말씀을 존재에 대한 체험이라고 받아들이려면 자신의 맥락 속에서 깊이 이해하려는 태도가 필요합니다. 그냥 말이 아니라 하나님께서 우리에게 말씀하시는 것처럼 접근할 때 우리의 의식과 태도에 변화가 일어납니다. 이해할 수 없다고 해서 말씀이 아닌 것은 아닙니다. 이미 주어진 말씀도 우리는 이해하지 못합니다. 성서의 기록자가 문자화한 글을 이해하지 못하는 것은 시대적 맥락이 다르기 때문입니다. 설교자의 언어를 이해하지 못하는 것은 설교자의 삶의 정황과 청중의 삶의 정황이 다르기 때문입니다. 그것을 자신의 인식 능력의 한계나 설교자의 해석 능력이 부족하다고 단정 짓는 것은 무리입니다.

    예수 시대에도 청중들은 그분의 말씀을 잘 이해하지 못했습니다. 그렇다고 해서 예수님의 말씀이 틀렸다고 말할 수 없습니다. 맥락을 잘 몰라서 그분의 언어를 간파하지 못했을 뿐입니다. 진리는 무의식 속에 있습니다. 진리를 알고자 한다면 자신의 무의식의 욕망이 무엇인지 알아야 합니다. 그런데 대부분의 종교인들은 자신의 무의식이 아니라 표피적인 삶의 맥락만, 혹은 실존의 상황과 문제에만 들여다보려고 합니다. 그렇다면 말을 잘 이해하려면 어떻게 해야 할까요? 진리의 영이신 하나님의 빛에 의존해야 합니다. 다시 말해서 성령께서 말을 밝히 깨달을 수 있도록 해야 합니다. 우리의 편견과 지식, 정보 등으로 말씀을 다 알 수 있을 것 같아도 사실 한계가 있습니다. 실제적인 저자인 하나님의 뜻을 파악하기 위해서는 진리의 영에 힘을 입어야 합니다. 진리의 영이 우리의 무의식에 빛을 주시고 그 무의식의 욕망 속에 있는 문제들과 맞대면하게 되면 순수한 말씀이 있는 그대로 다가오게 됩니다. 말씀은 이미 주어져 있는데 우리의 의식이 멋대로 읽고 받아들이고 해석하는 것이 문제입니다. 성령에 의해서 순수한 의식으로 말씀을 대해야만 그 말씀이 나의 의식과 무의식을 비춤으로써 삶이 변하는 것입니다.

성령은 하나님으로부터 들은 대로 말씀을 해주신다고 하셨는데 무엇을 잘 모르겠거든 진리의 영에게 청하여 여쭙는 것이 먼저여야 마땅한 일일 것입니다. 그런데 우리는 이른바 우리 식대로 말씀을 듣고 판단을 합니다. 들은 바 그대로 말씀하시려는 성령에 의지할 때 말씀이 있는 그대로 우리에게 전달이 되는 법입니다. 그래야 이미 주어져 있는 말씀이 우리에게 말씀하시려는 바를 듣게 되는 것입니다. 말을 통해서 존재의 변화가 이루어지지 않은 것은 바로 편견을 가지고 듣기 때문입니다. 말씀이 우리에게 말하려는 의지, 말하려는 의도는 무시한 채 우리의 의지와 의도가 앞서게 되니까 말씀이 들리지 않는 것입니다. 그래서 마치 말을 대할 때는 성령이 우리에게 말씀을 하시는 것처럼 듣는 자세가 중요합니다. 사람과 대화를 할 때 우리는 상대방이 말하려고 하는 의도와 의지를 꺾지 않고 그것을 이해하려고 하는 이치와 같습니다. 상대방의 의중을 잘못 곡해하여 나의 생각대로 판단을 할 때는 말이 와전됨으로써 문제가 발생할 수 있습니다.

그러므로 누군가 말의 문을 열어서 말을 하려고 할 때 열린 마음을 가지고 들어야 합니다. 말에도 문이 있고 마음에도 문이 있습니다. 그 두 개의 어느 문이라도 닫히게 되면 의사소통이 단절됩니다. 둘 다 열려 있어야 서로의 뜻을 알 수 있고 사귐이 있을 수 있습니다. 그리스도인은 말을 통해서 깨달음을 얻고 또한 그 깨달음대로 살아야 하는 것은 당연합니다. 동시에 말을 통해서 하나님의 뜻을 잘 알고 그분과 긴밀한 사귐을 가지려고 노력해야 합니다. 요즈음 세상도 말이 통하지 않습니다. 여러 영역에서 말이 불통이 되고 있습니다. 말을 사용하는 사람들이 말을 이해하지 않으려고 합니다. 말보다 몸이나 감정으로 표현하려고 합니다. 그러니 사달이 날 수밖에 없습니다. 종교도 말할 필요가 없습니다. 종교는 말이 통해야 삽니다. 그런데 영 말이 통하지 않습니다. 신자와 신자 사이에도 말이 통하지 않고 하나님과 인간 사이에도 말이 통하지 않고 있습니다. 왜 진리의 영을 초대하지 않는 것일까요? 진리의 영을 향해 지향점을 두고 그 영이 신자와 신자, 그리고 하나님과 인간 사이를 중재하도록 해야 하는 것이 아닐까요?

우리 안에 진리의 영에 대한 의식이 충만해 있다면 그 의식이 말씀을 대하는 태도를 다르게 만들 것입니다. 진리의 영이 말씀을 통해서 우리의 삶의 방식을 완전히 바꿀 수 있도록 신앙적 반성이 일어나야 합니다. 진리의 영이 우리의 의식을 반추할 수 있도록 그 영에게 우리 자신을 노출시켜놓아야 합니다. 다시 말해서 진리의 영이 지배하는 의식은 순수 의식입니다. 순수 의식이 지속적으로 말을 통해서 우리의 신앙을 정립하도록 해야 합니다. 순수 의식이 우리로 하여금 새로운 신앙적 경험을 할 수 있도록 해야 합니다. 그러기 위해서는 지금 내가 말하고 또 말을 받아들이는 것이 하나님의 영의 인도를 받고 있는 것인가를 계속 점검해야 합니다. 철학에서 말하는 현상학적으로 환원에 환원을 거듭하여 순수한 말씀이신 하나님께로 접근해야 합니다. 그래야만 직접적으로 그분이 우리에게 말씀하시는 바를 듣고 이해할 수 있습니다. 그렇지 않으면 우리의 마음의 거울은 때가 끼어서 영혼의 상태를 제대로 비출 수가 없습니다. 진리의 영, 하나님의 영으로 향해서 환원에 환원을 거듭하는 것은 아무런 전제 없이 오직 하나님으로부터 흘러나오는 음성을 듣기 위한 것입니다.

말을 통한 체험은 본질적으로 진리의 영으로부터 온 것인가 하는 것도 반성해야 합니다. 인위적으로, 내 식대로 받아들인 체험을 착각하여 진리의 영에 의한 말의 체험으로 호도하는 경우가 있습니다. 그것은 신앙적 변화가 있는 것 같아도 지속성이 없으며 진정한 변화가 일어나지 않습니다. 본질적으로 진리의 영으로부터 온 것인가 아니면 나의 편견과 욕망에서 온 것인가를 식별해야 하는 이유가 여기에 있습니다. 이미 우리에게 주어진 말씀은 신앙적 체험을 가능하게 하는 말입니다. 그럼에도 우리는 선별하고 내가 선호하거나 나의 욕망에 따른 해석으로 말의 체험을 하고 싶어 합니다. 실상 그것은 진리의 영에 의한 체험, 순수 의식의 체험은 아닙니다. 소박하고 자연적 태도인 것입니다. 나의 신앙적 존립 자체는 진리의 영에다 두어야 합니다.

분명히 그리스도교에서 말은 체험의 대상입니다. 말은 그냥 말이 아니라 하나님의 말씀이기 때문입니다. 앞에서 말한 것처럼 그 말씀은 이미 우리에게 주어져 있습니다. 다만 신앙적 자아가 그 말을 의미의 체험의 영역으로 간주하여 신앙적으로 특별한 체험으로 하려고 씨름할 것이냐 하는 것이 관건입니다. 만일 신앙 언어가 특별한 능력이 있다고 믿는다면 의미의 체험은 얼마든지 가능합니다. 의미의 체험뿐만 아니라 삶이 완결된 형태로 변화되는 체험도 가능합니다. 그러므로 그리스도인은 신앙 언어를 진리의 영이 하나님으로부터 있는 그대로 받아서 우리에게 말씀하시려고 했던 것임을 고백해야 합니다. 그렇게 될 때 말의 신앙적 체험이 발생할 수 있습니다. 신앙인의 존재가 변화하기 위해서는 이제부터라도 신앙 언어, 말에 대한 의식, 말에 대한 지향성을 통해 생생하게 우리 앞에 나타나는 생명의 말씀이라는 인식을 가져야 할 것입니다.

32

권위의 원천

마르 11,27-33

권위ex-ousia는 '존재-로부터' 부여된 것을 의미합니다. 그 존재는 말할 필요도 없이 하나님입니다. 예수께서는 하나님으로부터 사람을 고치고 기적을 행하고 하나님 나라를 선포하셨습니다. 사람들은 무슨 일을 할 때 그 권위가 어디로부터 오는가 혹은 누구로부터 부여받은 권위인가를 묻습니다. 그것은 단적으로 권위를 가지고 있는 자에 대한 불편함을 드러내는 것입니다. 한병철은 "종교는 근본적으로 가장 깊숙이 평화적이다. 종교는 친절함Freundlichkeit이다"고 말합니다. 예수께서 가지고 있는 권위의 바탕에는 평화와 친절함입니다. 타자에 대한 친절함이 그의 권위의 독특한 성격입니다. 그럴 수밖에 없는 것이 하나님은 인간에 대한 친절함과 배려를 위해서 애를 쓰는 분입니다. 아무리 하나님께서 자신의 뜻을 거스르는 사람에게 진노를 하신다고 하더라도 그 의도에는 인간에 대한 깊은 연민에서 비롯되는 것임을 알 수 있습니다. 인간에 대한 친절함과 배려는 극단적인 심리와 감정의 형태로 나타나기도 하기 때문입니다. 물론 사랑하기 때문에 너에게 폭력을 행사할 수 있어, 라는 것을 의미하는 것은 아닙니다. 친절함과 배려의 권위조차도 자기 자신으로부터 흘러나오는 것이니 만큼 과잉적 분출을 경험하는 대상, 즉 인간에게는 그것이 과도한 폭력과 부담으로 다가오는 것은 사실입니다. 그럴 때 그의 권위가 폭력으로 인식되는 것입니다.

다시 돌아가서 예수께서 인간에게 베푸신 친절함과 배려, 평화의 정신은 분명히 하나님으로부터 온 것입니다. 사람들은 그 권위를 의심합니다. 자신의 친절함과 배려, 평화의 속성 그 자체가 목적이 아니라 수단이 되기 때문에 예수께서 베푸시는 자비로운 권위의 행위조차도 자기 방식대로 이해를 하는 것입니다. 앞에서 말한 것처럼 부담스러운 것입니다. 아마도 예수께 권위의 원천을 묻는 유대인들은 그분께서 가지고 있는 권위 혹은 사랑의 권력 앞에 복종을 하는 것은 굴종이라고 생각했을 것입니다. 따라서 그것은 확인도 그렇다고 확인을 거쳐 순종의 길로 나아가겠다는 자세도 아닙니다. 권위를 인정하고 싶지 않은 그들만의 논리적 함정이나 오류를 범하도록 예수님을 유도한 질문에 지나지 않은 것입니다. 더더군다나 권위를 인정하는 순간 그에게 자신을 열어 놓아야 하는 것을 뜻하기 때문에 애초에 그가 하는 강력한 카리스마에 대해서 싹을 잘라놓겠다는 의지가 반영된 것이나 다름이 없습니다.

교회 안에서의 권위나 권력도 마찬가지입니다. 한병철의 말을 다시 한 번 인용하면, "신은 권력"입니다. 모든 말과 행위의 근거가 신으로부터 오는 것이냐 아니면 인간 자신으로부터 오는 것이냐, 하는 것을 잘 판단할 필요가 있습니다. 조직과 제도, 그리고 체제를 가지고 있는 종교, 교회에서 벌어지는 모든 말과 행위의 권위가 하나님으로부터 비롯되는 것이 아니라면 우리는 자신이 부여한 인위적인 권위를 사적으로 사용하고 있는 것이나 다름이 없습니다. 교회가 혼란과 갈등, 반목과 질시, 불화가 일어나는 배경에는 권위의 남용에서 기인되는 경우가 많습니다. 권위의 원천을 신으로부터 찾는 것이 아니라 자기 스스로 부여하거나 주장할 때 교회 공동체는 시끄러워집니다. 예수님조차도 자신의 권위가 하늘로부터 왔다는 것을 수사학적인 반문을 통해서 자신의 논리를 입증하고 계시는데, 우리는 교회 활동을 하면서 일정한 권위가 부여된 자신의 그 권위가 어디로부터 오는 것인지를 신중하게 묻지 않습니다. 교회가 소수의 사람들에게 권위를 부여했다고 말할 수 있지만, 그렇다고 교회가 부여한 그 권위는 정말 하나님으로부터 빌려온 것인가, 하나님이 부여한 것인가를 묻고 또 물어야 합니다. 그렇지 않으면 단지 권위는 자신을 드러내며 공동체에 분란을 일으키는 수단이 되고 타자를 지배하는 부정적인 힘으로 작용을 할 뿐입니다.

만일 권위가 하늘로부터 왔다면 그 권위에 대해서 복종을 하는 것이 당연합니다. 권위는 하늘에서 부여한 것이니 권위를 갖고 있는 사람은 하늘의 대리자의 역할을 하게 되기 때문입니다. 하지만 여전히 권위의 원천을 묻기도 전에 자기 스스로가 권위자가 되려고 하는 경우를 종종 목격합니다. 자기 자신이 권위가 되려는 것입니다. 그래서 교주가 나오는 것이고, 사이비가 출현하는 것입니다. 권위는 그것을 부여한 주체의 부차적 산물인데 스스로가 권위인 양 행세를 할 경우에는 자신이 신이 되고 말기 때문입니다. 권위를 위임받는 사람은 항상 그림자에 불과한 것입니다. 권위를 부여한 신의 뜻에 부합한 권한을 행사해야 하는데 자신으로부터 권위가 흘러나오는 듯이 모든 사태들의 결정권자가 되려고 합니다. 예수께서는 권위가 자신에게서 가져온 것이라는 말씀을 한 적이 없습니다. 예수님의 권위는 하늘로부터 위임받은 것이기 때문에 그는 항상 하늘의 뜻을 펼치려고 했을 뿐입니다. 다시 말해서 아버지이신 하나님의 뜻을 실현하려고 했던 것입니다. 마찬가지로 교회의 조직 안에서 일정한 권력과 권위를 가지고 있는 사람들은 하나님의 뜻을 실현하는 매개자 역할을 하는 사람들일 뿐이지 자신들이 권력을 행사하는 주체가 될 수 없습니다. 그런 의미에서 교회에서 부여된 권위는 하나님의 뜻을 이루기 위해서 임시적이며 일시적인 것이라고 생각해야 합니다.

그러나 실상은 그렇지 않습니다. 한 번 교회로부터 부여된 권위와 권력은 마치 영원한 것인 양 계속 그렇게 간직하고 갖고 있으려고 합니다. 교회에서 권위의 항존이나 항상성은 없습니다. 그렇게 해서도 안 됩니다. 유일하게 권위와 권력을 갖고 계신 분은 하나님밖에는 없는 것입니다. 권위의 본질에 대해서 숙고하지 않으면 내가 가진 권위를 통해서 교회 내에서 인정받으려고 하고 타자 위에 군림하려고 하는 자세를 취하게 마련입니다. 오늘날 교회의 모습 속에는 권위나 권력을 가지고 누리려고 할 뿐, 섬기려고 하지 않습니다. 게다가 교회 바깥에서의 세속적인 권위와 권력을 교회까지 가지고 와서 영향력을 행사하려고 합니다. 잘못된 인식입니다. 그것은 신앙적이지 않은 것입니다. 하나님의 권위는 사랑과 겸손과 섬김에 있습니다. 결코 군림이나 지배에 있지 않습니다. 자신의 권위를 주장하지 않으면 타자에게 굴종적인 존재가 되는 것처럼 착각을 합니다. 아니 그런 마음을 가지고 있는 것 같습니다. 그래서 한 번 부여된 권위와 권력을 손에서 놓지 않고 그리스도인이라는 본질적이고 수평적인 관계를 자꾸 수직적인 관계에서 논하려고 합니다.

권위나 권력이 자기 자신과 동일시하여 그것을 타자가 인정하지 않으면 되레 타자에게 복종을 해야 할 것 같은 불안심리 때문이라고 생각합니다. 그러나 교회에서 가르치는 진리는 타자에게 복종하는 것이 아니라 하나님께 복종하는 것이고, 타자를 지배하는 것이 아니라 타자를 섬기는 것이라고 말합니다. 그럼에도 우리는 권위나 권력을 내면화하여 타자를 장악하려고 합니다. 유대인들이 예수님과 맞서서 논쟁을 벌인 이유도 이와 다르지 않습니다. 자신들의 권위나 권력은 율법적인 것입니다. 율법에 근간을 두고 있는 권위와 권력을 성문화 혹은 불문화되기는 했어도 구전적으로 인정받고 있는 것이기에 그들로서는 아무런 권위와 권력의 맞상대가 될 수 있는 사람이 있을 수 없습니다. 그런 자신의 권위와 권력을 통해서 예수님의 권위와 권력을 억압하고 상실하게 하려는 의도가 깔려 있는 것입니다. 하지만 예수님의 권위와 권력은 존재 그 자체, 즉 하나님으로부터 온 것입니다. 그 권위와 권력을 통해서만이 자신조차도 자발적으로 복종할 뿐만 아니라 타자를 복종시킬 수 있습니다.

이제 그리스도인의 권위와 권력에 대한 생각을 좀 더 근원적으로 사유할 필요가 있습니다. 내가 가진 권위와 권력이 설령 교회로부터 위임되었고 회중으로부터 부여받은 것이라 할지라도 좀 더 근원적으로 하나님으로부터 온 것인가를 깊이 자문해봐야 합니다. 만일 하나님으로부터 왔다는 신앙적 대답을 발견하지 못한다면 겸손한 마음으로 자신의 권위와 권력을 사랑과 겸손과 섬김으로 표출하면서 하나님으로부터 오는 권위와 권력을 덧입을 수 있도록 기도하고 바라야 할 것입니다. 설령 하나님으로부터 오지 않았더라도 마치 하나님으로부터 온 것처럼 자신의 권위와 권력을 남용하지 않고 깊이 머리를 숙이면서 모든 사람들은 섬기는 권력자, 권위자가 된다면 그의 권위와 권력이 신의 또 다른 성스러운 자기 계시로 여길 수 있을 것입니다. 또한 자기 자신을 나타내는 또 다른 방식이요 하나님이 자기 현시를 볼 수 있도록 권위의 자기 중심성에서 벗어나야 할 것입니다. 권위는 하나님의 존재를 드러내는 방식 중에 하나이기 때문입니다.

부끄러움을 깨닫는 신앙

마르 12,38-44

윤동주의 서시는 이렇게 시작 됩니다.

죽는 날까지 하늘을 우러러
      한 점 부끄러움이 없기를
      잎새에 이는 바람에도
      나는 괴로워했다
      별을 노래하는 마음으로
      모든 죽어가는 것을 사랑해야지
      그리고 나한테 주어진 길을
      걸어가야겠다
      오늘 밤에도 별이 바람에 스치운다

언제 들어도 감명을 주는 시입니다. 작가는 자신의 삶을 통렬하고도 매몰차게 밀어붙입니다. 어떻게 죽는 날까지 하늘을 우러러 한 점 부끄러움이 없을 수 있을까? 삶에 대한 결벽증이 있듯이 그렇게 끊임없는 성찰로 자신을 가다듬으면서 삶을 부끄럽게 살아갑니다. 신앙은 자신을 부끄럽게 여기면서 그 부끄러움이 조금이라도 남아 있지 않도록 털어내려고 애를 쓰는 것입니다. 결벽증이라고 표현을 했습니다만, 종교의 결벽증까지는 아니더라도 자신을 부끄럽게 여기는 사람이어야 타자와 삶 앞에서 겸손할 수 있습니다. 수치나 치욕, 혹은 마냥 소극적인 감정을 가진 사람을 말하는 것이 아닙니다. 자존감도 높고 실력도 있고 도덕적 양심도 성숙되어 있지만 자신을 한없이 낮추려고 하는 자세는 감히 그에게 범접할 수 없는 아우라를 느낍니다.

으레 사람은 자신을 꾸미려고 하는데 그러지 않아도 배어 나오는 삶의 깊은 내면적인 감성은 사람들로 하여금 존경심을 자아내게 합니다. 하지만 자신을 부끄럽게 생각하지 않는 사람일수록 타자에 대한 배려가 없습니다. 사람들로부터 인정을 받으려고 하고 높은 곳에 있기를 바라는 태도가 의식적으로 그를 지배합니다. 부끄러움의 감성을 가진 사람은 자신이 못나서가 아니라 하나님 앞에서든 사람들 앞에서든 자신의 티끌로 인해서 괴로워합니다. 그러한 신앙적 고통과 고민, 그리고 아픔이 없이 올바른 신앙을 가질 수 없습니다. 어쩌면 신앙은 고통입니다. 즐거움보다는 하나님 앞에서 자신의 민낯을 낱낱이 공개해야 하기 때문입니다. 매순간 신을 대할 때마다 나타나는 자신의 그늘진 음영이 그를 괴롭게 합니다. 스스로 죄인임을 인식하는 사람은 하나님의 눈동자 앞에서 대면하기를 부끄럽게 여기기 때문에 그렇습니다. 하나님에 대한 각별한 인식, 하나님에 대한 민감한 감성을 가진 사람은 자신의 음영陰影, Abschatuung을 금방 알아차립니다. 그러므로 아무것도 내세울 것이 없다는 사실을 깨닫고 스스로 낮아지고 침묵하려고 하는 것입니다. 우리는 하나님 앞에서 결코 내세울 것이 없습니다. 오직 하나님을 위하여 그리고 하나님과의 일치를 위하여 나의 부끄러움을 좀 더 깨끗하고 모순되지 않는 삶으로 바꿔 나가려고 할 뿐입니다. 복잡하며 외형적인 것으로 자신을 포장하기보다는 실낱처럼 가볍고 단순한 삶을 살면서 순수한 신앙 속에서 하나님을 간파하려고 애를 쓰려고 합니다.

신앙의 본질을 직관하고 눈에 씌어진 두꺼운 편견과 아집을 벗겨내는 작업이 일생동안 필요한 이유가 여기에 있습니다. 아무리 오랜 동안 신앙생활을 했다고 하더라도 그 연륜이 자신의 신앙 수준을 나타내 주지 않습니다. 본질을 직관하면서 하나님 그분을 똑바로 알아차리려고 하는 몸부림이 없는 한 거짓입니다. 신앙적 삶이라고는 말하지만 그것은 허울 좋은 삶의 수단에 지나지 않는 것입니다. 신앙적인 부끄러움을 날마다 간직한 사람은 타자 위에 군림하거나 수단으로 삼지 않습니다. 신앙의 본질직관을 통하여 하나님을 오롯이 깨달은 사람은 타자를 긍휼히 여기기 때문입니다. 긍휼과 자비로움이 없이 자신에게 덧입혀진 세속적인 감투나 지위, 명예만을 생각하면서 타자와의 관계를 아무런 의미가 없는 형식적인 관계로 끌고 가는 사람이 있습니다. 하나님 앞에서는 그것들이 아무런 소용이 없습니다. 하나님 앞에서는 모든 존재자들이 다 수평적인 관계에 있습니다. 하나님 당신의 눈으로는 높고 낮은 사람이 없습니다. 평등하고 사랑스러운 존재일 뿐입니다. 그럼에도 우리는 자신의 잣대와 눈높이로 타자를 판단하고 재단하면서 신앙을 인위적인 방향으로 유도합니다. 그러나 그 전에 타자가 우리의 의식에 들어오는 순간 그 본질을 물어야 하고 그 타자를 하나님의 마음으로 인식할 수 있는 태도로 변경되어야 합니다.

매순간 즉각적으로 타자는 우리 앞에 나타나고 생생한 현전으로서 등장하기 때문에 묻고 또 물으면서 그들과의 관계를 새롭게 정립해야 합니다. 하나님의 예민한 마음으로 말입니다. 타자를 향해서 나아가는 나의 의식이 나의 욕망과 편견에 의해서 분열되기 이전에 순수한 자아와 순수한 신앙인식으로 그들을 파악하려고 노력해야 합니다. 하나님께서는 나에 대해서 존재합니다. 마찬가지로 하나님께서는 타자에 대해서 동일하게 존재합니다. 그렇게 동일한 관계적 존재인식을 통하여 타자를 보면 그들의 외형적인 겉상태가 아닌 내면적인 고통, 아픔, 고민이 눈에 보입니다. 스스로 부끄러움을 짊어지면서 그 부끄러움을 계속해서 털어놓으려는 나의 신앙적 자세가 더 중요한데도 불구하고 오히려 타자에게 신앙적인 부끄러움을 짐으로 지우는 것이 우리의 현재 모습입니다. 하나님 앞에서 나의 부끄러움이 우선이지 타자의 부끄러움이 먼저가 아닙니다. 나의 부끄러움, 나의 죄스러움을 인식하면 더 넓은 마음으로 타자의 부끄러움에 대해서 관대하고 포용하려고 합니다.

신앙생활에서 봉사와 헌신은 필요조건은 아닙니다. 충분조건입니다. 할 수 있으면 좋지만 할 수 없으면 어쩔 수 없는 것입니다. 자발적인 것이어야지 강요된 것은 순수하지 못합니다. 봉사와 헌신은 신앙생활을 더 성숙시키는 충분한 조건입니다. 하나님 앞에서 자신을 부끄럽게 여기는 사람은 그 봉사와 헌신이 타자를 행복하게 하고 더불어 행복해진다는 것을 잘 압니다. 낮아지는 사람만이 봉사와 헌신의 진정성을 나타낼 수 있습니다. 하나님께 얼마나 많이 그리고 자주 봉헌했는가가 중요하지 않다는 말입니다. 그것은 사람들의 판단입니다. 하나님의 판단은 항상 자신의 전부panta여야 합니다. 다시 말해서 온전한 것이어야 합니다. 자신을 위한 삶의 헌신의 시간을 소비한 이후에 하나님을 위한 헌신의 시간을 자투리로 여기는 것은 온전한 것이 아니라 일부분입니다. 우리가 삶을 살아갈 때에 자신이 처한 상황과 환경, 그리고 시공간조차도 하나님께 드린다는 생각을 할 수 있어야 합니다. 자신의 삶을 영위하는 그 순간조차도, 숨을 쉬는 그 순간조차도 하나님을 위한 헌신과 봉사를 위해서 존재하는 듯이 삶을 꾸려갈 때에 하나님에 대한 인식과 헌신과 봉사의 인식이 달라집니다.

하나님의 영역과 인간의 영역이 따로 있는 것이 아니라 모든 것이 하나님의 영역 안에 있다는 인식을 가지고 살아갈 때에 어떤 일을 하든 무슨 일을 하든 하나님을 위한 봉사와 헌신이 되는 것입니다. 그것을 구분하면 날마다 우리는 수치스러워집니다. 날마다 우리는 죄인이 되어버립니다. 진정한 부끄러움은 내가 사는 모든 영역과 삶의 흐름을 하나님의 것으로 생각하지 않는다는 데에 있습니다. 다시 말해서 온전함과 완전한 삶은 그 속에 하나님이 계시는가 계시지 않는가에 달려 있습니다. 청소를 하든 밥을 하든 설거지를 하든 그 상황 속에 하나님이 계신다는 인식을 하면 봉사와 헌신은 온전한 것이 됩니다. 하지만 하나님이 빠진 삶은 그것이 설령 고상한 것이라 할지라도 전부가 아니라 일부분이 될 수밖에 없습니다. 우리는 이렇게 물어야 합니다. "주님, 저의 하루를 어떻게 보내셨습니까? 주님, 저의 하루를 어떻게 보셨습니까? 주님, 저를 어떻게 보셨습니까?"

하나님은 우리로 하여금 전체를 바치기를 원하십니다. 일부분을 통해서 만족하실 분이 아닙니다. 전체의 마음이지 분열되거나 부분적인 마음이 아닙니다. 전체의 마음이 봉사와 헌신이 투입되었는가가 관건입니다. 과부의 동전은 자신의 생활비 전부였습니다. 그렇다고 해서 우리가 생활비 전부를 봉헌해야 한다는 말이 아닙니다. 이미 자신의 삶 전체를 하나님의 것으로 인정했다는 매우 용기 있는 모습을 나타내는 말입니다. 부자들은 자신의 삶이 따로 있고 하나님의 것이 따로 있다는 인식을 할지 몰라도 과부는 모든 것을 하나님의 것으로 생각했다는 데에 의미가 있습니다. 봉사를 하든 헌신을 하든 그때만큼은 하나님을 위한 모든 것, 전체의 생각, 전체의 마음이 되어야 합니다. 우리가 그렇게 하나님을 향한 전체의 신앙을 갖지 않는다면 결코 신앙의 부끄러움에서 자유로울 수가 없을 것입니다. 나를 부끄럽게 여기고 괴롭게 생각하는 사람은 자신의 신앙과 삶의 무게로부터 해방될 수 있는 여지가 있습니다. 신은 바로 그 부끄럽게 여기는 마음에 있기 때문입니다. 마음눈을 가지고 자신의 부끄러움을 살피려면 후설 E. Husserl이 말하는 자연적 태도의 일반정립, 자연적인 존재신앙, 자연적인 존재신념에서 벗어나 신앙에 대해 선험적 태도를 지닌 '방관자' Zuschauer, 주시자 혹은 '무관심한 관찰자' uninteressierter Zuschauer가 되어야 할 것입니다.

34

사랑, 기쁜 운명

요한 15,12-17

사랑은 그리스도인의 숙명입니다. 그것도 자기를 사랑하는 것이 아니라 형제와 자매를 사랑하는 것이 기쁜 운명처럼 받들고 살아야 합니다. 그 기쁜 운명을 싫어하는 기색이 없이 맞아들이고 수행하는 것은 사랑의 매력을 남김없이 살다간 예수님 때문에 그렇습니다. 그가 사랑을 명령처럼 말하지 않았다 하더라도 그를 믿음의 대상으로 받아들인 이상 그분의 이상적 가치인 사랑은 그리스도인이 반드시 실천해야 하는 신앙의 가치가 될 수밖에 없습니다. 그런데 우리는 그 신앙의 최고의 가치인 사랑을 자꾸만 잃어버리고 있습니다. 시인 윤동주가 읊은 것처럼 우리는 사랑을 찾아 헤매는 존재가 되고 말았습니다.

잃어버렸습니다
무얼 어디다 잃었는지 몰라

두 손이 주머니를 더듬어

길에 나아갑니다

…

풀 한 포기 없는 이 길을 걷는 것은

담 저쪽에 내가 남아 있는 까닭이고

내가 사는 것은,

다만

잃은 것을 찾는 까닭입니다.

시인은 무엇을 잃어버린 것일까요? 1941년 9월 31일 '길'이라는 작품은 조선어가 교육과정에서 완전히 사라지는 그야말로 숨쉬기 어려운 시대를 상징한 것이었습니다. 시인이 찾고자 했던 것은 민족의 정신, 민족의 언어, 민족의 감성이었을 것입니다.

자각하는 자만이 자신이 무엇을 잃었는가를 알 수 있고, 그것을 찾기 위해서 노력을 할 것입니다. 길 위에서 반드시 길에서 찾아야 하는 가치들, 의미들이 자기를 서게 하고 존재하게 만드는 것이기에 그 길로 나가는 것입니다. 오늘날 그리스도인이 찾아야 할 가치는 서로 사랑에 대한 신앙적 가치입니다. 잃어버린 줄도 모르고 있기에 우리는 그것을 찾으려고 하지 않습니다. 그저 항상 그 자리에 사랑이 있는 줄 착각하고 있을 뿐입니다. 정말 그리스도교는 사랑이 존재하는가. 사랑을 나누고 있는가. 사랑의 본질을 묻고 있는가. 사랑의 행위가 혹 수단이 되어버린 것은 아닌가. 만일 우리가 서로 사랑을 잃어버렸다면 진정한 그리스도의 사랑을 다시 찾아야 합니다.

시인이 말한 것처럼 우리의 사는 이유가 잃은 것을 찾기 위한 것이라면, 사랑 때문에 삶을 산다는 고백을 할 수 있어야 하고, 그 사랑의 출발점이 그리스도로부터 연원해야 합니다. 결단코 형식화되거나 수단이 되거나 낡은 인간관계의 어설픈 감정이 되어서는 안 됩니다. 복음서에서 말하고 있는 것처럼, 그리스도가 우리를 사랑하신 것처럼 서로 사랑을 해야 합니다. 거기에는 어떠한 사심과 이익과 헛된 감정과 관계망에 이끌린 체면치레의 사랑이 존재하는 것이라면 우리는 번지수를 잘못 짚고 있는 것입니다. 우리가 사랑하는 것은 그리스도의 잔영을 실현하는 것도 아니요 그리스도의 실제의 삶을 이웃 사랑, 신자 상호간의 사랑을 통하여 체현하려는 것입니다. 그리스도께서 우리에게 남기신 것이 있다면 바로 사랑이라는 구체적인 실천, 사랑이라는 그리움, 사랑이라는 동경 그 자체입니다.

　예수님의 사랑을 깨닫고 그 사랑에 압도당한 사람은 사랑을 억압이나 강제라고 생각하지 않고 타자를 향한 한없는 존재 인식과 존재 확인을 가질 것입니다. 사랑을 받아야 하는 대상에 대한 의식과 그 존재에 대한 확인에서 우리는 사랑이라는 감정을 지향적으로 느끼게 됩니다. 그 감정적 지향성이 형제를 위해서 목숨을 내놓을 만큼의 사랑을 불러일으키는 게 아니겠습니까? 대상에 대한 끊임없는 연민의 지향성, 다시 말하면 대상에 대한 인식과 확인이 되지 않고 있는데 사랑을 베풀어야 한다는 태도의 변경이 일어날 리가 만무한 것입니다. 그러므로 그리스도인의 사랑은 타자에 대한 그리움의 지향성이어야 합니다. 타자에 대한 그리움, 타자가 내 옆에 있어야 한다는 당위성, 그 존재로 인해서 내 마음자리가 하나님의 마음으로 더 풍성해져서 공동체 전체가 사랑을 품고 제단으로 나아가는 행위가 이루어질 수 있습니다. 개별적인 사랑, 하나님과 나만의 사랑이 아니라 하나님과 공동체 전체의 사랑이 이루어질 때 더 건강하고 훈훈한 교회 공동체가 될 수 있습니다.

우리가 서로 사랑을 하면 예수님과 우리 사이가 더 이상 종이 아니라 벗이 됩니다. 벗은 가식이 없으며 어떤 허물도 덮어주고 이해해 줄 수 있는 신뢰의 관계입니다. 종은 피지배자요 피권력자가 되지만 벗은 수평적이고 대등한 관계입니다. 서로 사랑을 하면 예수님의 사랑을 느끼게 됩니다. 사랑을 통해서 우리가 서로 연결되어 있으며 동시에 예수님과도 연결되어 있다는 것을 알게 됩니다. 벗의 관계는 바로 서로의 영혼과 영혼, 정신과 정신, 마음과 마음이 맞닿아 연결되어 있다는 것을 의미합니다.

다시 말해서 벗은 서로 상대방의 마음을 헤아리며 사랑하는 관계입니다. 연인 사이의 감정은 잠깐 동안 열정적으로 불타올랐다가 사그라들지만 벗의 사랑의 감정은 시간이 지속될수록 더 깊은 순수한 배려와 사랑으로 꺼질 줄 모릅니다. 만일 우리가 예수님과 그와 같은 연결고리로 맺어진 사이가 된다면 분명히 좋은 사랑의 결실을 맺을 것입니다. 그와 벗으로서 맺어진 사랑을 잃지 않는다면 언젠가는 사람들이 인정하는 튼실한 열매를 거둘 것입니다. 그가 우리를 위해서 사랑하는 벗으로 관계를 맺는 존재로 인정했다고 하는 것은 우리를 위한 지극한 사랑이요 우리를 위한 한없는 자기 낮춤입니다. 그러나 이 또한 우리가 서로 사랑을 실행에 옮기고 있을 때 벗이 될 수 있다는 것이지 벗으로 인정을 받았기 때문에 서로 사랑을 하는 것이 아님을 알아야 합니다.

서로 사랑의 근본 성격과 본질에 그리스도가 있기 때문에 그 실제적 삶을 잘 이행하게 될 때 우리는 그분과 벗이 될 수 있습니다. 만일 우리 스스로 그분과 벗으로서의 관계로 연결되어 있다는 생각이 들지 않는다면 우리는 지금 서로 사랑을 하지 않고 있다는 것을 반증하는 것입니다. 그러므로 그리스도께서 말씀하신 서로 사랑을 실천해야 합니다. 아니 이미 알고는 있지만 점차 퇴색되었거나 잃어버린 것이라면 찾아야 합니다. 찾기 위해서 길을 나서야 하고 일생동안 그 사랑을 위해서 자신의 삶이 그리스도와 연결된 삶이라는 것을 증명해내야 할 것입니다. 그리스도인들이 언젠가 사랑을 잃어버려 놓고 이미 있는 것으로 착각을 했다는 말을 했습니다마는, 그것도 문제이지만 사랑하는 방법이 너무 서툰 것도 문제라고 봅니다. 좀 더 정확한 표현으로는 이것저것 따지는 것들이 많다는 것입니다. 사랑을 마치 계량적으로, 수치적으로 산출을 할 수 있는 것이 아닌데도 우리는 습관적으로 사랑을 가지고 뺄셈과 덧셈을 하려고 합니다. 그리스도의 사랑에는 뺄셈이 없었고 오히려 덧셈만 있었다는 것을 감안한다면 우리의 사랑은 설익은 것입니다. 그리스도의 사랑은 무조건적이었습니다. 사랑의 대상이 인식되고 확인이 되는 순간 사랑의 감정적 지향성은 무한대로 열려 있었습니다.

예수님의 사랑이 십자가에서 완전히 연소되는 듯했습니다. 다 소진하는 듯했습니다. 그러나 그것이 오히려 사랑의 완성이었습니다. 죽음을 통해서 인류에 대한 사랑을 확증한 것입니다. 그 엄청난 사랑을 통해서 인류가 사랑을 해야만 한다는 위대한 기억을 남겼다고 볼 수 있습니다. 점차 그 기억이 희미해지기 전에 기회가 되는 대로 서로 사랑하기에 힘을 쏟아야 합니다. 이해득실을 따지지 말고 위아래를 가늠하지도 말고 남녀노소를 막론하고 교회 공동체 안에서는 그리스도의 사랑 안에서 모두가 연결된 존재라는 것을 깨닫고 서로 사랑을 실천해야 합니다. 우리가 서로 사랑할 때 그 관계에 하나님이 계시는 것입니다.

그래서 우리가 서로 사랑할 때 서로 안에서 하나님을 발견하게 됩니다. 사랑을 한다고 해서 모두가 신이 되는 것은 아닙니다. 그럴 수도 없습니다. 그럴 가능성은 있을지는 모릅니다. 그럼에도 사람들은 사랑 안에서 하나님의 현존을 보고 서로에게서 신의 모습을 보기를 원합니다. 따라서 이제 교회 공동체가 서로 사랑으로 취할 때가 되었습니다. 미움과 다툼, 시기와 질투, 쟁론과 갈등 등으로 얼룩진 교회 공동체가 아니라 적어도 서로 사랑으로 하나의 마음을 품을 수 있어야 사랑에 취했구나, 하는 것을 알 수 있을 것입니다. 명심해야 할 것은 사랑을 잃게 되면 하나님까지도 잃을 수 있다는 사실입니다. 하나님은 사랑의 실제이기 때문에 그렇습니다. 하나님을 꼭 빼닮은 예수님의 사랑을 구현함으로써 세상으로 하여금 우리가 매일 그분을 포옹하고 있다는 것을 알게 해주어야 할 것입니다.

35

신앙 형식의 오류와 고통

루가 7,36-50

사람에게 도덕과 규정이란 참 무섭습니다. 자신이 배우고 체득한 도덕이나 윤리, 그리고 가치 판단들은 절대적일 수 없을 터인데, 우리는 그것을 보편적인 잣대인 양 모든 사람들에게 들이댑니다. 신앙도 그렇게 굳어지는 모양입니다. 무엇을 믿는다는 것, 그래서 그 신앙을 지키기 위해서 그 신앙적 이념 이외의 다른 삶은 결코 인정을 하지 않습니다. 수많은 다양한 삶들이 존재하고 그 삶들은 저마다 고유하고 소중합니다. 게다가 삶에는 독특한 그 나름대로의 이야기가 있습니다. 사연이 없는 삶이 없다는 말입니다. 삶에는 희노애락이 다 담기고 생로병사가 존재하는데 우리는 일정한 범주로 타자의 삶을 인정사정없이 재단합니다. 그것이 타자에게 상처를 안겨 줄 뿐만 아니라 폭력이 될 수 있다는 것을 모르는 것 같습니다. 그저 자신의 신앙을 지키기만 하면 될 뿐, 자신의 신앙적 이념이 무너지게 만드는 악의 요소를 제거하기만 할 뿐 그 이외의 아무런 관심이 없습니다. 초월적 존재 혹은 절대 이념을 내가 믿는다는 것은 참으로 좋은 일인데, 마치 내가 그 무한자가 된 듯이 판단을 하는 어리석음을 범하기도 합니다.

초월적 존재는 울타리가 없으며 경계가 없습니다. 만일 그가 어떤 한계를 가지고 있다면 인간과 같은 유한자라고 말해야 할 것입니다. 하지만 우리는 그와 같은 유한적인 존재를 믿는 것을 믿음이라고 말하지 않습니다. 그럼에도 신자들은 자신의 인식 한계 내에다 신을 가두어 두고 그 인식 체계에 따라서 타자를 질타하고 공격하고 비난하며 심지어 정죄를 합니다. 내가 믿는 바와 다르다고 해서, 내가 믿는 신앙 체계와 다르다고 해서 불편하게 생각하고 타자를 동일한 영역에다 놓고 동일한 신앙 체계 안에 있어야 한다고 강요를 합니다. 그 사람이 살고 있는 삶의 가치와 영역, 그리고 그 고유성을 외면하고 아예 동일한 신앙 체제로 들어와야 한다고 협박과 위협을 가하는 것을 볼 수 있습니다. 크리스틴 델피Christine Delphy는 "타자는 개인적으로 혹은 집단적으로 그가 드러내는 어떤 특징 혹은 결함 때문에 박해받는 것이 아니라 처음부터 우리가 그를 '타자'로 지시하는 바로 그 순간부터 박해받는다"라고 말했습니다. 누가 그러느냐고 항변을 할 수도 있지만 가만히 자신의 내면을 들여다보면 신앙의 전통과 정신 안에 고착화되어 있어서 자신을 객관화시키지 못하는 신앙인일수록 문제가 심각합니다. 유대인들이 자신의 율법의 형식과 내용에 따라서 타자의 신앙을 판단하고 또 교정하기를 바라지만, 실상 그것은 여러 해석들 가운데 하나의 해석일 뿐이지 절대적이지 않은 것입니다.

율법은 신앙의 본질, 초월자의 의지를 담아내는 형식에 지나지 않습니다. 삶의 수많은 사건과 신앙의 파편화된 모습들을 다 판단하기에는 부족합니다. 그러니 해석을 할 수밖에 없습니다. 해석이란 모름지기 어떤 맥락에서 이루어지느냐에 따라서 달라질 수 있습니다. 그것 역시 절대적인 해석이란 있을 수가 없습니다. 자칫 잘못 해석을 하면 사람을 소외시킬 수도 있으며 극단적으로는 죽일 수도 있습니다. 율법과 그 해석은 공동체의 삶과 신앙을 존속시키고 유지하기 위한 수단입니다. 공동체가 먼저이기 때문에 개인의 의지와 특수한 삶의 모습, 그리고 지향성은 별로 중요하지 않습니다. 오로지 공동체 속의 개인이 있기 때문에 공동체의 신앙 관념이나 이념에 부합되지 않으면 가차 없이 솎아 내야하고 구분과 구별, 차별을 통해서 하나의 일치된 공동체를 만들어 가야 합니다. 공동체를 위해서 개인은 고통을 겪을 수밖에 없습니다. 에밀리 디킨슨은 "크나큰 고통을 겪고 나면, 형식적인 감정들이 온다"After great pain, a formal feeling comes는 말을 하면서 "신경은, 마치 무덤에서처럼, 의식儀式을 치르듯 가라앉고/ 뻣뻣한 심장은 묻는다. '견뎌낸 게 그인가요? 어제인가요 아니면 수천 년 전 일인가요?'"라고 노래했습니다.

고통을 겪고 나면 남는 것은 형식만 있는가 봅니다. 삶을 송두리째 빼앗겨 버리는 순간이 다가올 때 우리는 아무것도 의식할 수 없게 됩니다. 우리가 의식하는 뿌리조차도 타자를 판단하는 사람들에 의해서 흔들리고 내가 가진 고유한 삶과 신앙의 내용을 포기해야 하기 때문입니다. 그것처럼 고통스러운 것이 또 어디 있을까요? 타자가 나를 인정해 주지 않는 공동체는 고통스럽습니다. 그러니까 차라리 신앙과 삶의 내용이나 질료의 아름다움을 꾸미려고 하기보다는 그저 한갓된 형식으로만 일관하려고 하는 그야말로 빈껍데기의 신앙을 고수하다가 마는 것입니다. 거기에 무슨 신앙의 성숙과 발전을 기대할 수 있을까요? 신앙 권력을 가진 타자의 잣대가 중요한 것이 아니라 나 자신의 신앙적 반성, 자기 스스로의 신앙적 정초가 더 중요합니다. 자기가 깨닫고 초월자의 마음을 헤아리려고 하는 신앙 태도가 견지되어야 하는 것이지 성문법화 되어 있거나 불문법화 되어 있는 규준으로 단지 문자나 전통, 관습만을 따져 가며 타자의 삶의 특수성을 가볍게 취급해버린다면 그것처럼 위험한 것이 없습니다. 율법은 결국 그것을 통해서 초월자를 지향한다는 것에 의미가 있는 것이지 그 문자를 통해서 일일이 삶을 재단하려고 결벽증이나 강박증에 빠지라는 얘기가 아닙니다. 그럼에도 의지와 영혼이 보이지 않는 초월자를 향해 시선을 맞추는 것보다 문자라는 쉬운 매체가 있으니 그 범주로 모든 것을 판단하고 규정하는 것이 얼마나 쉽겠습니까? 그 쉬운 신앙적 방법이 신앙을 가볍게 만드는 것이고 초월자와의 씨름을 하지 않는 신앙의 불성실함이 타자를 고통으로 빠져드는 결과를 초래하는 것입니다. 더군다나 프랑스 철학자 기욤 르 블랑Guillaume LE BLANC이 말한 것처럼, "낯선 목소리는 처음부터 누구의 것도 아닌, 전혀 인정되지 않는 주체의 목소리로 분석"됩니다.

그러므로 신앙은 신앙 의식과 반성을 통해서, 스스로에 의해서 정초된 신앙적 성찰을 통해서 나의 약함과 죄성을 깨닫는 훈련을 해야 합니다. 단순히 덮어놓고 믿는 것이 아니라 타자와의 관계성 속에서 정초된 신앙적 물음으로 서로 배려하고 이해할 수 있도록 열려진 신앙 감각을 가져야 합니다. 그렇게 하다 보면 신앙적인 전통과 성문화된 율법보다 사람을 바라보는 하나님의 사랑스러운 눈빛이 더 소중하다는 것을 알게 됩니다. 상호주관적 신앙 성찰, 신앙의 타자를 주체로 인식하고 그 주체가 가진 삶과 신앙의 다름이 왜 발생했는가를 진지하게 묻고 그 신앙의 반성적 의식을 통하여 타자를 이해하고 사랑하고 용서할 수 있어야 합니다. 그 성찰적 신앙 인식을 가진 사람이 하나님 앞에서 자신의 약함과 죄성을 겸손하게 깨닫습니다. 항상 자신의 내면을 살피는 사람이기에 피상적이거나 형식적이지 않고 더 구체적으로 하나님에 대한 사랑을 표현하려고 노력을 하게 됩니다. 자신이 하나님 앞에서 삶과 신앙에 있어 빚진 자라는 인식을 가진 사람은 신앙적 권력을 쥐고 있는 타자의 판단과 시선보다 하나님의 마음을 더 깊이 생각하기 때문입니다.

예수께서는 그러한 겸손한 신앙인을 더 높게 생각하십니다. 그가 신앙의 흉터를 가지기 전에 하나님의 마음으로 감싸 안는 것이 더 급선무라는 사실을 모를 리 없습니다. 신앙적 반성을 통하여 자신이 누구인가를 철저하게 깨닫는 사람이 구원을 받을 수 있는 가능성에 열려 있습니다. 그러므로 율법이나 도덕, 자신의 신앙적 기준을 운운하면서 타자를 규정하려는 것을 경계해야 합니다. 그것은 구원과 하등의 관계가 없습니다. 단지 구원을 위한 표층이나 형식에 불과합니다. 구원의 심층과 표층을 구분하지 못하면 자신은 의인이고 타자는 죄인이라는 배타적 의식과 기이한 신앙 우월의식에 빠지고 맙니다.

구원은 도덕에 있지도, 율법에 있지도, 잘난 신앙 관념과 전통에 있지도 않습니다. 구원은 개별적인 인간의 성찰적 몸부림, 성찰적 고통을 통한 하나님을 향한 지향에 달려 있습니다. 공동체나 집단의 질서를 유지하고 정체성을 견고하게 하기 위한 신앙 의식의 일치와 동일성이 마치 신앙의 척도인 양 호도하지도 말아야 합니다. 그것으로 신앙 권력을 가진 자처럼 행동하고 타자를 고통스럽게 하는 사람은 구원하고는 별개의 삶을 사는 것이나 다름이 없습니다. 그저 허리를 굽혀 자신의 뼈저린 신앙적 성찰을 통해서 일념으로 구원을 바라는 이에게만 구원은 즉각적이요 현실이라는 것을 보일 뿐입니다. 그래서 신앙은 항상 자기 외부에 시선을 두는 것이 아니라 자신의 내면에 두어야 하는 것입니다. 구원이 형식이 되지 않으려면 자신의 내면으로 들어가야(돌아가야) 할 일입니다.

신앙의 무한퇴행과 하나님의 자비

마태 6,24-34

예나 지금이나 먹고 사는 문제는 중대한 사안입니다. 그 의식주의 문제가 전부가 될 수는 없지만 그로 인해 인간은 노동을 하고 또 자기실현을 하기도 합니다. 그래서 인간은 그 의식주의 문제를 항상 독식하고 싶어 합니다. 불안의 근본적인 문제이기 때문입니다. 의식주가 확보되지 않으면 불안과 걱정에 휩싸입니다. 심지어 극단적인 선택을 해서 어떻게든 그 문제를 극복해 보려고 애를 씁니다. 하지만 성서는 그 의식주의 문제에서 좀 초연하라고 가르칩니다. 복음서에서는 하나님이냐 아니면 재물이냐 하는 식으로 이분도식에서 선택할 것을 종용하고 있지만 그리 간단한 문제가 아닙니다. 다만 신앙이란 의식의 성숙이고 진정한 인간다움을 지향한다는 것을 의미한다면, 물질은 항상 부차적인 것이어야 합니다. 그것이 우선순위가 되면 의식과 정신은 초월자를 향한 마음을 갖기 어렵습니다. 육체적인 안락과 안정을 취하게 되면 정신적인 가치에 대해서는 우선순위가 되지 않을 것입니다. 신앙에서 제1순위는 하나님 자신이어야 하지 그것을 대체한 존재나 사물이 되면 안 된다는 것을 강변하고 있는 것입니다.

물질을 대할 때도 의식이 개입되어 깨어 있어야 하고, 그 순간에서도 하나님의 존재를 떠올려야 합니다. 물질에 마음이 있는 것이 아니라 하나님께 마음이 있다는 것을 계속해서 보여주어야 합니다. 하나님이 우리의 존재 근거가 되어야 하는 것이지 물질이 우리의 존재 근거가 되어서는 안 되기 때문입니다. 따라서 무슨 일을 하든 물질은 하나님을 드러내는 수단이 되어야 하지 목적 그 자체가 되어서는 안 됩니다. 주객이 전도되어서 물질을 잘 다루는 사람이 마치 하나님의 뜻에 부합하거나 하나님을 늘 마음에 두고 있는 성공적인 사람으로 일컬어지는 것은 신앙적이지 않은 모습입니다. 그것은 그저 현재의 안정적인 삶을 살기 위한 심리적인 장소를 찾는 퇴행에 지나지 않습니다. 지금까지 역사를 보면 물질을 추구한 사람보다 그것을 뛰어 넘어 늘 정신적인 가치나 영적인 가치에 초점을 맞춰 살려고 했던 사람들이 사람들에게 좋은 에너지를 주었습니다. 또한 그들로 인해서 인류의 정신이 진보해 왔다고 볼 수 있습니다. 그러므로 그리스도인이 물질이 아니라 하나님에게 지향점을 둔다는 것은 인류의 역사와 정신, 그리고 삶의 깊이를 다른 척도로 자리매김하게 만드는 것을 뜻합니다. 물질이 아니라 하나님을 선택한다는 것은 마음과 자아의 고양을 통해서 사회 전체의 의식을 차원 높은 곳으로 이끌려는 신앙의지인 것입니다. 지금 우리 사회에 필요한 것이 바로 이것입니다.

물질에 대한 의식에서 하나님을 향한 열정과 관심으로 전환하면 삶이 궁핍해지지 않을까 하고 염려할 수도 있습니다. 하지만 예수께서는 인간이 아닌 하찮다고 여기는 미물도 돌보시는 하나님의 자비로움을 말씀하시면서 신앙인은 그 넓고 깊은 자비에 기대야 할 것을 깨우쳐 주고 있습니다. 이는 신앙인이 하나님의 자비하심에 의탁해서 살아야 할 존재임을 말하고 있는 것입니다. 의식주의 문제, 즉 물질의 문제에 관심을 두어 하나님에 대한 인식의 순간과 기회를 빼앗기지 말아야 합니다. 자비는 한없이 베풀어지는 데도 그것을 인식하지 못하는 사람에게는 늘 부족한 것이고 심지어 부재한 것이나 다름이 없습니다. 그런데 가만히 생각을 해보면 하나님의 자비는 없었던 적이 없습니다. 언제고 당신의 자비는 사방에, 항상 있었지만 그 자비로움을 깨닫지 못했을 따름입니다. 그리고 동시에 그 자비를 인식하는 신앙 주체는 그 자비마저도 독점하려고 할 뿐 나누고 싶어 하지 않았습니다. 하나님의 자비가 편만해 있다는 것은 결국 그 자비의 베풂은 주위에 있는 동료들로부터 나오기 때문입니다. 자비의 확산과 자비의 수혜의 원천은 분명히 하나님이시지만, 그것을 인식하는 사람들이 그 자비를 가난한 사람들과 공유하지 않는다면 자비는 늘 단절이고 궁핍한 것처럼 보일 뿐입니다.

걱정과 염려 대신에 만물을 돌보시는 하나님의 자비를 쳐다보는 신앙적인 의식이 절실하게 요구되는 것은 바로 이 때문입니다. 그런데 그 자비를 인식하는 주체와 같이 자비를 통해서 의식주의 문제가 해결되기를 바라는 또 다른 신앙 주체가 함께 하나님의 자비를 바라보아야 합니다. 경제적인 궁핍과 좌절, 곤란과 어려움을 겪는 이들에게 하나님의 자비로운 마음으로 다가갈 수 있기 위해서는 하나님과 같은 자비로운 심정을 갖지 않으면 안 됩니다. 하나님의 자비를 無로 돌리지 않기 위해서라도 그 자비로운 마음 안에서 물질을 사랑하는 마음이 조금도 섞이지 않도록 순수한 영혼을 견지해야 합니다. 오염되고 죄스러운 마음으로는 맑고 순수한 초월자를 마음에 두고, 그의 원천으로부터 나오는 자비를 사회 공통의 자비로 내놓을 수 없습니다. 하나님의 자비는 그리스도인 공통의 자비요 사회 공통의 자비입니다. 사적 자비는 물신주의로 빠지기 쉽지만 공적 자비는 가난한 사람들과의 사랑의 연대로 승화됩니다. 물질로 인해서 무한한 퇴행으로 병리적 인간이 되지 않으려면 하나님의 자비로 초월과 초연을 자꾸 연습해야 합니다. 자비는 놓게 만들고 공유할 수 있는 여유를 주며 하나님의 의지를 나의 의지로 받아들일 수 있게 합니다. 이제라도 하나님의 자비에 의존하여 하나님께 속한 사람으로 살아가도록 해야 합니다.

예수께서는 신앙인이 비신앙인과는 다른 의식을 가지고 살기를 바라십니다. 신앙에 대한 진지한 사유를 하지 않는 비신앙인에 비해 신앙의식을 가진 사람은 뭔가 다르다는 것을 보여줄 필요가 있습니다. 이미 내가 필요로 하는 것들을 다 알고 계시는데, 구태여 또 하나님의 자비를 통해서 자신의 욕망을 충족하기를 바라는 것은 비신앙인과 다를 바가 하나도 없다는 것입니다. 도리어 신앙인이라면 하나님의 뜻, 하나님의 나라, 하나님의 정의라는 존재론적 지향성에 바탕을 두고 신앙생활을 해야 합니다. 다시 말해서 신앙인은 물질 염려로 하나님의 일을 해야 할 기회나 시간을 잃어버리면 안 된다는 것입니다. 신앙인에게는 하나님의 일, 하나님에 대한 사유를 중심으로하여 살다가보면 물질의 행복은 저절로 따라붙게 됩니다. 적어도 신앙인이라면 하나님의 일과 물질적 욕구나 욕망을 동급으로 취급하는 일은 없어야 합니다. 신앙인의 자유로움은 우연적인 물질을 선택하는 것을 지양하고 무게 중심을 하나님을 위한 경험과 하나님을 향한 경험에다 두는 데 있습니다. 물질을 추구하는 것은 신앙인이든지 아니면 비신앙인이든지 다 할 수 있는 일이지만 초월자의 의지를 구하고 그에 부합해서 살아가려고 하는 것은 차이의 신앙을 자신의 삶의 형식으로 삼으려는 강한 의도가 담겨 있습니다. 그러므로 물질에 대한 욕망을 내려놓고 적어도 그 욕구만큼은 그때그때 충족이 되면 그만이라는 담대한 용기가 필요합니다. 아직 오지 않은 지금을 위해서 지금 와 있는 현재를 소중하게 여기지 못하고 깨어 있지 못한다면 그것은 비신앙적 행태입니다. 의식주의 문제와 걱정을 미리 앞서 하지 말라는 경고는 하나님을 향해 깨어 있지 못하고 이웃을 위해서 마음 쓰지 못하는 지금이 발생할까봐 그런 것입니다. 자신의 의식주의 문제는 오늘만 걱정하면 됩니다. 내일 일은 내일이 걱정하게 하면 될 뿐입니다. 그것은 그런 의미에서 나의 일이 아닙니다. 하나님의 자비를 바라고 온전히 그 자비 안에 머물기를 바라는 신앙인에게는 걱정이 자신의 일이 아니라 내일, 곧 시간의 일이라는 것을 알게 됩니다. 그 시간이 되면 또 하나님의 자비가 시간을 뚫고 들어오기 때문에 염려를 할 시간이 없습니다. 시간은 그저 시간 자신을 걱정하도록 해야지, 인간이 시간의 일을 걱정하면 유한자의 한계를 벗어나지 못하는 신앙의 궁핍에 시달리고 맙니다. 물질, 즉 의식주의 문제는 걱정한다고 해결되는 것이 아니라 하나님의 자비의 시간 안에서 인내로서 주어지는 은총입니다. 그래서 궁핍의 때, 의식주가 요구되는 때를 넘어선 신앙인은 시간 안에 있지만 시간을 넘어서 있습니다. 그는 늘 하나님의 자비의 시간 안에 존재하기 때문입니다. 그 시간은 관념이 아니라 존재의 충만, 있음^{sein}의 하나님을 우선으로 생각하는 신앙인에게 '있을 것을 있게 하는 시간'입니다.

37.

신앙의 주이상스 회복

마태 9,14-17

    사람들이 단식을 하는 이유는 여러 가지가 있습니다. 건강한 몸을 유지하기 위해서, 혹은 반대로 건강의 적신호 때문에, 혹은 다이어트를 위해서 등 단식의 사연은 많습니다. 종교적인 이유에서는 몸이 요구하는 음식물을 절제함으로써 자신의 신앙과 삶을 성찰하고 나아가 신과의 관계를 더 돈독하게 만들기 위해서입니다. 하지만 그보다 더 근본적인 것은 삶은 고사하고 신앙까지도 위기가 찾아옴으로써 그 우울과 무의미, 정신적 황폐함을 극복하기 위해서라고 말할 수도 있습니다. 그러므로 이 상황은 즐겁고 기쁜 마음의 상태가 아닙니다. 그럴 때 우리는 사활을 걸고 곡기를 끊어가면서까지 신과 일대 씨름을 벌이기도 합니다. 신앙의 우울을 기쁨과 의미로 바꾸기 위한 몸부림이라고 해도 과언은 아닐 것입니다. 분명히 신앙생활을 하면 신앙의 주이상스jouissance, 즉 향락이나 향유, 혹은 기쁨의 삶이 전개가 되어야 함에도 불구하고 그것이 어떠한 조건에 의해서 억압이 된다거나 방해가 될 때 우리는 우울해지고 심지어 어떤 삶의 의미 조차도 상실하게 되는 것입니다.

신앙과 삶이 우울한 상태가 지속이 된다는 것은 결코 좋은 현상이 아닙니다. 신을 믿고 있는데도 여전히 죄의식이 사로잡혀서 가끔이라도 자신의 죄성을 털어내기 위한 심리적 기제로서 단식을 하면 마음이 가벼워질 수도 있을 것입니다. 삶의 문제에 봉착해 있을 때 곡기를 잠시 끊고 신에게 마음을 의존하면 심리적 안정과 함께 기적 같은 일을 경험할 수도 있습니다. 하지만 그와 같은 상황은 한결같이 우울입니다. 마음이 상승되어 자발적인 이성을 통해 무엇이든 할 수 있는 상태가 아닙니다. 의존적이고 무기력한 상태를 일컫습니다. 만일 우리가 예수님과 함께 있다고 하면, 아니 그분이 실제로 나와 함께 하고 있다는 확신이 있다면 죄에 대한 의식과 삶의 여러 가지 문제로 인해서 유아기적 퇴행으로 치닫는다는 것은 성숙하고 건전한 신앙인의 모습이라고 보기 어렵습니다. 예수께서는 그러한 우울, 슬픔의 상태에 있는 단식을 거부하고 나무라신 이유가 여기에 있습니다. 인간이 하나님을 믿는 존재라면, 그리고 그분의 현존을 인식하는 존재라면 우울해서, 혹은 매번 죄의식에 사로잡혀서, 그리고 인생의 문제가 잘 해결되지 않는다고 슬퍼한다는 것은 신앙적이지 않다는 것입니다.

예수께서 생각하신 신앙이란 잔치와도 같아야 한다고 보았습니다. 하나님을 믿으면 즐거워야지 왜 슬퍼해야 하고 우울해야 하는가, 라는 문제의식을 제기한 것입니다. 어쩌면 그리스도인은 자신이 신앙이 있다는 것을 스스로 우울과 슬픔을 통해서 드러내고 있는지도 모르겠습니다. 하나님을 바라보면 늘 뭔가 부족하여 죄의식에 잡히거나 그분의 의지대로 살지 못하고 있다는 생각에 마음이 편하지 않습니다. 무거운 짐을 가지고 있으며 하나님의 기대치에 미치지 못하는 자기 자신을 증오하기도 합니다. 그러므로 주기적으로 단식이라도 해서 그 마음의 부담을 덜어내는 행위를 해야 직성이 풀린다고 생각하는 것이 당연할 수도 있습니다. 하지만 예수께서는 그것이 더 문제라고 지적하고 있습니다. 신앙은 그런 식으로 주이상스를 억압하면 할수록 더 병리적인 인간이 될 수밖에 없다는 것을 간파한 것입니다. 주이상스는 인간의 본능입니다. 기쁨을 추구하고 쾌락을 갈망하는 것은 지극히 자연스러운 것인데 그것을 억압하여 분출하지 못하도록 하니까 더 병이 생기는 것입니다. 왜 기쁨과 쾌락을 추구하면 안 되는 것일까요? 특히 신앙에서는 즐겁고 명랑하며 기쁜 마음으로 신을 대하고 말과 행위로서 그것들을 표현하면 안 되는 것일까요? 그것을 억압하고 우울하고 슬픈 표정을 지어야만 신앙이 있다고 평가를 받는 것일까요?

예수께서는 여기에 제동을 걸고 계십니다. 신앙은 즐거워야 하고 기뻐야 합니다. 왜냐하면 하나님이 우리와 함께 계시기 때문입니다. 그리스도께서 우리와 함께 하심으로 우리의 삶이 기뻐야 합니다. 안정이 있고 희망이 있으며 의존해야 할 대상이 있으니 우울하거나 슬퍼야 할 이유가 없습니다. 예수께서는 신경증이나 강박증과도 같은 우울이나 과도한 슬픔은 신앙과 삶에 장애가 된다는 것을 잘 알고 있었습니다. 적어도 당신과 함께 있는 한 그렇게 해로운 심리적 걱정과 불안, 그리고 믿음의 냉소적인 파괴는 극복될 수 있다는 것을 알려주신 것입니다. 그럼에도 우리는 그러한 신경증이나 강박증과도 같은 신앙 태도를 버리지 못합니다. 에피쿠로스는 "행복은 쾌락에 있다"고 보고, 쾌락은 선이고 고통은 악이라고 생각했습니다. 물론 그가 주장한 쾌락이란 정신적인 쾌락에 가깝습니다만, 그것을 완성하기 위해서는 아타락시아^{ataraxia} 즉 무욕을 훈련해야 한다고 했습니다. 마음이 혼란하지^{tarache} 않은^a 고요한 상태, 마음의 평정 상태를 일컫는 것입니다. 이처럼 쾌락은 악이 아니라 인간의 근본적인 성정이요 추구해야 할 윤리적인 가치로까지 논하고 있는 것을 볼 수 있습니다.

예수님을 일종의 정신분석가로 상정한다면, 그는 우리의 신앙과 그에 따른 우울증과 슬픈 죄의식에 사로잡힌 상태에 있는 심리에 대해 정확한 해석을 하신 것입니다. 그러한 신앙이 즐거워야 하고 기뻐야 한다는 것에 대해서 '저항'을 일으킬 수 있습니다. 신앙인들은 자신들에게 기뻐하는 신앙, 쾌락을 추구하는 신앙으로 전환해야 한다고 말할 때, 거기에 협력하기를 원치 않으며 오히려 방어적 반응을 나타내면서 거부하려고 할 것입니다. 예수께서 낡은 사고방식과 새로운 사고방식이 충돌을 일으킬 때는 새로운 사고방식에 적응해야 한다고 가르쳤습니다. 낡은 의식, 과거의 신앙적 산물과 전통에 얽매어서 스스로 신경증 환자나 강박증 환자가 되는 것처럼 신앙생활을 하지 말라는 것입니다. 우울증에 걸린 신앙에서 기쁜 쾌락을 추구할 수 있는 새로운 종교가 필요하다는 것을 역설하고 있습니다. 예수께서는 결코 우울의 종교가 아니라 기쁨의 종교, 쾌락의 종교를 원하고 있는 것입니다. 자신의 신앙 내면을 통찰하지 못하고 우울의 종교로 돌아가려고 할 때 신앙은 병리에 빠집니다. 신앙적으로 마치 정신적으로 문제가 있다는 것을 인식하지 못하는 것은 물론 무의식의 병리적 징후를 치유하지 못하고 자신의 신앙을 고집하게 됩니다.

신앙의 환자란 얼마나 무서운지 모릅니다. 그는 계속해서 가면을 쓴 채 진정한 신앙과는 다른 이질적인 세계에 빠져서 그것을 전부라고 인식합니다. 신앙의 이상적인 증후들, 즉 강박증, 공포증, 불안, 우울증 같은 병리적 징후들을 끊임없이 억압하면서 신경증적 상태로 일관하게 될 것입니다. 예수께서는 바로 이러한 신앙적인 이상 징후들을 제거해 주시려고 하셨던 것입니다. 과거로 퇴행하려고 하는 신앙인들에게 현재의 신앙을 직시하고 미래로 나아가도록 만들어 주신 것입니다. 미래의 종교는 기쁨의 종교, 잔치 집처럼 흥이 있는 종교, 즐거움이 있는 종교가 되어야 한다는 것을 좌표로 제시해주었습니다. 그것을 받아들일 것인가 말 것인가는 우리의 자유이지만, 우리는 그것이 자유가 아니라 강력한 저항과 거부라고밖에는 말할 수 없을 것입니다. 설령 예수께서 말씀하신 것이라 하더라도 우리의 고착화된 믿음, 병리적인 믿음이 그것을 저항하고 있는 것이나 다름이 없습니다. 그렇게 될 때 우리는 신앙과 마음은 찢어지고 갈라지면서 여전히 수치심만 더 커질 뿐입니다.

신에 마음에 흡족하지 들지 못하는 우리의 신앙에 대해서 수치스럽게 여기면서 과도한 겸손이 참된 신앙인 것처럼 착각한다면 우리는 병리적 신앙으로부터 빠져나오지 못할 것입니다. 다른 사람들이 말했던 이와 같은 강박적 욕구를 거부하고 스스로 억압했던 기쁨과 쾌락의 신앙을 충족하기 위해서는 자신의 신앙을 학대하지 말아야 합니다. 또한 신앙의 회복이 지연되지 않도록 우리 스스로 신앙을 잘 분석하고 통찰할 필요가 있습니다. 더 이상 자신의 무의식적 욕망을 왜곡하거나 경멸하지 마십시오. 애초에 쾌락은 나쁜 것이다, 명랑은 천박한 것이다, 우울함이 진지한 것이다, 등등 마치 마조키즘적인 신앙을 강요받고 그렇게 학습 받아왔다면 이제는 예수께서 내려 주시는 처방에 귀를 기울여야 합니다.

38

자신의 얼굴을 나타내라

루가 10,1-12, 17-20

사람을 죽도록 사랑해본 적이 있습니까? 그 사람을 위해서 무엇이든 해주고 싶은 적이 있습니까? 사랑하면 자기 자신보다 상대방이 먼저 보이는 법입니다. 그 사람을 위해서 끊임없이 채워주고 쏟아주고 싶은 심정이 가득하게 됩니다. 예수께서는 하나님의 나라가 이 땅에 다가왔다는 것을 전하는 사람들을 뽑으시고 짝을 지어 방방곡곡을 돌아다니게 하셨습니다. 하나님을 위한 사랑을 실현하는 길은 그분의 나라가 다가왔다는 것을 전하는 것임을 알았던 것입니다. 예수께서는 하나님을 지극 정성으로 사랑하셨습니다. 그분의 뜻이라면 물불을 가리지 않고 전하려고 하셨습니다. 사랑은 그렇게 미치는 법입니다. 하나님을 거울삼아 그분의 뜻을 받들고 하나님 안에 자신이 있다는 것을 한시라도 잊은 적이 없었습니다. 그러므로 예수께서는 온 백성이 하나님을 자신들의 마음 바탕으로 삼아 살기를 바라셨습니다. 자신이 하나님을 거울삼아 사셨던 것처럼 말입니다.

임의진의 시집「버드나무와 별과 구름의 마을」작은 것이 아름답다에서 "거울 속에 비친 사랑"이 등장합니다.

> 이렇게 생긴 사람을
> 지독하게 사랑했던 걸까
> 이 사람 얼굴이 바로 그 얼굴인가
> 애증으로 타올랐던 사람
> 전생에 사랑했던 사람
> 그 사람 얼굴을 갖고 태어난다지
> 다음 생이 있다면 누구 얼굴로
> 나를 삼을까
> 순간 떠오르는 얼굴이 있다
> 한없이 사랑하고
> 죽도록 미워한 사람.

내가 나의 거울이 되고자 한다는 것은, 그만큼의 책임이 뒤따르게 마련입니다. 누군가의 얼굴이 되어 모범이 된다는 것도 어렵지만 내가 나 자신의 얼굴이 된다는 것은 내 안에 그만한 인격과 사표가 자리 잡고 있지 않은 이상 불가능합니다. 얼굴을 만들고 얼굴이 인격이 되어 그 얼굴을 말하려고 하는 사람은 암암리에 자기 자신에게 영향을 준 영성적 신체가 있어야 합니다. 우리는 그것을 하나님, 초월자, 그리고 예수로 삼고자 하는 것입니다. 미셸 푸코M. Foucault는 "육체란 신체의 주관성이고, 그리스도교적 육체란 바로 이 주관성"이라고 말합니다. 마찬가지로 예수님의 신체성이 우리 안에 주관성으로 자리하고 있다면, 그것이 자기의 얼굴이 될 것입니다. 자기의 얼굴을 자신 있게 전하고 말할 수 있는 사람이 진정한 그리스도인이어야 합니다.

우리가 전하는 것, 밝히는 것, 명료하게 전달하려는 것은 예수님의 얼굴인데, 그것은 나한테서 발견할 수 있을 때 가능한 일입니다. 추수는 그렇게 하는 것입니다. 추수는 1차적으로 자신의 얼굴이 드러나는 것, 2차적으로는 그 얼굴의 씨앗을 알게 하는 것입니다. 사람들을 모으고, 종교 집단을 양적으로 성장시키는 것이 추수가 아니라, 자신의 얼굴이 신앙의 얼굴이 되는지, 자신의 얼굴에 근원이 되는 씨앗이 있는지를 볼 수 있게 하는 것이 선교요, 종교의 목표가 되어야 합니다. 자신의 얼굴을 모형으로 하지 못하면서 남의 얼굴을 탓으로 하고, 얼굴의 본체에 숨어 있는 존재를 드러내지도 못하면서 선교를 운운하는 것이 얼마나 어불성설인지 모릅니다. 그래서 평화라고 하는 것도 그냥 빌어지는 게 아닙니다. 타자에게 "평화"를 외친다고 해서 평화가 만들어지고 평화적인 관계가 성립되는 것이 아니라, 평화로운 얼굴을 가지고 가야 평화가 임합니다. 평화는 고차원적인 지식, 의식이나 권력 관계가 아니기 때문에 더욱 그렇습니다. 잔뜩 주눅 들어서 얼굴과 얼굴이 경직된다면, 그 얼굴의 본체 뒤에 있는 존재가 서로 만나지 못합니다. 그러니 평화가 발생할 수 없는 것입니다.

평화를 말한다고 하더라도 그 관계가 쉽게 맺어지지 않을 수도 있습니다. 평화를 자유로운 유희로 생각하는 것이 아니라, 이익 관계나 그것을 위한 무한한 연기delay로 생각하는 잠정적인 관계로 생각하기 때문입니다. 그런데 거기에서는 아무런 변화가 일어나지 않습니다. 선교, 즉 예수님의 이름을 가지고 가는 사람은 평화의 사건을 발생시키는 사람들, 평화를 일구는 사람들이 되어야 하는데, 단지 소리 이름만을 들고 나가는 경우가 많기 때문입니다. 예수님의 이름은 평화를 상징합니다. 예수님의 이름은 평화를 목적으로 합니다. 그것의 대가는 나와 타자와의 관계적 평화일 뿐이지, 그 외에 아무것도 아닙니다. 그런데도 그리스도인은 사람을 데려오는 것, 사람을 일정한 공간에 채우는 것, 완전히 예수님의 골수분자로 만드는 것이라고 착각을 합니다. 양적인 선교나 예수님의 복음화를 목적으로 했기 때문에 지금까지도 그리스도교가 진전이 없는 것입니다. 정확하게는 예수 얼굴의 복음화요, 예수 평화의 복음화여야 합니다.

점점 더 그리스도교의 선교가 본질 아닌 방향으로 나아가고 있습니다. 건물을 세우고 그 건물의 공간을 채우는 방식으로 가기 때문입니다. 왜 얼굴의 인격적 공간은 염두에 두지 않고 유형의 공간만을 상정하고 있는지 모르겠습니다. 왜 자신의 얼굴 이면의 존재에 대한 인식은 각인되어 있지 못하면서 남의 얼굴에 대한 존재 발견에 대해서는 무지한지 모르겠습니다. 이제부터라도 자신의 영적 신체성에 대해서 재발견하는 시간을 가져야 합니다. 만일 선교의 본질이 예수님의 얼굴의 발견에 있다면, 발견하지 못한 이들에게는 찾도록 해주면 되는 것이고, 그 얼굴을 발견한 이들에게는 그것을 더욱 가꾸도록 해주면 되는 일입니다. 다시 말해서 신앙적 주관성을 갖게 하는 것입니다. 악을 굴복시키고 원수의 힘을 꺾는 것도 내 안에 신앙적 주관성이 없다면 할 수 없습니다. 신앙적 주관성도 없으면서 마치 자기 자신이 신의 대리자인 양, 선교의 화신인 양 호도하는 것은 과신이요 오만입니다. 신앙적 주관성을 갖게 되면 나를 억눌렀던 힘으로부터 해방되고 자유로워집니다. 신앙적 주관성을 깨우치게 되면 이제 내가 사는 것이 아니라 그 신앙적 주관성에 따라서 비판적이고 반성적으로 살아가는 것입니다.

그럼에도 갈수록 종교는 종교인들의 신앙적 주관성을 깨우쳐 주기보다는 자신의 신념과 이데올로기를 심어주려고 합니다. 더 구속하고 속박하면서 자신의 권력으로 지배하고 통제하려고 합니다. 그게 선교가 아님에도 지배력을 행사하는 영역이 넓어지는 것이 선교라고 생각합니다. 그러나 교회에서 지배력이라는 것은 오직 성령이외는 없습니다. 성령만이 지배력을 행사할 수 있는 것이지 어느 누구도 종교 공동체 안에서 지배력을 가질 수 없습니다. 그 지배력에 기대어 각 신자들에게 신앙적 주관성을 깨우치도록 돕는 것이 교회의 일이고, 넓게는 선교의 역할이고 기능인 것입니다. 진리는 사라지고 선교라고 하는 것을 하면 할수록 신의 결여는 더욱 더 심해집니다. 이유는 간단합니다. 교회가 신자들의 신앙적 주관성과 세계의 비종교인의 잠재태인 신앙적 주관성을 무시하기 때문입니다. 신이 결여된 자리에는 오로지 성직자의 이념과 욕망만이 꿈틀대고 온갖 텅빈 형식이 종교 공동체를 둘러싸고 있을 뿐입니다. 이럴 때에 교회는 예수님의 얼굴을 자신의 얼굴로 하고 있는지 다시 한 번 반성해봐야 합니다. 비판적 반성이 없는 성직자와 신자들은 자신이 신앙적 주관성, 곧 예수님의 신체성이 깃들어 있지 않다고 하면 맞을 것입니다.

교회는 예수님의 신체성을 드러내는 공동체입니다. 예수님의 신체성을 깨닫고 모인 사람들이 타자에게도 그 신체성을 발견하도록 도와주겠다는 배려 공동체입니다. 거기에는 폭력성이나 강요가 아니라, 자연스러운 해방적 드러남, 얼굴의 현시가 있습니다. 온갖 권모술수와 정치적 꼼수만이 난무하는 공동체에 예수님의 신체성은 존재하지 않습니다. 예수님의 신체성은 무정형으로 존재하고 그 운동성 속에서 활발하게 움직입니다. 고정되어 있지 않고 경직되어 있지 않습니다. 선교란 그렇게 예수님의 운동성이 활발하게 움직이는 것을 말합니다. 교회는 예수님 자신의 영적 신체성이 발현되는 곳에 변화가 있다는 것을 알아야 합니다. 교회는 예수님의 신체성을 드러내어 안으로는 신앙적 주관성을, 바깥으로도 예수님의 신체성을 통한 신앙적 주관성을 자신의 얼굴을 통해서 드러내는 것이 선교임을 반드시 깨달아야 할 것입니다. 그것은 자신의 얼굴이 곧 예수님의 얼굴처럼 되려는 신앙적 의지에서 비롯될 것입니다. 당신의 얼굴은 자신이 있습니까? 당신의 얼굴을 통해 예수님이 보입니까? 당신은 예수님의 신체성, 곧 신앙적 주관성을 가지고 있습니까? 당신의 얼굴은 타자가 닮고 싶어 하는 거울입니까? 이제 당신이 답을 해야 할 차례입니다.

숨어 있는 것의 성스러운 언어 고백

마태 10,26-33

신앙이 숨어 있다는 것 kryptos이야말로 타자에게 숨기기 위해서 그런 것은 아닐 것입니다. 신앙이 부끄러워 숨기기 때문에 숨어 있는 것이 아닙니다. 신앙은 타자에게 보이기 위해서 숨어 있습니다. 신앙은 반드시 타자에게 보여주어야 합니다. 어떤 형태로든 내가 신앙이 있다는 것을 드러내야 하는데, 성서는 그것을 비밀이라고 말합니다. 다시 말해서 숨겨진 것입니다. 물론 신앙이 어떤 형태로 드러나야 한다는 것은 개별적 존재의 고백이 선하고 진실하게 밝혀져야 함을 말하는 것입니다. 신앙이 숨겨진 채로 있음으로 해서 그것을 신비하고 비밀스럽게 간직할 수 있지만, 그것이 그 자체로서 의미가 있기 위해서는 타자에게 내가 신앙이 있다는 것을 알려야 합니다. 어떤 형태는 자기가 고백하는 바, 하나님에 의한 의식과 판단에 입각한 것이어야 하는 것이지, 누군가에 의해서 학습되고 훈육된 상태의 진리가 되어서는 안 됩니다. 오늘날 자기에게 숨겨진 본래적인 신앙을 가르치고 깨우쳐 주겠다고 하는 사람들이 신자를 대상으로 여기면서 그들의 의식이 어떻게 변하는가에 대한 새로운 가능성과 신앙의 계몽에 초점을 맞추지 않습니다. 하나의 임상 대상이요, 체제를 위한 학습이나 훈육에 지나지 않습니다.

그렇기 때문에 사이비 신앙이니 이단 신앙이니 하는 것들이 등장하는 것입니다. 숨겨지고 감춰진 것의 진정성이 무엇인지는 하나님과 나와의 관계에서 성실하고 진지하게 신앙적인 질문을 던지면서 찾아갈 때 그 해답을 발견할 수 있습니다. 그런데 대부분의 신앙인들은 자신의 숨겨진 신앙을 스스로 찾기보다는 일정한 권력자에게 의존함으로써 진리를 만들어 갑니다. 진리를 찾는 것이 아니라 만들어 가는 것입니다. 진리는 각자 자신에게 은폐되어 있기 때문에 잘 볼 수 없지만, 하나님의 눈으로 자신의 내면을 바라본다면 어렵지 않게 알 수가 있습니다. 하지만 그러한 노력이 없이 안전한 권력자나 지배자에게 자신의 고백조차도 확인을 받으려고 합니다. 신앙은 결코 종속이 되거나 지배를 당하는 것이 아닙니다. 성령은 조작이나 인위적인 것을 강요하지 않습니다. 또 그렇게 만들지도 않습니다. 시리아 어느 난민 소년은 「심장의 귀환」이라는 시에서 "지금 나는 이 삶에 잔뜩 짜증이 나 있고/ 세상을 주관하는 신은 균형을 잃은 균형을 가졌다"고 읊었습니다.

신앙의 균형을 잃고 있을 때 하나님은 그 균형을 찾기 위한 균형추가 되어줍니다. 다시 말해서 하나님은 우리의 내면에 감춰지고 숨겨진 것, 그 신앙의 비밀을 타자에게 보일 수 있도록 하기 위해서 균형감을 상실하지 않도록 해줍니다. 삶이 고통스럽고 힘들고 어려울수록 자신이 이 세계에서 어떻게 당당하게 존립할 수 있는가를 발견해야 합니다. 그것의 바탕에는 내 안에 감춰지고 숨겨진 진리를 스스로 찾는 데 있습니다. 오늘날 수많은 사건case들이 발생합니다. 사건이란 라틴어로 cadere, 즉 떨어지다 to fall라는 뜻입니다. 우리에게 떨어지는 것, 우리에게 상처를 입히는 것, 우리에게 일어나는 것, 우리에게 닥치는 것, 주사위가 구르는 것처럼 우리에게 떨어지는 것입니다. 그러한 상황에서 그 사건들이 하나하나 의미가 있고, 신앙적인 메시지를 가지고 있다고 말할 수 있으려면 내 안에 있는 숨겨진 것에 대한 직시가 반드시 필요합니다. 사람들에게 그것을 말해야 하고 또 설득을 시켜야 하는데, 우선 자기 자신의 내면에 있는 그 숨겨진 것에 대한 인식이 없다면 불가능합니다. 인간에게 일어나는 것에 대해서 신앙적으로 설명하고 또 신앙적으로 극복하도록 하려면 언어적 형식, 언어적 고백, 언어적 선언은 필수적일 수밖에 없습니다. 그러나 그 언어 이전에 내 안에 있는 숨겨진 것이 무엇인가, 즉 그 숨겨진 진리에 대한 명료한 인식이 먼저입니다.

설령 그 언어적 고백과 외침, 그리고 나의 숨겨진 진리에 대한 인식 때문에 목숨이 위태롭게 된다고 하더라도 신앙인으로서의 주체성과 신념이 필요합니다. 죽음의 지경에 다다를 수 있는 신앙 환경이 닥치게 될 때 그 죽음을 담담하게 받아들일 수 있는 것은 하나님에 대한 절대적인 신앙 때문입니다. 한갓 육체에 연연해서 영혼의 행복과 자유, 그리고 해방을 포기할 수 없습니다. 하나님께서는 인간에게 요구하시는 것은 육체적인 것에 연연해서 그 육체를 없애려는 모든 시도들과 악한 것들에 대해서 굴복하는 신앙인이 되지 않기를 바라시는 것입니다. 그보다 더 위대한 하나님은 인간의 육체뿐만 아니라 영혼까지도 좌지우지 할 수 있는 더 큰 능력자이기 때문입니다. 우리에게 감춰진 것, 숨겨진 것을 타자에게 언어적인 고백으로 발언할 때 자칫 심각한 어려움과 목숨을 빼앗기는 위협을 느낄 수도 있습니다. 하지만 목숨을 빼앗는다고 해서 영혼마저 양보를 하고 타협할 수 없습니다. 신앙은 결코 타협이 아니기 때문입니다. 신앙의 타협은 우리의 정신과 영혼을 굳어지게 만드는 결과를 초래합니다.

그러므로 두려워하지 말아야 합니다. 우리는 참새보다 더 귀하게 여김을 받는 존재이고 만일 당신께서 허락하지 않으신다면 어느 누구도 그 미물의 목숨조차도 함부로 앗아가지 못할 것입니다. 그럼에도 우리는 숨겨진 것에 대한 언어적 고백, 나의 심연에 있는 신성을 나타내지 못하고 말하지도 못합니다. 신앙에 대한 두려움과 불안은 결국 내 안에 있는 숨겨진 것에 대한 분명한 인식을 하지 못해서입니다. 그것을 내보일 만큼의 내 언어와 행위가 성숙한 신앙으로 변했는가를 점검해야 합니다. 내 안에 있는 숨겨진 것에 대해서 타자에게 공개적으로 힘있게 외칠 수 있는 keryksate 신앙의 자부심과 자긍심, 그리고 담대함이 있어야 합니다. 적어도 교회의 신앙이 사교적인 모임을 통해서 이루어진 어떤 공동체적인 임의의 신념 체계가 아니라면 말입니다. 더더군다나 나의 고백과 언어적 선언은 내가 예수님을 잘 안다고 하는 시인 homologesei 하는 것입니다. 동일하게 예수께서 말씀하신 말을 강조하고 반복하면서 그 언어가 갖는 의미를 말로써 표현하는 것은 예수님과 자기 자신을 동일화할 때 가능한 일입니다. 내 안에 예수께서 계시고, 예수님 안에 내가 있다는 일치의 확신이 없다면 그 말은 타자에게 전혀 설득력이 있는 언어로 들리지 않을 것입니다.

 그렇게 될 때 예수님도 하나님께 우리를 안다고 진술해주시겠다는 것입니다. 이것은 예수께서 우리와 상관이 있다, 관계가 있다, 라는 것을 증언해주시겠다는 것입니다. 반대로 우리가 예수님을 부인하거나 거부한다면 arnesetai, 그분도 역시 우리를 모른다고 말씀하실 거라는 것입니다. 그러므로 우리는 자신 안에서 예수님을 볼 수 있어야 하고, 본 것을 말할 수 있어야 합니다. 숨겨진 진리에 대한 깨달음이 있는 사람은 자신 안에 예수님의 사랑이 존재한다는 것을 알게 됩니다. 애초에 숨겨진 것에 대해서 관심조차도 기울이지 않는 사람은 자기 심층, 곧 신앙의 심연과 맞닿아 있는 예수님을 안다고 말할 수 없습니다. 신앙의 심층에 자리 잡고 있는 존재인 예수님을 두고도 멀리서 진술의 대상을 찾으려는 우리는 그분에게 거부당하는 신앙인이 될지 모릅니다. 우리가 그분의 목소리를 대신 전달하는 신앙인이라면 그 목소리를 멀리서 들을 것이 아니라 자신의 내면에서 들을 수 있어야 합니다. 감춰진 곳, 숨겨진 그 지평에서 들려오는 소리를 고백으로 말하고, 공개적으로 말하는 것이 신앙인의 자세입니다.

그러므로 숨겨진 그곳에 예수님의 목소리가 존재합니다. 숨겨진 그곳을 지향해야 하는 까닭이 거기에 있습니다. 숨겨진 그곳에는 진리뿐만 아니라 숨겨진 성스러운 언어가 있습니다. 표층의 언어, 깊이가 없는 언어가 아니라 깊이가 있으며 교양이 있는 신앙의 언어가 있는 곳이 숨겨진 바로 그곳입니다. 그곳을 발견하고 숨겨진 그 심연을 만나게 되면 고백과 선언은 타자에게 신비롭고 성스럽게 들릴 것입니다. 그 소리가 발화할 때 타자는 예수님의 언어로 받아들일 것이고, 그 언어와 행위에 동참하려는 의지가 생기게 되는 것은 당연합니다. 두려움과 떨림으로 그 언어를 받아들이고 공감하려는 사람도 있을 것입니다. 설령 부정확하고 어눌해서 몸의 언어를 통해서 전달하려는 예수님의 말씀은 강력한 시인과 인정이 아니더라도 이미 타자의 어두운 심해에 진실과 진심으로 다가서게 될 것입니다. 목소리를 대신한다는 것은 시인이고 고백이며 선언입니다. 그 목소리는 단순한 말이 아니라 숨겨진 것 그 자체에 의해서 흘러나온 거룩한 존재의 소리이기 때문입니다. 그러므로 침묵할 때는 침묵을 해야 하겠지만, 말을 해야 할 때는 많은 타자들에게 공개적으로 숨겨진 것에 대해 소리를 내야합니다. 그렇게 저마다 상실했던 존재의 목소리를 상기하고 그 목소리를 공통의 목소리로 삼을 수 있을 때까지 언어적 고백과 선언은 진정성을 가지고 계속되어야 할 것입니다. 그 고백적 언어에 모두가 함께 성스러운 존재가 될 수 있는 숨겨진 것에 대한 강력한 작용의 언어가 될 때까지 말입니다.

40

약자는 강하다

루가 10,25-37

사마리아 사람은 사회적 약자 혹은 배타적 존재나 다르지 않습니다. 동족으로도, 사람으로도 취급받지 못했던 사람은 당연히 소수자로서 자존감을 상실하며 살아가기 마련입니다. 그런 그를 아예 배제하면서 동일한 이스라엘 백성으로 보지 않았던 한 유대인을 환대하는 선한 사마리아인의 이야기는 누가 정말로 이웃을 사랑하는가, 라는 질문에 답하기 어려운 난감한 장면을 보여줍니다. 사람이 자기가 당한 만큼 갚아주기 마련인데 사마리아인은 절대로 그러지 않았습니다. 자신의 신분과 정체성을 고려한다면 사실 변방 사람인 사마리아인은 순수 혈통을 자랑하는 본토 유대인들에게 선을 베풀 이유가 전혀 없습니다. 그럼에도 그는 아무런 대가를 바라지도 않고 강도를 만난 한 유대인을 적극적으로 돕습니다. 그는 영원한 생명 zoen aionion을 얻는 자격 조건이 무엇인가를 알려주는 모범이 되는 인물입니다.

영원한 생명을 얻는 자격 조건은 예수님을 잘 믿어야 한다, 하나님을 잘 믿어야 한다가 아니었습니다. 비록 원수지간이라도 마땅히 선한 행동을 베풀어야 하는 상황이 찾아온다면 계산하지 말고 그 이웃이 가진 아픔과 고통을 외면하지 말라는 정언명령과도 같은 것을 가르쳐 줍니다. 그렇게 사랑은 경계나 벽이 없어야 합니다. 무엇을 마음속에서 재고 있거나 이해득실을 따지는 것은 사랑이라고 말할 수 없습니다. 조건이나 전제가 달라붙어 있는 것이 어찌 사랑이라고 말할 수 있겠습니까. 예수께서는 근본적으로 사랑이라는 행위가 구원을 가져다 주며 그것이 영원한 생명을 보증warrant한다는 것을 비유로서 말해주고 있는 것입니다. 이것은 어쩌면 파격입니다. 아니 그리스도인들에게 무슨 예수님을 잘 믿어야 한다거나 혹은 하나님을 잘 믿어야 영원한 생명을 취할 수 있다고 하는 편견에 대한 강한 충격이나 반론과도 같은 것입니다. 잘 믿는다면 그 믿은 바 행위가 고스란히 타자에게 나타나야 한다는 것을 신앙인들에게 가르치고 있기 때문입니다. 믿기만 하면 하늘나라에 간다거나, 믿기만 하면 구원을 얻는다거나 하는 얘기를 예수께서 하고 계시는 것이 아니라는 것입니다.

이 이야기의 초점은 약자로 낙인이 찍혀 있는 자신이 강자나 기득권자에게까지도 사랑이 확대될 수 있는가, 하는 시험과도 같습니다. 약자라고 해서, 소수자라고 해서 마냥 자신의 권리만을 주장하는 것이 아니라 더 적극적으로 그 기득권자의 약함에 대해서 긍휼한 마음을 품을 수 있어야 한다는 역설을 말하고 있는 것입니다. 우리가 살아가면서 자신의 이웃이라고 생각하고 그 사람에게 사랑을 베푸는 존재가 분명하게 한정이 될 수밖에 없습니다. 선을 긋거나 아예 단정을 지어서 이웃이라는 범주를 협소하게 하지 말라는 명령과도 같은 이야기가 지금 우리에게 전달되고 있습니다. 오히려 약자라고 생각했던 존재가 우리의 진정한 이웃이 되어서 우리 자신이 어려움에 처했을 때 아무런 사심이 없이 우리를 도와줄 수 있다는 것을 기억해야 합니다. 페미니스트 철학자 주디스 버틀러J. Butler는 오늘날의 약자 혹은 소수자는 신자유주의 체제에서 박탈당하여 위태롭게 생존하고 있는 인민 모두에게로 넓혀졌다는 말을 하였습니다. 약자가 그냥 약자가 된 것이 아니라 사회 구조가 그렇게 만들었다는 것입니다. 이스라엘의 유대인은 뼛속 깊이 사마리아인을 증오하고 폄하하는 역사적 아픔들이 있었습니다. 전쟁으로 인해서 피가 섞여 버린 그들은 순혈주의를 주장하는 유대인들에게 도저히 용납할 수 없는 대상이었을 것입니다.

같은 민족으로서의 동일성과 정체성, 그리고 권리를 박탈당한 사마리아인은 그럼에도 폭력으로 대하지 않았습니다. 사랑으로 공존과 공통성을 모색했습니다. 아니, 그보다 사랑을 인류와 민족을 초월한 가치로 여겼습니다. 그래서 그 사마리아인은 역사적 질곡과 상처에도 불구하고 한 유대인을 정성을 다해 환대합니다. 사랑은 인종과 차별, 그리고 역사적 트라우마까지도 극복할 수 있다는 것을 보여줍니다. 사랑은 설령 순혈주의를 상실하였다 하더라도 피보다 더 근원적인 사랑이라는 공통성으로 연대할 수 있는 힘을 가능하게 합니다. 사랑이 민족의 공통성이어야 하고 사랑이 공통분모여야하지 민족의 순수성, 정절, 그로인한 차별과 구별, 구분으로 어떤 정결 강박증을 가져서는 안 된다는 것을 그는 몸소 사랑을 통해서 확증하고 있는 것입니다. 아무리 수십 년, 수백 년 간의 역사에서 정결을 지킨 차이가 사람과 사람 사이의 심연을 깊게 만들고 그것이 강한 사회적, 민족적 질서의 토대가 되었다고 한들, 사랑이라는 행위 앞에서는 무너질 수밖에 없다는 것을 예수께서는 가르쳐 주고 있는 것이 분명합니다.

가톨릭 신학자 데이비드 트레이시D. Tracy는 현재의 상황을 다중심주의polycentrism으로 규정하면서, "다른 그리스도교 교파들, 유대교 전통들, 다시 살아나는 이슬람 전통, 심오하고 다중심적인 불교, 힌두교, 신-유교, 도교 전통들, 그리고 세계 도처에 있는 모든 토착 전통들 […]. 이들은 우리가 원하기만 한다면, 진정한 타자로서 우리에게 그들의 소리를 들려주고 우리를 가르쳐 줄 수 있다"고 말합니다. 자신들의 입장에서만 텍스트를 접한 유대인들은 율법서에도 명시되어 있는 사랑 개념을 한갓 관념으로만 생각하다 못해 순혈주의를 표방하는 동일한 민족 안에서만이 그 효과가 있는 것처럼 받아들인 유대인들이었으니 사마리아인의 사랑 행위를 인식하기가 어려웠을지 모릅니다. 어쩌면 그것조차도 사랑으로 받아들이기가 영 거북했을지도 모를 일입니다. 하지만 사랑은 의례를 집전해야 하는 사제나 정결을 생명처럼 여기는 레위인에게는 그저 형식이었습니다. 텅 비어버린 율법의 형식과 사랑의 껍질만을 붙잡고 강도를 만나 거반 죽어 hemithane 생존하느냐 마느냐의 길목에 서 있는 동족, 약자, 병자, 환자, 소수자를 그냥 방치하고 맙니다. antiparelthen 이것이 오늘날 우리 사회가 보여 주는 단면이기도 합니다. 사회적 구조가 만들어 놓은 또 다른 사회적 약자인 강도는 폭력을 통해서 타자를 유린합니다. 그 역시도 약자가 되는 순간입니다. 추측컨대 사회로부터 밀려나 주변부의 삶을 살아야 하는 강도의 신세로 전락한 사람들을 혐오했을지도 모릅니다. 사마리아인과 같은 혼혈인, 다문화민족에 대한 혐오는 말할 필요도 없습니다. 약자가 또 다른 약자를 만들어 냅니다. 약자가 자신보다 더 강력한 힘을 가진 권력자나 지배자에게 저항을 하지 못하고 자신보다 더 약하디 약한 존재를 향해 폭력과 살인을 저지르는 이율배반적인 현상이 벌어지는 것입니다.

예수께서는 그 악순환의 연결고리를 끊어버리려고 합니다. 그 방법은 바로 사랑입니다. 율법서에 적혀 있는 그토록 중요한 사랑이 문자로서만이 아니라 죽어 있는 화석과도 같은 글귀가 아니라 생생하게 지금 여기에서 실행에 옮겨야 하는 인간의 생존적 질서와 생존적 정치로 옮겨야 함을 강력하게 주장하고 있습니다. 약자가 약자를 생산하는 것이 아니라 약자는 약자이든 강자이든 간에 사랑으로 자신의 존재를 증명해야 함을 설명하고 있습니다. 약자라고 해서 사랑마저 약한 것은 아닙니다. 약자라고 해서 강자에게 굴복만 하고 아첨만 하는 존재가 아닙니다. 약자에게도 강력한 사랑의 힘이 존재합니다. 혐오만이 차이를 발생시켜서 자신의 힘을 갖고 정결을 유지한다는 것은 착각입니다. 유대인들은 그래왔습니다. 역으로 사랑만이 구원을 받을 수 있는가 없는가, 영원한 생명을 얻을 수 있는가 없는가의 차이를 발생시키는 척도가 됩니다. 예수께서 가르치는 핵심은 정곡을 찌르는 말씀입니다. "네 이웃을 네 몸같이ton plesion sou hos seauton 사랑하여라." 타자, 즉 약자를 나의 몸처럼 사랑하라는 명령은 자아와 타자 사이의 차이나 차별을 무너뜨리는 말입니다. 이항대립에 익숙한 유대인들은 이 말에 대한 적용이 어려웠을 게 뻔합니다. 하지만 영원한 생명을 얻는 것은 이 명령을 그대로 실천하는 것입니다.poiei kai zese '나에게 이웃은 누구인가'를 물으면 그것은 강자의 입장에서 묻는 질문입니다. 반대로 오늘날의 현실 속에서 '나는 어떤 이웃이라도 도울 준비가 되어 있는가'를 물어야 할 것입니다. 그 이웃이 강자이든 약자이든 사마리아인처럼 연민의 마음splangchnizomai을 품고 있는가, 그래서 그를 돌보고look after 환대hospitality할 자세가 되어 있는가를 묻고 또 물어야 할 것입니다. 약자를 보듬는 일은 그들의 존재 가치를 인정하는 일입니다. 그것을 지금 종교가 해야 할 것입니다.

누군가를 집에 초대한다는 것은 스스로를 위한 장소를 누군가에게 드러내 보여준다는 말이다. 누군가를 불러들인다는 것은 불러들이는 사람의 소유물인 장소의 소유권을 맞아들이는 사람에게 양도한다는 말이다. 자크 데리다의 말을 빌리자면 '우리 집을 통과[passage]의 자리 또는 빌린 집으로 만들어버린다'는 뜻이다. … 결국 환대란 손님을 맞아들이는 자를 끊임없이 동일성으로부터 일탈시킨다. 동시에 타자를 맞아들인다는 것은 자신의 이해를 뛰어넘어 맞아들인다는 뜻이기도 하다. 자기 자신이 스스로에 대해 타자와 같이 소원한 것으로 전화한다는 것이기도 하다. 이렇듯 '환대'는 자신이 부서지는 가운데 찾아올 수밖에 없다. 스스로의 틀을 계속 고집하며 언젠가 그것이 부서지지는 않을까 불안하게 여기는 사람이 그 틀 자체를 부수어버림으로써 불안에서 놓여나는 일은 자주 있는 일이다.

일본의 철학자 와시다 기요카즈鷲田淸一의 말입니다.

41

신앙의 덕, 좋은 몫의 조화

루가 10,38-42

신앙에서 덕德이라는 것이 있을까요? 만일 있다면 그것은 무엇일까요? 교회나 신앙은 늘 믿음과 구원을 강조하기 때문에 덕은 낯선 말입니다. 신앙에서는 덕스럽다는 표현을 잘 쓰지 않습니다. 사실 덕이라는 개념은 스토아학파의 철학적 개념이면서 동양철학적 개념입니다. 그럼에도 성 토마스 아퀴나스St. Thomas Aquinas는 "덕이란 정신의 좋은 성질이며, 그것에 의해서 옳게 행동하며, 어떤 사람도 그것을 잘못 사용할 수 없으며, 신은 이것을 우리와 상관없이 우리에게 부여한다"Virtus est bona qualitas mentis, qua recta vivitur, qua nullus male utitur, quam Deus in nobis sine nobis operatur고 말했습니다. 요지는 덕이란 모름지기 정신의 좋은 성질일 뿐만 아니라 옳게 행동하라고 우리에게 부여된 신의 선물과도 같다는 것입니다. 따라서 덕은 마음과 행위의 습관을 외면화할 때 사람들의 인식과 시선이 머물러 그것에 동화되는 인격적 측면의 수양과 삶의 형식이라고 말할 수 있을 것입니다. 로마 최후의 철학자 보에티우스Anicius Manlius Torquatus Severinus Boethius는 "악덕을 거부하고 덕을 키워라"고 말했습니다. 그러면 그리스도교 입장에서 무엇이 악덕이고 무엇이 덕일까요? 예수님의 말씀을 잘 듣고 그대로 따르면 덕이고, 그렇지 않으면 악덕이라고 말할 수 있을까요? 그리스도인이라면 마땅히 예수님의 말씀을 잘 귀담아 들어야 합니다. 그래서 말씀이 신앙의 덕으로 자라나야 합니다. 아니 말씀이 습관이 되어 덕이 되어야 합니다. 만일 말씀이 습관이 되지 않고 신앙의 덕이 되지 못한다면 그 말씀이 우리에게 힘이 될 수 없기 때문에 덕스러운 행동을 할 수 없을 것입니다. 그런 의미에서 이 신앙의 덕으로 자라는 말씀은 행동과 전혀 구별되는 것이 아닙니다. 말씀과 행위, 두 영역이 조화를 이루어야 하는 것이 신앙의 본질입니다.

그럼에도 우리는 성서 속에서 말씀, 곧 말씀을 듣는 것을 우선순위로 여기는 것을 볼 수 있습니다. 마리아는 예수님의 말씀을 잘 들었습니다. 반면에 마르타는 손님을 대접하려고 말씀을 듣는 기회를 소홀히 했다는 대비적인 장면을 보여주면서 루가는 예수님이 마리아를 칭찬한 것으로 묘사를 하고 있습니다. 하지만 루가가 강조하려고 하는 것은 말씀을 청취하는 것, 신앙에 있어서 최우선의 덕으로 여겨야 할 것이 있다면 그것은 예수님의 말씀을 듣는 것이라고 말하려 하는 의도가 담겨 있을 뿐입니다. 단지 행위를 폄하하거나 행위를 하는 것이 말씀을 듣는 것보다 더 낮은 가치에 있기 때문이 아님을 알아야 합니다. 필요한 것 한 가지henos de estin chreia는 분주한 마음, 여러 가지 잡다한 것들을 마음에 두려고 하는 것이 아닙니다. 예수님에게 집중하는 것, 예수님의 시선 아래에서 머물려고 노력하는 것, 분주한 마음들을 내려놓고 예수님과 시선을 마주하려고 하는 것이 중요하다는 것을 깨우쳐 주고 있습니다.

행위에 앞서 예수님과 머물러 있어야 하고 행위로 나아가기 위해서는 말씀이 습관이 되는 덕을 쌓아야 합니다. 좀 더 정확하게 말해서 내면에 덕스러운 말씀들이 있어야 합니다. 덕스러운 말씀이 내면화되면 그것만이 소중한 줄 알고 나머지는 다 버리려고 할 것입니다. 그렇다면 마르타는 예수님의 시선의 현재성, 말씀의 덕, 덕스러운 말씀의 현재성을 외면한 것이 아니라 내면화가 이루어진 상태에서 예수님을 만난 것이라고 볼 수 있습니다. 그녀는 눈을 사방으로 향했습니다. 경황이 없다는 말로 번역을 했습니다만, 그리스어 '페리에스파토'periespato는 뭔가에 열중하는 어떤 태도를 말하는 것입니다. 뒤에 나오는 말이 더 중요합니다. '시중들다'는 말은, 그리스어로 '디아코니아'diakonia입니다. 이 여인은 먼지konos를 뒤집어 쓴dia 상태로 궂은일과 허드렛일을 마다하지 않았다는 것을 뜻합니다. 더군다나 이 말에서 제자나 성직자diakonos를 뜻하는 말이 나온 것이니, 이미 마르타는 제자의 반열에 들었다는 말이 됩니다.

그러므로 그녀가 하는 일이 신앙의 덕에서 하찮은 일이라고 여긴다면 곤란합니다. 그녀의 섬김과 봉사는 차원이 다른 행위로 나아가고 있는 것입니다. 다만 당시의 마리아의 처신은 예수님의 발치에 앉아 말씀을 듣는 것이 자신이 집중해야 할 유일한 것이라고 생각을 했을 뿐입니다. 우리는 매순간 무엇에 집중을 할 것인가를 선택해야만 하거나 혹은 강요받기도 합니다. 그럴 때 내게 지금 유일하게 필요한 것이 무엇인가를 잘 가늠해야 합니다. 말씀에 머무는 것, 곧 경청인가, 아니면 행동인가. 경청과 행동의 양쪽의 상황들이 대비되며 또한 예수께서 마리아를 옹호하고 칭찬하셨다고 해석할 수 있지만, 한 가지 필요한 것, 그것을 선택한 것에 대해서는 후회가 없어야 한다는 것을 의미합니다. 타자를 위해서 섬김과 봉사를 하는 것을 내가 필요한 한 가지라고 생각할 것인가, 아니면 예수님의 말씀을 듣는 것을 내가 필요로 하는 한 가지라고 생각할 것인가에 대해서는 우리의 선택입니다. 예수께서 말씀을 듣는 그것을 좋은agathen 것이라고 이야기하고 있지만, 그 좋은 것은 말씀을 들어야 할 그 사람에게 좋은 몫이 되는 것입니다. 일의 우선순위가 경중의 문제가 아니라 어떤 사람에게는 섬김과 봉사가 좋은 몫이 될 수 있는 것이고, 어떤 사람에게는 말씀을 듣는 것이 좋은 몫이 될 수 있는 것입니다. 마리아는 좋은 몫을 취했으므로, 마르타는 상대적으로 좋지 않은 몫을 취했다는 식으로 생각을 하면 안 됩니다. 사람에게 몫이란 다르기 때문입니다.

다시 신앙의 덕으로 돌아가서 묻는다면, 섬김과 봉사의 덕은 낮은 것이고 말씀을 듣는 덕은 높은 것이라는 이분법적인 잣대를 들이대지 말아야 합니다. 두 가지의 신앙의 덕은 선후경중의 문제가 아니라 사람에 따른 몫의 다름의 문제일 뿐입니다. 아직 신앙이 자라지 못한 사람에게는 먼저 말씀을 들어야 그 사람의 신앙의 덕이 내면화될 수 있고, 나아가 신앙의 덕이 밖으로 표현될 수 있습니다. 반대로 이미 신앙의 덕이 충분히 자란 사람에게는 말씀을 듣지 않아도 그 신앙의 덕을 섬김과 봉사로 나타낼 수 있는 사람이 있습니다. 신앙의 몫이 다르니 신앙의 덕을 말씀으로 내면화하는 시간을 필요로 하는 사람에게는 예수님의 말씀에 머무르는 자세가 효과적입니다. 반면에 그 내면화하는 작업이후에 외적으로 덕스럽게 나타내는 신앙인이 있을 수 있습니다.

그러므로 신앙의 덕을 가르지 마십시오. 말씀에 머무르고 싶다면 충분히 말씀을 묵상하고 관상하십시오. 그리고 섬김과 봉사로 나아가고 싶다면 그 행위로 그리스도인의 신앙의 덕을 보여주면서 그 좋은 몫을 많은 사람들이 공감하고 같이 실천할 수 있도록 하십시오. 누가 누구를 판단하거나 나무랄 일도 아닙니다. 왜 저 사람은 섬기지도 봉사하지도 않고 늘 말씀에 젖어 있기를 원하는 것일까?, 하며 곱지 않은 시선으로 볼 수도 있습니다. 또 어떤 사람은 왜 저 사람은 온갖 일에 참견을 하면서 이리 뛰고 저리 뛰고 하는 것일까?, 하며 눈을 흘길 수도 있습니다. 그러나 둘 다 좋은 몫입니다. 자신에게 맞는 일을 하고 있으며 그 일을 통해 신앙의 덕을 쌓고 나타내고 있는 것입니다. 말씀을 내면화시키는 관상적 신앙의 삶을 사는 사람이 필요한 것처럼, 행동의 외면화를 통한 활동적 신앙의 삶이 필요한 것이 교회입니다. 양축의 바퀴가 잘 굴러가야 신앙공동체가 건강해질 수 있습니다.

말씀에 머무르기만 하고 행동이 없다면 그 말씀이 내면화되어 습관적인 덕이 되었다고 말할 수 없는 것이 당연합니다. 예수께서 하나님의 말씀을 듣는 경청의 공동체, 경청하는 신자를 중요하게 말씀하셨다고 해서 행위를 뒷전으로 한다면 그 말씀의 현전을 아무도 알아볼 사람이 없을 것입니다. 말씀이 사건이 되고 능력이 되는 것은 말씀의 외면화를 통해서 가능한 일입니다. 말씀을 듣기 위해서 분주한 것도, 섬김과 봉사를 하기 위해서 분주한 것도 다 좋은 일이 아닙니다. 분주하기 전에 내려놓고 집중하는 것, 분주하기 전에 머무르는 것이 중요한 것이고 좋은 일입니다. 일에 집중할 때는 온갖 자비로운 마음을 그곳에다 쏟아야 합니다. 남을 탓하지 않고 일 안에 현존하시는 하나님을 느끼며 그 일을 통한 하나님의 영원성을 소중하게 생각할 수 있어야 합니다. 말씀을 들을 때는 모든 것을 내려놓고 그 말씀을 소유하려고 하지 않으며 말씀까지도 집착하지 말아야지 하는 생각으로 들어야 합니다.

좋은 몫이란 그래서 선한agathen/ agathon 몫이 되는 것입니다. 일을 할 때도, 말씀을 들을 때도 어떤 사심이 없어야 합니다. 일도, 말씀도 결국 내 것이 아니기 때문입니다. 일을 통해서 나를 드러내고자 하는 것이 아니고, 말씀을 통해서 나의 말씀이 되어야 하는 것이 아닙니다. 말씀을 듣는 것도, 일로써 섬김과 봉사를 하는 것도 자유로운 영혼이 되기 위한 것입니다. 우리는 말씀을 들을 때, 그것이 '나의' 말씀이야, 라고 말합니다. 또한 일을 할 때 '나의' 일이야, 내가 그것을 해야 해, 라고 말합니다. 소유격으로 쓰고 있는 이러한 말 표현들이 신앙을 자유롭게 하지 못합니다. 예수께서 말씀하신 좋다, 라는 말에는 말씀을 듣든지, 일을 하든지 간에 그 순간에 모든 것을 내려놓고 완전한 영적 가난, 정신적 가난을 성취하라는 것으로 알아들어야 합니다. 나는 없고, 내 것은 없고 오직 영원한 말씀만이, 고귀한 섬김과 봉사만이 존재하는 동시에 올바른 신앙의 덕을 함양하려는 내가 존재할 뿐이기 때문입니다. 말씀을 들을 때나, 아니면 섬김과 봉사를 할 때나 언제나 우리에게는 예수님만이 존재해야 합니다. 말씀을 듣는 나, 섬김과 봉사를 하는 나, 그 내가 예수님을 가리면 안 될 것입니다. 그것은 신앙의 덕이 아니기 때문입니다.

42

공허한 낱말의 기도이지 않기 위한 치열한 자기 검열의 기도

루가 11,1-13

흔히 문제에 직면해 있을 때 사람들은 묻곤 합니다. "기도를 얼마나 하십니까?" 그리고 이렇게 확신에 찬 목소리로 이야기를 합니다. "하나님께서 당신의 기도에 응답해 주실 것입니다." 틀린 말은 아닙니다. 하지만 먼저 알아두어야 할 것은 기도란 자신이 청하는 대로 하나님이 들어주시는 기계적인 응답이 이루어지는 행위가 아닙니다. 기도는 어쩌면 철저한 '자기 검열'이 먼저일지도 모릅니다. '내가 하는 기도가 정말 주님께서 가르쳐 주신 대로, 그와 같이 기도하는 것일까?' 루가복음사가는 아주 짧은 기도문을 만들었습니다. 아버지의 나라를 위한 간구, 필요한 양식에 대한 간구, 용서에 대한 간구, 유혹을 물리치게 해달라는 간구. 그런데 가만히 들여다보면 멋드러진 기도의 형식이나 기도자의 욕망은 하나도 반영되어 있지 않습니다. 우선 기도의 욕망, 즉 욕망을 채우려는 기도로부터 자유롭기 위해서는 투박하지만 아버지의 나라를 위한 간구로부터 시작해야 한다는 것은 분명한 것 같습니다. 그것은 아버지 하나님에 대한 생각이 먼저여야 한다는 것이 아닐까요? 기도할 때에 제일 먼저 중요한 것이 나의 욕망을 어떻게 신에게 강요할 것인가가 아니라, 아버지 하나님을 먼저 떠올리라는 얘기입니다.

기도에서 하나님과 아버지라는 단어가 가진 상상력은 우리가 하나님 앞에 있다는 것이며, 동시에 그분은 우리의 아버지가 되신다는 것에서부터 시작합니다. 아버지이신 하나님 앞에 서 있는 우리가 아무 말을 안 해도 아버지의 뜻대로 움직이고 살아야 한다는 것쯤은 다 아는 사실입니다. 아버지 하나님이라는 말을 내뱉을 때 이미 우리의 필요를 다 아시는 분께서 우리의 내면을 검열하지 않아도 그 결벽증과도 같은 하나님 아버지에 대한 순수한 열정으로 시작하는 기도자의 마음을 들어주시지 않을 수가 없는 것입니다. '아버지 하나님'이라고 우리가 올리는 음성이 속 깊이 우러나오는 그 '자기 검열', 아, 내가 진정으로 하나님 아버지를 염원하고 있구나, 하는 것을 알게 합니다. 그것으로부터 기도를 출발하라, 다시 말해 하나님 아버지를 말하는 아이처럼 순수한 마음으로 하늘을 향하라, 는 것을 복음사가는 말하고 있는 것입니다. 하나님 아버지, 초월자이자 무한자이신 그분이 저 깊은 곳에서 나의 세밀한 음성을 들으시기를 바라는 간절한 마음과 함께 마치 아이가 순수하고 직관적이며 살갑게 부르는 아버지라는 호칭을 통해서 당신과 가까이 다가와 주기를 바라는 마음을 담아내는 기도여야 한다는 것을 우리에게 깨우쳐 주고 있습니다.

기도에 대해서 '자기 검열'이라는 말을 사용했습니다만, 그 이유는 바로 내가 하나님 아버지라는 그 순수한 대상을 내 마음에 품고 기도를 하고 있는가, 그렇지 않으면 욕망으로 가득 찬 상태에서 무릎을 꿇고 있는가를 살펴야 한다는 것을 말하기 위함이었습니다. 아마도 그것은 다른 마음은 내려놓고 '내 곁에 머물러 다오. 나에게 너의 진실된 모습을 보여다오'하고 말하고 있는지도 모릅니다. 만일 하나님의 마음이 그렇다면, 우리는 하나님 아버지의 곁에 머물고 싶은 것인지, 아니면 욕망의 늪에 빠져서 그 마음이 혼란한 상태로 그저 공허한 낱말만 나열하고 있는 것인지 알 수가 없는 것입니다. 입은 말을 하고 있으나 말에는 이미 뜻이 없고, 하나님 아버지의 마음과 전혀 부합하지 않으니 그저 의미 없는 허튼 소리에 지나지 않게 됩니다. 우리의 마음이 사적으로 무엇인가를 이루고자 하고 소유하고자 하는 대상을 향해서 움직일 때 욕망은 기도가 아니게 됩니다. 예수께서 제자들에게 가르쳐 주신 기도에는 욕망이 없습니다. 하나님 아버지를 언급하고 오늘의 양식을 달라(내일의 양식, 노후의 양식이 아닙니다)하는 것이 욕망이 될 수 없습니다. 타자를 용서하게 해달라는 것, 나를 용서해달라는 것과 유혹에 빠지지 않게 해달라는 것이 욕망은 아닙니다. 그것은 그저 하나님 아버지와의 관계, 그리고 인간과 인간과의 관계를 개선하고 신앙적으로 살기를 바라는 마음을 하나님께 던져놓은 것입니다.

그러므로 기도는 먼저 하나님 아버지의 이름 안에 머물러 있어야 합니다. 그리고 그 이름에 걸맞은 세상이 이 땅에 도래하기를 바라는 마음을 하나님의 마음에 맞춰 함께 복창할 수 있어야 합니다. 하나님께서도 이 땅에 있는 사람들이 당신의 뜻대로 살며 당신의 의지가 실현되는 땅이 되기를 원하시며 간구하시기 때문입니다. 우리가 기도하면 하나님도 같이 기도하시는 것이 됩니다. 그러기 위해서는 우리가 사적인 욕망을 내려놓고 하나님의 마음에 맞는 기도를 할 수 있어야 합니다. 그 마음을 알아차리기 위해서 하나님 아버지라는 호칭을 입술에 올리는 것입니다. 하나님 아버지라고 내뱉은 순간, 우리는 그분을 만나는 것이고 그분의 뜻과 의지대로 살고 싶은 마음들로 바꾸기를 갈망하는 기도로 넘쳐나는 것입니다. 그렇게 하나님의 뜻에 맞갖은 기도를 하기 위해서는 자기 내면을 자꾸 들여다보는 치열한 '자기 검열'이 필요합니다.

그렇게 될 때 우리는 하나님 아버지께 간구하는 것이 무엇이든 응답을 받게 됩니다. 지독하리만치 기도하는 자기 자신의 내면을 파고드는 아버지 하나님 그 자체에 대한 열정으로 가득하게 된다면 그분은 우리의 기도를 안 들어주시고는 못 배기실 것입니다. 이처럼 아버지 하나님 그 자체에 목적이 있어야 하는데 우리는 아버지 하나님이 아닌 외적이고 주변적이고 욕망적인 기도를 가지고 전투적으로 기도합니다. 루가복음사가에 의하면, 아버지 하나님이 원하시는 기도는 전투적이고 폭력적인 기도가 아니라, 단지 강청함, 귀찮게 함, 뻔뻔함이 필요하다는 것을 말하고 있을 뿐입니다. 이것은 후안무치가 아니라 기도의 지속성과 끈질김을 일컫는 것입니다. 그리스어에서 아나이데이아 anaideia라는 말에서 드러나듯이, 기도는 어떠한 내용을 소리로 초월자에게 전달하더라도 수치심을 느끼지 않는 것이어야 합니다. 고대철학자 디오게네스는 자신의 삶의 목표를 세 가지로 정했는데, 그것들은 "askesis" 아스케시스, 가능한 작은 욕망을 가지도록 훈련하는 것, "anaideia" 아나이데이아, 수치심을 느끼지 않는 것, "autarkeia" 아우타르케이아, 스스로 만족하는 것이었습니다.

마찬가지로 기도가 기도다우려면 뻔뻔하게 간구하더라도 하나님 아버지의 뜻에 부합하여 절대 수치심을 느끼지 않는 욕망적이지 않은 기도를 해야 합니다. 그래야 뻔뻔하고 강청한 기도를 하더라도 명분이 있는 기도가 됩니다. 단지 기도한다고 해서 다 되는 것은 아닙니다. 아버지 하나님의 마음과 일치된 기도가 되어야 합니다. "anaideia" 아나이데이아는 "수치심"이라는 "aidos" 아이도스라는 말에 부정접두사 "a 아"가 합성된 단어로서 "수치심 없이 구하는 것"을 뜻하는 말입니다. 그러므로 사랑과 우정이라는 인지상정보다 아버지 하나님의 마음을 움직이는 것은 내가 기도하는 그것이 수치심이 없이 구하는 마음입니다. 최근의 신약성서학자들은 아나이데이아를 "체면을 잃지 않음"shamelessness으로 번역해야 한다고 주장합니다. 그렇다면 아버지 하나님께서는 우리의 간구에 대해서 당신의 체면을 구기지 않기 위해서 신실하게 우리에게 응답하신다는 의미로도 해석할 수 있습니다.

좋은 기도 자세, 혹은 올바른 기도를 위한 단서가 붙습니다. 그것은 "구하여라"aiteite, "찾아라"zeteite, "문을 두드려라"krouete라는 명령에 의지하여 간구할 때 자비하신 아버지 하나님께서 기도에 응답해주신 다는 것입니다. 그러면 우리에게 더 좋은 선물이 기다리고 있는데, 그것은 바로 '성령'입니다. 독일의 여성 작가 케테 콜비츠는 자신의 생애 마지막 작품의 제목을 「씨앗이 짓이겨져서는 안 된다」고 붙였습니다. 아버지 하나님의 능력들을 나타내고 기도의 씨앗이 되어 그분과 함께 호흡하고 당신의 뜻을 알아차릴 수 있는 것은 우리 안에 주신 성령이 있기 때문입니다. 아버지 하나님이라는 이름을 우리가 언급할 수 있는 것도 성령이 우리 마음에 하나님을 닮은 씨앗을 건드리고 있기 때문입니다. 그 씨앗을 무시하거나 또 간과해서는 안 됩니다. 그 씨앗이 살아날 때 나는 기도할 수 있고, 더 큰 일들을 해나갈 수 있는 것입니다. 다시 말하거니와 우리가 항상 결핍되어 있고 메말라 있어서 계속 욕망으로 가득 채워야 하는 존재는 아닐 것입니다. 아버지 하나님의 화신이 되어 당신의 나라를 이룰 수 있도록 살아가야 하는 존재인 그리스도인에게는 그저 성령의 도우심으로 아버지 하나님 안에 머물고 그 이름이 박제가 되지 않도록 간구할 따름인 것입니다. 나머지의 욕구는 대자대비하신 아버지 하나님의 처분에 맡길 일입니다. 오늘도 기도에 대해서 쉬운 듯하지만 엄밀성을 띠어야 하는 이유이기도 합니다. 기도에 대한 '자기 검열'말입니다. 그러므로 항상 물어봐야 할 것입니다. 그분을 은폐시키는 '나의 욕망'의

기도인가? 아니면 그분을 드러내는 '진실한' 기도인가?

이문재의 「손의 백서」

기도할 때
두 손을 모으는 까닭은
두 손을 모으지 않고서는
나를 모을 수 없기 때문이다.
두 손을 모으지 않고서는
가슴이 있는 곳을 찾지 못하기 때문이다.
두 손을 모으지 않고서는
머리를 조아리기가 어렵기 때문이다.
두 손을 가슴 앞에 가지런히 모으지 않고서는
신이 있는 곳을 짐작도 할 수 없기 때문이다.
기도할 때
두 손을 모으는 까닭은
두 손을 모아야 고요해지기 때문이다.

/중략/

견딜 수 있을 만큼 조금씩

루가 12,13-21

    오늘날 돈에 대한 관념이 강한 세상이 되어버렸습니다. 자본에 대한 욕망은 커져서 모든 가치와 삶의 고유성, 그리고 인간의 정신마저도 물질로 환원이 되는 게 현실입니다. 그래서 에리히 프롬E. Fromm은 "개인은 번호가 되고, 물질로 변모한다"고 말하면서, "산업사회에서는 인간은 더더욱 물질이 되고, '소비적 인간'이 되고, 지칠 줄 모르는 고객이 된다. 모든 것은 소비 물자로 바뀌어버린다"고 비판했습니다. 물질과 돈으로 변하는 것에 반항도 못하고 사람이 숫자로 인식되는 세계는 사람이 살고 있는 세상이라면 다 있는 사실이 아닌가, 라고 반문할 수도 있습니다. 하지만 지금 우리는 나 자신이 돈의 노예가 되고, 인격도 돈이요, 신앙도 돈으로 변해가는 삶에 대해서 아무런 저항도 하지 않은 채 흘러가고 있다는 것이 큰 문제입니다. 예수께서는 그러한 삶에 대해서 제동을 걸고 있습니다. '탐욕pleonexia, 플레오넥시아을 경계하라', '탐욕에 빠지지 않도록 조심하라.' 빈부의 격차가 심해지고 청년들이 직장을 구하기 힘들어지며 직장인들은 비정규직으로 고용불안을 느끼는 상황에서는 현재의 좌절과 함께 미래에 대한 깊은 두려움을 갖게 마련입니다. 그래서 그에 대한 안전장치를 자꾸 돈에서 찾으려고 합니다. 돈은 나누면 되는데 자본가들은 가난한 자들과 돈을 분배하고 싶어 하지 않습니다. 지독한 탐욕입니다. 탐욕이 우리 사회를 병들게 하고 정신을 좀 먹고 있습니다. 그와 같은 탐욕이 종교 안에도 존재하고 있습니다. 아니 아예 종교도 탐욕으로 물들어 있습니다. 돈은 곧 권력이 되어서 나누기보다는 축적하고, 가진 자는 그 권력으로 억압하고 조롱하며 통제하려고 합니다.

그에 대해 시인 하재연은 "그러므로 나는 견딜 수 있을 만큼/ 조금씩 살아간다"고 읊조리고 있습니다. 개인도, 사회도, 기업도, 종교도 조금씩 살아가면 안 되는 것일까요? 견딜 수 있을 만큼, 자신의 생명을 유지할 수 있을 만큼 조금씩만 가지만 안 되는 것일까요? 시인의 언어야말로 참으로 종교적이라 말할 수 있을 것입니다. 탐욕은 죄악이다. 그러니 나의 입에 거미줄 안 칠 정도로만 살면 되지 않겠는가, 하는 고백으로 보입니다. 재물에 대해서, 물질에 대해서 탐욕 혹은 욕심을 부리는 이유는 그것을 생명^{zoe}에 대한 가치보다 더 높게 생각하기 때문입니다. 생명은 어제와 오늘도 살았으니 내일도 살 것이라는 연속성을 갖고 있고, 돈은 항상 부족하다고 생각하니 불연속성이라고 단정 짓고 마구 축적을 하게 됩니다. 돈은 오늘도 없고 내일도 없게 될 것이다. 그러므로 언젠가 나는 궁핍한 삶을 면하기 어려울 것이다, 라는 불안감, 예측불가능성 때문에 더 결핍을 느끼는 것 같습니다. 생명은 어제도 살았고 오늘도 살았으니 내일도 살 것이라는 어떤 완전성을 가지고 있는 듯이 습관적으로 예감합니다. 반면에 돈은 어제도 없었지만 오늘도 역시 없었고 내일도 없겠지, 하는 불완전성으로 뭉뚱그려 판단을 해버립니다. 사실 생명이든 돈이든 전부 하나님으로부터 받은 잉여입니다. 생명도 돈도 차고 넘친다는 말입니다. 오늘도 생명을 영위하도록 먹고 살았으니 감사한 일이라는 생각을 잘 하지 못합니다. 자본은 우리에게 불안을 조장하고 축적하지 못하면 생명이 지속되지 않을 것이라고 호도하면서, 돈이 있으면 영원한 생명도 보장 받을 수 있다는 거짓 이데올로기를 심어줍니다. 돈이 있으면 '안녕하다'는 '거짓 안부'에 속는 것은 그리스도인도 예외는 아닙니다. 그리스도인일수록 영원한 생명을 꿈꾸면서 동시에 현세에서도 부자로 살아가기를 바라고 있으니 말입니다. 그만큼 신앙적이라고 하지만 실상은 비신앙적인 삶을 살고 있는 것입니다. 영원한 생명을 얻기 위해서는 내려놓고 비워야 하는데 더 축적을 하고서는 그것을 하나님께서 자신에게 주신 복이라고 믿습니다.

그러나 실상 곰곰 생각해보면 자신이 부자가 되기 위해서 얼마나 많은 사람들이 희생하고 또 심지어 가난해졌을까를 돌아봐야 합니다. 돈에다가 자신의 신앙의 흔적이나 신앙의 무게, 그리고 신앙의 이상을 걸면 안 되는 이유가 거기에 있습니다. 돈이라는 것과 생명이라는 것이 짝을 할 수 없는 이유, 돈과 정신이 동일한 균형을 유지하기 어려운 이유는 탐욕스러운 돈으로 신앙인의 영혼이 고독해질 수 있기 때문입니다. 돈을 고독하게 만들어야 하는 신앙인이 오히려 돈에 의해서 끊임없는 고독감과 결핍감에 시달린다는 것은 그 사람의 신앙의 본질이 돈에서 파생되었다는 방증입니다. 돈이 신앙을 낳는 것이 아닐뿐더러 돈이 생명을 낳는 것도 아닙니다. 그런데도 우리는 돈이 신앙과 복의 증거라고 믿으며 그 돈이 마치 우리의 영원한 생명의 보증이라도 되는 것처럼 붙잡고 있습니다. 심지어 그리스도인조차도 돈이 하나님을 낳는 것처럼 여기듯이 완전히 빠져 있습니다. 돈으로 하나님을 상상하고 돈으로 영원한 생명을 꿈꾸고 있으니 분명히 현대 사회에서 돈은 우리의 꿈을 현실로 만들어 줄 것 같은 만능이 된 것입니다.

자칫 돈이 있는 사람은 자신에게 관대하지만 하나님께는 인색할 수 있습니다. "인색하다"는 번역어인 그리스어는 me eis theon plouton 메 에이스 테온 플루톤입니다. 여기서 플루톤 혹은 플루테오 plouteo는 부유하다, 혹은 풍부하게 공급하다는 의미가 들어 있습니다. 그러므로 직역하면 하나님께 풍부하게 드리지 않는다는 뜻이 됩니다. 하나님이 무엇이 부족해서 인간으로부터 공급받아야 한다는 것도 아니고, 또 인간에 의해서 풍부해진다는 것도 아닙니다. 하지만 우리가 진정한 신앙인라면 돈을 축적하기 위해서 노력하고 타자를 어렵게 하다못해 상처를 주기 보다는, 자기가 풍부해지려고 하기보다는 하나님을 더 만족시키고 더 풍요롭게 해드리는 것이 마땅한 것입니다. 우리가 물질에 관심을 갖는 시간에 비해서 하나님을 사랑하고 관심을 기울이는 시간은 턱없이 부족한 게 사실입니다. 하나님께 관심을 기울인다는 것은 하나님에 위해서 살아가는 일, 하나님에 대해서 말하고 생각하는 일이 많아진다는 것을 뜻합니다. 다시 말해서 삶의 균열을 일으키는 물질보다는 정신에 초점을 맞춰서 살아감으로써 하나님을 더 도드라지게 하며 나의 정신과 영혼은 더 풍요로워지는 것을 말합니다.

사람들은 돈과 물질로 죽어갑니다. 그것들로 인해서 자신의 신앙의 목소리는 잦아들고 검은 구멍으로 빨려 들어가면서 믿음은 깨지고 사랑은 와해되고 있습니다. 돈을 보면 숫자만 인식됩니다. 물질을 보면 외형적 가치로 자신의 겉모양을 덧대는 희미한 껍데기의 피상성만 예찬하게 됩니다. 그만큼 정신과 영혼, 그 사람의 생명성을 찾으려는 낮과 같은 밝은 눈을 가진 사람이 드문 세계에 살고 있습니다. 예수께서는 오직 현재의 탐욕스러운 물질에 혈안이 되어서 내일의 자신의 생명이 어떻게 될 것인지에 대해서 미처 생각하지 못하는 어리석은 사람이 되지 말고, 그처럼 간단하게 사라질 유한한 생명을 지닌 인간이라는 것을 깨닫고 물질을 무화시킬 수 있는 혜안을 갖기를 바랐습니다. 돈과 물질의 틈에서 정신과 영혼이 빠져나가지 않도록 돈을 헤아리는 나, 사물에 집착하는 나에게서 떠날 수 있는 그리스도인이 되어야 합니다. 그래서 하나님으로부터 멀어져 있는 나를 바로 세우고, 하나님을 말할 수 있는 목소리를 되찾을 수 있는 나가 되어 컴컴한 세상이라도 하나님이 갖고 계신 풍부함으로 평안의 안부가 찾아오기를 기도해야 합니다. 그것은 하나님을 고독하게 하지 않고 돈과 물질을 텅 빈 현실이요 조금씩 살아가기 위한 방편으로 보고, 비록 존재의 캄캄한 어둠이 존재하더라도, 끝나지 않을 오솔길을 간다고 하더라도, 생명의 의지가 삐뚤빼뚤하더라도, 정신과 영혼을 위해서 노력한다면 곁에서 돕고 계시는 하나님의 숨소리를 들을 수 있을 것입니다. 그러므로 돈과 물질로 미세하게 분할해버린 하나님이라는 언어, 생명이라는 언어, 타자에 대한 사랑이라는 언어를 더 신앙적으로 명료하고 반복적으로 만들어야 할 때가 온 것입니다.

    이제부터라도 돈과 물질에 대해서 더 많이 말하고 돈과 물질을 위해 더 많이 살았다면, 하나님에 대해서 더 많이 말하고 하나님을 위해서 더 많이 사는 그리스도인이 되어야 할 것입니다. 내일이라도 하나님께서 나의 생명을 데려가시겠다고 하더라도 나는 물질에 대해서는 조금씩 살고, 하나님에 대해서는 많이 살았다는 고백을 할 수 있기 위해서라도 말입니다.

아직 가지 않은 길

루가 12,35-40

미국의 시인 로버트 프로스트Robert Frost는 "가지 않은 길"이라는 시 전반부에서 이렇게 노래합니다.

> 노란 숲속에 두 갈래 길 나 있어,
> 나는 둘 다 가지 못하고
> 하나의 길만 걷는 것 아쉬워
> 수풀 속으로 굽어 사라지는 길 하나
> 멀리멀리 한참 서서 바라보았지.
> 그러고선 똑같이 아름답지만
> 풀이 우거지고 인적이 없어
> 아마도 더 끌렸던 다른 길 택했지.

물론 인적으로 치자면,

지나간 발길들로

두 길은 정말 거의 같게 다져져 있었고,

사람들은 안전한 길, 다른 사람들이 이미 다녔던 길, 익숙한 길, 습관적인 길을 다니려고 합니다. 인생도 남이 다 다녔던 길, 남이 좋다고 하는 길을 가려고 합니다. 그 길이 검증이 되었다고 생각하고 또 위험부담이 덜한 길이니, 한번 사는 인생길 다수가 갔던 길을 가려고 하는 것은 당연할 수 있습니다. 그런데 종교인의 길은 다른 사람이 다녔던 길을 가는 것이 아닙니다. 마치 예수께서 자신이 깨달은 하나님의 길을 당당히 걸어가셨던 것처럼, 우리도 신앙의 깨달음의 길로 가야 하는 것이 마땅합니다. 예수님을 믿어라, 하나님을 믿어라, 라고 말하는 것은 믿어서 천국이나 가자고 하는 안일주의하고는 다릅니다. 그 믿음의 길은 너의 길을 가라, 네가 신앙적으로 깨달은 것을 실천하기 위해서 주체적으로 살라는 것을 말하는 것입니다. 오늘날 우리 그리스도교가 아직도 미성숙의 길을 가고 있는 이유가 어디에 있습니까? 바로 지나친 의존입니다. 깨닫기는 깨닫는 것 같은데, 그 깨달음대로 자기의 길을 가지 않습니다. 그 길을 가면 하나님의 길, 예수님께서 걸어가셨던 길을 가는 것인데, 거의 같게, 거의 동일하게, 거의 유사하게 가는 것인데 절절매고 나를 가게끔 하셔야 가지 않느냐고 두 갈래 길에서 고민만 하고 있기 때문입니다.

그래서 신앙의 길, 인생의 길을 가는 우리에게 중요한 것은 매번 당신의 현존을 지각하면서 사는 것입니다. 우리는 그분이 언제 오실까, 하고 묻지만 그 현존을 뵙는 것은 미래가 아니라 현재입니다. 지금 여기에서 깨어 있어야 합니다. 깨어 있는 것도 미래를 위해서 깨어 있는 것이 아니라 지금 깨어 있어야 미래를 준비할 수 있기 때문입니다. 깨어 있는 것, 항상 고대하는 것은 현재의 시점이지, 미래의 현존이 아닙니다. 지금의 현존을 위해서 준비하라는 것입니다. 신앙의 길은 미래의 길로 나 있는 것이 아니라, 아무도 경험하지 못한 하나님에 대한 현존의 경험은 희미하고 알쏭달쏭하게 다가오기 때문에 현재에서 그분에 대한 의식으로 깨어 있어야 합니다. 하나님을 만날 수 있는가, 예수님을 만날 수 있는가, 하는 것은 지금 결정됩니다. 실존적인 예민한 감각을 가지고 있는 신앙인만이 그를 뵐 수 있습니다. 스쳐지나가 버리고 말지도 모를 그분의 모습과 느낌, 소리 등에 대해서 우리는 민감한 신앙 감각을 가지고 있어야 합니다. 깨어 있어야 한다는 것은 그것입니다. 우리의 오감각이 온통 그분을 향해 있을 때, 어떤 길을 가려고 하더라도 또 어떤 길을 가고 있더라도 갈등이 일어날 리가 없습니다. 감각 속에 그분이 현존하고 동시에 함께 동행하고 있기 때문입니다. 그리스도교의 종말이란 그런 의미에서 먼 미래에 있을 파노라마가 아니라, 현재에서 발생하는 실존적인 깨우침과 결단이라고 볼 수 있습니다.

어느 새 가다보면 우리가 그분을 만나게 될 날이 있을 것입니다. 그분의 현존을 알아차리자마자 곧 문을 여는 것이나 우리가 자신의 길을 가면서 하나님의 길을 선택하는 것이나 동일한 차원의 언어입니다. 길을 가게 되면 그 길에는 늘 문이 있을 것이고, 그 문을 열 것인가 말 것인가 혹은 그것이 열린 문인가 아니면 닫힌 문인가, 질문인가 해답인가를 놓고 선택하게 됩니다. 길에서 문을 만나게 되면 가던 길을 되돌아 올 것이 아니라면 열어야 합니다. 그 문에는 바깥에서 열어주는 문이 아니라 내가 열어야 하는 문입니다. 길 위에 있는 문의 손잡이는 내게만 달려 있기 때문입니다. 문을 열어야 다음의 길을 가게 되고, 문을 열어야 그분을 만나게 되어 있습니다. 어스름한 새벽이 되어도 가던 길을 멈출 수는 없습니다. 예수께서 신앙의 길, 인생의 길을 멈춘 적이 없듯이 말입니다. 가던 길이 험난하다고 포기할 수도 없습니다. 또다른 길을 선택할 걸하고 다른 길에 대해 미련을 갖기에는 이미 늦었습니다. 그리스도인의 길은 이미 아무도 간 적이 없는 길을 가는 것이기에 또다른 동일한 길이 있을 것인가에 대한 의문을 품을 이유가 없습니다. 묵묵히 자신의 길을 갈 뿐입니다. 그 길 위에서 만나는 예수님이 진짜배기 진리의 현존이자 나의 구원의 주님이라는 것을 굳게 믿고 나아가야 합니다.

그분이 언제 내가 가는 길에 현존하실 것인지 아무도 모릅니다. 길조차도 모릅니다. 길은 내가 가지 않는 한 길이 아니기 때문입니다. 그저 내 앞에 펼쳐져 있는 길은 아무도 가본 적이 없는 길이기에 사실 길이라고 할 수도 없습니다. 하지만 내가 그 신앙의 길을 가는 순간, 길은 생깁니다. 그리고 그 길 위에 하나님께서 내주신 희미한 자국, 예수께서 남기신 삶의 흔적들이 하나둘씩 나타나게 됩니다. 그러면서 우리는 깨닫습니다. 내가 가는 길이 결코 혼자 가는 길이 아니요, 또한 막연한 길이 아니라 매순간 당신과 함께 동행 하는 경이롭고 아름다운 길이라는 사실을 말입니다. 그래서 어둠 속을 거니는 길이라고 할지라도 늘 침잠과 고독 속에서 뵙게 되는 그 순간의 신앙 감각은 밝은 등불의 빛으로 가득 차게 될 것입니다. 비록 갈등과 번민, 고통과 무의미를 경험하는 여러 갈래의 길들이 등장할지라도 밝은 신앙 감각으로 다져진 신앙인에게는 풀숲의 길을 헤쳐 나가는 일이란 식은 죽 먹기나 다름이 없습니다. 따라서 다만 길을 가고자 준비하는 자, 주님의 현존을 경험하려고 하는 자, 매순간 실존적으로 깨달음을 얻고자 하는 자는 자신의 신앙적 선택을 후회하지 않는 자입니다.

이제 길이 우리를 향해 오고 있습니다. 아무도 가지 않은 길, 가지 않으려는 길이 우리를 손짓합니다. 그 길을 맞이할 것인가, 말 것인가 하는 것은 우리 각자에게 달려 있습니다. 뜻밖의 길로서 나타나신 예수께서는 그 길을 맞이하도록 우리를 깨울 것입니다. 아니, 우리는 그 길이신 예수를 맞이하고 가지 않았던 그 길, 외면하는 길을 따라나서야 하는지도 모릅니다. 당신이 가셨던 길, 그곳을 향해 나아가기를 바라는 마음으로 깨어 있기를 바라면서, 그 길이 당장 우리 앞에 나타날 때에 알아차릴 수 있도록 신앙의 준비, 마음의 준비를 하고 있어야 합니다. 더군다나 그 길은 외길이 아니라, 여러 갈래의 길이기 때문에 더더욱 선택을 잘 해야 합니다. 사람들은 그 길을 가지 않으려고 할 것입니다. 길은 사람들이 자신을 맞이해주기를 바라지만, 정작 길을 걸어야 하는 사람이 그것을 거부합니다. 가지 않았던 길, 어려운 길, 고난의 길이라고 생각하기 때문입니다. 그러나 그 길을 온몸으로 맞이하고 자신의 진리의 길을 개척해 나가는 사람은 행복할 것입니다. 결국 길은 만나게 될 것입니다. 아무도 가지 않아서 보이지 않지만, 결국 모든 길은 하나님께로 향해 나 있기 때문입니다.

인생의 길, 신앙의 길을 잘 식별할 수 있도록 깨어 있으십시오. 길이 아니라 낭떠러지요 그저 캄캄한 암흑만 있을 수도 있습니다. 그러니 길이 내게 다가올 때까지 깨어서 기다리는 것이 중요합니다. 예수께서는 우리를 위한 길을 만들어 놓으셨습니다. 밝은 지성, 깨끗한 영혼, 거짓 없는 정신으로 그것을 받아들이고 묵묵히 걸어갈 일만 남아 있습니다. 사람들은 죽음이니 묵시적 종말이니 하면서 각 사람의 최후의 시간과 인류의 마지막 재난에 대해서 이야기를 하곤 합니다. 그러나 인류의 종말이나 나의 사라짐 보다 더 무서운 것은 내가 깨어 있지 못해서, 실존의 시공간이 달라지는 것을 인식하지 못해서 초월로 향하는 길을 찾지 못한다는데에 있습니다. 사람들이 가지 않은 길이 찾아오는 것이 달갑지 않은 것은 바로 그 때문입니다. 그것을 알아차리면 가야 하기에 그만 눈감아 버리고 그 불편함과 외로운 선택을 감수하지 않겠다는 것입니다. 결국 자기기만으로 영원히 명료하지 않은 의식으로 잠들어 있겠다는 의지로 일관하게 됩니다.

여기에 예수께서 말씀하시는 진심어린 충고는 공허한 한숨으로 그치고 맙니다. "깨어 있어라", 라는 말은 한갓 은밀한 복화술이 아니라 숭고한 외침입니다. 그에 부합하여 깨달음의 구축, 곧 가지 않은 길을 나서는 것은 우리 인생과 신앙이 자신을 위한 행복한 선택이라는 것을 기억해야 합니다. 그러므로 시간에 대한 깨어 있음이 아니라 영혼과 정신, 마음의 깨어 있음으로 해서 실존의 마지막을 매순간 그분이 지금 오는 것을 한결같이 기다리고 느끼는 실존적 종말론의 삶을 살아야 합니다.

로버트 프로스트의 시로버트 프로스트 외, 「가지 않은 길─미국대표시선」손혜숙 옮김, 창비, 2014 후반부를 마저 읽어드리겠습니다.

> 사람들이 시커멓게 밟지 않은 나뭇잎들이
> 그날 아침 두 길 모두를 한결같이 덮고 있긴 했지만,
> 아, 나는 한 길을 또다른 날을 위해 남겨 두었네!
> 하지만 길은 길로 이어지는 걸 알기에
> 내가 다시 오리라 믿지는 않았지.
> 지금부터 오래오래 후 어디에선가
> 나는 한숨지으며 이렇게 말하겠지.
> 숲속에 두 갈래 길이 나 있었다고,
> 그리고 나는—
> 나는 사람들이 덜 지나간 길 택하였고
> 그로 인해 모든 것이 달라졌노라고.

종말로 가는 길, 아니 종말론적인 삶을 산다는 것은 다른 사람들이 가지 않은

길을 자발적으로 선택하는 것입니다. 그로인해 그리스도인의 삶의 방식은 완전히 달라집니다. 그것은 항상 주님을 지금 여기에서 맞이하는 행복한 삶이기 때문입니다. 명심하십시오. '길은 가는 것이 아니라 오는 것입니다.'

그리스도교의 오독(誤讀)을 견디며

루가 12,49-56

그리스도교는 평화의 종교라고 말하곤 합니다. 그런데 평화를 표방한 종교가 곳곳에 전파될 때는 피비린내가 진동이 나는 사건이 발생하였음을 우리는 역사를 통해서 잘 알고 있습니다. 왜 그럴까요? 아마도 그리스도교라는 새로운 종교와 그 민족과 지역의 종교 문화와 갈등 관계가 생기면서 일어난 현상이라고 해석할 수 있습니다. 또 다른 해석은 그리스도교가 가지고 있는 파격적인 사상 때문일 수도 있습니다. 예수께서 말씀하신 삶의 방식들, 세계를 보는 눈, 그리고 사람들과의 관계 등에 대해서 변혁적인 언어나 태도를 제시하고 있기 때문입니다. 그러므로 새로운 삶을 살려고 하는 사람에게는 기존의 체제와 갈등이나 긴장을 불러일으킬 수밖에 없습니다. 이로 인해서 그리스도교는 오히려 갈등과 전쟁을 일으키는 골치 아픈 종교라는 인상을 줄 수 있습니다. 자칫 오독을 할 수 있는 것입니다. 그리스도에 대해서, 혹은 그리스도교에 대해서 잘 모르는 경우에는 그 진리에 대해서 안개와도 같을 수 있습니다. 그렇습니다. 작가 페트 한트케가 말한 것처럼, "다른 사람들이 나에 관해 알지 못하는 것, 나는 그것으로 살아간다"고 자신 있게 말할 수 있는 종교가 그리스도교입니다. 아니 그리스도의 삶이었습니다. 당대의 유대교의 한 종파로 인식을 하거나, 유대교를 뿌리째 뒤흔든다고 생각한 기득권자들은 예수님의 생각을 알지 못했습니다. 그러다보니 분란이 일어나고 폭력이 발생하고 살인까지도 일어난 것입니다. 그리스도가 원치 않았던 일입니다. 그리스도교도 그러한 종교는 아닙니다. 타자가 알지 못하는 삶의 방식, 이상적인 삶의 방향성에 대해서 기존의 체제에서는 잘 알아듣지 못했을 것은 당연합니다. 그러니 타자에 의해서 폭력과 살인, 테러도 발생하는 것입니다.

우리가 신앙인으로 살아가면서 의도적으로 이웃 종교문화와 충돌을 일으키려고 하는 것이 아니라면, 설령 타자가 알지 못하고 또 알아주지 못하더라도 우리는 그리스도의 사유와 삶의 방식을 선택해야 합니다. 그리스도교를 발가벗기기 전에는 도저히 그 속을 알 길이 없다고 하더라도, 우리는 새로운 삶의 언어, 새로운 삶의 방식, 새로운 세계관을 지속적으로 내놓아야 합니다. 종래의 가치를 늘 새롭게 바꿔나가고 사람들로 하여금 이제까지와는 완전히 다른 삶을 살도록 만드는 것, 그것이 우리의 역할이기 때문입니다. 그러므로 우리 스스로 그리스도의 삶의 방식 때문에 방황을 할 수 있습니다. 혼란을 겪을 수 있습니다. 하지만 그리스도로부터 도망을 치면 안 됩니다. 자신으로부터도 도망을 치고 싶을 것입니다. 자신의 신앙을 놓아 버리고 싶을 것입니다. 더 이상 그리스도가 제시하는 삶의 방식을 추구하며 그 정체성을 유지하면서 살고 싶지 않을 것입니다. 그런 만큼 남들이 알지 못하는 새로운 삶의 방식이란 외롭고 힘든 상태로 증명해 내야 하는 길입니다. 왜 그래야만 하는 것일까요? 그리스도가 그랬으니 우리도 그래야 합니다. 아무리 그리스도가 추구했던 삶의 방식을 모방하여 살아도 여전히 앞은 안개와도 같은 것을 발견하게 되고 늘 제자리인 것을 알게 되는 경우가 있습니다. 그러면 모든 것들로부터 도망을 가고 싶습니다.

그렇다고 우리가 신앙에서 좋은 것만을 골라서, 좋은 소리만을 낼 수 있는 것은 아닙니다. 남이 말한 것을 그저 아무런 깨달음도 없이 읊조리는 앵무새와 같은 신앙인이 되는 것은 더더욱 용납할 수 없습니다. 싫은 것이든 좋은 것이든 오로지 그리스도의 소리, 그리스도의 것을 표현해내야 합니다. 갈등, 분란, 폭력, 긴장, 비난 등의 부정적 사태가 발생하고 온갖 비판적인 꼬리표가 따라 붙는다고 하더라도, 우리는 그리스도의 삶의 방식을 택해서 살아나가야 합니다. 적어도 우리가 그리스도를 완전히 떠나거나 그리스도교라고 하는 신앙의 텃밭을 등지겠다는 의지가 아니라면, 더 이상 그리스도의 삶의 방식으로부터 자유로울 수 없습니다. 오히려 그리스도의 삶의 언어와 방식에 따라 사는 것이 자유로운 것입니다. 우리의 실존적인 의지와 정서는 더 이상 우리의 것이 아닙니다. 그리스도의 것입니다. 사람들이 아무리 그리스도와 그를 믿는 그리스도교의 삶의 언어와 방식을 마치 방언과도 같은 것으로 취급하더라도 느릿느릿 그것을 보여주고 느린 신앙 걸음을 걸어가면 많은 사람들이 따라올 것입니다. 빠르고 서둘지 않는다면 언젠가는 처음의 갈등과 긴장이, 비록 느릴지라도 평화와 사랑의 관계로 승화될 수 있을 것입니다.

그리스도교는 빠름과 서두름을 추구하는 속도의 종교가 아닙니다. '아무도 알지 못하는 것'을 진주처럼 가지고 있으면서 천천히 그 삶의 진리를 내보이는 느림의 종교입니다. 남의 정서를 아랑곳 하지 않고 나의 그릇에다 담아내려는 무지막지한 종교도 아닙니다. 되레 남의 정서와 감정, 그리고 처지를 가장 낮은 자리에서 헤아리고 그들 편에 서려고 하니까 기득권과 맞서게 되는 것입니다.

이른바 신앙의 혁명, 삶의 혁명을 일으키게 되는 동기부여를 하게 됩니다. 더군다나 그리스도교라는 나의 신앙적인 그릇은 아무도 알지 못합니다. 알지 못한다는 것은 무슨 정보를 알지 못한다거나, 종교의 성격을 잘 알지 못하는 것이 아닙니다. 그리스도교가 갖고 있는 역설적인 삶의 방식을 이해하지 못하는 것입니다. 혁명적인 사고 방식, 혁명적인 신앙의 성격, 그래서 타자 자신이 스스로 혁명함으로써 새로운 눈을 가지고 삶을 살아가도록 만드는 그리스도교의 확신에 찬 진리의 목소리를 내면으로 듣지 못하면 깨달을 수가 없습니다.

어느 시대이고 "짐승의 시대" 김응교라고 느낄 만한 때가 있기 마련입니다. 사람들은 그 "짐승의 시대"조차도 살만하다고 생각하고 아무런 비판 의식이 없이 순응하면서 살아갑니다. 자신이 짐승이 되고 있다는 사실, 개돼지로 인식되고 있다는 사실에 대해서도 분노하지 않고 살아갑니다. 시대의 징조를 잘 읽지 못하는 것입니다. 어떤 시대적인 사조인지, 어떤 시대적인 풍조인지, 어떤 시대적인 정치경제적 억압인지를 잘 분간하지 못하는 그야말로 시대적인 오독을 하고 있습니다. 예수께서는 바로 그런 시대에 종교는 사람들이 몰락하지 않도록 마음속에 새로운 삶의 뜨거움과 깨달음을 주시겠다는 것입니다. 그리고 그러한 종교의 본질을 제대로 구현해야 하는 것이 그리스도교라는 사실입니다. "짐승의 시대"를 분노하고 슬퍼하고 아파하면서 급기야 자신의 삶이 몰락하지 않도록 우뚝 서서 삶을 살아야 한다는 것을 제대로 짚어주기 때문에 그리스도교는 혁명의 종교가 될 수밖에 없습니다. 불의 종교가 될 수밖에 없습니다. 그러므로 그리스도인은 시대를 잘 분별하는 영성적인 눈을 가져야 합니다. 그저 단순하게 시대를 무비판적으로 받아들이는 것이 아니라 신앙적인 비판의식을 가지고, 그리스도의 마음을 가지고 시대를 읽을 수 있는 명철한 눈이 필요합니다. 예수께서는 민중의 삶에 대해서 아파해야 할 때는 함께 아파하고, 슬퍼할 때는 함께 슬퍼하고, 괴로워할 때는 함께 괴로워하고, 분노할 때는 함께 분노하고, 행복할 때는 함께 행복해 하는 그런 삶을 선택했습니다. 진정한 종교라면 그렇게 민중의 현실을 외면하지 않아야 한다는 것을 일깨워주었습니다. 시대의 선각자는 바로 그런 역사적, 시대적 부딪힘 때문에 죽임을 당했던 것을 잘 압니다.

 시간과 공간을 촘촘하게 엮어서 잘게 나누어서 살고 있는 짐승 같은 시대, 삶조차도 조각조각 부수어서 살고 있는 짐승 같은 시대에 종교는 이제 어떤 반딧불이 되어 주어야 할까요? 그리스도교는 어떤 불이 되어 줄 수 있을까요? 혹여 우리조차도 이미 그리스도의 뜨거운 불같은 심장이 꺼져버린 것은 아닐까요? 갈등이 있고 긴장이 있고 분열이 있는 곳에 진정한 평화를 심어주고자 한다면, 예수와 같은 시대를 바라보는 신앙적인 안목이 있어야 합니다. 그것은 세속적인 안목과는 다릅니다. 예수께서는 하나님과 같은 안목으로 자신이 처한 시대를 바라보고 진단하면서 저 밑바닥에 있는 민중이 필요로 하고 있는 새로운 삶의 방향성과 인식, 그리고 삶의 방식을 몸소 제시해 주셨는데, 지금 우리가 예수님의 그 새로운 삶의 존재론적 신앙을 던져줄 때가 아닌가 싶습니다. 비록 그것이 '다른 사람들이 우리에 대해 알지 못하는 생소한 가치'라 할지라도 말입니다. 왜냐하면 그리스도교는 우리 스스로가 생각하는 것보다 훨씬 더 넓고 큰 종교이기 때문입니다. 우리의 작은 마음으로 그 뜻을 다 알아차리고 담아냈다고 하는 오만을 버려야 합니다. 그저 세상이 우리의 가치 때문에 세상이 아주 쪼끔 밝아지기만을 간절히 바라야 할 것이다. 그것은 예수님처럼 우리 몸을 쪼개 신앙적인 삶의 조각을 떨구어 사람들에게 비추면 될 일입니다.

사람이 성전이다!

루가 13,10-17

인간은 슬퍼하고 기침하는 존재

그러나 뜨거운 가슴에 들뜨는 존재

그저 하는 일이라곤 하루하루를 연명하는

어두운 포유동물

…

인간이 진정 하나의 동물이기는 하나 고개를 돌릴 때

그의 슬픔이 내 뇌리에 박힌다는 점을 고려해볼 때

…

내가 사랑함을 알고

사랑하기에 미워하는데도,

인간은 내게 무관심하다는 것을 이해한다고 할 때…

…

손짓을 하자 내게

온다.

나는 감동에 겨워 그를 얼싸안는다

어쩌겠는가?

그저 감동,

감동에 겨울 뿐이다.

세사르 바예호의 시 '인간은 슬퍼하고 기침하는 존재', 「희망에 대해 말씀드리지요」 중에서입니다. 그래서일까요? 인간은 고통이, 슬픔이, 억울함이, 실망이, 좌절이, 얼마나 많이 일어나는지 모릅니다. 그러한 인간의 감정, 상처 등은 아랑곳하지 않고 그저 종교적 관심사, 조직 공동체의 관심사에만 몰두하는 슬픈 현실을 목도하게 됩니다.

사람들은 대부분 자신의 관념이나 잣대, 그리고 학습된 생각으로 사태를 판단하고는 합니다. 어떤 경우에는 자신이 속해 있는 집단의 이념이나 논리가 잘못되었음에도 불구하고 이미 학습된 자아가 그 집단의 이야기를 절대화하는 것을 볼 수 있습니다. 이것은 종교도 마찬가지입니다. 유대교라고 하는 공동체의 이데올로기는 율법이라는 것에 의해서 고착화되어 있고, 그 집단에 속해 있는 사람들은 그것에 의해서 자신의 사상이나 행동을 그대로 삶으로 옮기려고 합니다. 심지어 절대화하기도 합니다. 과거 유대교의 토라 공동체만 그랬다고 볼 수 없습니다. 오늘날 그리스도교 공동체도 마찬가지입니다. 그리스도교가 갖고 있는 교리나 공동체의 법으로 사람을 판단합니다. 1차적인 목적은 그리스도교 혹은 그리스도교의 다양한 교파적 정체성을 보호하기 위한 것입니다. 그러다보면 사람이 보이는 것이 아니라 조직이나 체제나 제도가 먼저 보이기 때문에 결국 사람을 배제시키거나 죽이게 됩니다.

예수님은 자신에게 온 사람, 바로 그 사람 자체에 대한 관심에서 출발을 합니다. 그 사람이 얼마나 예배를 잘 드리느냐, 그 사람이 얼마나 헌금을 잘 드리느냐?, 그 사람이 얼마나 봉사를 잘 하느냐, 하는 등의 물음을 묻지 않습니다. 사람에 대한 관심이 곧 하나님에 대한 관심이요, 하나님께서 바라시는 관심이라고 생각을 했을 것입니다. 유대교의 지도자들의 관심은 사람이 얼마나 율법을 잘 지키느냐에 대한 관심이 우선적이었습니다. 오늘날 교회 지도자들의 관심은 얼마나 헌금을, 얼마나 헌신을, 얼마나 예배를 잘 하느냐에 대한 것이라고 볼 수 있습니다. 어떻게 보면 교회에 많은 관심을 기울이면 그만큼 하나님에 대한 관심이 증대되어 있는 것으로 생각하는 것입니다. 하지만 종교의 관심사는 사람 자체에 대한 관심사, 즉 그 사람이 얼마나 아픈가, 그 사람이 얼마나 힘든가, 그 사람이 얼마나 어려운가, 그 사람이 얼마나 고통스러운가 등 그 실존적 상황에 대한 그윽한 시선들이 항상 먼저여야 합니다. 예수께서 종교 공동체 안에서 바라보는 시선은 바로 사람들 그 자체와 그 사람들이 처한 실존적 배경이었다는 것을 잊지 말아야 합니다. 시인 박노해는 「다시」라는 시에서 이렇게 노래했습니다.

희망찬 사람은
그 자신이 희망이다
길 찾는 사람은
그 자신이 새 길이다
참 좋은 사람은

그 자신이 이미 좋은 세상이다

사람 속에 들어 있다

사람에서 시작된다

다시

사람만이 희망이다.

시인은 "사람에서 시작된다, 사람만이 희망이다"라고 말합니다. 이것은 종교에서도 통하는 말이 아니던가요? 신을 빙자해서, 하나님을 믿는 공동체라는 것을 내세우면서 신중심주의의 사유나 행동을 해야 한다고 강조하지만, 외려 종교에서 신은 사람에 관심을 기울이고 사랑하는 존재라는 이야기입니다. 그렇다면 신이 사람을 사랑한 것처럼 종교지도자나 교회 공동체는 사람을 사랑하고 사람을 귀하게 여겨야 마땅한 일입니다. 그런데 지금의 종교는 사람을 수단으로 생각합니다. 사람을 구원한다고 말은 하지만 사람이 건물 교회의 부속품처럼 생각하는 듯한 인상을 지우기 어렵습니다. 설령 건물이 없다고 하더라도 사람에 대한 관심과 사랑, 존중에 기반을 둔 종교라면 신을 믿는 공동체로서의 기능은 얼마든지 가능할 것입니다. 사람들이 서로 관심을 갖고 사랑하고 존중하면서 이루는 공동체가 신이 현존하는 공동체입니다. 오히려 신을 믿는다고 하면서 사람보다는 물질에, 지위에, 학식에, 자산에 관심을 기울이는 공동체는 신을 안 보이게 만드는 안개와도 같은 공동체나 다름이 없는 것입니다.

사람이 신의 시선에 포착되어진 존재, 신의 눈에는 사람이 읽히는 그런 종교로서, 마치 교회 안에서도 사람이 신의 시선으로 사람을 볼 수 있는 그런 공동체가 되어야 합니다. 추론해보건대 예수께서는 회당 안에서 중요한 것이 의례나 율법보다도 그것들이 표현되는 그 안의 본질적인 가치가 무엇인가를 더 고민했을 것입니다. 사람 사랑에 대한 가치를 형식화하는 것이 율법이고 언어이고 또 몸 행위나 노래 등으로 외면화한 것이 의례일 것인데, 그것에 너무 치중하게 되면 주객이 전도되는 것입니다. 항상 종교에 있어서 의례나 교리나 규칙보다도 더 우선해야 할 것은 본질적인 가치인 사람에 대한 사랑이어야 합니다. 그것을 빼놓고 사람을 형식과 교리와 의례로 판단을 하는 것은 사람이 만들어 놓은 규칙에 스스로를 구속시키는 오류를 범하게 됩니다. 따라서 예수님처럼 종교도 사람 사랑에 대한 본질적인 가치를 우선시해야 할 것입니다. 신의 눈으로 보았을 때에 왜 의례를 그 따위로 하느냐, 왜 노래를 그렇게 못하느냐, 왜 헌금을 고작 그것밖에 못하느냐, 왜 강론이 그 모양이냐, 하는 것들로 나무라지 않을 것입니다. 신의 눈은 모름지기 '사랑'입니다.

더군다나 교회는 여인과 같은 약자들에 대한 환대를 중요하게 생각해야 합니다. 1세기 유대사회 안에서 여인에 대한 신분은 하잘 것이 없었습니다. 거기에다가 병에 걸렸다는 것은 죄인이나 다름이 없고, 별로 사람 취급 못 받았다고 볼 수 있습니다. 그런데 예수께서는 그 약자에 대해 관심을 가지고 환대하셨습니다. 고통을 받아들이고 이해하면서 여인을 치료하였습니다. 약자라는 신분을 외면하지 않았다는 것도 중요하지만, 약자가 처한 실존적인 상황을 꿰뚫는 심안이 있었다는 것도 놀라운 일입니다. 예수님의 말씀과 행위는 약자에 대한 애정을 느끼게 만드는 것이었고, 종교가 중요시하는 온갖 법과 규범, 의례와 형식을 뛰어넘는 것이었습니다. 사실 종교의 의례와 법, 형식 등은 신의 사랑을 어떻게 표현할 것인가에 대한 시간적 흐름에 따른 약속이요 신앙의 양식입니다. 그래서 철학자 장 폴 사르트르Jean-Paul Sartre는 "미사의 의례 자체는 신앙이 아니라 신앙을 처리하는 것"이라고 말했던 것입니다. 본질과 외현이 있다면 사랑은 본질이고, 예배는 외현이라고 말할 수 있을 것입니다. 그러므로 예수께서는 외현보다는 본질에 더 가깝게 접근하려고 했던 분입니다. 공동체의 여러 가지 약속이 있을 수 있지만, 사람을 판단할 때는 사람의 약속이나 규정보다 하나님의 사랑과 본질이 무엇이냐라는 물음에 입각하여 환대해야 한다는 것을 배우게 됩니다.

그럼에도 사람들은 종교 혹은 종교 집단이 만들어 놓은 여러 가지 교리나 규칙에 매여 있습니다. 그리고 자신도 그 집단의 논리를 학습하고 고스란히 타자를 판단하는 데 요긴하게 사용합니다. 모든 삶의 기준이 다 종교 집단의 이념이나 범주가 되는 것입니다. 그러나 어디 사람의 다양한 삶의 모습과 상황들을 특수한 하나의 종교 혹은 종교 집단이 다 판단할 수 있겠습니까? 유대교 안에서는 6일은 일하고 제7일은 안식을 해야 하는 법규정이 있습니다. 죽도록 노동을 하는 노동자들이 자신들의 몸이 아플 때 치료라도 제 때에 받으려면 자신의 노동 시간을 일부 치료 시간으로 사용할 수 있어야 하는데, 그게 쉬운 일이 아닙니다. 주인은 자신의 시간을 자유롭게 사용할 수 있지만, 노예의 시간은 자신의 것이 아니라 주인의 것이기 때문에 그럴 권리가 없는 듯이 살아갑니다. 거기에 무슨 치료를 위한 자유로운 행위가 있을 수 있었을까요? 전혀 없었을 것입니다. 그런 상태로 그래도 예배를 드리겠다고 나온 병에 걸린 여인의 신심은 대단한 것입니다.

예수께서는 자유로운 시간과 공간도 없는 그녀를 만나서 제도와 경계와 신분을 초월한 자유와 해방, 구원을 베풀어 주었습니다. 안식일에는 해방의 날이요 구원의 날이어야 한다, 누구든지 자유롭게 하나님께서 베푸신 은총을 경험하는 날이어야 한다는 것을 깨우쳐주었습니다. 종교지도자의 눈에는 자신이 학습한 율법과 의례와 제도만이 보이기에, 그 시선 속에 잡힌 여인의 모습은 하찮고 죄스러운 것만 보였을 것입니다. 자신이 학습한 규정과 시선이 절대적이라고 생각하였습니다. 여인을 사람으로 보지 않았습니다. 여인이 하나님의 백성으로 보이지 않았습니다. 여인이 하나님이 사랑하는 존재임을 인식하지 못했습니다.

종교지도자의 관심은 축산업이나 농업을 하는 사람들, 심지어 동물보다 못한 지위를 가진 여인이 보였을 뿐입니다. 그들에게는 그녀가 더 이상 사람이 아니었습니다. 자신들이 쳐놓은 경계 밖의 사람이었습니다. 그러나 예수께서 생각하신 하나님의 시선 안에는 경계 밖의 사람이란 존재하지 않습니다. 모두가 구원을 받아야 할 존재, 모두가 품어야 할 존재입니다.

교회 공동체, 종교 공동체의 정신은 무엇입니까? 조직, 제도, 규범, 교리, 체제, 의례, 전통입니까? 종교 공동체의 시작은 사람 그 자체, 곧 사람에 대한 애정에서 시작됩니다. 예수께서는 사람이 곧 성전이라는 것, 사람이 성전의 본질이라는 것을 새롭게 알려주셨습니다. 하나님의 시선을 갖고 사람을 볼 수 없는 곳에는, 그곳이 아무리 성전이라고 할지라도 거기에는 결코 하나님이 현존하지 않기 때문입니다. 그러므로 신앙적으로 사람에 대해서 다시 생각을 해봐야 합니다. 그리스도인이라는 말에 과연 보편적인 사람, 하나님의 사랑을 받아야 하는 사람을 상정하고 있는 것인가, 그렇지 않으면 그저 특정한 종교 공동체의 교리, 법, 규칙, 제도 등에 의해서 만들어진 것에 동조하는 사람만이 진정으로 그리스도인 대접, 혹은 사람 대접을 받고 있는 것은 아닌가 신앙적인 성찰을 해봐야 할 것입니다. 명심하십시오! 하나님의 집에 들어갈 때는 누구든지 예외 없이 신발을 벗어야 하는 존재들입니다. 정체성을 나타내는 언어와 선언은 하나님의 가족부터 멀리 떠나게 만들 수도 있고, 하나님이 계신 고향을 상실한 사람들처럼, 하나님의 부재를 뼈저리게 경험한 사람들처럼 영원히 성전을 등지게 만들 수도 있습니다. 고로 나로 인해서, 종교지도자로 인해서 사람 그 자체를 보지 못하는 안개 속의 경솔한 존재가 되지 마십시오.

위조된 자리, 거짓의 인격

루가 14,7-11

　프랑스 실존주의 철학자 사르트르는 "사람은 자신의 인격을 위조하고, 스스로 진정한 모습에 자신을 맞추기 위해 평생을 애쓴다"고 말했습니다. 그리스도인이 격格을 달리 한다는 것은 그리스도인으로서의 어떤 품위, 분수, 지위, 자리 등에 대해서 정말로 알맞은 곳에 있는 것을 말하는 것은 아닐까요? 이상하게도 종교를 갖고 있는 사람들일수록 내면의 자리, 내면의 품위를 더 높이려고 하기보다는 외형적이고 형식적인 자리와 명예, 권력에 연연하는 것을 많이 보게 됩니다. 그것이 진정한 자신의 모습이라고 생각을 하는 것인지, 아니면 어떤 자리를 차지한다는 것이 진정한 인간의 본질이라고 믿는 것인지 필자는 잘 이해가 가지 않습니다. 그것은 사르트르가 말한 것처럼 인격을 위조하는 것입니다. 인격을 인위적으로 만드는 것입니다.

　그리스도인이 자리나 명예, 권력의 근처에 가지 않고 늘 겸손한 신앙의 자리를 욕망할 수는 없는 것일까요? 그리스도인은 세상의 높은 자리, 권력, 명예를 탐할 때, 오히려 자리를 내려놓고 자리를 넘겨주고 자리를 비워주는 겸양의 미덕을 보여주어야 합니다. 아니 그러한 겸양의 미덕을 통해 자리에 미련을 갖는 것은 허망함 것이요, 거짓이요, 허위라는 것을 깨우쳐 주는 삶을 살아야 합니다. 자리에도 아름다운 자리가 있고 추한 자리가 있습니다. 내게 걸맞은 자리를 앉게 되고 그만한 대우를 받게 되면 모두가 인정한 아름다운 자리가 될 수 있지만, 그 이상의 것을 탐하고 욕망하게 될 때는 자리가 아무리 중립적이라고 하더라도 그 자리마저도 추한 자리가 되어 버리고 맙니다. 어쩌면 예수님은 자리를 탐하는 제자들 혹은 그리스도인에게 추한 자리에 앉아서 인격마저도 추락되는 일이 없도록 하라는 말씀을 하고 있는지 모릅니다.

물론 사람들은 말할 것입니다. 자리가 사람을 만든다고 말입니다. 그래서 그 사람이 어느 자리에 있는가에 따라 그 사람의 인격, 권력, 지위, 명예, 심지어 재산까지도 다 평가받게 되는 것이라고 생각할 것입니다. 그러니 어쩔 수 없이 자리를 잘 잡아야 하고 차지를 해야 한다고 주장할 것입니다. 정말 그럴까요? 요즈음 정치, 경제, 문화, 종교, 교육 등을 가만히 들여다보면 높은 자리에 있고 권력이 있다고 하는 사람들이 그 자리에 걸맞지 않은 행태들을 보이고 있어서 눈살을 찌푸리게 만듭니다. 반드시 자리가 그 사람의 모든 것을 나타내 주지 못한다는 반증이기도 합니다. 이에 반해 종교가, 한없이 낮아지는 겸손의 자리를 말하고 있는 것은 그와 같은 세속적인 현상에 대한 지혜로운 처신을 약속하고 있다고 봅니다. 어느 자리에 가든지, 혹은 무슨 권력을 가지고 있든지, 명예를 걸머쥔 사람이든지간에 겸손한 자리에 있어야 더욱 빛나는 법입니다.

스위스의 철학자 알렉상드르 졸리앙Alexandre Jollien은 "신 앞에서 모든 것을 신뢰하되 아무것도 기대하지 않고 알몸으로 존재하는 것"이라는 혜안을 들려줍니다. 종교인이라면 신 앞에서 알몸으로 존재하는 것이 마땅한 일입니다. 신 한 분으로 만족을 해야 하고 즐거워해야 하는 것이 당연한 것인데도 불구하고, 자기 몸에 사족을 달려고 합니다. 이른바 자리에 대한 욕망입니다. 하지만 그리스도인이라면 그런 데 연연하지 말고 오로지 하나님 앞에서 완전히 벌거벗은 몸으로, 꾸밈이 없는 순수한 의식으로 존재해야 합니다.

신을 올바르게 믿고 제대로 신앙 생활을 한다면 어느 자리이든 자신이 신 앞에 존재한다고 생각하고 그 자리마저도 신을 위한 자리인 양 비울 수 있는 것이 신앙인다운 의식입니다. 그런 의미에서 어떤 자리이든 비어 있는 모든 자리는 나를 위한 자리가 아니라 신을 위한 자리입니다. 신을 모시듯 사람을 예우하고 환대하는 것이 도리입니다. 더욱이 높은 자리일수록 자기 자신을 위한 자리라고 생각하지 말고 신을 위한 자리라고 생각한다면 자리에 대한 양보는 쉬워질 것입니다. 권력이나 명예, 그리고 지위 같은 것들도 마찬가지입니다. 신의 권력, 신의 명예, 신의 지위만 있을 뿐이지 나를 위한 권력, 나의 명예, 나의 지위는 없습니다. 다만 내가 자리에 앉게 되고 권력을 갖게 되며 명예를 얻게 된다면 그것은 신의 자리를 대리하는 것에 지나지 않는 것입니다. 그것이야말로 진정한 신본주의라고 말할 수 있지 않을까요?

고대 그리스 철학자 에피쿠로스는 "누군가를 행복하게 해주고 싶다면 그의 재산을 늘려주는 것보다 그의 욕망을 줄여주는 것이 낫다"고 했습니다. 자리가 결코 인간을 행복하게 해주지 않습니다. 자리가 우리의 신앙을 더 돋보이게 하지 않습니다. 성직자다, 교회의 임원이다, 교회의 직분자다, 하는 것들도 자칫 욕망의 자리가 될 수 있는 여지가 있다는 것을 명심해야 합니다. 어느 상황, 어느 장소, 어느 시간에 있든지 자리에 대한 욕망에서 탈피해야 합니다. 왜냐하면 그리스도인이 자리의 욕망에 붙잡혀 있을 때 그 신앙은 참으로 아슬아슬하기 때문입니다. 그는 자리, 권력, 명예, 지위 등으로 타자를 억압하고 지배하려는 데에서 벗어날 수가 없습니다. 어느 종교이든 간에, 특히 그리스도교는 겸손을 통해 타자를 섬기는 미덕을 내세우고 있지, 결단코 군림, 지배, 억압하려고 하지 않습니다. 만일 그와 같은 일이 교회 공동체에서 일어나고, 또 반대로 세상에서 직장과 사람과의 관계에서 벌어진다면 그것은 예수님이 말한 복음의 내용과는 완전히 등을 지는 것이나 다름이 없습니다. 자리에 대한 욕망으로 벗어나라고 하는 것은 그와 같은 이유 때문입니다. 궁극적으로 자리에 앉게 되면 서열이 결정되고 자연스럽게 정신적 갈등과 투쟁이 일어나면서, 진실한 관계가 이루어지지 않기 때문입니다.

시인 최승자는 "20년 후에, 지芝에게" 「즐거운 일기」, 문학과지성사, 1984 수록 라는 시에서 이렇게 말합니다.

> 저 많은 세월의 개떼들이 나를 향해 몰려오잖니,
> 흰 이빨과 흰 꼬리를 치켜들고
> 푸른 파도를 타고 달려오잖니.
> 물려 죽지 않기 위해,
> 하지만 끝내 물려 죽으면서,
> 나는 깊이깊이 추락해야 해.
> 발바닥부터 서서히 꺼져 들어가며,
> 참으로
> 연극적으로 죽어가는 게 실은 나의 사랑인 까닭에.

자리는 이제 영성의 자리임을 인식해야 합니다. 자리, 권력, 명예, 지위, 신분 등 모든 것들에 대해서 모든 종교인은 영성적인 눈으로 바라보아야 합니다. 그렇지 않으면 그것이 무엇이 되었든지간에 죽음의 자리, 타락의 자리, 경쟁의 자리, 투쟁의 자리가 될 것입니다. 우리의 삶의 모든 자리가 영성적인 긴장의 자리가 되어야 할 이유이기도 합니다. 매순간 내가 서 있는 자리에서 그 자리가 신을 위한 자리, 혹은 신의 손님으로 온 자리인가를 식별해야 하기 때문입니다. 권력, 명예, 지위 등이 혹여 신의 의지에 해가 되고 그분을 가리는 것이 아닌가를 판별해야 하기 때문입니다. 사람들은 자리가 생기면 전투라도 하듯이 달려들어 그것을 차지하려고 합니다. 바로 내 앞에 있고 나의 소유가 될 수 있는 것들임에도 불구하고 겸손을 내세우면 내가 죽음의 자리로 밀려드는 것 같은 순간이 올 것입니다. 시인이 고백하듯이 마치 연극 무대에서 나의 자리를 찾지 못해서, 나의 역할을 갖지 못해서 존재 상실의 자리로 떨어지는 위기의 시간이 올지도 모릅니다.

설령 그렇다 하더라도 내가 직면한 그 자리는 죽음의 자리나 존재 상실의 자리가 아니라 바로 생명의 자리요, 삶의 진정한 자리라는 것을 알아야 합니다. 살다보면 어느 때는 자리가 경이롭게 느껴지다가도 희미해지기도 합니다. 그것이 정말 내 자리인지 잘 모를 때가 있습니다. 다시 최승자 시인의 시를 인용해봅니다.

살아 있다는 건,
참 아슬아슬하게 아름다운 일이란다.
빈 벌판에서 차갑고도 따스한 비를 맞고 있는 것 같지.

이처럼 삶은 아슬아슬한 외줄타기인 것 같이 느껴집니다. 그럴수록 나의 자리에 대한 욕망을 고통스런 구석으로 내팽개칠 수 있는 용기가 필요합니다. 온갖 불행과 고통이 밀려오는 듯해도 내가 나로서 존재하고, 또 나의 가장 합당한 자리, 곧 그리스인으로서의 자리에 만족할 수 있어야 합니다. 행복과 기쁨은 신의 자리이지, 나의 자리가 아닙니다. 게다가 나의 고통과 불행의 자리도 곧 신의 자리입니다. 그것이 그리스도인이 생각하는 새로운 자리, 신앙의 자리에 대한 인식입니다.

불교에는 지관타좌只管打坐라 해서 마음을 다잡아 주는 수행법이 있습니다. '오로지 앉아 있음', 좌선을 할 때 잡념 없이 집중하는 상태를 일컫는 것입니다. 자리를 위해서 '단지' 지금 존재하기를 잃어버리는 일이 없어야 합니다. 단지 거기에 있기, 단지 자리에 연연하지 않고 욕망 없이 있기, 단지 비우고 그리스도인으로서 존재하기, 한탄하지 말고 단지 지금 자리에 머물러 있기, 단지 사랑하며 타자의 눈을 쳐다보기, 단지 슬퍼하는 타자를 안아주기 등. 그것들이 바로 자리, 권력, 명예, 지위, 신분에 연연하지 않고 단지 지금 그리스도인으로서 존재하는 것임을 깨달아야 합니다.

48

제자, 그 낯선 그림자

루가 14,25-33

때에 따라서는 제자라는 말이 듣기도 좋은 말이기도 하고, 어느 때는 참 부담스러운 족쇄나 부끄러운 언어로 들리기도 합니다. 내가 스승의 말과 행위를 잘 받아들여 또 한 사람의 스승의 덕망과 실력을 갖춘 사람으로 성장하고 있을 때는 제자라는 말이 자부심과 뿌듯함을 느끼게 합니다. 하지만 스승이 아무리 뛰어나더라도 제자가 그것을 따라가지 못하고 학습하지 못하면 누구의 제자라는 사실이 부끄럽기 짝이 없습니다. 지금 우리 그리스도인이 후자측에 속하는 상황이 아닌가 싶습니다. 그리스도인은 예수님의 제자라고 말을 합니다. 감히 그렇게 호언장담을 하고 삽니다. 정작 제자가 스승인 예수님의 삶을 고스란히 본받고 있지 못하면서도 우리는 자랑스럽게 그분의 제자라는 자부심을 갖고 살아갑니다. 그것은 시인 허수경이 말한 "천년을 살아도 낯선 내 그림자가 발목을 잡아 놓아주지 않았는데!"라는 「카프카의 날씨1」 문예중앙, 2016년 봄호 시구처럼 내가 인식될 때가 있습니다. 제자는 그저 낯선 그림자처럼 나를 따라 다니는 허상처럼 말입니다. 그리스도인이 제자로 살아가는 것이 허상이 되면 안 됩니다. 그것은 실체가 없이, 아무런 존재의식이 없이 살아가는 것이나 마찬가지입니다.

그리스도교를 나의 종교로 택하게 된 데에는 무슨 구원을 받기 위해서, 하늘나라에 가기 위해서라고 말하는 것은 그리스도를 잘못 이해한 것입니다. 그리스도교는 따름, 따라감, 따라나섬, 닮아감의 종교입니다. 그리스도교를 나의 종교로 선택했다는 것은 그렇게 나도 예수님처럼 닮아가는 삶을 살겠다고 하는 각오와 결단이 동반된 것이어야 합니다. 그렇기 때문에 하늘나라를 취하겠다, 구원을 얻겠다는 소유와 욕망보다 더 우선적으로 배워야 할 것이 비움, 혹은 포기입니다. 예수께서는 자기의 제자가 되기 위해서는 혈육을 넘어서고 신앙의 무게, 삶의 무게를 지고 따르라고 말하고 있습니다. 다시 말해서 이것은 완벽한 변신입니다. 나의 의지, 나의 욕망, 나의 목표가 아니라 예수님의 족적대로 따라가는 완전한 탈바꿈이기 때문에 비록 몸은 생래적으로 부모님으로부터 물려받은 것일지라도, 더 이상은 나의 몸도, 나의 의식도 아닌 그분의 몸이요 그분의 의식이 되는 것입니다. 제자라고 하는 것은 또 하나의 내 몸 안에서 스승이 자리 잡는 것을 뜻하는 것이요, 스승의 생명이 탄생하는 것이기에 이전과는 달라지는 것을 뜻합니다. 그러므로 제자는 스승의 반열에 들어가는 자요, 스승의 자식과도 같이 새로운 생명을 부여 받은 존재나 다름이 없습니다. 제자弟子라는 한자어의 자子가 스승이나 열매를 뜻하는 것도 그러한 이유일 것입니다. 그러기 위해서는 나의 것, 자기 자신조차도 버릴 수 있어야 합니다. 이것은 그리스 원어에서 좀 더 명확히 드러납니다. 싫어하다, 미워하다는 miseo 미세오는 조금밖에 사랑하지 않다, 이것 혹은 저것 중에 경중을 따져서 하나를 선택하여 그 대상을 더 사랑하다는 뜻을 품고 있으면서 자기에 대한 관심을 덜 가지는 것을 일컫습니다.

　이것을 보건대 그리스도인이 만일 제자라면 자기의 것, 자기 자신의 욕망, 자기 자신의 신앙의 목표한 바보다는 예수님의 것에 더 관심을 두는 것이 맞는 일입니다. 스승을 따라가는 제자, 스승을 닮아가는 제자, 스승처럼 되기를 갈망하는 제자라면, 스승의 학식, 의지, 실력, 혜안 등에 관심을 두어야 스승처럼 될 수 있습니다. 그런 위치가 되기 위해서 제자는 자기의 것이라고 하는 것은 제쳐두고 스승의 것을 취하려고 해야 합니다. 그런데 우리는 우리의 것, 우리의 욕망은 하나도 내려놓지 않으면서 스승의 것을 취사선택하려고 합니다. 우리에게 좋고 유리한 것, 이익이 되는 것만 선택하려고 하는 나쁜 신앙적인 이기성이 자리 잡고 있습니다. 그러다보니 우리가 신앙을 갖고 있지 않는 사람과 진정한 그리스도인이라는 정체성의 경계선상에서 머뭇거리고 있습니다. 제자라고는 하지만 경계에서 예수를 먼발치에서 보고 있는 신앙의 난민, 신앙의 이방인이 되고 있다는 것을 잘 모르고 있습니다. 신앙의 난민이나 신앙의 이방인은 자기의 것을 탈취당하거나 타율적으로 포기한 신분일 뿐입니다. 그들은 새로운 신분과 정체성이 필요합니다. 그래야 안전을 보장받을 수 있고 새로운 시민으로서의 권리를 다 향유할 수 있습니다. 제자가 신앙의 난민이나 신앙의 이방인이 되지 않고 진실한 제자로서의 삶을 사는 것은 자율과 자발입니다. 강요나 강제가 아닙니다. 그러나 따름에는 권리보다 의무, 먼저 제자가 될 때의 삶의 방향성은 분명하게 인지를 해야 합니다.

　내게 정말 예수님의 제자로의 자질이 있는지, 그러한 능력이 있는지 곰곰 생각해야 합니다. 무턱대로 제자로 나서겠다, 하는 발상은 위험천만한 일입니다. 제자라고 해놓고 그와 같은 신앙적 처신을 하지 못할 때 그 비웃음을 어떻게 감당할 수 있겠습니까? 제자라는 꼬리표는 붙어 있는데, 스승의 발끝도 따라가지 못하는 신앙적 행위를 한다면 그 비난을 어떻게 다 감수하겠습니까? 그러므로 감히 제자라고 말하지 마십시오. 제자라고 말하기 전에 제자로서의 자격이 있는지, 제자로 살아갈 능력과 자신이 있는지부터 명민하게 따져보십시오. 만일 그와 같이 자신에게 던지는 물음에 선뜻 대답할 수 없다면 평범한 신앙인으로 살아가는 게 낫습니다. 제자는 아무나 되는 게 아닙니다. 예수께서는 자기가 가지고 있는 것 모두를 버려야 한다apotassomai; renounce, forsake고 거듭 강조하고 있습니다. 제자로서의 삶을 살아가는 데 사람이 나에게 장애라고 여겨진다면 과감하게 끊어내십시오. 흔히 사람과의 관계를 중요하게 생각하는 사람들을 보면 낡아버린 영혼이나 다름이 없고 정신적 허기에 지쳐 있고 시대를 향해 내뱉는 실존의 발성이 다르거나 틀림에도 불구하고 그 사람을 따라가게 됩니다. 그리스도의 제자는 그렇게 시들어버린 영혼, 새로운 시대를 향해 비명도 지르지 못하는 오래된 정신을 가진 사람을 추종하지 않습니다. 변신의 변신을 거듭하고 새로운 세계를 꿈꾸며 비통하게 썩어가는 시대를 향해 포효를 하려는 인물, 바로 예수를 스승으로 모시고자 하는 제자입니다. 나아가 제자로서의 삶을 살아가는 데 물질이 나에게 짐이 된다면 버리십시오. 재물의 축적은 영혼을 갉아 먹습니다. 게다가 제자로 떠나는 길을 멈칫거리게 합니다. 몸과 마음을 가볍게 할 수 있는 사람이 제자가 될 수 있습니다. 거침이 없고 비언어적이라 하더라도 몸짓과 말짓에도 자신감이 묻어나는 제자는 스승을 닮아가는 과정 속에서 새로운 세계를 여는 쾌활한 비명을 지를 수 있을 것입니다.

허수경은 "누군가 끌고 가는 바퀴가 달린 가방만큼/ 어릿하게 슬픈 세계는 없었다"고 마지막 문장을 맺고 있습니다. 점점 더 허상이 되어 버린 제자라는 언어, 낯선 그림자가 되어 실체 없이는 도저히 자신을 드러낼 수 없는 제자라는 언어, 신앙의 이방인이요 난민의 방언이 되어 버린 제자라는 언어가 영원히 정처 없이 떠도는 사어死語가 되어버리는 것을 아닐까 염려가 됩니다. 교회당이라는 장소, 세계라는 존재자의 터 어디에서도 제자라는 언어가 생명력을 갖지 못한 부정어否定語가 되어버렸습니다. 이럴 때 일수록 예수님의 제자라는 실제의 인물들이 이미 충분히 "슬픈 세계"를 스승처럼 개혁해 나가야 합니다. 우리는 가진 것들이 매우 많습니다. 버리고 포기하기에는 운신할 수 없을 정도로 거구가 되었습니다. 아까울 것도 아쉬울 것도 없지만 버릴 수 조차 없습니다. 사람도, 돈도, 가족도 모두 '나'가 되었기 때문입니다. 아니 나 자신조차도 소유의 대상이 되어 버릴 수 없는 자산이 되었습니다. 나를 떼어놓고는 설명도 이해도 될 수 없는 세상이 되었습니다. 나 자신이 되어버린 세계는 나와 세계를 별개로 생각할 수 없는 슬픈 세계가 된 것입니다. 그러니 예수를 스승으로 모시고 그 뒤를 좇는다는 것이 쉬운 일이 아닌 것입니다. 버린다는 것은 결국 나를 버리는 것인데, 모든 종교에서 가장 어려운 일이 바로 자기 자신을 버리는 것이 아니겠습니까?

어디에도 자기 자신을 두지 말아야 하나님의 일을 할 수 있는데, 사실 자기 자신이 존재한다는 것부터 부정하라는 것을 말하고 있는 것이라고 봅니다. 예수를 따라가는 그리스도인에게 있어 과연 '나'란 존재하는 것일까요? 그것을 내세우는 순간 예수와의 합일, 그리고 완전한 제자도의 실현은 요원한 일인지도 모르겠습니다. 그러니 제자가 되고 싶거든 '나는 없다', 라는 자기 부인, 언어에 의한 자기 폭로가 먼저여야 할 것입니다. 그래야만 영원히 예수로만 존재할 수 있기 때문입니다. 우리에게 한 스승이 태어나도록 해야 합니다.

49

제 정신을 가진 사람

루가 15,1-10

    정신이라는 말은 참 좋은 말입니다. 그런데 요즈음 제 정신, 자기 정신을 가지고 사는 사람들이 있는가는 의문입니다. 정신을 어디다가 두는지 정신이 나간 사람들처럼 살고 있는 오늘날의 현실을 보면, 정신이라는 말이 무색하기 짝이 없습니다. 어디 정신뿐인가요? 마음이라는 말도 마찬가지입니다. 정신분석이나 심리상담에서 마음이라는 말을 많이 사용합니다만, 정작 그 마음을 찾는 주인은 자기 자신이어야지 다른 사람이 아닙니다. 정신이나 마음을 다른 사람들이 찾아주기를 바라는 사회가 되어버렸습니다. 자기가 주체적으로 정신이나 마음을 챙기겠다는 생각이 없이 그저 타율에 의해서, 권력에 의해서, 매체에 의해서 자기의 정신과 마음이 다 빼앗기고 있는 현실입니다. 이것은 인간의 정신이나 마음을 뜻하는 누스^{nous}가 타율, 권력, 매체를 넘어서지^{meta} 못하고 있는 것입니다. 모름지기 종교라고 하면 이 누스를 정련해야 되고 또 정련하고 말겠다는 의지가 강하게 표출되는 영역이 아닙니까? 누스가 바뀌어야 한다, 누스가 변화되어야 구원을 얻는다, 누스가 상승되어야 해방을 경험할 수 있다는 논리가 바로 종교의 목소리입니다. 하지만 종교도 누스가 약해지고 퇴락되고 있습니다. 그러니 누스의 최고봉이라고 하는 종교가 사회의 누스를 성숙시키거나 바로 잡지 못하는 것입니다.

유대인들은 이른바 죄인이라고 하는 존재들세리, 창녀, 병자 등에게 무슨 정신이나 마음이 있다고 생각하지 않았던 것 같습니다. 그 당시 소외된 자, 약자, 가난한 자가 누스를 가진다는 것이 무슨 가치가 있다고 여겼을 법하지 않습니다. 그 누스는 강자, 권력자, 부자, 법을 다루는 율법학자 등 엘리트 계층에게나 존재한다고 믿었을 것입니다. 그러니 무지렁이들은 자신의 누스란 그러한 엘리트 계층에 의해서 부여된다고 생각했을 것입니다. 심지어 그들은 자신들이 제 정신이 아니라고 단정 지었을 수도 있습니다. 대부분의 율법의 혜택을 누리지 못하는 그들이 오히려 율법에 저촉되면서 사회가 규정하는 죄를 지으면서 산다는 낙후된 의식으로 살았을 것이고 상상할 수 있습니다. 오늘날 우리 사회도 그와 다르지 않습니다. 권력, 재산, 학벌 등 소수의 특혜 집단이 가진 것들을 향유하지 못하는 사람들은 그저 죄인으로 살아갑니다. 죄를 짓지 않아도 괜한 위축감과 상실감, 자책감 등으로 자신을 채찍질하면서 안간힘을 쓰며 죄와 어둠의 굴레를 벗어나 보려고 애를 씁니다. 그러한 그들에게 누스는 존재하지 않습니다. 똑같이 누스는 상류사회가 만들어 낸 것들을 학습하며 형성됩니다. 누스는 결코 자신의 것이 아닙니다. 자신의 것이 된 적이 한 번도 없습니다. 여기에서 현대 사회의 누스의 죽음을 보게 됩니다. 약자가 가진 누스, 병자가 가진 누스, 소수자가 가진 누스, 가난한 자가 가진 누스는 공허하기 짝이 없습니다.

이러한 상황에서 1세기 예수님의 모습을 보면서 오늘날 교회가 어떻게 누스를 회복시킬 것인가의 단초를 발견하게 됩니다. 예수님은 약자의 누스를 회복하는 것이 그 어떤 것보다도 기쁜 일이라고 보았습니다. 다수가 향유하는 누스보다 소수자가 되찾는 누스가 중요하다는 것을 말해주고 있습니다. 당시의 죄인이라고 생각하고 아예 자신의 누스에 대해서 한 번도 생각해보지 않은 이들이 이제는 자기의 생각, 자기의 마음, 자기의 이성, 자기의 정신, 즉 누스를 가지고 살아보겠다고 예수를 찾아 온 이들을 외면하지 않았습니다. 그들을 환대하고 그들의 현실적인 누스를 존중하고 그 누스를 잘 깨닫도록 이끄셨다는 말입니다. 이는 자신의 누스를 깨닫도록 만들어 주는 일이 얼마나 귀중한 일인가를 알게 해주는 대목입니다. 그렇다면 이미 누스를 깨달았다고 자만하는 다수들이 정말 자신의 누스를 깨달았을까요? 아닙니다. 그 누스를 깨달았다는 표현을 종교적인 개념으로 '회개'라는 말을 쓴다는 관점에서 보면, 그들은 자신의 누스를 깨닫지 못했습니다. 권력, 율법, 학식, 전통 등에 의해서 만들어진 자기 자신이 누스가 있다고 기정사실화했을 뿐이지 실제로는 자신의 누스라고 볼 수 없습니다. 그들에게는 소수의 엘리트 계층이 만들어 놓은 율법이라는 카테고리가 진정한 누스라고 착각한 것입니다.

율법이 진정한 하나님의 누스라면 그 율법이 내면화된 소수의 지배 계층의 눈은 사회적 약자, 죄인이라고 규정된 존재들에 대해서 누스가 없는 하찮은 존재로 보지 말았어야 합니다. 마찬가지로 우리 그리스도인도 그런 얄팍하고 깨닫지 못한 섣부른 누스를 가지고 약자를 판단하고 지적질을 하며 정죄합니다. 누스도 없는 존재, 누스도 바뀌지 않은 존재라고 하면서 말입니다. 하지만 사회적으로 총체적인 누스가 성숙되려면 예수님처럼 사심 없는 환대와 타자에 대한 인정이 있어야 합니다. 약자들이 자신의 누스가 부족하고 누스를 어떻게든 성숙시키며 자신의 누스를 가지고 자신 있게 살아가겠다고 결단하는 이들에게는 그 누스를 깨닫도록 안내해 주어야 합니다. 그래서 그들도 함께 예수님이 가졌던 하나님의 누스, 곧 연민과 사랑, 긍휼과 자비, 너그러움과 포용력, 정의와 평화의 누스를 가지고 살아가도록 끊임없이 그들을 격려하고 위로해줄 수 있는 종교 공동체가 되어야 합니다. 자신의 누스를 알아차린 이들은 천사의 기쁨을 한 몸에 받습니다. 물론 메타포이기는 하지만, 이것의 의미는 자신의 누스를 깨닫지 못한 사람이 누스를 보고 알았다는 것은 그만큼 하늘에서도 기뻐해야 할 일이라는 것을 방증하는 것입니다.

교회는 누스를 필요로 하는 사람들을 맞아들일 성숙한 공동체가 되어야 합니다. 그러기 위해서는 교회가 깊은 누스가 있어야 합니다. 누스라는 언어가 종교 공동체의 핵심이 되어야 함에도 불구하고 그 소리는 안 들리고 누스가 전혀 없는 무의미한 언어들만 난무합니다. 그것은 종교가 아닙니다. 교회라고 볼 수도 없습니다. 누스가 없는 이들을 환대하고 그들의 누스를 일깨우고 함께 그 누스를 새롭게 인식하는 계기를 마련하게 되면 그것이 기쁜 일이요 교회의 존재 의미가 되어야 합니다. 지금 우리 곁에는 누스가 없는 사람들이 너무 많습니다. 지나치게 단정적이라고 말할지도 모르지만, 실상이 그렇습니다. 시인 강정은 "나와 당신 사이에/ 나와 당신과 무관한/ 또 다른 인격이 형성된다/ 사랑이란 하나의 소실점 속에 전 생애를 태워/ 한꺼번에 사라지는 일"〈불탄 방-너의 사진〉, "나는 전 생애를 거슬러 당신이라는 불을 훔친다"〈불탄 방-네가 없는 사진〉라고 읊었습니다. 누스가 필요한 사람, 누스를 인식해야 할 사람과 이미 누스를 알고 있는 사람 사이에 어떤 것이 필요할까요? 강정이 말한 인격일까요? 아니면 타자 자신을 완전히 내 것으로 만들겠다는 강한 소유욕 같은 것일까요? 누스를 훔칠 수만 있다면, 누스가 성숙되어 있는 사람에게, 완전히 예수화 되어 있는 그리스도인이 있어서 그의 마음, 정신, 생각, 의지를 내 것으로 만들 수만 있다면 얼마나 좋을까요? 교회도 누스라고 하는 것을 통해서 신자와 신자 사이, 하나님과 신자 사이의 소실점에서 만나게 되어 있습니다.

 소실점에서 만난다는 것은 결국 누스를 인식하면서 예수화가 된다는 이야기입니다. 누스를 찾게 된다는 것은 내 안에 있는 정신적 가치, 마음의 풍요, 생각의 깊이, 행동에의 의지를 신앙적으로 다르게 하겠다는 것과 다르지 않습니다. 예수와 만나서 환대를 받고 그들과 함께 누스를 공유했던 약자, 가난한 자, 병자, 소외된 자처럼 누스에 대한 강한 갈망이 있어야 합니다. 종교나 사회가 누스를 바꾸고 또 바꾸는 것보다 더 중요한 것이 있을 수 없습니다. 그렇게 자꾸 누스를 새롭게 바꾸려고 하는 것은 내 누스가 과연 하나님의 누스인지, 혹은 나의 주체적인 누스인지인지 아니면 타율에 의해서 만들어진 누스인지를 성찰하면서 나아가기 위한 몸부림입니다. 사람들의 누스는 갈수록 약해질 것입니다. 반면에 그 누스를 지배하고 통제하고 관리하려고 하는 사람들도 많아질 것입니다. 철학적인 누스, 사회학적 누스, 역사적인 누스이든 사람들이 그런 누스에 접근할 때, 왜 그런 누스를 자기 자신의 것으로 만들려고 하는가를 참견하려고 할 것입니다. 그럴 때 우리 그리스도인은 그보다 강력한 제3의 누스를 보여줄 수 있어야 합니다. 예수님의 누스, 하나님의 누스를 통해서 소수 엘리트 지배 계층의 어설픈 누스와 맞설 수 있는 그리스도교 공동체가 되어야 할 것입니다. 그뿐만 아니라 그러기 위해서 교회가 누스를 자주 입에 올려서 발언하며 그 정념을 내면화하고 습관화하도록 길들여야 할 것입니다. 때늦은 자각에 후회하지 않기 위해서라도 말입니다. 기억하십시오. 망념, 살아 있는 사람의 죽은 모습은 누스가 없는 사람입니다.

50

삶의 처세와 신앙적 처신

루가 16,1-15

    필자는 아일랜드 작가 중에 제임스 조이스James Joyce를 무척 좋아합니다. 제대로 된 책을 읽지 못했지만 그가 가진 상상력과 글의 구성, 그리고 어휘력에 탄복을 하곤 합니다. 제임스 조이스는 「젊은 예술가의 초상」에서 이런 말을 했습니다. "살고, 실수하고, 타락하고, 승리하고, 삶으로부터 삶을 재창조하는 것." 사람이 살아가다 보면 삶의 처세술이 얼마나 중요한가라는 것을 깨닫게 됩니다. 하늘의 뜻도 알 법하다는 50세에 접어든 저로서도 가장 어려운 것 중에 하나가 바로 이 처세입니다. 이러저러한 환경에 처했을 때, 어떤 말을 구사해야 하고 상대방의 말과 행동을 어떻게 해석을 해야 하는가는 무척 어려운 숙제입니다. 풀 수 없는 난제를 만난 것처럼 난감할 때가 한두 번이 아닙니다. 순수함이 무슨 밥을 먹여 주는가, 성실함이 이 세상에서 어떤 정당한 평가를 받을 수 있는 가치가 된단 말인가, 정직함이 오히려 손해를 보는 세상이 아니던가, 하는 회의적인 생각이 들어갈 때가 많이 있습니다. 그럴 때면 제임스 조이스가 말한 것처럼 온갖 삶의 행태들이 존재하기도 한다는 것을 인정해야 하지만 삶은 참 버겁게 나를 몰아세우는구나 하는 생각에 제풀에 지치고 맙니다. 거기에 무슨 삶을 재창조한다는 형이상학적 가치를 내세울 수 있을까요?

그렇지만 예수님은 말합니다. 삶에 대해서, 사람과의 관계에서, 상하좌우 모든 사람들과 성실하고 정직한 삶을 살아야 한다고 말입니다. 우리 사회가 언제부터인가 자기 삶을 지독하게 사랑하고 동시에 남과의 관계에서 성실함과 정직함을 다해서 표현해도 결국 자신의 가치를 정당하게 평가받지 못하는구나 하는 회의와 허무가 만연하기 시작했습니다. 성실과 정직, 순수와 책임, 최선과 양심이라는 중요한 삶의 가치들이 무너지고 그저 밥을 먹기 위해서라면 그러한 것들쯤은 쉽게 헌신짝 버리듯이 내버려도 되는 세상이 되었습니다. 청지기를 뜻하는 그리스어는 오이코노모스oikonomos라고 하는데, 이는 살림살이를 하는 사람을 일컫는 말입니다. 그러니까 청지기는 한 집안의 살림 관리인입니다. 살림을 살리는 일을 하는 사람이니 살리기 위해서는 수단과 방법이 매우 중요할 것입니다. 하지만 살리기 위해서 어떤 수단과 방법을 막론하고 다 동원해도 된다는 말이 아닐 것입니다. 밥 먹고 사는 문제 혹은 가정생활을 유지하기 위해서 주인과 노예, 혹은 고용주와 고용인의 관계에서 정직, 성실을 무시한 채 직장생활을 해도 된다는 의미가 아닙니다. 정직, 성실, 순수, 책임 등은 오늘날 우리가 살아가는 데 반드시 필요한 삶의 덕목들입니다.

다시 말해서 삶의 기본적인 가치들은 가정 살림뿐만 아니라 사람, 사회, 학교, 관료, 정치, 심지어 교회를 살리게 되는 척도들입니다. 그런데 그러한 것들이 양보가 되고 무너지고 있습니다. 삶의 모든 영역에서 삶의 기본적인 덕목들이 설득력을 얻고 있지 못하고 최소한의 삶의 가치들의 뿌리들이 흔들리고 있습니다. 이러한 현실에서 우리는 살림이 아니라 죽임의 그림자가 깊게 드리워져 있는 것을 목도하게 됩니다. 예수님은 우리를 보고 청지기, 곧 살림살이를 하는 존재, 혹은 살리는 존재가 되어야 한다고 말합니다. 청지기는 살리는 사람입니다. 삶을 유지시키고 생명을 영위하도록 책임을 다해야 하는 존재입니다. 청지기는 작은 것이든 큰 것이든 맡겨진 일에 대해서 진실과 충직함을 다해야 합니다. 이 세상에서 살리는 존재로 살아가라고 저마다 삶의 곳곳에서 우리에게 그리스도인으로서의, 신앙인으로서의 살림꾼임을 분명하게 가르쳐 주었음에도 불구하고 우리는 그렇게 살고 있지 못합니다. 우리도 세상과 마찬가지로 똑같이 밥 먹는 문제에서 벗어나지 못하고 맘몬과 짝하면서 수단과 방법을 가리지 않고, 정직이나 성실이라는 가치도 다 버린 채 살아가고 있으니 우리 사회가 죽어갈 수밖에 없습니다.

이것은 루가복음서 16장에 등장하는 진실한, 충실한, 순수한을 뜻하는 그리스어 알레티노스alethinos라는 말의 의미를 충분히 알아듣는다면 우리가 어떻게 살아갈지 방향을 찾을 수 있다고 봅니다. 알레티노스는 진리 혹은 탈은폐라고도 번역이 되는 알레테이아aletheia와 닮은꼴입니다. 삶의 가치나 인간 관계, 직장생활에서 진실하거나 충실한 것은 결국 삶의 진리의 문제라고 볼 수 있습니다. 그것은 덮여진다고 해서 숨겨질 수 있는 게 아닙니다. 그것을 무시하고 배제하고 살아간다고 해서 없어질 수 있는 가치가 아니라는 말이 됩니다. 그야말로 삶을 진실하고 충실하게, 그리고 정직하고 성실하게 살아야 하는 것은 삶 자체를 죽음으로 몰아가지 않고 살리고자 하는 데 있습니다. 살려야 삶이고 살아야 사람이요 살아내야 사랑입니다. 그러므로 삶의 귀중한 가치인 그리스도인의 청지기적 임무는 사람을 사람답게 대우하고, 삶은 생명의 근본 토대 위에서 세워져야 하며, 삶과 사랑을 그리스도의 사랑처럼 인식하고 느껴야 한다는 것을 알아야 합니다. 이것은 아무리 세상이 그리스도인에 대해서, 그리고 그리스도교에 대해서 폄하를 하고 묵살하려고 해도 끝끝내 열어서 밝혀져야 하는 신앙의 처세요 처신입니다.

고대 그리스 철학자 플라톤Platon은 "참으로 올곧은 사람들, 또 올곧은 일들을 행하는 사람들이 응분의 평판을 얻는 게 정의로운 일이라고 생각"합니다. 이와 마찬가지로 세상이 정직과 성실, 순수와 책임, 사랑과 살림이라는 가치와 덕목을 가볍게 취급한다고 해도 그리스도인은 올곧다고 생각하는 신앙의 신념에는 양보함이 없이 지켜내려고 해야 합니다. 그리스도인이 신앙의 형이상학적 가치들을 고수하고 올곧게 실천하려는 의지를 보인다면 사회는 반드시 정당하게 평가하며, 그것이 곧 정의로운 사회가 될 수 있는 지름길이라는 것을 깨달을 것입니다. 앞에서 제임스 조이스가 말한 것처럼, 비록 실수나 타락이 있더라도 그것은 결국 인간의 삶을 재창조하는 것이요, 새롭게 삶을 정립하는 것입니다. 용기에는 고독이 수반될 수 있습니다. 정직하게 살고 성실과 책임감을 가지고 사는 이들이 정당한 평가를 받지 못할 때, 외롭고 좌절이 될 수 있습니다. 그리스도인의 신앙적 가치와 덕목에 따라 살더라도 결과는 참담할 수 있습니다. 하지만 그럼에도 그리스도인은, 아니 인간은 올곧다고 생각하는 가치를 향해서 나가는 고독을 감수할 수 있는 용기가 있어야 합니다.

철학자 루트비히 비트겐슈타인L. Wittgenstein은 인간이 어떤 단계와 과정이 만들어져 있다면 우리는 더 이상 선택할 여지가 없다고 이야기했습니다. 이미 세상은 그렇고 그렇다, 지금 세상에서의 삶의 규칙이나 법칙은 이렇다 등 규정짓고 고착화가 되면 우리는 아무런 선택을 할 수 없다는 것입니다. 그냥 사회에서 일상화된 규칙이나 법칙에 따라서 어떤 의문도 품지 않고 살아가게 되는 것을 비판한 것입니다. 분명히 세상의 처세술은 이렇게 저렇게 만들어져 있을 것입니다. 직장에서, 군대에서, 학교에서, 사업이나 상업행위에서, 정치에서, 그리고 교회에서도 사람들이 있는 곳은 어디든지 일정하게 형식화된 처세술이 있습니다. 그 처세술이 몽땅 틀렸다는 말이 아닙니다. 다만 사람의 처세와 처신의 바탕과 기준, 그리고 가치를 어디에다 두고 있는가를 물어보자는 것입니다. 맘몬의 성격이냐 아니면 하나님의 본질이냐를 두고 저울질한다면 분명히 처세와 처신은 달라질 수밖에 없습니다. 만일 맘몬에다 둔다면 정직, 성실, 충실, 순수, 사랑, 배려, 책임 등의 가치는 돈을 벌기 위해, 물질을 소유하기 위한 수단과 방법으로 전락할 것입니다. 반면에 하나님에게 무게 중심이 있다면 신앙적이면서 세계의 형이상학적 가치들과 덕목들은 인간이 살아가기 위한 관계 살림, 세계 살림, 사람 살림의 규칙이 될 것입니다.

「인간실격」의 소설가 다자이 오사무는 "수치심이며 부끄러움은 물론 어떤 한 가지 감정이 너무 뿌리 깊게 자리 잡는 일은 늘 경계해야" 한다고 말했습니다. 세상살이를 맘몬을 위해서 살아가려고 삶의 근본적인 가치와 신앙의 처신들을 버린다면 수치심과 부끄러움의 감정을 이기지 못할 것입니다. 어떤 한 가지 감정이란 무엇을 말하는지 명확하지 않으나 분명한 것은 좋지 않은 감정들, 좋지 않은 기분들, 좋지 않은 가치들이 삶을 사로잡지 않도록 해야 한다는 말로 들립니다. 부정직, 불성실, 무책임, 증오, 이간질, 무관심, 옹졸함, 무한경쟁, 혐오, 질투 등이 우리 마음 한 귀퉁이에 자리 잡음으로써 상하좌우의 인간 관계가 무너지는 일이 없어야 합니다. 신앙생활이 허망한 일이 되어서도 안 됩니다. 차라리 세상의 규칙을 따르느니 당분간 손해를 보는 듯해도 하나님의 법칙, 신앙의 처신을 따르는 것이 세상을 제대로 올곧게 사는 것임을 명심해야 합니다. 예수님의 지적이 명약이 되어 작은 일, 큰 일 모두에 정직과 성실, 최선과 책임, 사랑과 자부심 등으로 신앙의 처신과 처세를 다시 재정립하는 것은 어떨까요? 삶이 팍팍하고 힘들수록 예수님의 말 한마디에 물드는 것, 언어의 깊이에 젖어 사는 것이 언젠가는 삶을 재창조하며 자신을 잘 경영oikonomia하는 좋은 길입니다. 그것이 곧 하나님의 통치와 섭리oikonomia 속에 사는 것이 아닐까요? 진은영은 이렇게 씁니다. "그 아름다운 곳으로 돌아갈 수 있다고 말하지는 말아요. 그렇지만 내 것 아닌 알 수 없는 고통이 비처럼 내릴 때 함께 젖으며 걸을 수는 있지 않니?" 그러므로 우리도 예수님의 가치와 신앙의 처신을 위해 함께 걸어갑시다.

51

부자의 낙관적인 망각과 가난한 자의 눈물의 낙하운동

루가 16,19-31

어떤 사람들은 지금의 부유함이 영원할 것이라고 착각하고 살아갑니다. 결코 죽음이 찾아오지 않을 것처럼 재물을 축적하면서 가난한 사람들에 대한 배려라고는 털끝만큼도 없는 부자들이 한둘이 아닙니다. 특히 우리나라에서 부자는 존경을 받지 못합니다. 그들은 탈세와 불법적인 상속, 노동자들의 탄압과 무시 등으로 벌어들인 돈이 마치 영원히 자기 것인 양 살아갑니다. 그로인해 가난한 사람들은 그 가난이라는 굴레에서 벗어나지 못한 채 온갖 수모와 고통, 수치와 굴욕을 당하다가 생을 마감하게 됩니다. 헬조선이라는 신조어도 우리 사회가 얼마나 살기가 각박한가의 단면을 들여다보게 만드는 말입니다. 이 세상에서 부유한 자와 가난한 자의 관계는 어쩔 수 없는 구조적인 문제가 얽혀 있는 듯이 보입니다. 국가는 가난한 자의 복지를 얘기하고는 있지만, 그들의 피부에 거의와 닿지 않는 미미할 정도에 그치고, 오히려 부유한 자들에 대해서는 온갖 특혜를 다 누리도록 만들고 있는 것을 목도하게 됩니다. 그러니 국가나 정치에 대한 신뢰도는 갈수록 땅에 떨어질 수밖에 없는 것입니다. 이러한 상황에서 우리 한국사회는 더 이상의 희망을 생각하기가 어려운 것처럼 느껴집니다. 아무리 노력을 해도 금수저가 될 수 없고, 마냥 흙수저로 살아가야 하는 현실이 암울하게 다가옵니다.

유신론적 실존주의 철학자 가브리엘 마르셀G. Marcel이 아무리 "절망에의 유혹이 개재하지 않는 곳에서는 희망을 정당하게 논할 수 없다"고 말하고 있지만, 절망에서 희망으로 시선을 옮기기에는 지금의 상황이 녹록치 않아 보입니다. 그럼에도 불구하고 복음서는 우리에게 위안을 주는 이야기를 슬그머니 꺼냅니다. 설령 이 세상에서 힘들게 삶을 살았다고 하더라도 죽고 난 이후에는 그 상황이 바뀔 날이 있을 것이라고 말입니다. 이야기의 초점은 지금 힘들고 어렵고 치졸하게 살아도 내세에서 보상을 받을 때까지 참고 기다리라는 말이 아닙니다. 그것은 종교가 아편과도 같은 역할을 하고 맙니다. 잠시 잠깐의 고통을 줄여주며 자꾸 시간을 미래로 지연시키는 것밖에는 안 됩니다. 이야기의 골자는 부유한 자는 반드시 더 혹독한 대가를 치를 날이 있을 것이라는 경고입니다. 가난한 자가 행복하게 사는 모습이 자세하게 기록되어 나타나지 않고 거의 대부분의 이야기가 부유했던 자의 고통스러움과 후회, 그리고 형제들에 대한 걱정들이 묘사되고 있는 것도 그 이유입니다. 영원할 것 같은 부유함, 그리고 부유하게 되기 위해서 가난한 자에 대한 배려나 사랑, 연민이 전혀 없었던 자는 언젠가 지독한 고통의 나락으로 떨어질 것이는 얘기입니다. 그곳은 얼마나 뜨겁고 더운 곳인지 물 한 방울만이라도 혀에다 대고 싶을 정도입니다.

그러면서 제발 형제들은 이곳에 오지 않도록 그들에게 말을 전해달라고 신신 당부를 하고 있는 것을 보게 됩니다. 그것을 전해 줄 수 있는 사람은 반드시 죽음을 경험한 사람이어야 한다는 것, 그래서 올바르게 살고 가난한 자들을 돌보는 사람이 되도록 해달라는 부탁을 합니다. 하지만 실제로 현존하는 예언자들을 통하여 깨우치지 않으면 아무 소용이 없습니다. 죽음의 경험이 있었던 사람, 즉 임사자의 경험 세계, 죽음의 세계에 대한 이야기를 듣고 깨우쳐서 삶의 자세를 고치기보다 당대의 예언자의 목소리에 귀를 기울이고 분배와 나눔을 실천하는 신앙인의 깨달음이 진정한 깨달음이라는 것으로 들립니다. 물론 이야기의 효과, 경고의 강력한 메시지는 죽었다가 다시 살아난 사람의 이야기가 더 큰 실효성을 가져다 줄 수는 있을 것입니다. 하지만 당대의 예언자, 당대의 사회적 비판자, 당대의 계몽적 실천가의 이야기를 듣지 못하는 사람은 죽었다가 살아난 사람의 이야기를 듣는다고 해서 달라지지 않는다는 역설이기도 합니다. 그럴 마음이 있는 부유한 사람이라면 일찌감치 죽었던 사람이든 아니면 생존해서 삶의 끊임없는 자극과 경고를 주는 사람이든 귀를 기울이고 타자를 위해서 봉사하고 사랑하는 존재로 살아갈 것입니다.

가브리엘 마르셀은 "모든 삶이 다 봉사"라고 말합니다. 부유한 자의 삶은 가난한 자에 대해서 봉사하는 자세를 갖고 살아야 합니다. 부유한 자의 재물은 결코 자신의 것이 아닙니다. 그것은 사유재산이 아니라 공적 재산이고 노동자들, 가난한 자들의 주머니에서 나온 잉여가치 혹은 잉여 결과물들입니다. 그러므로 부유한 자의 삶은 항상 가난한 자들을 위한 진실된 봉사여야 합니다. 그런 의미에서 교회 공동체가 부를 축적하기 위해서 동산과 부동산을 많이 소유하게 된다면 그 몫은 다시 교회를 위해서 사용되어지는 것이 아니라 가난한 자들을 위해서 환원되는 것이 마땅합니다. 교회 공동체도 봉사의 공동체요, 베풂과 나눔의 공동체이기 때문입니다. 하지만 복음서의 부유한 자의 생애는 처참하기 이를 데 없습니다. 가난한 자는 죽음의 세계에서 아브라함과의 행복한 삶을 살아갈 수 있는 가능성이 생기지만, 부유한 자는 자신의 고통을 경감시키기 위해서 어느 누구의 자비를 바랄 수 있는 처지가 될 수가 없습니다. 살아 있는 동안 가난한 자에 대한 배려, 사랑이 선행되지 못했기 때문에 죽음의 세계에서는 반대로 그로부터 아무런 도움도 받지 못하는 신세가 되어버리는 것입니다.

어떤 분은 내세가 두려워서 돈 버는 것을 멈출소냐 하고 반문을 하고 여전히 숱하게 가난한 자가 발생되더라도 그들을 아프게 하는 삶의 궁지로 몰아넣는 것에 대해서 아랑곳하지 않을 것입니다. 내세의 고통이나 죽음 이후에 받게 될 신으로부터의 소외가 문제가 아니라 가난한 자로부터 아무런 관심조차도 받지 못하는 삶을 살게 될까봐 불안이 증폭되는 것입니다. 부유한 자들은 사는 동안 모든 행복을 다 누렸으니 죽음 이후에는 더 이상의 행복을 향유할 자격조건이 없습니다. 우리는 이 이야기에서 그러한 행복을 누리지 못하는 것에 대한 불안과 두려움이 더 힘들게 할 수도 있겠구나 하는 추론을 해보게 됩니다. 죽어서도 여전히 욕망이 꿈틀거리는 모양입니다. 죽어서조차도 행복하게 살고 싶은 욕망, 타자가 자신의 입장과는 완전히 반대되는 행복한 삶을 사는 것이 더 참기 어려운지 모르겠습니다. 분명한 것은 이 이야기가 내세에 대한 어떤 관념을 심어주는 데 있지 않다는 것입니다. 살아 있는 동안 가난한 자에 대한 조금의 배려와 사랑, 베풂과 나눔이 없다면 죽음 이후의 세계가 있다고 하더라도 그 세계에서는 아무런 희망도 가질 수 없다는 것입니다. 그러므로 살아 있는 동안 나의 부를 가난한 자들을 위해서 사용할 수 있어야 한다는 매우 강도 높은 이야기라고 볼 수 있습니다.

가브리엘 마르셀은 '인간의 삶은 성실의 장소로서의 존재'라고 역설합니다. 그리스도인으로서 부유한 삶을 사는 사람이 있다면 삶을 어떻게 성실함과 진실함으로 가득 채울 것인가를 진지하게 생각해야 합니다. 삶이 정말로 성실의 장소가 되려면 가난한 자에 대한 우선적 배려가 있어야 합니다. 가난한 자에 대한 성실이 삶에 대한 성실입니다. 오늘날 신자유주의 시대에 살고 있는 우리들이 가난한 자들에 대한 성실을 잊는다면 그것은 삶의 추락이요, 교회적으로는 신앙의 추락이라고 말할 수 있을 것입니다. 그래서 독일 베를린 예술대학 교수인 히토 슈타이얼Hito Steyerl은 '신자유주의의 풍요는 추락하는 자유'라고 말합니다. 부유한 교회가 되었든, 아니면 부유한 교회에 다니는 부유한 신자가 되었든 자본과 야합을 하여 가난한 자에 대해서 착취하면 안 됩니다. 그들에게도 부의 재분배를 통한 부스러기를 먹을 자격이 충분하기 때문입니다.

가난에 대한 반항은 가난한 자 스스로에 의해서 일어날 수 있지만 결단코 분배나 나눔이나 사랑이나 연민은 가난한 자들의 정의의 갈망에서 비롯되는 것처럼 비춰지면 안 됩니다. 정의의 갈망, 가난한 자들의 먹음의 정의는 예수라는 신앙의 대상을 공유하는 모든 그리스도인이라면 함께 고민해야 할 문제입니다. 협박이나 강요나 위협이 아닌 가난함과 부유함을 누리는 주체의 마지막 처우는 하나님의 눈으로 볼 때 반드시 역전될 수 있다는 사실을 기억해야 할 것입니다. 가난한 자들의 신음은 곧 부유한 자들의 신음으로 바뀔 수 있다는 것을 잊지 말아야 합니다. 가난한 자의 붕괴는 곧 부유한 자들의 붕괴가 될 수 있다는 것을 깨달아야 합니다. 가브리엘 마르셀이 말하듯이, 자기 자신을 신비로 보는 만큼 가난한 이웃도 신비로 볼 수 있는 신앙적인 눈이 필요한 때입니다. 그에게 있어 이웃이란 인간 존재 전체를 일컫는 동시에 정신적 환경을 의미합니다. 가난한 이웃은 우리 서로를 둘러싸고 있는 정신이자 영혼입니다. 그들을 배려하지 못하는 사람은 결국 자기 자신의 신비를 폄하하는 것이고 인간 세계를 움직이는 정신을 선으로 여기지 않고 절망하게 만드는 것입니다. 그러므로 그리스도인,

특별히 부유한 그리스도인일수록 그들을 절대로 절망과 상실, 선의 부정으로 인도하여 "부서진 세계"를 만드는 어리석은 인간이 되지 말아야 할 것입니다.

이러한 아사리판, 즉 부서진 세계와 같은 세상에서 그리스도인조차 모나드monad와 같은 존재가 되면 안 됩니다. 모나드는 철학자 라이프니츠Gottfried W. Leibniz가 말한 것으로서 창문이 없고 안과 밖이 서로 통하지 않습니다. 홀로 있어도 부족함을 느끼지 않는 자족적인 존재를 일컫습니다. 모나드처럼 자기만 알고 자기만 먹겠다고 가난한 자의 입을 생각하지 않는 그런 교회 공동체가 되지 않도록 해야 할 것입니다. 가난한 자의 마음을 헤아리지 못하고 오로지 자신의 삶만이 전부라고 단정 짓고 살아가는 그러한 그리스도인이 되면 안 될 것입니다. 특히 그리스도인으로서의 자본가는 자신의 무대가 자신만이 서 있는 곳으로 착각, 망각하지 말고 가난한 자들과 함께 서 있는 삶의 무대, 신앙의 무대라는 인식을 가져야 할 것입니다. 우리의 무대는 우리 스스로 만든 무대가 아니라 하나님께서 만든 무대이기 때문입니다. 따라서 어느 누구도 그 무대에서 배제되는 사람이 없는 것이 하나님의 이상일 것입니다.

52

믿음에 밑줄을 긋는다는 것

루가 17,5-10

　시인 기형도는 「우리 동네 목사님」이라는 시에서 이런 말을 하였습니다. "성경이 아니라 생활에 밑줄을 그어야 한다는 그의 말은 집사들 사이에서 맹렬한 분노를 자아냈다." 독실한 그리스도교 신자들은 지하철이든 버스이든 어느 공공장소를 막론하고 열심히 성경을 읽곤 합니다. 중요하거나 맘에 드는 구절이 눈에 띄면 거기에 볼펜으로 밑줄을 긋거나 형광펜으로 칠하기도 합니다. 시인이 말하듯이 중요한 것은 성경을 얼마나 잘 읽느냐 혹은 얼마나 많이 읽느냐 보다 생활이 신앙이 되어야 한다는 것입니다. 믿음도 마찬가지입니다. 우리가 무엇을 믿는다는 것이 단지 하나님이 계신다거나, 죽음 후의 초월적인 세계가 있다거나, 기적이 일어난다거나 하는 것 따위에 맹목적으로 투신한다는 뜻이 아닙니다. 믿음이라는 것은 아주 작은 겨자씨와 같은 마음이 더 큰 일을 만들어 낼 것이라는 신앙적 신념입니다. 간혹 어떤 사람들은 무턱대고 믿어야만 한다고 말하는데, 그야말로 자신들의 발언을 믿으라고 하는 것인지 아니면 신자들 각자의 마음속에 들어 있는 작은 불꽃같은 믿음을 의심하지 말고 싹을 틔우라는 것인지 가늠하기 어렵습니다. 사실 발언의 주체인 성직자의 해석학적 발언을 믿고 순종하라는 것을 의미하는 경우가 비일비재한 뜻이 신앙 현장의 현실입니다. 예수님의 말을 믿으라, 하나님의 말씀을 신뢰하라고 말은 하지만 발언의 권력을 가진 사람의 말을 믿으라고 하면서 가면의 언어로 포장하고 있습니다. 마음속의 신앙을 더 이데올로기화하고 자기 확신을 갖게 만드는 것입니다.

진실한 믿음에 줄을 긋는 것은 욕망과 사적인 것을 내려놓고 오직 소박하고 단출하지만 아주 작은 마음이라도 하나님에게 향하는 것을 의미합니다. 다시 말해서 믿음은 하나님에게 줄을 긋는 것입니다. 믿음은 나의 신앙의 형광펜으로 하나님을 잘 드러나게 하는 것입니다. 그래서 믿음은 하나님을 줄곧 강조하는 것입니다. 믿음은 나의 욕망의 투사가 아닙니다. 우리는 가끔 믿음이라는 것으로 나의 사적인 욕심을 채우려고 듭니다. 하나님을 두드러지게 하기 보다는 자신의 삶을 더 돋보이게 만드는 데 그분을 이용하는 것입니다. 키에르케고르S. Kierkegaard는 "그대가 원하는 것이 있는 한 그대는 하나님을 생각하지 않는다. 그대가 두려워하는 것이 있는 한 그대는 하나님을 생각하지 않는다. 그대가 바라는 것이나 그대가 두려워하는 것을 하나님과 연결시킨다면, 그대는 결코 하나님을 하나님으로서 생각하는 것이 아니다. 즉 그대는 하나님을 사랑하지 않는다"는 말을 하였습니다.

어쩌면 믿음이란 하나님을 하나님으로서 인정하는 것인지도 모릅니다. 우리의 마음속에 들어 있는 삶의 두려움이나 삶의 욕망의 조각보다 더 우선적으로 차지해야 하는 것이 바로 하나님을 하나님으로서 받아들이는 것, 하나님을 하나의 조각이 아니라 전체로서 인식하는 것을 뜻하는 것입니다. 물론 마음속의 하나의 편린으로서 존재하더라도 그것을 통해서 삶의 새로운 전망을 꿈꾼다면 내가 직면한 사태가 달라질 수도 있습니다. 그 편린에 대한 믿음 때문에 말입니다. 그러나 경계해야 할 것은 그 작은 편린으로 남아 있는 존재에게라도 무언가 바라기 위해서 존재하도록 한다면 그것은 이미 하나님이 아니라는 것을 명심해야 합니다. 하나님은 믿음을 믿음이게끔 하는 존재이기 때문입니다.

프랑스 철학자 질 들뢰즈G. Deleuze도 이와 비슷한 철학적 반성들을 언명한 적이 있습니다. 그는 고통이 있어야만 진실을 찾으려고 하고, 어떤 돌발의 사태나 충격이 있어야만 우리가 사유를 한다고 주장합니다. 믿음도 이와 다르지 않습니다. 믿음은 늘 하나님을 향한 열정과 끊임없는 신뢰임에도 불구하고 우리가 고통과 좌절을 겪고 유한성을 느낄 때, 혹은 사적 성취를 하고자 할 때는 믿음이라는 것을 들먹입니다. 나의 능력으로는 해결할 수 없다고 판단되는 문제에 부딪치면 우리는 믿음이라는 것을 떠올립니다. 하지만 믿음은 우리 마음속에서 그렇게 있었다 없었다 하는 것이 아니라 마음의 중심을 잡아 늘, 끊임없는 신뢰로 하나님을 향한 마음이어야 합니다. 그래서 믿음은 궁극적으로 변하지 않는 하나님에 대한 사유와도 같습니다.

물론 하나님에 대한 사유라고 해서 단순히 그분을 생각만 하는 것이 아닙니다. 마음에 품은 존재요, 떠나지 않는 실재에 대한 인식을 조금이라도 진실하게 가져보려는 태도라고 해도 좋습니다. 겨자씨와 같은 작은 마음은 보이지도 않습니다. 하지만 하나님 안에서 가능성을 보는 것입니다. 하나님에게 나의 작은 마음을 둠으로써 그 마음으로 인해서 삶의 가능태가 현실태가 될 것이라는 진솔한 태도입니다. 그러면 작은 마음, 작은 신뢰, 작은 의탁이 하나님이 일하시도록 만드는 훌륭한 에너지가 됩니다. 사실 하나님 안에서 가능성을 보는 것만으로도 삶이 변할 수 있습니다. 삶이 변하는 것이 결국 하나님을 향한 작은 마음이 현실이 되어 나타나게 마련입니다.

　복음서를 가만히 보니까 두 개의 단락으로 구성되어 있는데, 맥락의 흐름이 매끄럽지 않게 되어 있습니다. 믿음과 종의 의무의 관계를 아무리 파악하려고 해도 쉽지 않습니다. 그럼에도 루가복음사가가 믿음과 순종을 연결 지은 이유는 바로 믿음이라는 것도 주인의 명령에 잘 따르는 것과 같다는 것을 암시하는 것이라고 봅니다. 믿음은 순종입니다. 믿음은 하나님과 나의 관계가 결코 낯선 관계가 아니라는 것을 말해줍니다. 믿음을 가지려면 상대방의 신뢰가 선행되지 않으면 안 됩니다. 그래서 믿음은 그저 '예'라고 말할 수 있는 것입니다. 하나님과 삶의 긍정성 혹은 신앙의 긍정성을 동일시하는 것은 믿음입니다. 하나님에 대한 한없는 긍정이 마음에서 싹이 틀 때 상황과 사물이 다르게 보이면서 사태가 변하게 됩니다.

　그러기 위해서는 믿음을 위한 마음의 공간 안에 자기로 가득 차 있으면 안 됩니다. 믿음이 들어설 여지가 있어야 하는데, 온통 자기나 자기의 욕망으로 가득 차서 마치 그 욕망적 자아가 믿음의 좋은 결과를 가져올 것이라는 환상을 품게 됩니다. 착각입니다. 믿음의 자아는 그러한 욕망적 자아와 다릅니다. 그저 작은 믿음이 존재할 수 있는 마음의 공간이 필요합니다. 하나님에 대해서 '예'라고 말할 수 있는 긍정의 공간은 자기를 비워낼 때 자리 잡게 됩니다. 욕망적 자아는 마치 그 욕망이나 바람을 잃어버릴 것 같은 불안 때문에 결코 하나님을 위한 자리를 내주지 않습니다. 그 안에는 도저히 믿음이 싹 틀래야 싹이 틀수가 없게 됩니다. 더욱이 마음의 작은 공간이 필요한 이유는 그 마음의 한 구석이라도 하나님을 포옹하기 위해서입니다. 하나님을 끌어안으려면 적어도 나와 그분 사이의 일정한 공간이 확보되지 않으면 불가능합니다. 그러므로 믿음은 그분을 위해서 신앙의 공간, 신뢰의 공간을 확보하는 것입니다. 나와 그분 사이의 욕망으로 꿈틀거리는 것이 가로 막게 되면 그 공간은 믿음의 결과가 나타날 수 있는 밀착과 일치, 감정의 교류는 사라집니다.

게다가 믿음은 희망이기도 합니다. 믿음 안에서 희망을 본다는 표현이 더 적절할 것 같습니다. 믿음 안에 희망을 본다는 것은 달리 말하면 믿음의 대상으로서의 하나님 안에 희망이 있음을 내가 믿는다는 것과 동일합니다. 우리가 믿음의 대상으로서의 하나님을 믿는 이유는 그분 안에 희망이 있기 때문입니다. 아무리 애를 써도 삶이 내 뜻대로 되지 않을 때, 나의 생각과 세상의 생각이 일치하지 않고 괴리가 생길 때, 뜻하지 않은 난관에 부딪쳐서 해결의 기미가 보이지 않을 때 우리는 그와 같은 문제들을 초월한 하나님이라는 분을 생각합니다. 그분 안에서 희망을 발견하게 됩니다. 과학기술이 첨단을 걷고 있고 의학이 발달하여 살기 좋은 세상이라고는 하지만, 그와 맞물린 여러 가지 윤리적이고 비인권적인 현상들이 고개를 들고 있는 것이 사실입니다.

과학기술이나 의학이 사람의 삶을 돕고 정치적 경험이 축적이 되고 경제적 풍요가 사람들을 더 살맛나게 하고 교육의 혜택이 많아져서 지식의 상대적 가치가 높아진 것 같지만 전체적으로 삶의 만족감은 자꾸 떨어집니다. 그러면서 도처에서 발견되는 삶의 중요한 가치들은 무너져 내릴 때 위기의식을 느끼게 됩니다. 이럴수록 초월자의 관념, 철학, 그리고 믿음이라는 종교적 신념 체계들이 어떻게 그리스도인과 비종교인들에게 희망으로 다가가도록 만들 것인가 고민을 해야 합니다. 그저 하나님 안에서 희망의 긍정성을 바라볼 수 있는 순수한 눈과 그분의 말씀을 통한 믿음의 신뢰와 순종이 삶을 다르게 재편성하도록 도와줄 수 있을 것이라고 봅니다. 그러나 반드시 선행되어야 할 것은 사적인 마음의 욕망과 사적인 욕망의 공간을 줄이지 않으면 결단코 믿음의 대상이 들어설 자리가 없다는 사실입니다.

그러면 작은 믿음조차도 생길 수 없는 것입니다. 믿음이 있어야 '내가 있다'고 말할 수 있습니다. 믿음은 대상을 향한 작은 마음을 갖고 있고 그렇게 내가 인식할 때 비로소 내가 존재하는 것이고, 동시에 믿음의 대상이 존재한다고 말할 수 있기 때문에 그렇습니다. 그러므로 믿음의 대상에 대한 작은 마음은 그를 존재하게 하기도 하고 또 사라지게 하기도 합니다. 믿음은 그분에 대한 작디작은 마음에서 비롯되는 것임을 잊어서는 안 될 것입니다.

53

삶의 지문에 씨앗이 있으려면

루가 17,11-19

　신앙이란 자신이 더 많은 죄를 지었노라 생각하는 사람에게는 큰 위로가 되는 장치입니다. 아무리 똑같은 은혜를 입었다고는 하지만 신에 대해서 감사를 하는 것은 천차만별입니다. 신은 비록 보이지 않지만 우리가 가진 이런저런 모양을 잘 아시는지 어느 때는 우리의 마음을 잘 읽으시고 은덕을 베풀어 주시는 경우도 있습니다. 또 어느 때는 아예 감이 잘 잡히지 않을 정도로 신의 마음과 거리가 먼 경우도 있습니다. 불치의 병에 걸렸을 때 사람들은 자신의 질병이 낫기를 바라는 마음에 온갖 신에게 빌어도 봅니다. 마음이 그만큼 간절해지기 때문입니다. 이스라엘 사회에서는 병에 걸린 것은 죄다 그 사람이 죄가 있어서 그런 것이라는 통념이 있었으니, 그 꼬리표를 벗고 싶었을 것입니다. 어떻게든 병으로부터 벗어나야 그 죄라는 무거운 마음으로부터 해방될 수 있을 텐데 하며 하루하루를 생활했을 것은 뻔합니다. 심지어 그들은 격리까지 당했으니 사람

취급을 받을 수도 없었습니다. 오늘날 사회도 조금만 아프면 격리부터 시키려 하고 무슨 전염이나 감염이 된다 싶으면 사람 대우를 안 하려고 합니다. 그 병을 함께 이겨내자 하는 것이 아니라 우선 병에 걸리지 않은 정상적인 사람부터 안전한 조치를 취해야 한다고 생각하는 것입니다. 하지만 둘 다 격리나 다름이 없습니다. 상호 소외가 병을 더 잘 이겨내는 것인지 잘 모르겠습니다.

살다보면 감기나 폐렴도 약간의 스트레스 장애가 있을 수 있습니다. 하지만 병에 걸리면 환자 취급을 당해야 하는 것은 면역력이 약한 사람, 정신이 허약한 사람이 겪게 되는 또 하나의 아픔입니다. 그들이 병을 이길 수 있도록 해주어야 하는 것이 정상인의 역할이고 또 강한 사람들의 올바른 모습일 텐데 정작 사회는 그러지 않습니다. 예수님이 병에 걸린 이들에게 자비를 베푸는 것은 사회의 권력자에게 당당히 맞서도록 하는 용기를 불어넣어주는 데서 비롯됩니다. 나병환자들의 건강 상태를 확인하고 그들이 정말 사회의 다른 구성원들과 함께 살아도 괜찮은지를 판별하는 이는 제사장이라는 권력자였습니다. 사제hiereusin의 권력에 의해서 정상과 비정상이 갈립니다. 사제의 권력에 의해서 환자인지 아닌지 결정이 됩니다. 사제의 권력에 의해서 그들이 사회 생활을 할 수 있는지 없는지 검증을 받습니다. 사제는 의사가 아님에도 불구하고 그들의 질병 상태를 확인하고 사회 복귀 여부를 판단한다는 것은 그 당시 사제가 얼마나 막강한 권력을 가지고 있었는가를 알 수 있는 대목입니다.

생사여탈권을 쥐고 있는 사제는 사회의 정결과 오염에 대한 책임이 있었기 때문이었다고 해명을 하더라도 그것은 어쨌든 매우 큰 권력을 가지고 있었다고 볼 수 있습니다. 그러한 권력자들에게 자신의 상처와 질병을 당당히 내보이라는 말씀은 무책임한 발언처럼 들립니다. 그러나 예수님은 상처와 질병이 결코 누군가에 의해서 환자 유무나 격리 유무를 판정 받아야 하는 것이 아님을 말하는 것입니다. 개인의 질병이든 아니면 사회적 질병이든, 육체적 질병이든 아니면 마음의 질병이든 그것은 나의 판단과 나의 의지가 더 중요한 것이지 권력자에 의해서 질병이다 아니다를 내맡겨야 할 것이 아니라는 것을 말해주는 것은 아닐까요?

그들이 권력자에게 자신의 병을 당당하게 내보이기 위해서 가는 용기 있는 행동이 결국 병을 다 낫게 하였다는 것은 권력자를 두려워할 필요가 없는 자발적이고 의지적인 행동이 얼마나 중요한가를 말해주고 있습니다. 물론 깨끗해졌다의 그리스어는 ekatharisthesan에카타리스테산, 즉 문법적으로 수동태입니다. 이것이 의미하는 바, 루가복음사가는 그들을 깨끗하게 만든 것은 바로 예수라는 것을 증명해보이고 싶은 의지가 담겨 있는 것입니다. 그들을 깨끗하게 만든 원인은 예수에게 있습니다. 그러므로 예수님이 그들을 깨끗하게 한 것입니다.

그러나 그들을 깨끗하게 만들 수 있었던 것은 어떤 치유 능력보다도 사제의 권력에 맞서는 당당한 용기를 불어 넣어준 것이 더 근원적인 치유 원인이라고 해야 할 것입니다. 치유의 근원적인 능력은 신비적이고 초월적인 데 있다고 할 것입니다. 틀리지 않습니다. 좀 더 자세히 들여다보면 맥락상 예수님이 그들에게 한 것이라고는 그저 사제에게 가서 보이라고epideiksate 한 것뿐입니다. 이것은 '위로'라는 뜻의 에피epi '드러내보인다' 뜻의 데이크누미deiknumi라는 그리스어의 합성어인데, 변론이나 평가의 뜻이 강합니다. 자신의 정당성을 주장하는 연설과도 같은 성격입니다. 자신은 정상이나 비정상의 범주에 따라 가를 수 있는 인격체가 아님을 말을 통해서 자기 변론을 하라는 것으로 해석할 수도 있습니다. 더욱이 이것은 아리스토텔레스Aristoteles의 수사학적으로는 찬사나 축사와도 같은 의미를 내포하고 있습니다. 자신이 치료가 되었음을 축하하면서 사제에게 말하는 것입니다. 여기에서 우리는 루가복음사가의 훌륭한 문학적 장치를 엿보

53. 삶의 지문에 씨앗이 있으려면

게 됩니다. 나병환자의 치유는 한편으로는 예수님의 탁월한 치유 능력에서 비롯되었다는 것을 나타내 보이면서 또 한편으로는 그것은 상처나 질병이 나았다는 것을 보이라는 것이 아니라 자신이 더 이상 나병환자가 아니라는 것을 변론하고 기뻐하라는 이중적 의미를 갖고 있기 때문입니다.

또 하나의 중요한 이야기는 후반부에 등장합니다. 치유를 경험하고 이미 더 이상 나병환자가 아니라는 것을 판정 받은 9명의 사람들은 어디로 갔는지 알 수 없으나 그 중 한 사람이 다시 예수에게로 돌아옵니다. 그는 다름 아닌 사마리아 사람입니다. 사마리아 사람은 같은 유대 민족으로부터 천시 받아온 사람들이라는 것은 다 아는 사람입니다. 사마리아 사람은 그 근원적인 힘과 병으로부터의 해방을 얻게 한 사람이 바로 예수라는 것을 자각했습니다. 그는 예수에게 감사했습니다. euchariston 감사한 이는 동족 취급 받지 못하는 사마리아 사람이었습니다. 그 사람만이 돌아왔습니다. 그 사람만이 예수께 돌아와 하나님께 찬양과 영광doxa을 돌렸습니다. 감사와 찬양은 하나님을 예배하는 자의 모습입니다. 자신의 병이 병이 아니라는 것을 알게 해준 존재에 대해서 감사와 찬양을 돌리는 것, 비록 자신의 병이 사회적으로 용인 받지 못하는 것이라 할지라도 그것의 결정은 사회적 격리나 죄라는 오명으로 끝나는 것이 아님을 일깨워 준 예수께 감사와 찬양을 돌리는 것은 또 하나의 용기입니다.

예수님은 사마리아 사람이 아니었기 때문입니다. 그만큼 타자를 인정한다는 것은 어려운 일입니다. 자기가 누구인지 지금 무엇을 해야 하는지를 알게 해준 사람을 진정으로 인정하고 감사한다는 것은 마음에서 우러나지 않으면 결단코 하기 어려운 행위입니다. 감사는 은혜charis를 좋게eu 여긴다는 것이요, 영광은 감히 자신의 사견doxa이 될 법한 믿음을 공적으로 인정하고 그를 높이는doxa 일이기에 더욱 쉽지 않은 일입니다.

이정섭 시인의 시에는 마침표가 거의 등장하지 않습니다. 독자로 하여금 문장의 호흡을 가다듬고 끝나는 문장과 시작의 문장을 적절하게 갈라주고 이어주는 마침표를 찍지 않았다는 것은, 어쩌면 글은 시작은 있지만 끝이 없다는 것이 아니겠습니까? 그의 시집인 『유령들』 중에서 「꽃 지고 난 뒤」라는 시는 이렇게 시작이 됩니다.

달은 높이 떴고 손은 무대 아래 있다
모래가 떠다니는 무대는 척박하다
달빛은 향기롭게 날아다니지만 무대는 건조하다
검은 달빛은 달이 출산한 무대의 것,
발자국마저 무대 뒤로 저물면 이을 수 없는 지문이 소용돌이친다
그 지문에는 씨앗이 없다

이 시구들에서 씨앗과 지문의 상관성을 찾기에는 난해합니다. 수많은 삶의 경험들이 곳곳을 누비며 흔적을 남기지만 그렇다고 지문으로 우리의 존재를 확인받지는 못합니다. 점점 더 기술이 발달하면 지문은 곧 나의 존재가 되어 버리겠지요. 그러나 정말 그 지문에 나의 존재가 있다고 자부할 수 있을까요? 시인의 말대로 인생의 무대는 다른 사람으로부터 확인을 받아야 하고 검증을 받아야 하는 숱한 우여곡절이 있습니다. 무대는 사라졌다 이내 다시 펼쳐지기도 하지만 결코 똑같은 무대가 될 수는 없는 법입니다. 유대인의 삶이 그렇듯이 우리도 늘 무대에서 구원을 받아야 할 존재입니다. 나의 진정한 씨앗을 찾기 위해서 말입니다. 예수님이 사마리아 사람에게 네 믿음이 너를 살렸다고 한 말에서 그리스어 살리다, 혹은 구원하다는 뜻의 sesoken 세소켄을 사용한다는 점에 주목을 해

야 합니다. 구원은 한 사람의 소중한 씨앗과도 같습니다.

구원은 누구나 바라는 희망과도 같기 때문입니다. 그러기 위해서는 신앙도 필요하지만 때에 따라서는 나의 의지, 내 안에서 발현되는 용기와 저항, 그리고 나에 대한 정확한 인식이 절대적으로 요구되기도 합니다. 예수님이 우리를 도우려면 예수에 대한 믿음과 더불어 나에 대한 믿음도 동시에 가져야 합니다. 이것을 잊으면 인간으로서의 직무유기를 하게 됩니다.

세상에 없는 것을 꿈꾸는 기도

루가 18,1-8

살아가면서 한 번쯤 지겨워할 정도로 신을 괴롭히고 kopon 싶을 때가 있었을 것입니다. 나의 처지나 나의 심정을 알아 줄 사람이 지천에 널려 있다고 하더라도 아무런 도움이 안 될 때는 저절로 무릎이 꿇어지는 법입니다. 하루에도 수백 번 수천 번씩 지인의 이름을 불러 가며 그들이 진정으로 잘 되기를 바라는 마음을 하늘에 전하는 것은 혀끝으로 봄을 핥으려는 간절함이 묻어나곤 합니다. 이광웅의 「수선화」라는 시에는 이런 구절이 등장합니다.

수선화같이

혀끝으로 봄을 핥으려는

꼭이나 수선화의 생리를 지니인 사람을 흠모하기 비롯한

그해 봄

> 그 갠 날이다.
>
> 내 생애에서의 영원이란
>
> 달리 마련이나 있을 것이 아니어서
>
> ……

우리에게 인생의 개인 날이 얼마나 있을까요? 그 갠 날이 영원을 달리듯 그렇게 우리 앞에 전개가 된다면 얼마나 좋겠습니까? 하지만 현실은 그렇지 않습니다. 싸워야 하고 경쟁을 해야 하고 밥 한 그릇을 제대로 식탁에 놓기 위해서 얼마나 많은 사람과 그리고 자존심과 대결을 해야 하는지 모릅니다. 그래서 신에 대한 간청은 삶에서 사무치고 또 사무치는 것입니다. 제발 이 현실을 극복하게 해달라는 기도, 제발 이 병을 낫게 해달라는 기도, 제발 이 어려움을 견디게 해달라는 기도, 제발 이 고통스럽고 슬픈 인생에서 벗어나게 해달라는 기도는 비록 들어줄 것 같지 않은 모호한 대상에게 호소라도 해야 직성이 풀릴 것 같은 게 신앙인의 마음이기도 합니다.

모호하고 애매한 그렇지만 우리에게 절대적으로 없지 않고 있었으면 하는 신에게 우리는 자꾸 말을 겁니다. 기도는 신에게 말을 거는 데서부터 시작합니다. 일단 말을 걸게 되면 그가 대답을 하든 안 하든 상관없이 말을 건네받은 존재는 대답의 강박을 이기지 못합니다. 대답을 하지 않고서는 못 배기도록 말을 거는 사람이 곁에 있기 때문입니다. 그리스도인은 하나님에게 말을 거는 사람들입니다. 말을 들어 줄 것이라는 작은 믿음을 가지고 그분에게 마음의 말을 하나둘 씩 꺼내 놓습니다. 귀찮을 정도로 많은 말을 쏟아냅니다. 그만큼 우리는 하나님에게 바라는 것이 많아서일지도 모릅니다. 아니 삶이 각박할수록 우리의 결핍이 커져간다고 말을 해야겠지요. 그렇다고 해서 그리스도인이 자신의 욕망을 주저리주저리 늘어놓는다고 생각해서는 안 될 것입니다. 그것은 기도가 아닙니다. 진심과 진정으로 말을 거는 것, 말을 건다는 것은 마음을 신에게 둔다는 것입니다. 말을 걸어서 말이 하나님에게 걸어들어가는 것을 보지 못하더라도 우리는 말 걸음을 통하여 하나님께 마음을 둡니다.

귀찮을 정도로 하나님은 그 마음을 부담으로 여긴다는 것을 알게 됩니다. 그를 괴롭게 만들 정도로 kopon 말을 거는 사람이 있기 때문입니다. 상대방의 대답이 어떠하든간에 상관하지 않고 말을 거는 사람이 필요합니다. 그래도 말을 걸기는 하되 그저 한담이나 공담을 하는 말은 참으로 받아주기가 어렵습니다. 말을 해본 사람은 잘 알겠지만 말을 들어주는 것도 큰 인내가 동반되어야 합니다. 말을 받을 준비가 되지 않았는데도 끊임없이 말을 거는 사람이 있을 때 말은 걸리는 것이 아닙니다. 하나님을 귀찮게 하고 괴롭힐 정도로 우리가 말을 건 적이 있는가를 생각해보아야 합니다. 그러지도 않고 왜 나의 기도는 들어주시지 않는 걸까, 하고 의심을 하는 것은 아둔하기 짝이 없는 신자의 모습입니다. 복음서는 말을 걸어서 대상을 귀찮게 해서라도 반드시 대답을 이끌어 내라는 것입니다.

우리가 신에게 말을 거는 것은 그가 우리의 심정을 이해해 줄 것이라는 믿음 때문입니다. 하나님에게 말을 거는 것은 이해의 눈짓을 보내는 것입니다. 이해해 달라는 호소의 눈빛을 전하는 것입니다. 하나님의 이해의 눈빛과 근심어린 나의 눈빛이 마주치는 순간에 걱정이 눈 녹듯이 사라집니다. 그것이 하나님을 향한 말 걸음의 효과입니다. 눈빛과 눈빛을 교환하기가 어려운 세상이 되었습니다. 눈빛과 눈망울, 눈짓을 찾기보다 눈은 아래로 깔고 전자매체와 눈빛을 교환하니 진정으로 인간과 인간의 눈빛을 기표로 해서 그것을 해석하려는 수고는 덜었을 것입니다. 하지만 눈빛을 교환하는 연습을 하지 못하는 인간이 어떻게 초월자와 눈빛을 마주치겠다고 하는 것인지 이해가 되지를 않습니다. 말을 거는 것조차 새삼스러운 세상, 오로지 자신에게만 매몰되어서 자신을 닦달하고 끝내 저 멀리 보이는 하늘을 같이 쳐다볼 수 없는 그런 세계에서 하나님의 눈빛을 찾는다는 것은 어려운 일입니다. 기도는 눈빛과 눈빛이 마주치는 것이고 그 눈빛을 그윽한 시선 속에서 교환하는 것입니다. 그래서 기도는 쌍방의 메시지가 되어 눈으로 전하는 말을 적절하게 대답해줄 수 있게 되는 것입니다.

하나님은 끊임없이 당신의 눈빛을 쳐다보고 그 눈을 응시해주기를 바랍니다. 하지만 상처가 많은 세상은 하나님의 눈빛을 마주하기를 두려워합니다. 눈빛이 인간의 마음을 곧장 직관할 것 같은 불안에 자신의 상처를 다시 껴안고 마음속으로 그저 숨어 버리고 맙니다. 하지만 상처가 났기 때문에 그 상처를 하나님께 보이고 싸매어 달라고 하는 것이 아니겠습니까? 그렇다면 눈빛의 직관에 자신이 노출이 되는 것을 두려워해서는 안 됩니다. 행여 눈빛을 들킬까봐 시선을 외면합니다. 사람들의 눈빛은 차갑고 메말라서 그 눈가를 맴돌 뿐 감히 쳐다보지도 못합니다. 그것이 오늘날의 그리스도인의 모습이자 현대인의 모습입니다. 하나님의 눈빛을 바라보면서 그 눈빛 속에서 자신의 온전한 세상을 꿈꾸고 바랄 수 있어야 하는데, 눈빛은 이미 잿빛이 되어 하늘과 마음을 가리고 있으니 응시를 통해서 나의 삶의 문제를 비출 수 있는 여지가 사라지는 것입니다. 그러므로 눈빛을 맑게 가지고 하나님의 시선과 마주 대하면서 말을 걸어 그 마음을 움직이게 하려고 노력하는 그리스도인이 되어야 합니다.

암흑으로 가득차고 불확실성에 놓여 있는 삶이라고 생각될 때에는 그저 나의 일상을 소소하게 말씀드릴 수 있는 초월적 존재가 지옥 같은 세상을 변화시켜 주실 것입니다. 간청과 간절함, 귀찮게 함은 한결 같은 하나님에 대한 그리움이 아니고서는 불가능합니다. 아니 그분이 자질구레한 말을 들어줄 것이라는 신뢰가 없다면 말 거는 것조차도 힘겨운 노동이라고 생각할 것입니다. 하지만 말을 걸면서 그분의 깊은 눈빛에 신뢰감을 나타낸다면 우리의 말에 차근히 대답을 해주지 않을까요? 대답이 없더라도 내가 말을 건넨다는 것만으로도, 그가 내 말을 들어주었을 것이라는 옅은 믿음을 갖는 것만으로도 우리는 살아갈 힘을 얻습니다. 그러고 보면 하나님에게는 하찮은 말 따위는 존재하지 않는 것 같습니다. 그분은 인간의 말을 받으시길 즐겨하시니 말입니다. 앵무새처럼 매일 같은 말을 반복하여도 당신은 인간의 말을 들으려고 하십니다. 설령 그것이 당신의 의무가 아니더라도 그분은 그럴 준비가 되어 있습니다. 그러므로 자꾸 말을 거십시오. 자꾸 마음으로 빌어보십시오. 자꾸 소리를 내어 그분을 향해서 말하는 연습을 하십시오. 다만 속을 속이는 일이 없도록 하십시오. 어느 시인이 말한 것처럼 "속이는 것은 속없은 겉이 하는 일"이라고 했는데, 우리가 만일 기도하면서 스스로를 속이는 말을 한다면 그것은 속이 빈 겉기도를 하고 있는 것이라고 생각하면 맞을 것입니다. 하나님은 그런 기도를 원하지 않습니다. 말을 걸더라도 속이 꽉 찬 말, 속이 알 찬 말을 해야 합니다. 그래야 가식이 없는 기도라 여기고 그 말에 대답을 해줄 것입니다.

왜 그렇게 말을 거는 것이 힘이 드는 것일까요? 아니 왜 오늘날 교회는 하나님께 말 거는 법을 잊어버리고 있는 것일까요? 말을 걸고 대화를 하는 것조차도 익숙하지 않은 그런 세태가 우리의 신앙을 더 어렵게 만듭니다. 그저 사람과 사람이 말을 걸고 같이 웃고 같이 슬퍼하고 같이 아파하고 같이 즐거워하는 것처럼 살면 되는 것인데, 신앙을 점점 더 복잡하게 만들어가고 있다는 인상을 받습니다. 한국의 개신교 역사가 100년이 넘었으면 이제 철이 들 만한데도 여전히 하나님과 대화를 하는 게 여간 서툰 게 아닙니다. 하나님께 말을 거는 것이 그렇게 어색할 수가 없습니다. 산만해도 좋습니다. 횡설수설해도 좋습니다. 하나님

54. 세상에 없는 것을 꿈꾸는 기도

께 말을 거는 것부터 시작해봅시다. 그분에게서 노랫소리가 나올지, 시가 나올지 상상과 기대를 하면서 호기심 어린 말부터 하나둘 씩 건네 보면 어떨까요? 필자는 말을 잘 건네는 사람을 보면 참 부럽습니다. 그가 말질을 할 때도 그 용기에 탄복을 합니다. 말을 건네는 것이 기도라고 했습니다만, 복음서의 저자는 결코 아름답지 않은 말질까지도 용인하는 듯합니다. 그 정도로 하나님을 들들볶아대는 정성이 필요하다는 것이 아닐까요? 이제라도 조용하게 시인의 마음처럼 하나 둘 말에 길을 내면서 하나님께 가깝게 다가가기를 바랍니다. 그분은 결코 허구의 목소리나 텅 빈 기표를 내지 않을 것입니다.

55

기도, 민낯의 예술

루가 18,9-14

　기도는 하나님께 마음을 다해 비는 것이라고 간단하게 정의를 내릴 수 있습니다. 그런데 무엇을 빌어야 할까, 하는 것이 늘 숙제입니다. 마음에 떠오르는 것은 많은데 무엇을 우선순위로 내가 아닌 초월자가 성취해 줄 수 있는 것일까. 마음으로 간절하게 비는 것들이 있을 때는 그야말로 꼭 이루고 싶은 것이 있기 때문이고, 갖고 싶은 것이 있기 때문입니다. 그래서 기도할 때는 어린이가 됩니다. 마치 아버지에게 무언가를 달라고 하는 아이와도 같이 얌전하면서 엄숙한 자세로 손을 모으는 것입니다. 그때는 나의 욕망보다는 아버지의 마음이 더 빨리 나에게 다가와 주기를 바랄 뿐입니다. 기도도 그렇습니다. 아버지의 마음이 우리에게 다가오는 것, 또는 아버지의 마음이 다가오도록 하는 것입니다. 바리새인처럼 자신의 상태나 처지를 아뢰어서 아버지의 마음에 들려고 하는 가식보다는 그저 민낯으로 아버지가 자신을 받아주면서 다가와주기를 바라는 한없는 사랑을 기다리는 것입니다. 시인 문태준의 「아침을 기리는 노래」를 보면 그런 마음이 더 읽히는 것 같습니다.

> 시간은 꼭 같은 개수의 과일을 나누어주시네
> 햇볕, 입술 같은 꽃, 바람 같은 새, 밥, 풀잎 같은 잠을
> 나는 매일 아침 샘에 가 한통의 물을 길어오네
> 물의 평화와 물의 음악과 물의 미소와 물의 맑음을
> 내 앞에는 오늘 내가 고를 수 있는 물건들이 있네
> 갈림길과 건널목, 1월 혹은 3월 혹은 9월 혹은 눈송이,
> 첫 번째, 분수와 광장, 거울
> 그리고 당신
> 당신이라는 만남
> 당신이라는 귀
> 당신이라는 열쇠.

신은 기도라는 시간 속에서 많은 것들을 주고 싶어 하지만, 늘 공평하게 기도의 시간 안에서 당신을 나누어주시려고 합니다. 그래서 신은 공평한 시간입니다. 신을 나누고 소유하고 싶어 하지만 신은 결코 누구에게도 독점이 될 수 없으며 누구나 평등하게 가질 수 있는 존재입니다. 다시 말해서 신이 만일 우리의 기도 시간에 존재하시는 분이라면 그는 모든 사람들에게 똑같이 당신의 사랑을 나누어 주고 싶어 하신다는 것을 기억해야 합니다. 기도의 시간이 누구에게나 평등한 것처럼 그 몫도 평등해야 합니다. 너스레를 떨며 적어도 나는 하나님께 거룩하고 경건한 삶을 살았으니 그렇지 않은 다른 사람보다 더 많은 사랑, 더 많은

은총을 받겠다는 것은 하나님의 마음이 아닙니다. 그것은 채울 수 없는 한갓 인간의 욕심이요 욕망에 지나지 않습니다. 모든 것들 속에 깃들어 있는 하나님의 마음은 여기저기서 당신을 만나고 싶어 하는 존재자들을 그냥 지나치지 않습니다. 그게 하나님의 방식입니다. 기도하는 순간 마음은 하나님께 머물러 있지만, 그분에게 머물러 있다고 해서 그분의 시선이 반드시 내게 있어야 한다는 것을 의미하지 않습니다. 그분의 시선은 당신을 위해서, 또 더 많은 사람들이 기도하는 곳을 향해 깊고 넓게 던져진다는 것을 알아야 합니다.

그래서 왜 당신은 나를 만나주지 않는가, 왜 당신은 귀를 열어 놓지 않는가, 왜 당신은 우리에게 삶의 열쇠들을 주지 않는가, 하고 하소연을 할 수도 있지만, 하나님이 기도의 시간 안에 들어오시는 것이 조금 시간이 걸릴 수 있다고 생각하고 인내할 수 있어야 합니다. '왜'라는 물음의 연속으로 하나님께 따져 묻는 기도는 바리새인과도 같습니다. 할 만큼 했고 준비된 만큼 준비되었으니 이제 나는 당신에게 기도를 통하여 더 가까이 접근할 수 있는 자격이 있습니다. 아니 더 빨리, 더 많은 것들을 받을 자격이 있습니다, 하고 주장하는 것과 다르지 않습니다. 기도는 주장이 아니고 자기 입장의 관찰이 아닙니다. 기도는 겸손하게 죄악과 유약함과 한계의 경계선상에서 어쩔 줄 모르고 오로지 당신의 자비만을 바라는 마음입니다. 좁은 마당에 한 줄기 따스한 빛이 들어오면 그 빛을 작은 손으로 잡으며 즐거워하는 마음, 그 빛줄기에 자신의 온몸이 노출이 될 때에 느껴지는 고마움을 알고 싶은 마음 같은 것입니다. 그런 의미에서 기도는 신의 은총에 대한 고마움의 표현이라고 말할 수도 있을 것입니다. 그럼에도 고마움은 고사하고 바람, 꽃, 물, 마당, 담장, 광장 등 수많은 곳으로 빛이 스며드는 것을 인식하지 못할 뿐만 아니라 그 빛을 향해 미소도 머금지 못하는 신자는 과연 기도를 한다고 말할 수 있을까요?

기도는 '당신'이라는 외마디 말이면 족합니다. 당신이라는 말에는 신에 닿고 싶은 충동이 묻어납니다. 당신이라는 말에는 그 존재 앞에 엎드리기를 원하는 겸손의 소리입니다. 그러므로 기도를 통해서 당신의 자리, 곧 당신이 들어설 마음의 자리를 내어 드리는 것이 중요합니다. 기도는 허공에다 하는 것이 아니라 하나님 당신에게 하는 것입니다. 하나님 당신이 나의 당신으로서 존재하기 위해서는 내가 바라는 욕망이나 욕심보다는 마음의 자리를 내어주고 그 욕망의 그늘 곁에 있지 않아야 합니다. 당신에게 빌어야 하는 말들이 많을수록 마음은 비어야 당신이 들어설 자리가 생깁니다. 당신이 들어선다는 것은 당신을 나의 하나님으로 인정하고 받아들이는 것이며, 어떤 가식과 어떤 일시적 행위보다도 진정성과 참된 마음으로 당신과 맞대면할 수 있게 됩니다. 우리가 바쳐야 하는 기도는 많은 기대와 욕망 충족에 대한 긍정보다는 마음이 탁해진 나 자신의 반성입니다. 바리새인은 자신의 마음 탁해진 것은 아랑곳하지 않고 오로지 신앙의 의무, 신자의 책임만이 제일 인 양 생각했지만, 자신을 죄인이라고 생각한 사람의 기도는 마음이 탁해서 당신을 나의 당신으로 고백할 수 없을 것을 걱정합니다.

똑같은 삶의 시간을 살아가면서 어떤 사람은 삶을 투명하기를 비는 반면에, 어떤 사람은 단지 자신의 영달을 위한 형식으로 신앙의 삶을 다했다고 판단합니다. 하지만 이미 결벽증과도 같은 신앙의 투명성과 당신이라는 호명을 거리낌 없이 말하려는 사람의 기도는 결코 텅 빈 기도가 될 수 없을 것입니다. 그런 의미에서 기도는 당신 앞에 드러난 민낯을 반성하는 태도입니다. 기도의 요점은 무엇을 달라는 것이 아니라 기도하는 사람의 자세나 태도가 어떠해야 하는가를 말하고 있습니다. 그것은 당신 앞에 민낯으로 드러내라는 것입니다. 아무것도 걸치지 말고 꾸미지도 말고 당신을 부를 수 있을 만큼의 깨끗하고 겸손한 마음만이 중요하다는 것을 말해줍니다. 기도는 샘에서 물을 길어오는 듯이 해야 합니다. 조심조심 물동이를 살피면서 자신의 걸음과 호흡을 생각하고 정성과 마음을 다해야 합니다. 스쳐지나가는 바람과도 같이 욕망이나 읊조리다가 자리를 떠나는 철새의 기도가 아닙니다. 당신에게 비는 마음, 비는 말들은 가식적으로 어디서 빌려서 올릴 수 있는 것들이 아닙니다.

당신이라는 말이 흔하디흔한 말로 들릴 수도 있으나, 당신은 사랑의 대상이요 내가 존재해야 하는 이유이기도 합니다. 그러니 당신에게 비는 마음은 나의 존재이유를 말해줘야 하는 것이 마땅합니다. '나는 죄인입니다'라는 말은 당신을 내 마음에 가둘 수도 없고 또 소유할 수도 없으며 맞대면을 할 수 없는 존재입니다, 라는 고백입니다. 당신이라는 언명, 당신이라는 외마디 소리가 갖는 고백적 의미 안에서 나는 소리를 닫아버릴 수밖에 없는 이유이기도 합니다. 그저 당신이라는 말만 되풀이 할 뿐 아무 말도 할 수가 없습니다. 당신을 부를 수 있는 것만으로도 위안을 얻는 것은 당신이라는 말 안에서 모든 감사하는 마음을 다 담아낼 수 있기 때문입니다. 그러므로 '당신'이라는 말을 언표하는 순간 기도는 깊은 평화와 감사만이 넘치게 됩니다. 어떤 긴 말로도 '당신'이라는 말을 대신할 수 없습니다. 그 짧은 말 한마디가 갖는 신앙인의 고백적인 힘이 전 신앙을 대변할 수 있을 것입니다. 당신이라는 말에 어떤 사심이 내포될 수 없는 성스러움이 묻어나기 때문에 더욱 그렇습니다. 당신을 말하는데 다른 말은 사족에 불과합니다. 당신이면 족합니다. 당신이라는 말, 당신이라는 존재면 기도의 내용과 지향은 다 담겨 있다고 봐야 합니다. 그리스도인에게 무슨 말이 더 필요할까요?

그러므로 '당신'의 깊이 안에 머무십시오. 당신의 자비와 사랑이 다가오도록 당신이라는 말만으로 충분한 기도가 될 수 있도록 더는 말을 삼가십시오. 기도의 내용, 기도의 제목, 기도의 욕망은 그 다음입니다. 예수께서 원하시는 것은 그저 순수하게 당신 자신만을 입에 담으라는 것입니다. 당신이라는 기표^{signifiant}

는 다른 기표들과 달라서 말을 하는 순간, 그 절대적인 구별과 차별로 삶의 빛이 될 것입니다. 그러면서 당신이라는 기표는 시간성 안에서는 지금의 나 자신의 실존을 묻도록 할 것이며, 공간성 안에서는 다른 욕망의 기표들을 비켜서 그 기표를 내 마음의 한 영역을 차지하고 울리는 것이 될 것입니다. 지금 마음의 기표는 무엇입니까? 당신입니까? 그 당신이라는 말로 당신이신 하나님을 가시화하려고 합니까? 기도는 이렇듯 마음속에서 하나님 당신의 가시화입니다.

김현승의 「가을의 기도」는 참 좋은 시입니다. 그 시가 기도라는 민낯의 예술을 잘 드러내 준다고 생각합니다.

> 가을에는
> 기도하게 하소서
> 낙엽들이 지는 때를 기다려 내게 주신
> 겸허한 모국어로 나를 채우소서
> 가을에는 사랑하게 하소서
> 오직 한 사람을 택하게 하소서.
> 가장 아름다운 열매를 위하여 이 비옥한
> 시간을 가꾸게 하소서.
> 가을에는 홀로 있게 하소서.
> 나의 영혼,
> 굽이치는 바다와
> 백합의 골짜기를 지나
> 마른 나뭇가지 위에 다다른 까마귀같이.

56

불쑥 찾아온 구원

루가 19,1-10

시인 오은의 「풀쑥」이라는 시를 보면 삶의 어떤 인과론적인 단면을 엿보게 됩니다.

> 몸을 열면 질병이
> 입을 열면 거짓말이
> 창문을 열면 도둑이,
> 도둑고양이가 튀어나온다
> 우편함을 열면 눈알이
> 내일을 열면 신기루가
> 방문을 열면 호랑이가,
> 종이호랑이가 튀어나온다.

풀쑥이라는 말에는 마치 의성어적인 말놀이를 생각나게 합니다. 풀쑥과 불쑥의 상관성말입니다. 풀도 하루가 다르게 쑥쑥 키가 큽니다. 무성하다는 표현이 맞겠지요. 삶도 어느 날 불쑥 예고도 없이, 속절없이 뜻하지 않은 손님처럼 찾아올 때가 많습니다. 불쑥 난데없이 들이닥치는 것이 삶인 것입니다. 우연이라는 말이 더 적합할 것 같습니다. 살다보면 마음의 빗장이 느슨해지거나 감각이 무딘 날에 불쑥 뭔가가 튀어나오는 것들이 있습니다. 시인은 그와 같은 삶의 우연성과 나의 행동의 원인들이 예기치 못한 결과들을 가져온다는 것을 재미있게 그리고 있습니다. 불쑥 질병이, 불쑥 거짓말이, 불쑥 도둑이, 불쑥 눈알이, 불쑥 신기루가, 불쑥 호랑이가 튀어나오는 삶, 그것은 풀과 같은 생명력을 가진 인간이라면 언젠가 맞이하는 삶의 순간들일 것입니다.

예수를 만나는 과정도 그와 같습니다. 우리는 신앙에서 우연성과 잠재성은 인정하지 않으려 하지만, 실상 필연성조차도 우연한 사건의 반복과 연속이 잦아들면 마치 필연인 것처럼 생각이 듭니다. 불쑥이라는 부사어가 주는 의미의 갑작스러움이 우연치고는 너무나 때가 잘 맞는다고 판단하기 때문입니다. 예수를 보고자 하는 욕망은 나의 욕망인가, 아니면 타자의 욕망인가라는 라캉J. Lacan과 같은 해석학적 질문으로 캐물어보면, 결단코 욕망은 나의 욕망이 아니라는 것을 알게 됩니다. 조금 어려운 말 같습니다만, 욕망된 것뿐입니다. 내가 욕망하지 않아도 이미 예수님이 나를 보기를 욕망하고 있습니다. 다만 나는 그 욕망에 따랐을 뿐인데 내가 때마침 그 욕망을 통해서 예수를 본 것처럼 착각을 하고 있는 것입니다. 자캐오가 그랬습니다. 자캐오는 세관장의 신분으로서 이스라엘 동족의 고혈을 짜내서 로마에 납세하기 이전 중간 이득을 챙겼을 가능성이 농후합니다. 자캐오 정도면 사는 데는 별걱정이 없었겠지만 동족으로부터는 죄인 취급을 받았을 것입니다. 돈이라면 사족을 못 쓰는 파렴치한 사람이라고 손가락질 받았을 것은 뻔합니다. 동족의 욕망을 짓밟고 자신의 욕망에 따라서 살았으니 당연한 일입니다.

그런 그가 자신의 욕망에 따라서 예수를 보고 싶어 합니다. 신체적인 콤플렉스가 있으나 그것조차도 극복하고서 자신의 욕망의 시선으로 보기를 원했습니다. 하지만 이내 그 바라봄에 대한 욕망의 시선은 자신의 것이 아니라 예수님의 것임을 알게 됩니다. 돌무화과나무에 올라간 자캐오를 예수님이 본 것입니다. 어쩌면 일찌감치 예수님은 그와 같은 사람을 보기를 욕망하고 있었는지 모릅니다. 자신의 공생활 동안에 불쑥불쑥 나타나는 사람들, 불쑥 찾아오는 사람들은 따지고 보면 예수님이 그토록 찾고자 했던 욕망의 대상들이었습니다. 그 강한 구원의 욕망이 사람들을 보게 하고 우연적 사건처럼 보이는 나무에 올라가니 불쑥 예수를 만나게 되더라는 신앙적 경험을 하도록 만들었습니다. 여기에서 우리가 알아야 할 것은 내가 보기를 원한다고 해서 보이는 것이 아니라 예수에 의해서 보이는 존재가 되어야 구원의 욕망이 될 수 있다는 사실입니다. 보는 것은 내가 아니라 예수님이 보고 있습니다. 내가 보려고 하면 할수록 그분에 대해서 생각하면 할수록 왜곡된 욕망만이 중첩될 뿐 그분이 보이지 않습니다. 그렇기 때문에 그분이 나를 보고자 하는 욕망에 불쑥 나를 보여주어야 뜻하지 않은 구원이 찾아온다는 것입니다. 우리는 신앙적 노출의 욕망이 요동칠 때마다 예수님의 욕망에 의해서 나는 행동하고 있는가, 그가 원하는 욕망을 내가 만족시키고 있는가를 따져 물어야 합니다.

구원의 만족은 내가 아니라 그분에 의해서 성취되어야 하는 것이고, 구원의 욕망의 대상으로서의 나는 그분의 만족을 위해서 존재한다는 생각을 해야 합니다. 자캐오의 단순한 올라감보다 더 선행되는 것은 예수님의 의지적 지나감이요, 자캐오의 잠깐의 응시보다 더 앞선 것은 예수님의 깊은 바라봄입니다. 구원

56. 불쑥 찾아온 구원

이란 우리에 대한 예수님의 욕망이어야 합니다. 그 반대가 되면 안 됩니다. 우리가 예수를 욕망의 대상으로 섬기고 믿으면 구원을 얻는다고 생각할 수 있지만, 그 구원의 방향성이 잘못 정위되면 나의 노력에 의해서, 나의 열망에 의해서 구원을 얻는다고 오판할 수 있습니다. "프로이트는 주체가 윤리적으로 행동하게 만드는 작인을 세 가지 용어로 나누었습니다. 이상적 자아Idealich, 자아 이상Ich-Ideal, 초자아ber-Ich가 그것입니다. … 라캉은 이 세 용어를 명확하게 구분해 냈습니다. '이상적 자아'는 주체의 이상화된 자기 이미지, 즉 내가 되고 싶은 모습, 타인이 그렇게 봐주기를 원하는 모습입니다. 자아 이상은 내가 내 자아 이미지 속에 새겨 놓고자 하는 응시의 작인으로, 나를 감시하고 나로 하여금 최선을 다하도록 촉구하는 대타자이자 내가 따르고 실현하고자 하는 이상입니다. 초자아는 그와 같은 작인의 가혹하고 잔인하며 징벌하는 측면을 가리킵니다"S. Zizek, How to read 라캉, 박정수 옮김, 웅진지식하우스, 2007, 123-124. 지젝의 이와 같은 해석에서 이상적 자아의 욕망을 가지고 있는 것이 바로 자캐오에게 해당된다고 볼 수 있습니다. 그는 예수님이 원하는 모습의 인간이 되고 싶었습니다. 또한 예수님이 그렇게 자신을 바라봐주기를 바랐습니다. 예수님의 구원의 욕망과 자캐오 개인의 욕망이 일치하는 순간입니다.

그때 구원의 욕망을 지닌 주체는 불쑥 구원의 대상에게 손을 내밉니다. 우연의 반복과 연속이 절대적인 구원의 필연성으로 바뀌는 계기가 생긴 것입니다. 구원의 욕망의 대상으로서 자캐오는 예수에게 자신의 집에 머물러 달라는 말을 하지 않았습니다. 그럼에도 응시한 주체와 응시된 대상과의 교감은 무의식의 심층으로까지 파고들어 그가 궁극적으로 원하는 바를 알게 해줍니다. 예수님은 사회적으로 죄인인 그가 죄 없음을 인정받고자 하는 욕망을 알아차린 것입니다. 타자들은 그를 죄인으로 단정 짓고 그 무의식의 심층에서 간절히 원하는 바를 억압합니다. 그 욕망을 해소해 주려고 하기 보다는 지속적으로 억압하고 강박증을 갖게 만듭니다. 그럼에도 타자의 시선을 아랑곳하지 않고 구원의 욕망의 주체인 예수님이 자캐오의 집에 머물 것이라고 말합니다. 구원의 대상으로 보인다는 것은 정말 그 구원의 욕망이 있는가 없는가를 확인하는 작업으로서 자신의 전 존재를 내보일 수 있는가 없는가와도 밀접한 관계가 있습니다. 구원의 주체 앞에 불쑥 나타난 자캐오는 구원의 대상에게 불쑥 들어감을 용납할 수 있어야 합니다. 구원의 욕망의 주체인 예수님은 우리를 지속적으로 응시할 뿐만 아니라 우리의 무의식의 심층으로까지 내려가서 억압된 죄의식을 풀어주려고 합니다.

무의식의 내면의 갈등과 억압이 해소되면서 축적하려는 충동을 포기하게 됩니다. 자신의 항문성애적 축적은 곧 나눔으로 이어집니다. 충동은 여전히 쌓아놓고 끌어안으며 인색하려는 것이지만, 예수님은 그것이 허구이자 환상이라는 알게 해주는 순간, 모든 것을 배설할 수 있는 인자한 인간으로 변하게 만듭니다. 축적물들은 불쑥 나에게 찾아온 것들입니다. 그것을 어느 때 불쑥 열면 편하다는 것을 알게 됩니다. 축적물을 타자에게 내놓을 때 구원이 싹이 틉니다. 자신의 마음에 파고든 예수님의 응시는 자신에게 금지라고 여겼던 무의식의 잔존물을 더 이상 가두어두지 않아도 된다는 것을 깨닫게 줍니다. 그리고 자신에게 명령합니다. "나누라." 그래서 포이어바흐 L. Feuerbach는 "신의 의식은 인간의 자기 의식이며 신의 인식은 인간의 자기 인식이다"라고 말했는지 모릅니다.

더 나아가서 예수님은 잃어버린 것을 찾는 것이 구원이라고 말합니다. 구원의 대상으로서 잃어버린 것, 상실한 것, 거세당한 것이 있을 것입니다. 자신은 팔루스phallus, 남근를 잃어버린 것을 인식하지 못합니다. 그리스도인은 자신이 무엇을 잃어버렸는지 잘 모르면서, 스스로 타자가 되어 남을 지적합니다. 내가 욕망하는 것은 아버지의 진정한 아들이 되는 것입니다. 아버지를 부인했지만 결국 나는 아버지의 아들로서 아버지를 사랑하고 존경해야 된다는 것을 깨닫는 것입니다. 종교의 시작은 아버지에 대한 불안과 존경, 두려움이 존재하는 데서 싹이 틉니다. 타자들은 자캐오가 아버지를 갖는 것에 대해서 마뜩치 않았지만, 그는 신앙의 아버지인 아브라함을 만났습니다. 예수님이 아버지를 연결해주고 신원을 회복시켜준 것입니다. 프로이트는 "신이란 고양된 아버지 이외의 다른 것이 아니다"라고 말했습니다만, 바로 이를 두고 한 말이라고 봅니다.

  구원은 이렇듯 내가 진정으로 욕망하고 있는 것이 무엇인가를 발견하도록 해주는 것입니다. 내 것을 욕망한다고 해서 그것이 구원이 될 수는 없습니다. 다만 예수에 의해서 나의 욕망이 확인이 되어야 합니다. 무의식의 내면의 갈등들에서 하나님 아버지와의 화해, 아버지를 닮으려는, 아버지에 대한 이상을 품는 신앙의 심리적 현실사유과 신앙의 사실적 현실행위을 일치시키려는 나의 욕망이 예수님의 구원의 욕망이 되어야 할 것입니다. 그럼으로써 죄의식의 영원한 반복강박에서 벗어나서 불쑥 아버지와 일치되고, 불쑥 구원을 성취하는 그리스도인이 되어야 할 것입니다. 뒤늦게 알았습니다만, 불쑥의 센말이 풀쑥이었더랬습니다. 풀쑥 예수님의 욕망이 우리의 구원으로 솟구쳐 오르기를 바랍니다. 성윤석의 「납pb」시집「밤의 화학식」, 문예중앙에서 이라는 시를 읽어보겠습니다.

    단단한 네 마음일지라도
    금속피로가 오지 않는 이유는
    늘 피로한 빛을 하고 있어서 그래.
    계속되는 슬픔은 피로해지지 않아.
    등등함마저 버리고

네가 이 세상의 중심처럼 평형의 추처럼

떨어져 있는걸

어느 날 낚시바늘을 매달고

바닷속으로 가라앉을지라도

숲 그늘에 드러누운 눈밭처럼

넌 너대로 거기 있으렴.

어느 계절엔 반짝이지 않는 게

더 큰 빛이야.

구원의 원소 기호는 무의식의 욕망이 피로한 상태로 있으면서 자신의 피로를 모르는 것을 풀어내는 암호와도 같을 때가 있습니다. 그러나 주체의 기세 등등함은 그 무의식의 욕망을 잘 모르기 때문에 낚시바늘을 매단 채 바닷속으로 빠지는 것과 같이 무기력한 것입니다. 예수를 만나게 되면 그 무기력한 의식과 무의식의 욕망은 결코 나의 욕망이 될 수 없다는 것을 깨닫게 됩니다. 나의 욕망으로 드러나지 않은 채 예수님의 욕망을 나의 욕망으로 받아들이게 되면 그것이 곧 구원을 위해서 반짝이는 더 큰 빛이라는 것을 알게 됩니다. 숲의 한 가운데 있더라도, 나의 무의식에 빛을 비추고 욕망을 끄집어내며 그 욕망을 구원으로 인도하는 존재는 예수라고 하는 사실, 그게 변하지 않는 화학법칙이라는 것을 잊지 말아야 할 것입니다.

57

죽음의 눈빛을 거부하며

루가 20,27-40

　　부활anastasis. 그리스도교뿐만 아니라 일상적인 언어에서도 뭔가 가슴 뛰게 만드는 말입니다. 쓰러질 것만 같았던 삶이 다시 일어날 때, 죽어가는 생명이 다시 호흡을 할 때 우리는 부활이라고 말하곤 합니다. 이 부활이라는 말은 1세기 원시그리스도교 공동체가 사용하던 시기에서 더 거슬러 올라갈지도 모릅니다. 이미 예수님이 부활을 하기 이전에 바리새인^{바리사이인}과 사두개인^{사두가이인} 사이에 부활논쟁을 하는 것을 보면 유대 역사 안에 뿌리 깊게 자리를 잡고 있었던 것을 방증하는 것입니다. 그런데 그들은 부활이란 죽고난 후에 새로운 실체로의 변화요 이 세상의 연장선상에 있는 것으로 믿었던 것 같습니다. 죽음이 끝이 아니요 죽은 후에 언젠가는 반드시 부활을 할 것이라는 신념을 가졌던 것입니다. 물론 유대인이라고 그것을 다 믿은 것은 아닙니다. 바리사이인들은 믿었지만 사두가이인들은 그것을 믿지 않았습니다. 그들은 논쟁하기를 좋아하는 유대인들이라 예수에게 공격적인 질문을 던집니다. 죽은 후의 인연은 도대체 어떻게 되는 것이냐고 말입니다. 물론 그들에게는 사후 부활이란 존재하지 않는다는 가정에서 출발한 질문이기 때문에 답은 정해진 것이나 다름이 없었습니다. 질문의 의도가 불순하기 때문에 아무리 답을 한들 그들에 구미에게 맞는 결론이 되기에 만무한 것이었습니다. 하지만 예수님의 대답은 논점을 무너뜨립니다.

그들의 언어는 고착화된 기표를 사용하면서 기의를 따져 묻는 것이니 사실 아무런 뜻도 없는 허구를 지시하는 것이나 다름이 없었습니다. 부활을 믿지도 않는 사람들이 이 세상의 인연과 저 세상이 어떻게 맞닿을 것인가에 대한 질문으로 덫을 놓으려 하지만, 예수님은 논점을 달리 합니다. 하나님은 죽은 자의 하나님이 아니라 살아 있는 자의 하나님이라는 것입니다. "하나님 앞에 있는 사람들은 모두 살아 있는 것이다." 이 말이 얼마나 좋은 말입니까? 하나님의 이름을 언급하는 자는 결코 고착화된 관념에 머물지 않고 무한히 살아 있게 됩니다. 시간 속에 나타나시는 하나님은 죽은 자의 하나님이 아니라 지금 살아 있는 자의 하나님입니다. 시간 속에서 당신의 이름을 기억하는 자는 죽은 자가 아니라 살아 있는 자입니다. 시간의 흐름 속에서 지금 당신을 기억하고 당신의 이름을 날마다 되뇌면 하나님은 죽은 것이 아니라 산 것입니다. 부활은 그렇게 우리들에게 찾아옵니다. 죽어서 하나님과 새로운 인연을 맺는 것도 부활이지만, 그 부활을 지금 맞보며 고백할 수 있는 것은 매순간 당신의 이름을 떠올리며 잊지 않는 것, 즉 살아 있게 만드는 것입니다.

부활의 현재성은 그렇게 시간 속에 존재합니다. 독일 근대철학자 칸트I. Kant는 우리의 인식이 가능하려면 선천적으로 시간에 대한 감성의 형식을 갖추고 있어야 한다고 주장했습니다. 쉬운 말은 아닙니다. 그런데 가만히 논리적으로 생각해보면 우리가 무엇을 인식할 때, 안다고 할 때 이미 시간이 전제되어 있다는 것을 알게 됩니다. 공간 역시 마찬가지입니다. 칸트의 인식론에서 하나님은 공간과 시간 속에서 인식되는 분은 아닙니다. 하지만 우리가 부활이라고 하는 불가능한 가능성의 실제를 경험하는 것은 시간과 공간 안에서 이루어지는 일입니다. 부활이라는 말이 이미 시간과 공간을 상정한 말입니다. 부활은 시간성과 공간성을 갖고 있는 말로서, 언제 어디서 부활을 할 것인가를 따지도록 만드는 말을 품고 있다는 것입니다.

김혜순의 「포르말린 강가에서」 죽음의 자서전, 문학실험실, 2016라는 시는 이런 글귀들을 나열하고 있습니다.

> 시험관에 담긴 뇌는 아직 살아 있다
> 시를 쓰고 있나 보다
> 흐릿한 이미지에 풍덩 하고 있다
> 외갓집 문을 바람처럼 열고 있다
> 죽은 외할머니의 품속에 뛰어들려는 찰나
> 없는 눈이 번쩍 떠지자
> 사라진 몸의 어딘가가 환생한
> 검정 작대기가 대갈통을 후려친다
> 시험관에 담긴 뇌는 아프다
> …
> 이 시같이 막연한 곳
> 이 시같이 애매한 곳
> 이 시같이 소독된 곳
> …

57. 죽음의 눈빛을 거부하며

> 시험관에 담긴 뇌가 소리친다
>
> 시험관에 담긴 뇌가 미친다
>
> 어떻게 하면 되냐고
>
> 어떻게 하면 잊냐고.

　죽음도 시간성 안에 있는 것이지만 부활도 시간성 안에 있는 것입니다. 우리의 감각들, 우리의 기억들, 우리의 역사들이 살아 있는 한 다시 산다는 것은 늘 현재의 일입니다. 죽고 난 후의 부활이 아닙니다. 지금도 우리는 부활하고 있으며 부활을 보고 있습니다. 하나님의 존재를 인식하고 있는 사람들은 죽은 것이 아니라 살아 있는 것입니다. 김혜순 작가가 말하고 있듯이 우리의 감각을 후려치는 사건들, 뇌조차도 잠들지 않고 우리 자신이 살아 있음을 말하고 있습니다. 시인이 말한 것처럼 시를 쓰고 있는 것입니다. 부활의 시를 쓰고 있고 지금 살아 있는 하나님에 대해서 발화하고 있는 우리를 발견하게 됩니다. 죽음을 통해서 부활이라고 하는 것을 단지 하나님에 의한 사건으로 추방하고 나는 도저히 부활하리라 꿈도 못 꾸고 있다고 할 때, 부활은 이미 존재하지도 않는 것입니다. 부활은 신념 체계나 교리 체계가 아니라 지금 현실에서 벌어지는 생존의 의지입니다. 부활의 언어는 죽음의 유한성을 부정하지 않으나 오히려 죽음을 넘어선 더 강한 삶의 의지가 있다는 것을 알게 해줍니다. 그것은 명확합니다. 하나님은 죽음을 위해서 존재하는 분이 아니라 바로 삶을 위해서, 생명을 위해서 존재한다는 차원에서 다시 삶, 계속 삶이라는 것은 영원히 긍정되어야 할 신앙인 것입니다. 우리가 하나님 앞에 있다는 것을 잊지 않는 한 말입니다.

　죽은 자나 살아 있는 자 모두가 하나님 앞에 있다면 죽음이라는 언어와 삶이라는 언어 모두를 초월한 하나님을 만나게 될 것입니다. 부활은 삶의 언어입니다. 죽음과 허무, 상실과 좌절의 언어를 극복하는 생명의 언어입니다. 죽었다가 살아나고 넘겨졌다가 일어서는 일상의 차원들이 부활이 되지 않는다면 부활은 없습니다. 부활을 지금 여기에서 맛보지 않는다면 죽어서의 부활은 사두가이인처럼 단순한 삶의 연장이나 똑같은 인연을 만나서 해후를 하는 정도로 인식하는 것으로 그칠 것입니다. 그러나 부활은 시와 같이 다가옵니다. 새로운 창조성을 직조하면서 삶을 가능케 하는 언어들로 가득한 아름다운 세상이 될 것입니다. 시인의 시가 죽음의 언어를 말하지 않고 피를 토하는 일이 있더라도 생명의 언어를 만들어 내기 위해서 분투하듯이 부활은 그렇게 새로운 생명이 되어야 한다는 것을 의미합니다. 죽고 난 후의 부활이 아니라 죽음을 넘어선 부활이 더 의미가 있습니다. 그것이야말로 어쩌면 그리스도교에서 말하는 참다운 부활일 것입니다. 죽음을 넘고 또 넘어서 마침내 하나님 앞에서 사는 존재로서의 자신을 자각할 때 우리는 부활이 먼 곳에 있는 것이 아니라 바로 지금 여기에 있다는 것을 알아차립니다.

사실 그리스도인이 부활을 살아주어야 타자가 부활을 확신할 것입니다. 그런데 우리는 자꾸 부활은 죽고 난 후의 일이니 믿기만 하라고 말합니다. 그렇게 말하려면 그들에게 하나님의 현존을 맛보게 해주어야 합니다. 동일한 시간 속에 현존하고 있는 존재를 알게 해주어야 하는데 그러지 못하니 살아 있다는 것 자체에 대한 신비함과 그 부활적 성격을 잘 이해하지 못하는 것은 당연한 일입니다. 그리스도인은 지금 부활을 살고 있는 것일까요? 폭력과 죽음, 협박과 위협, 억압과 지배로부터 살지 못하겠다고 아우성치는 지금의 현실 속에서도 여전히 그 고통의 현장을 지키고 있는 초월자에 대한 민감한 신앙 감각을 가지고 있는 것일까요? 만일 그렇다면 부활은 매순간 발생하고 있는 것입니다. 예수님은 말합니다. "하나님 앞에 있는 사람은 모두가 살아 있는 것이다." 설령 시험관 안에 들어 가 옴짝달싹 못하는 뇌라도 하나님의 현존을 믿는 사람이라면 고통의 감각 속에서 우리는 부활의 시를 쓰게 될 것입니다.

사라진 몸을 찾으려고 애를 쓰기보다 하나님의 품속으로 뛰어드는 것이 죽음을 잊어버리는 길인 동시에 죽었던 몸의 감각들, 죽었던 영혼의 기억들을 다시 길어올리는 것입니다. 기억을 더듬어 하나님에 대한 감각을 자꾸 새롭게 하려는 의지는 마치 시인이 자신의 언어를 고통 속에서 새롭게 만들어 새로운 세상을 창조하려는 의지와도 같습니다. 부활은 그렇게 하나님에 대한 감각을 시인의 언어 창조의 감각과 같은 엄밀하면서도 굳은 의지로 죽음과 완전히 결별하려고 하는 데서 비롯됩니다. 시인은 죽음에 균열을 내고 거기에 생명을 불어 넣는 호흡의 주체이기도 합니다. 부활의 주체인 하나님은 그렇게 시인처럼 당신 현존 안에 있는 모든 이들을 동일한 생명의 호흡으로 함께 한다는 것을 믿어야 할 것입니다. 그것은 비록 환각phantasm이나 환상phantasy이라는 언어로 오염이 되어 오해를 받는 경우에도 우리를 다시ana 일으켜 세우는stasis 힘이 될 것입니다.

58

종말의 과녁

루가 21,7-19

조용미의 "묵와고가의 모과" 시집 「나의 다른 이름들」, 민음사라는 시는 이렇게 말을 짓습니다.

      과녁은 언제나 흔들린다
      언어를 장전하고 있다
      욕망이 없으니 상처가 부실하다
      욕망이 아름다움에 도달하지 못한다
      기산저수지
      말머리고개 고비골
      눈이 오지 않아도 설경이 되었다
      묵와고가와 모과

언제나 침묵하는 죄,

슬픔이 허술하니 모과가 일찍 썩었다

행과 행연과 연? 사이의 불연속성에 묵혀진 언어는 고사하고 말은 어느덧 종말을 이야기 하는 듯합니다. 언어가 채 준비되기 전에 썩어버린 모과는 무엇으로 묘사를 하고, 모과가 되기 전에 침묵조차도 한갓 죄가 되어버리고 맙니다. 과녁과 흔들림, 언어와 장전, 욕망과 부실 등 모과를 향한 집념은 결국 슬픔과 상실로 이어지고 끝납니다. 종말도 그와 같지 않을까요? 마음은 과녁처럼 흔들리고 아무리 언어가 그 과녁을 향해 장전을 하더라도 더 이상의 아무런 위안을 찾을 수가 없습니다. 세기말의 종말이든 지구의 종말이든, 아니면 지진에 의해 핵발전소가 무너진 한반도의 종말이든 실존적 상황에서는 어떤 것도 언어로는 묘사할 단어를 찾을 수가 없을 것입니다.

흔들리는 마음을 추슬러 신앙의 약속을 다 잡으려고 하지만 막상 닥치는 종말에는 말도 행동도 걷잡을 수 없는 삶과 생명의 욕망으로 꿈틀거릴 것입니다. 때가 되었으니 준비하고 있어라, 종말의 때가 정확하게 언제인지 때가 스스로 알려줄 것이다, 라고 말하는 예수님의 말에는 삶의 욕망에 끼어드는 온갖 잡음들이 그때를 간파하기가 어렵다는 것을 알게 해줍니다. 세상의 종말이 다가오면 잡음이 많아질 것입니다. 내 목소리나 이웃의 목소리, 아니 초월자의 목소리조차도 들을 수 없을 정도로 잡다한 이야기들이 우리를 유혹할 것입니다. 잡음, 소음들이 많아질수록 때가 되었다는 것을 알아야 합니다. 그 속에서 진실한 목소리, 진리의 음성, 내면의 초월자가 알려주는 미세한 소리를 들을 수 있어야 합니다. 종말을 기다리는 것이 즐거운 일이나 기쁜 일은 아닙니다. 삶의 욕망은 계속되어야 하는데 끝을 알리는 종말은 그 삶의 욕망을 방해하기 때문입니다. 종말은 그래서 욕망을 없애려고 합니다. 욕망을 없애야 사람의 틈바구니 속으로 신앙의 상처를 내기가 쉬운 것입니다. 다시 말하면 삶을 쓰러뜨리기가 간단한 것입니다.

종말은 그렇듯 인간의 욕망, 그리스도인의 신앙의 열정조차도 다 사라지게 만들려고 할 것입니다. 무슨 사탄이나 괴수 등의 특별한 괴물과 같은 존재가 나타나서 세상을 뒤집어엎는 것이 아니라 정말 욕망에 상처를 내면, 삶의 욕망과 신앙의 욕망에 부질거리게 하면 모든 것이 끝나고 말 것입니다. 종말이 원하는 것은 그것입니다. 그래서 신앙의 욕망이 없으면 상처만 안고 부실해져서 모든 것을 포기하고 맙니다. 그때는 신앙의 욕망은 아무짝에도 쓸모가 없습니다. 욕망은 신앙의 아름다움을 지켜내지 못합니다. 양보와 타협, 굴욕과 배신이라는 사태들이 발생하는 것은 종말이 원했던 바와 다르지 않습니다. 신앙의 욕망은 종말의 은유와 상징에 갇혀 있는 것이 아니라 그것들이 표상하는 바와 싸워야 할 것을 말해줍니다. 예수님은 종말이란 준비를 해야 하는 것이 아니라 그 상황을 인식하는 것이 더 중요하다는 것을 일깨워주고 있습니다.

그런데 그 인식론적인 상황들을 가만히 보면 관계의 문제, 폭력의 문제, 전복의 문제 등 삶의 모든 영역에서 걷잡을 수 없을 정도로 변화가 일어난다는 것을 암시합니다. 종말의 은유와 상징은 그와 같은 변화를 정확하게 인식해야 한다는 것을 말해줍니다. 종말의 은유와 상징에 넘어지거나 신앙의 욕망을 모두 버리라는 말이 결코 아닙니다. 종말의 은유와 상징은 그리스도인의 신앙의 욕망을 아름답지 않게 만든다는 것을 지시합니다. 조용미 시인이 "눈이 오지 않아도 설경이 되었다"고 말한 언어적 역설이 바로 종말을 의미합니다. 설경이 펼쳐지려면 반드시 눈이 와야 합니다. 그런데 시인은 눈이 오지 않았음에도 불구하고 이미 설경이 되었다고 단정 짓습니다. '이미'라는 부사가 무색해집니다. 종말이

지시하는 것도 바로 그와 같습니다. 종말을 상징하는 모든 수식어와 수사학적 언어들은 이미 종말이 와 있다는 것을 매번 가리키고 있습니다. 지금이 종말이야, 지금 벌어지고 있는 사태를 주목해보라. 그게 종말에 대한 인식과 종말의 언어를 제대로 깨닫게 되는 것입니다. 실존적으로 내게 일어난 일들이 나의 신앙적 욕망을 뒤흔들고 삶의 과녁과 마음의 과녁을 흔들면서 어떤 언어로도 도저히 표현할 길이 없도록 만드는 것이 종말입니다. 바로 지금 우리가 살아가는 삶을 어떤 언어로, 어떤 욕망의 언어로, 어떤 실존의 언어로 묘사할 수 있을까요? 종말은 그래서 항상 은유요 상징이 될 수밖에 없습니다. 그렇다고 해서 종말이 없다는 말이 아닙니다. 종말이 전개되고 있고 이미 종말의 설경이 펼쳐졌는데, 우리가 인식하지 못하고 있는 것입니다.

내가 알지 못하지만 누군가가 외마디 말도 없이 죽고, 세계는 저마다 살고자 하는 욕망이 있는데 그것을 독식하려고 하면서 온갖 폭력과 관계를 단절시키는 체제나 집단, 그리고 개인이 있다면 지금 우리는 종말을 겪고 있는 것입니다. 예수님은 신앙의 욕망을 지키기 위해서 애를 쓰다가 박해를 당하고 감옥에 갇히고 심판을 받게 되거든 무엇을 말하려고 하지 말아라, 네가 말하게 될 언어를 알게 해줄 것이라고 말합니다. 그와 같은 때와 상황에서는 그에 걸맞은 언어가 필요한 법입니다. 종말의 때가 되어 급박하게 말을 해야 하고 행동을 해야 할 때일수록 가장 신앙적으로 적합한 언어를 사용할 줄 알아야 합니다.

폭력, 관계의 단절, 죽음, 고통, 균열, 아픔 등 온갖 부정성이 난무하더라도 신앙의 언어는 멈출 수가 없습니다. 지금 우리는 모든 것을 끝내려고 하고 무화시키고 전복시키려는 존재의 욕망에 대해서 부정성의 언어로 말할 수 있는 그리스도인이 필요한 시대에 살고 있습니다. 그리스도교는 그럴수록 참고 인내하라고 할 것입니다. 그리고 적극적으로 죽음을 맞이하라고 할 것입니다. 그것도 신앙의 욕망을 몸으로 구현하는 것이니 틀린 말은 아닙니다. 하지만 그보다 더 중요한 것은 침묵이 죄가 되지 않게 하는 데 있습니다. 종말의 시대에는 종말을 원하는 이들에 맞서 종말에 반하는 저항의 언어, 저항을 신앙의 욕망으로 만들어 말할 수 있는 그러한 그리스도인이 되어야 합니다. 종말이 되었으니 순교를 하고 죽음을 받아들이면 하늘나라를 가겠거니 하는 것은 종말을 회피하는 것이나 다름이 없습니다. 그것이야말로 종말로 인해서 그리스도인이 슬퍼할 일입니다. 종말은 죽음으로 이 세상을 떠나는 것이 아니라 또 삶을 끝내고 하나님의 곁으로 가는 것만을 의미하는 것이 아닙니다. 종말은 다시 이 땅에서의 새로운 삶을 위한 변혁이요 변화를 일컫습니다. 슬픔으로 인해서 썩어버리는 시간과 공간, 상실되어 버리는 시간과 공간, 그리고 삶이 아니라 슬픔을 딛고 새로운 시간과 공간을 축조해내는 종말이 필요합니다.

그리스도인의 종말은 그렇게 부정성을 갖습니다. 지금의 종말의 은유와 상징의 긍정성의 과잉들을 극복하고 오히려 종말 이후의 새로운 공간과 시간을 살아가려는 이들의 새로운 신앙의 욕망을 구현하는 그러한 종말을 지금 여기에서 살아야 할 것입니다. 그럴 때 참고 견디는 것도 의미가 있습니다. 이제 종말을 인식하는 그리스도인은 새로운 시간과 공간의 욕망을 구성하려는 종교적 신실함을 다질 수 있을 것이라고 봅니다. 종말을 인식하고 읽을 수 있으니 종말을 두려워할 것도 아니요 흔들리는 과녁을 향해 좀 더 정확한 언어의 화살을 쏠 수 있는 현실의 전쟁터가 될 것입니다. 종말은 그렇게 더 치열할 것을 요구합니다. 이에 오히려 시시때때로 시공간을 가리지 않고 종말과 죽음의 설교를 말하는 이들에 대해서 니체Friedrich W. Nietzsche는 이렇게 말합니다. "그대들이 삶을 좀 더 믿었더라면, 순간에 자신을 내맡기는 일은 적었으련만. 그러나 그대들의 마음속에는 기다릴만한 충분한 내용이 없다. 아니, 게으름을 피울 만한 그런 내용조차도 없다. 죽음을 설교하는 자들의 목소리가 도처에서 울려 퍼진다. 그리고 대지는 죽음의 설교를 들어 마땅한 사람들로 가득하다." 종말에 자신을 내맡긴 이들에게는 마음속에 도피처만을 생각할 뿐입니다. 게다가 자신의 욕망이 단절되는 일이니 게으를 수도 없는 일입니다. 니체는 그런 존재자들을 향해서 싼 값으로 죽음의 설교나 하는 이들이나 그것을 듣는 이들 모두가 문제가 있다고 비판하는 것입니다. 종말을 어떻게 살 것인가는 결국 종말을 어떻게 인식할 것인가, 그리고 종말의 사태를 어떻게 간파할 것인가에 달려있다고 해도 과언은 아닐 것입니다. 그럴 때 우리가 신앙의 욕망에 대해서 좀 더 게으름을 피울 수 있을 것이고 신앙의 모과가 다 썩어가는 슬픈 현실을 그냥 묵과하지 않고 회의와 낙담의 목소리를 건너서 종말의 폭력과 파괴, 지배와 상실을 더 적극적으로 승화할 수 있으리라 봅니다. 그러니 종말을 셈하거나 종말에 주눅이 들 이유가 없습니다. 그것은 새로운 세계와 삶의 욕망, 신앙의 욕망에 대한 강한 낙관이라 할 수 있을 것입니다

무거운 죽음, 가벼운 구원

루가 23,33-43

그리스도교에서 예수님의 죽음은 모든 이야기와 전례들 중에서 거의 정점에 다다른 것을 암시합니다. 요즈음 죽음을 어떻게 잘 죽어야 하는가, 어떻게 죽음을 잘 살 것인가, 하는 담론들이 사회적인 이슈이기도 합니다. 죽음은 모든 것이 상실되면서 동시에 무로 돌아가는 것을 뜻합니다. 그런데 유독 그리스도교에서는 죽음이 끝이 아니라고 말합니다. 죽음은 곧 다시 살기 위한 과정 정도로 일컫는 게 사실입니다. 그보다 더 중요한 부활사건이 기다리고 있으니 죽음은 잠시 잠깐의 통과의례 정도가 되는지 모르겠습니다. 죽음은 결코 무가 아니요 모든 것이 사라지는 것이 아니라고 강변 합니다. 죽음에 대한 부정이 가장 강한 종교가 그리스도교인지도 모르겠습니다. 물론 그리스도의 죽음이 가볍거나 별거 아니라는 말은 아닙니다. 다만 부활과 견주어 놓고 볼 때 죽음은 부활을 위한 하나의 과정처럼 보이기 때문에 조금은 빨리 지나가야 할 것 같은 조급증을 주는 것입니다. 황인숙 작가의 "그 젊었던 날의 여름밤"「못다 한 사랑이 너무 많아서」, 문학과지성사이라는 시의 마지막 연은 이렇게 끝을 맺습니다.

나도 살아있다
우리를 오래 살리는,
권태와 허무보다 더
그냥 막막한 것들,
미안하지만 사랑보다 훨씬 더
무겁기만 무거운 것들이
있는 것이다.

예수님의 죽음 사건의 현장에는 그의 죽음을 조롱하는 이들이 있었고, 또한 동정을 하는 이들도 있었습니다. 복음서에서는 예수님의 죽음을 수치스러운 일이 아니라 영광스러운 구원을 위한 일이라는 것을 강조하기 위해서 조롱하는 이를 비판하는 또 다른 인물의 입을 빌려서 예수님의 죽음이 결단코 헛된 죽음이 아니라는 것을 증명하고자 애를 씁니다. 죽음의 순간까지도 자신의 죽음의 고통을 감내하기도 벅찰 텐데, 거기에다가 자신의 죽음의 정당성을 변론해야 하는 것은 참으로 힘겨운 일입니다. 죽음에 변론이 있을 수 없습니다. 아니 변명이라는 말이 나을 듯합니다. 죽음의 때가 되었으니 죽게 되는 것이 맞는 일이기 때문입니다. 예수님이 비록 30대의 나이에 십자가에서 죽임을 당하는 형벌에 처해졌다고는 하나, 이미 예고되어 있는 죽음이었습니다. 타자를 살리기 위해서 말을 하고 행동을 하면서 그들을 살리는 대신 자신이 죽음이라는 막다른 골목에 다다르게 만들었으니, 남을 살리는 일은 결국 자신이 죽음으로써 가능하다는 것을 증명해 보인 것입니다. 위에서 시인은 "나는 살아있다"는 말을 하기 전에 이미 "그리고 울먹이면서/ 죽고 싶다고 했다"는 지인의 말을 시로 풀어냅니다. 죽고 싶어하는 지인의 말을 뒤로 한 채 작가는 지금 살아있다고 자신의 현존재를 확인하고 확신하는 듯합니다. 살아있다는 것은 곧 죽어있다는 것을 뒤집지 않으면 말하기 어려운 확증입니다. 살아있음은 누군가의 죽어있음을 통해서 확인이 되기 때문에 그렇습니다. 예수님의 죽음도 마찬가지입니다. 죽어있음이라는 그의 대사건이 있지 않다면 우리는 살아있다고 말할 수 없습니다. 그의 죽음, 그의 죽어있음은 곧 우리의 살아있음으로 이어집니다. 그래서 우리는 그것을 신앙적으로, 신학적으로 구원이라고 말합니다.

정신적으로, 육체적으로 우리는 살아있음을 느낍니다. 그런데 여기서 우리는 그리스도인이라는 정체성 속에서 살아있음이 의미하는 바를 예수와의 연관성 속에서 생각하지 않으면 안 됩니다. 그의 죽어있음이 내게는 살아있음이 되는 것이기 때문에 그렇습니다. 그래서 그의 죽음이 의미가 있는 것이며 현재의 삶 속에서도 여전히 유효한 것입니다. 그렇다 하더라도 그의 죽어있음과 죽음이라는 사건으로 기뻐할 일은 아닙니다. 섣부르게 우리가 그의 죽음을 통해서 우리의 한계와 좌절, 그리고 절망을 영원과 희망으로 바꾸어 놓았다고 쾌재를 부를 일도 아닙니다. 구원신학적으로 우리는 그렇게 고백할 수 있습니다. 하지만 고백은 이제 책임이 뒤따라야 합니다. 시인이 말하는 온갖 권태와 허무를 느끼는, 어쩌면 그보다 더 막막한 삶의 순간들이 발생할 때에 우리는 그리스도인으로서 타자를 위해서 죽어있음의 삶을 살 수 있는가라는 실존적인 물음을 던져보아야 합니다. 단순히 예수님의 죽음과 그의 죽어있음으로 내가 살고 살아있음이라는 실존적이고 실제적인 생명을 누린다고 생각하고 나 자신만을 위한 사건으로 고백하는 것은 의미가 없습니다.

우리도 타자를 위해서 죽어있음, 강도라고 하는 유한자를 비롯하여 온갖 세상의 도덕적 가치와 척도에서 벗어나는 사람이라도, 그들을 위해서 죽어있음이라는 삶을 살 수 있는 용기가 필요합니다. 예수를 믿는다는 것은 그렇게 결단하는 것입니다. 언어로 흉내를 내고 본질이 아닌 조직, 제도, 위계질서, 체제 운운하면서 그리스도교라고 하는 집단 속에서 그것을 붙잡고 죽지 않고 죽어있음이라는 실존의 한계를 겸허하게 나누지 못할 바에야 그리스도인이라고 자부하면 안 될 것입니다. 죽어있음, 막막한 삶의 한계들에 봉착해 있을 때에 정말 삶은 무거운 것이구나, 그런데 그 무거운 것을 내려놓고 싶은 순간 죽어있음이라는 결단을 단행하는 것이구나, 하는 생각을 하게 됩니다. 무거운 삶의 무게, 버거운 삶의 짐을 내려놓지 않을 때 살게 됩니다. 빈정거림과 조롱 앞에서도 당당하게 죽음을 맞이하는 것은 이미 자신의 죽음은 항상 있어왔던 것이기에 타자를 위한 무겁고 버거운 것들을 향해 내던지는 자신의 죽음은 그야말로 가벼운 깃털처럼 여기게 되는 것입니다. 예수님은 타자의 버둥거리는 삶의 무게를 가볍게 해주는 대신 모두가 무겁고 힘든 죽음이라는 것을 가볍게 짊어지는 역설적인 분입니다.

시에서 놓치지 말아야 할 말이 있습니다. "미안하지만 사랑보다도 훨씬 더"라는 표현입니다. 사랑은 긍정이고 죽음은 부정이라고 생각할 수 있기에 우리가 사랑이라는 말 앞에서 유감의 감정을 드러낼 수밖에 없습니다. 죽음 혹은 죽어있음이라는 부정어를 상쇄시킬 수 있는 말은 사랑일 수도 있는데, 죽음 앞에서는 사랑이라는 말도 사치처럼 여겨지는 것입니다. 타자를 위해서 내던지는 죽음, 죽어있음은 타자가 삶의 권태와 허무, 그리고 막막함이라는 온갖 무겁고 버거운 것들을 자신이 사라지지 않고 소신 있게 살아낼 수 있도록 하기 위함입니다. 죽음은 그래서 타자에게 새로운 선물을 주는 것이며, 동시에 그러한 타자를 향한 증여는 인간의, 그리스도인의 마땅한 존재론적 삶, 즉 "있다", "함께 있다"는 것을 보여주는 사건입니다.

시인의 또 다른 작품 '무지룩히 눈이 올 듯한 밤', 「리스본행 야간열차」, 2007에서 우리는 역설을 발견합니다.

> 이렇게 피곤한 채 죽으면
> 영원히 피곤할 것만 같아서
> 그것이 문득 두려워서
> …
> 내가 켜 든 이 옹색한 전지 불빛에
> 생은, 명료해지는 대신
> 윤기를 잃을까 또 두렵다.

"피곤한 채 죽으면 영원히 피곤할 것 같아서"라는 말에는 예수님의 낙원행 선언을 떠올리게 합니다. 피곤하지 않게 죽으면 다시는 피곤하지 않을까요? 생은 그렇게 뻔뻔할 정도로 자신의 거처를 생각합니다. 자신의 안위를 고려합니다. 죽어서도 가야 할 안전한 곳, 그곳은 피곤하지 않은 곳이어야 합니다. 생에 대한 변명이 많은 것은 우리가 죽는 것 자체를 두렵게 생각하고 있어서 그런 것 같습니다. 시인이 말하고 있는 것처럼 생의 윤기를 잃을까를 걱정하는 게 우리입니다. 예수님의 죽음과 죽어있음에서 우리가 바라봐야 하는 것은 상대적으로 우리의 비참함과 가망 없음을 스스로 가소롭게 여기도록 했다는 것입니다. 낙원행이라고 하는 것은 안전한 곳, 구원의 장소로 임시로 머무는 곳, 혹은 흉악무도한 자조차도 예수를 구주로 고백하면 구원을 받을 가능성이 있다는 암시를 주는 기호가 아니라 바로 삶을 또 다른 상상력으로 바라보라는 충고인지도 모릅니다.

　죽음 앞에 드리워진 나의 사라짐, 죽어있음의 상황에서도 이 세상과 같은 지평에서 바라보는 있음의 안목이 필요하다는 것을 말해줍니다. 수치심으로 드리워진 나날을 청산하고 죄악으로 점철된 삶을 내려놓고 그 무겁다고 인식하는 죽음도 이제는 하나의 또 다른 세계로의 진입을 일컫는 것이라는 깨달음을 낙원이라는 기표를 통해서 알려주는 것입니다. 우리는 지금 죽음과 죽어있음이라는 실존적 상황에서 살고 있습니다. 사실 철학자 한병철이 말한 것처럼 살고 있으나 죽어 있고 죽어 있으나 살아 있는 것처럼 헷갈리는 삶을 사는 것입니다. 그만큼 사는 것 자체가 우울증과 병리적인 현상의 연속임을 반증합니다. 그렇다고 회피할 필요도 없습니다. 무겁고 힘겨운 삶의 짐보다 더 어려운 것은 나의 죽음과 죽어있음의 상황을 잘 인식하지 못하는 것입니다. 강도의 고백은 자신의 과거의 삶에 대해서 면피를 하겠다는 의지는 아닐 것입니다. 다만 분명한 구원에 대한 인식입니다. 구원은 죄를 용서받고 영원한 천국에 들어간다는 단순한 도식이 아닙니다. 구원은 나의 죽음과 죽어있음으로 타자에게 삶과 살아있음이라는 선물을 주는 것입니다. 받기만 하는 것이 아니라 주고 베풀어야 하는 것이 낙원의 기표입니다. 이제 우리가 궁금하게 여겨야 할 것은 예수님의 죽음과 죽어있음으로 나의 구원, 나의 낙원으로의 희망과 확신이냐가 아닙니다. 타자의 살아있음, 타자가 살아있다는 것, 그리고 타자가 살고 싶어 한다는 것을 알고 그들이 패배자가 되지 않도록 나의 죽어있음으로 그 있음을 함께 공유하는 낙원을 향한 환대, 낙원을 향하도록 하는 공동의 안내, 공통의 괴로움이 있어야 할 것입니다. 구원은 더불어 삶, 더불어 생명이기 때문입니다.

60

징후는 사랑이다!

마태 24,36-44

종말은 사실, 지금이 종말이 아닌지 모르겠습니다. 성서는 종말이 올 것이라고 하면서 꼭 준비를 당부하고 있습니다. 준비하지 않으면 낭패를 당한다고 말입니다. 그런데 도대체 무엇을 준비하라고 하는지 구체적으로 명시하지 않고 있습니다. 난감합니다. 먹을 것을 준비해야 하는지, 아니면 잘 곳을 준비해야 하는지, 아니면 돈이라도 준비를 해야 하는지 좀 구체적으로 알려주면 얼마나 좋을까요? 다만 깨어 있으라고 말합니다. 그것은 정신을 바짝 차리고 있으라는 것이겠지요. 정신을 흐리멍덩하게 있지 말고 촉각을 곤두세우면서 자신과 세계에 대해서 예의주시를 해야 할 뿐만 아니라 그 시기가 곧 종말인 것처럼 살 수 있는 신앙감각이 필요하다는 것을 말해주는 것은 아닐까요? 그리스도인에게 있어 종말은 매순간이 종말입니다. 방심하면 삶이 지옥이요 불행한 삶이 점철되는 것 같은 그런 생각이 들 때가 한두 번이 아닙니다. 방심이란 무엇일까요? 작가 황인숙은 단말마처럼 "방심은 자폐다"라고 역설하지만, 예수님이 내 곁에 있다는 것을, 하나님이 지금 여기에 현존하고 있다는 것을 잊고 있는 것입니다. 그분의 현존을 느끼고 감각하고 생각하면서 사는 것이 깨어 있는 것인데, 우리는 말을 하고 행동을 하면서도 생각의 틈 사이에 그분을 개입시키고 있지 않고 있습니다. 그러니 방심을 하면서 신앙적인 실수를 하는 것입니다.

삶의 틈과 사이 사이에 그분으로 매워 나가는 것이 중요한 이유가 바로 여기에 있습니다. 종말이 내게 불행이 아니라 기쁨이 되려면 바로 삶의 틈에 그분의 생각으로 충일해 있어야 합니다. 그러지 못할 때 우리는 종말이 제발 오지 않았으면 하고 생각할 것입니다. 좀 더 유보하고 유예가 되었으면 하고 슬그머니 꽁무니를 빼고 싶어합니다. 시인 이영광은 「사랑의 발명」이라는 시에서 이렇게 위안을 줍니다.

> 살다가 살아보다가 더는 못 살 것 같으면
> 아무도 없는 산비탈에 구덩이를 파고 들어가
> 누워 곡기를 끊겠다고 너는 말했지
> 나라도 곁에 없으면
> 당장 일어나 산으로 떠날 것처럼
> 두 손에 심장을 꺼내 쥔 사람처럼
> 취해 말했지
> 나는 너무 놀라 번개같이,
> 번개같이 사랑을 발명해야만 했네.

종말을 바라는 사람이 있는 반면에 종말이 아예 오지 않았으면 하는 사람이 있을지도 모릅니다. 종말은 파국을 맞이하면서 새로운 세상을 의미할 수도 있지만 나라는 존재가 아예 그 새로운 세상의 일원이 되지 못하면 어떻게 될까 하는 두려움이 존재하기 때문입니다. 어떤 사람들은 말할 것입니다. 차라리 종말이 와서 이 세상이 확 달라졌으면 하고 말입니다. 시인이 말하듯이 더 사는 것이 어려워지면 사는 것이 의미가 없을 때는 산이라도 들어가 곡기를 끊어버리는 극단적인 방식을 선택하는 이에게 아, 사랑이 필요한 것이구나 하는 생각을 하고 사랑으로 그 개인의 종말을 중단시키려고 하는 것을 엿볼 수 있습니다. 사랑은 끝이 없습니다. 사랑하면 끝을 경험하지 않습니다. 사랑하면 서로 함께 하는 것이고 그것으로 존재의 의미를 발견하게 되니 더 이상 죽지 않아도 되는 것이 아니겠습니까? 그래서 가브리엘 마르셀은 "사랑을 받는다는 것은 '당신은 죽지 않아도 된다'는 말을 듣는다는 것을 뜻한다"고 말했습니다.

동일한 지평에서 예수를 기다린다는 것은 곧 그러한 사랑을 기다리는 것이요 또 서로 사랑하는 존재의 상태로 있다는 것을 의미합니다. 세상의 파국을 통해서 세계가 완전히 달라지는 것은 핵문제로, 지구온난화로, 수퍼 바이러스로 뒤바뀌어지는 것이 아니라 사랑이 사라지게 될 때 그와 같은 일이 일어나는 것입니다. 예수님이 다시 온다는 것을 파루시아parousia라고 하는데, 그것은 para와 ousia presence unto의 합성어로서 '현전'現前을 의미합니다. 앞에 나타나 있음입니다. 그분이 내 곁에 있음, 그분이 나와 함께 있음으로 고백하고 인식하는 것이 바로 예수님의 재림인 것입니다. 일정한 시기에 그분이 다시 오실 것이다, 혹은 그분이 기계적인 시간 안에 오실 것이라는 것이 재림이 아닙니다. 그것은 유예적인 시한부 종말론과 다르지 않습니다. 차라리 종말의 언어를 버릴 수 있으려면, 종말의 목소리를 지금 발언하려면 사랑해야 합니다. 종말은 사랑으로 완성되는 것입니다. 사랑하면 종말의 언어는 더 이상 무의미해집니다. 그것은 파국이 아니라 세상의 완성이기 때문에 그렇습니다. 종말은 기계적인 언어나 기계적인 상황이 아닙니다. 도래, 다가옴이라는 말은 사실들의 언어가 아니라 반복의 언어, 반복으로 이어지는 언어입니다. 무엇의 반복입니까? 사랑의 반복입니다. 사랑의 반복만이 종말의 사건이 지금 여기에서 일어나는 것으로 인식하면서 나의 사건, 너의 사건의 언어로서 예수님의 영원히 오고 계심을 경험하게 됩니다.

그러므로 언어철학자 장-자크 르세르클Jean-Jacques Lecercle이 '사건은 의미의 순환이다. 사건은 연대기적 의미의 시간을 가지고 있고 시간의 바깥, 일종의 영원성과 관련이 있다'고 말한 이유가 거기에 있다고 봅니다. 알랭 바디우A. Badiou에 따르면, 사건이 발생하고 진리가 생성되는 네 개의 분야가 있는데, 과학, 예술, 정치, 사랑이라고 말합니다. 정치와 과학에는 혁명이 있고 예술에는 돌파구가 있다는 것이지요. 사건은 달리 사랑으로도 읽힙니다. 그것은 "번쩍임"과도 같습니다. 사랑은 개종의 신앙과도 같이 도래합니다. 바디우가 말한 번쩍임처럼 예수님은 도래합니다. 그것은 사랑을 가지고 도래하는 것이지요. 어쩌면 종말론적 사건은 사랑이라는 말로 대체해도 될지 모릅니다. 우리의 정신과 삶의 세계로 섬광처럼 다가오는 사랑을 거부할 수도 없지만, 그것은 또한 우리의 모든 낱낱의 행동을 들여다보게 만드는 거울과도 같은 것이 될 것입니다.

예수님의 오심을 기계적으로 해석하고 파국적이고 묵시적으로만 해석하지 않는 것이 좋습니다. 영원히 오고 계신다는 것, 즉 그분은 사랑으로 현전하고 있습니다. 사랑을 하면 그분이 현전하는 것입니다, 라는 해석이야말로 나와 세계를 변화시킵니다. 그것이 종말입니다. 그분은 영원히, 중단 없이, 끊임없이, 무한히 지속하여aperas; in-finities 오고 계시기 때문에 영원의 시간 속에서 나는 긴장하고 깨어 있을 수밖에 없습니다. 그러므로 복음서가 말하는 "그 날과 그 시간은 아무도 모른다, 깨어 있어라, 생각지도 않은 때에 올 것이다"라고 말한 구절을 그렇게 이해해야 합니다. 다만 그리스도인은 준비를 해야 할 뿐입니다. 사랑의 생산으로 말입니다. 어느 한 순간이 아니라 지속적으로, 계속해서 쉼 없이 도래하고 있기 때문에 삶을 늘 새롭게 축조하고 사랑을 생산하게 됩니다. 생산성이 없는 종말은 무의미합니다. 선과 악, 천국과 지옥, 상과 벌 등 이분법적인 결판과 결론은 생산에 대한 결과인 동시에 그 생산은 현재와 미래에 대한 지금의 나의 결단의 결과입니다.

들뢰즈G. Deleuze는 "철학은 지식으로 구성되어 있는 것이 아니고, 진실에 의해 고무되는 것도 아니다. 차라리 그것은 성공과 실패를 결정하는 흥미, 능력 혹은 비중과 같은 것으로 범주화할 수 있다"고 말했습니다. 철학이 진리 추구가 아니라 참신함과 흥미를 배양함으로써 세계를 의미화하는 것이 철학자의 과제라는 것입니다. 마찬가지로 종말론적 신앙이 진리이다 아니다, 사실이다 아니다라는 것을 따지기 전에, 그리고 그것을 그리스도교의 중요한 사건으로 고백하기 이전에 그것을 의미화하기 위한 신앙적인 작업이 필요합니다. 즉 진리라고 해서 단순히 정언명령처럼 위협을 가하는 어떤 실천과 능력이나 선을 말하는 것이 아니라 종말을 종말답게 살아갈 수 있는 참신함과 매력을 유발시키는 사건이 되어야 한다는 말입니다.

매순간 우리의 삶의 틈새, 생각의 틈새, 시간의 틈새를 뚫고 들어오는 사랑은 바로 종말이라고 하는 것을 긴장 속에서 맞이해야 한다는 것을 깨닫게 해줍니다. 사랑하지 않는 자는 종말론적인 사건이 다가오더라도 결코 자기만을 생각하지 이웃을 매일 새롭게 사랑해야 하는 대상으로 여기지 않습니다. 창조적인 삶을 만들어야 할 책임성을 느끼지 않는 그리스도인에게 있어서 종말은 흥미로운 사건이 아닙니다. 종말이 새로운 창조를 의미한다고 할 때, 그것은 매일 우리가 그리스도인으로서의 창조적인 삶을 산다는 것을 뜻합니다. 그래야 삶이 흥미롭고 신선하며 참신할 수 있는 것입니다. 나에 대해서, 이웃에 대해서, 그리고 세계에 대해서 어떤 종말론적 진리에의 의지를 가지고 살아갈 것인가를 결정하게 해줍니다. 종말은 하나님에 대해서, 이웃에 대해서, 그리고 나에 대해서 사랑으로 중얼거리고 더듬거리는 언어로 사랑을 고백하고 실현하는 데에서 시작되고 끝납니다. 그래서 종말이라는 언어는 위협이나 협박이나 두려움이나 공포의 언어가 아니라 아름다운 시적 언어요 흥미로운 언어가 되는 것입니다. 그 흥미로운 종말론적 언어, 종말론적 사건을 지금 여기에서 만들어가는 것은 어떨까요? 그 징후는 바로 사랑에서 나타날 것입니다. 그 사랑의 언어로 다 스러져가는 세계에 창조적인 힘을 불러일으켜보면 어떨까요?

61

말하지 않았던 것을 말할 수밖에 없는

마태 3,1-12

복장이 터져서 말하지 않고 소리치지 않으면 안 될 것 같은 때가 있습니다. 말을 하지 않으면 병이 되어버릴 상황들이 있을 때는 욕지기가 절로 나옵니다. 세례자 요한이 그랬을까요? 민족과 민중이 처한 현실을 그냥 지나치기에는 너무나 참담하고 억압받는 정치경제적 현실은 말하지 않으면 안 된다는 강한 신념이 그를 사막에서 불러내어 신의 목소리를 내도록 했을 것입니다. 감히 신의 목소리라고 했습니다만, 사실 엄밀하게 따지면 신의 감각을 지닌 예언자의 목소리라고 겸허하게 표현을 해야 할지도 모릅니다. 신의 시선을 의식하고 신의 마음을 느끼며 읽은 그로서는 도저히 민중이 탄압받고 힘들어 하는 상황을 묵과할 수 없었을 것입니다. 시인 이제니는 「검은 것 속의 검은 것」_{시집 「왜냐하면 우리는 우리를 모르고」에 수록}이라는 시에서 이렇게 묘사합니다.

… 너무 많은 리듬 속에서. 너무 많은 색깔 속에서. 너는 질식할 듯한 얼굴로. 어둠이 내려 앉듯 가만히 앉아. 나무는 나무로 우거지고. 가지는 가지를 저주하고. 우리와 우리 사이에는 거리가 있고. 거리와 거리 사이에는 오해가 있고. 은유도 없이 내용도 없이. 너는 빛과 그림자라고 썼다. 나는 물과 어두움이라고 썼다. 검은 것 속의 검은 것. 검은 것 사이의 검은 것. 모든 문장은 모두 똑같은 의미를 지닌다. 똑같은 낱말이 모두 다 다른 뜻을 지니듯이. 우리가 우리의 그림자로부터 떠나갈 때 우리는 우리 자신이 된다. 무수한 목소리를 잊고 잊은 목소리 위로 또 다른 목소리를 불러들인다.

온통 시꺼멓게 변해버린 세상에서 자신은 그래도 하얀색, 아니 파랗거나 초록색이라도 간직하고 싶지만, 이내 까맣게 타들어 간 마음들은 검은색으로 물들고 맙니다. 우리의 시대가 화려하고 아름다운 색깔들을 표현하고 그것을 언어로 삶으로 살아내기가 왜 이렇게 어려운 것인지 모르겠습니다. 시인이 말한 것처럼 또 세례자 요한이 말한 것처럼 세상은 검은 것 속의 검은 것, 검은 것 사이의 검은 것만이 존재하고 있습니다. 그러므로 목소리를 내야 합니다. 우리가 목소리가 되어야 합니다.

신의 감각과 신의 눈으로 세상을 느끼고 삶과 사람들과의 관계를 깨닫는다면 잊고 있었던 목소리를 내야 합니다. 그것은 정신을 차려야 한다, 이제라도 세상을 제대로 보아야 하고 약자들에 대해서 사랑을 베풀어야 하며 악에 대해서는 행동으로 맞서서 변화를 일으키는 세상을 만들어야 합니다. 예수님이 등장하기 전 세례자 요한의 목소리는 바로 예수님의 목소리를 먼저 냈던 사람입니다. 예수님의 목소리보다 먼저 앞서서 예수님이 내고자 했던 목소리의 전조를 알렸던 사람입니다. 세례자 요한의 목소리가 중요한 것은 예수님의 그림자는 곧 민중의 목소리를 대변할 것이라는 것을 미리 알려주었다는 데에 있습니다.

그리스도교가 말의 종교라고 하는데, 말의 능력은 어디로 사라졌는지 목소리는 내는 것 같은데 그 소리는 소음과도 같은 것이 되어버렸습니다. 수많은 소리들, 수많은 하찮은 소음들 속으로 한꺼번에 묻혀서 귀에 들리지도 않는 소리가 된 지금, 세례자 요한의 목소리가 그리워지고 있습니다. 그렇기 때문에 우리가 세례자 요한의 목소리가 되어야 합니다. 차마 말로 할 수 없는 것들을 말로 할 수 있는 용기가 필요한 법인데 그것은 목소리가 목숨을 내놓고 하는 것이기 때문입니다. 모두가 들으려 하지 않고 듣고 싶지 않은 목소리를 내는 것은 검고 검은 마음을 향해 내뱉는 회개의 종용이요 울림입니다. 검은 마음들, 검은 것 속에 다시 검은 것이 들어앉은 세계에 참다운 목소리를 내는 것은 자신의 목소리가 희고 흰 말이 아니면 안 됩니다. 그래서 그리스도교의 언어를 굳이 색깔로 표현한다면 흰색이라고 해야 할 것입니다. 다 잊힌 듯 잊혀가고 있는 흰 목소리를 찾도록 해주어야 하는 게 교회의 역할입니다. 아니 교회는 흰 말을 사용하며 희고 흰 마음을 드러내는 공동체여야 합니다.

질식할 것 같은 얼굴로 세상을 살아가고 관계를 맺고 살아가는 사람들 사이에 거리는 벌어질 대로 벌어지고 그 사이에 들어오는 빛은 검은 빛입니다. 검은 빛은 언어를 까맣게 만들어 마음을 타들어가게 만듭니다. 검은 빛 사이를 뚫고 다시 새로운 목소리를 외치고 새로운 언어를 엄밀하고 밀도 있게 외치는 것이 예언자요, 예언적인 교회입니다. 검은 빛에 둘러싸여 자신이 정말 검은 존재인지 아닌지를 판별하지 못하는 사람들, 거리를 헤매며 한 줄기의 밝은 빛을 찾고 있지만 여기저기 널려 있는 언어들은 온통 검은 목소리라면 우리만큼은 세례자 요한처럼 자신의 사막에서 철저한 하나님과의 씨름을 통하여 하나님의 목소리를 찾고 들을 수 있었으면 좋겠습니다. 아무도 말하지 않으려고 하는 불편한 목소리를 우리는 사람들이 잊지 않도록, 밝은 목소리, 진리의 목소리, 약자의 목소리를 잊지 않도록 그 목소리를 낼 수 있는 교회가 되어야 할 것입니다.

그런 의미에서 세례자 요한이 외친 하늘나라는 우리가 잊고 살고 있는 목소리, 광야의 소리, 강자를 불편하게 하는 언어, 약자를 사랑하는 마음이 담긴 말이 울려퍼지는 현실을 일컫는 것입니다. 하늘이 있다고 해서 죽어서나 가는 곳이 아니라 순수하고 진실한 목소리로 까맣게 변해버린 세상에 밝은 틈을 내는 그런 목소리가 살아 있는 세계를 말합니다. 그러므로 가장 우선적으로 해야 할 일은 그러한 목소리를 되찾는 것입니다. 하늘나라를 이 땅에서 실현시키고 새로운 세계로서 구체화되도록 하려면 그리스도인이 잊어버린 목소리를 되찾아야 합니다. 동시에 그 잊어버린 목소리를 약자에게, 병자에게, 소외당하는 자에게, 핍박받는 자에게, 억압당하는 자에게 되돌려 주는 일입니다.

그들이 하늘나라의 언어, 즉 정의의 목소리, 사랑의 목소리, 반드시 말해야 하는 올곧은 목소리를 자신의 것으로 삼을 수만 있다면 세상은 나아질 것입니다. 그러기 위해서 해야 할 일이 있습니다. 회개의 합당한 열매를 맺는 것. 앞에서 시인이 말하고 있는 또다른 목소리를 불러들이는 것, 새로운 언어로 옷 입는 것입니다. 지금까지는 까만 언어로 자신을 포장하고 있었고, 그 까만 언어가 전부라고 인식하고 타자에게도 강요했지만 이제는 그 까만 언어를 벗어던지고 새로운 언어, 흰 언어로 갈아입는 것입니다. 회개라는 말이 시사하는 바가 바로 우리의 의식 안에 새로운 빛의 언어를 던져주고 있습니다. 돌이키도록 만드는 힘, 하나님을 향해서 돌아설 수 있는 강렬한 빛의 언어를 품고 있다는 사실을 깨닫게 해줍니다.

잊고 있었던 목소리 위로, 까만 언어 사이로 다른 언어가 슬며시 우리 마음과 정신을 비집고 들어와 말을 합니다. 그럴 때 우리 안에서 새로운 목소리를 내야 한다는 감정이 용솟음칩니다. 물론 우리의 새로운 언어, 우리의 신앙의 언어, 우리의 하얀 언어가 터무니없이 희박하다는 것을 잘 압니다. 하지만 그럼에도 엄밀하고 밀도 있는 언어들을 사용하면서 그리스도인으로서의 목소리를 낼 수 있어야 합니다. 시인은 마지막에 이런 말을 합니다.

> 사랑받지 못하는 날들이 시를 쓰게 한다. 밤보다 가까이 나무가 있었다. 나무보다 가까이 내가 있었다. 나무보다 검은 잎을 매달고, 두 번 다시 보지 못할 사람처럼. 영원히 사라질 것처럼. 밤이 밤으로 번지고 있었다.

언어보다, 목소리보다 더 가까운 목소리를 까만 세상을 향해 말할 수 있는 우리가 되어야 합니다. 세상은 사랑받지 못하기 때문에 목소리를 듣고 싶어 하는데, 오히려 그들에게 까만 언어들만 말하고 있습니다. 그들에게 최대한 가까운 목소리, 목소리로 빛을 발할 수 있는 그리스도인이 되어야 할 필요가 있습니다. 지금부터라도 말할 수 없었던 것, 말하지 못했던 것, 말하지 않으려고 했던 것에 대해서 말로서 다가서려고 하는 우리가 되어야 합니다. 사람들은 나무보다 가깝고, 세상은 밤보다 더 가깝습니다. 시인이 말하고 있는 것처럼, 밤이 밤으로 번지는 것을 두려워할 것은 아니라 할지라도 까만 언어, 까만 목소리만으로는 이 세계를 변화시키기는 어렵습니다. "빛이 난반사되는 어두움"을 밝힐 수 있는 목소리는 그분으로부터 흘러나오는 사랑의 목소리 이외에는 존재하지 않는 듯합니다. 지금 우리는 다시 무엇을 말해야 하는 것일까요? 까맣게 타들어 가는 마음을 붙잡고 어두컴컴한 세상 한 가운데서 이렇게 묻고 있습니다. 더 이상 감주지 말고 하늘의 언어, 하늘이 우리에게 명령하는 언어를 말해야 하지 않을까요? 가슴 아픈 사람들의 까만 마음을 비출 수 있는 사랑스런 언어, 영롱하고 영원한 진리의 언어를 말해야 하지 않을까요? 세상은 그 목소리, 신의 감각을 예민하게 느끼며 그 언어를 말하려고 노력하는 우리를 기다리고 있다는 사실을 기억해야 할 것입니다.

62

켜켜이 쌓인 시간을 풀어주는 사람

마태 11,2-11

　기다림은 설렘과 기대를 동반한다는 것은 매우 낭만적인 이야기인 것 같습니다. 누구를 기다림은 기다란 시간과의 싸움을 해야만 하는 것이기에 쉬운 일이 아닙니다. 그래서 기다림은 길고 긴 시간을 품고 있다는 느낌을 갖게 합니다. 1세기 그리스도인들은 예수를 기다렸다는 듯이, 아니 좀 더 정확하게는 예수님이 그들이 그토록 기다린 메시야가 맞는가라는 검증을 하고 싶어 했습니다. 더욱이 세례자 요한이 보낸 사람들이 예수를 이렇게 저렇게 떠보는 것은 과연 예수님이 세상을 구원할 만한 인물이었는가, 혹은 예수님이 이스라엘을 구원할 인물이 되었는가를 확인하는 작업이었을 것입니다. 사람들은 자신이 처한 세계 현실과 상황을 타개해 줄 그러한 인물을 고대하곤 합니다. 1세기의 이스라엘이 처한 민족적 현실을 보면 더욱 명확해집니다. 강대국에 의해서 점령당한 국가는 아무런 힘도 없이 수탈당하고 법과 인권은 재기능을 하지 못한 것을 보면 메시아라도 나타나서 제발 구원을 해주었으면 하고 바랐을 것입니다.

시인 이장욱은 "내 인생의 책" 시집 「영원이 아니라서 가능한」, 2016 수록에서 이렇게 말합니다.

> 그것은 내 인생이 적혀 있는 책이었다.
> 어디서 구입했는지
> 누가 선물했는지
> 꿈속의 우체통에서 꺼냈는지
> ......
> 밤마다 색인을 했다.
> 모든 명사들을 동사들을 부사들을 차례로 건너가서
> 늙어버린 당신을 만나고
> 오래되고 난해한 문장에 대해 긴 이야기를
> 우리가 이것들을 해독하지 못하는 이유는 영영
> 눈이 내리고 있기 때문
> 너무 많은 글자가 허공에 겹쳐 있기 때문.

예수를 기다리는 것도 책의 색인을 통해서 문맥을 읽어내는 작업과도 같습니다. 역사는 수많은 색인들을 만들어내지만 그 색인을 통해서 맥락을 읽어내는 몫은 우리에게 달려 있습니다. 다시 말해서 그 색인이 명사인지 동사인지 아니면 부사인지 정확하게 파악하면서 책 속에 들어 있는 의미들을 간파해 나가는 것은 매우 중요한 일입니다. 그래야 가능한 한 빨리 그 책의 의도와 방향성, 저자의 생각을 짚어낼 수 있기 때문입니다. 그런 의미에서 예수를 기다린다는 것은 수많은 색인이 나열되어 있는 세상에서 맥락에 상응하는 색인을 찾아내는 일인지도 모릅니다. 또한 만일 예수님이 색인이라면 그 색인이 동사인가 아니면 명사인가 혹은 부사인가, 형용사인가를 분별해내야 합니다. 예수님이 쉽게 찾아질 것 같았으면 우리의 삶도 많이 달라졌을 것입니다. 어느 때는 예수님이 명사처럼 등장하다가도, 어느 때는 형용사나 부사처럼 무엇을 얼마나 어느 범주까지 수식을 하고 있는지 간파하기가 영 난해한 때가 한두 번이 아닙니다.

'당신이 정녕 우리가 기다리는 예수입니까?' 이 말은 기나긴 삶의 질곡들을 풀어 밝힐 수 있는 새로운 이야기를 가지고 있습니까? 우리의 긴 이야기를 해석할 수 있는 사람입니까? 우리가 무엇을 기다렸는가를 알려줄 수 있는 분입니까?, 하는 것을 묻는 것이나 다름이 없습니다. 기다림의 길고 긴 시간이 켜켜이 쌓여 그 안에서 이루어진 삶의 이야기들, 기다릴 수밖에 없었던 사연들에 대해서 낱낱이 밝혀줄 수 있는 사람, 해답을 던져줄 수 있는 사람이 바로 예수여만 한다는 당위성을 찾고 싶어집니다.

우리가 오늘날 예수를 믿는 이유도 바로 여기에 있습니다. 하지만 여전히 우리는 궁극적인 예수를 대망하며 마음으로 또 실제적인 사건 속에서 그를 만나고자 하는 욕망이 많습니다. 그럴 때 예수님의 색인은 명사인가 아니면 동사인가를 구분할 필요가 있습니다. 간혹 색인 작업을 할 때는 명사화하는 경우도 있지만, 그것은 편리성 때문입니다. 동사는 그저 명사를 받쳐주고 확정시켜주는 역할을 하기 때문에 간과하기 십상이지만, 전체의 문장과 맥락을 생동감 있게 만들어 주는 것은 동사의 역할입니다. 이것은 예수님의 색인도 마찬가지입니다. 예수를 명사로 알아듣는 것은 안정감을 줄 수 있지만, 자칫 박제화되는 신앙을 가질 수 있습니다. 비록 완전한 형식으로 하나의 문장과 맥락을 완성하기 위해서는 동사의 표현이 무엇인가에 따라 달라질 수 있지만, 그렇기 때문에 동사는 모든 품사들 중에서 가장 역동적이며 생동감이 있는 것입니다. 예수님의 색인은 동사로서 존재할 때에 우리가 기나긴 시간 동안 기다리는 것이 생생한 신앙의 모습을 간직하며 그 신앙을 갈무리하는 것이 될 것입니다.

우리의 신앙을 갈무리하는 존재로서의 예수를 기다리는 것이 설령 명사를 건너뛰고 부사를 건너뛰더라도 지금 우리가 그를 기다리는 것이 의미가 있고 해독 가능하다면 기나긴 시간은 헛된 시간이 되지 않을 것입니다. 사람들은 더 이상 기다리는 것을 낭만으로 생각하지 않습니다. 그것은 지나갔습니다. 즉물적이고 즉각적이며 순간적이며 간단편리해진 삶의 매체들은 사람을 기다리도록 내버려두지 않습니다. 찾거나 만나거나 마주치거나 건드리거나 하지 않습니다. 그것은 기다림의 인내가 필요한 감각들입니다. 감각들이 퇴화되는 지금 우리가 할 수 있는 것은 기다림이라는 단어를 회복하는 것인지 모릅니다.

시인이 말하고 있듯이, 사람들은 너무 많은 글자들이 난삽하게 흩어져 있다고 생각하고 있습니다. 색인이 정렬되어 있다고 하더라도 수고롭게 찾으려 하지 않습니다. 그러니 세상의 색인이나 예수님의 색인은 찾으려고 하지도, 또 그 색인조차도 많다고 여기기 때문에 찾지 못하겠다고 합니다. 물론 색인이 많은 것은 사실입니다. 하지만 신앙의 눈으로 보면 예수님의 색인을 찾지 못할 이유도 없습니다. 예수님이 어디에 있는가, 우리가 기다려야 할 존재가 오고 있는가, 그가 동사인가 명사인가, 아니면 형용사나 부사를 동반한 동사인가 명사인가를 찾을 수가 있다는 말입니다.

이장욱의 시를 조금 더 음미해보겠습니다.

당신이 뜻하는 바가 무한히 늘어나는 것을 지옥이라고 불렀다.
수만 명이 겹쳐 써서 새까만 표지 같은 것을 당신이라고

당신의 표정

당신의 농담

당신이 나를 바라보는 이상한 꿈을 지나서

　세상에 예수님의 색인이 많다는 것은 긴 인내가 필요할 것입니다. 그래서 지옥이라고도 할지 모릅니다. 예수님의 표정, 예수님의 언어, 예수님의 얼굴, 예수님의 몸짓 등 수많은 색인들이 도처에 존재하고 있습니다. 마음이 기다리고 눈이 기다리며 나의 목소리가 기다리고 나의 귀가 기다린다면 예수님의 색인, 예수님의 명료한 색인을 인식할 수 있을 것입니다. '우리가 기다리던 분이 당신입니까? 묻지 않아도 신앙의 감각은 온통 그 기다리는 존재에게 쏠리게 될 것입니다. 시의 두 연은 이렇게 끝을 맺습니다.

페이지를 열 때마다 닫히는 것이 있었다.

어떤 문장에서도 꺼내어지지 않는 것이 있었다.

당신은 토씨 하나 덧붙일 수 없도록 완성되었지만

눈 내리는 밤이란 목차가 없고

제목이 없고

결론은 사라진

나는 혼자 서가에 꽂혀 있었다.

누가 골목에 내놓았는지

꿈속의 우체통에 버렸는지

눈송이 하나가 내리다가 멈춘

딱 한 문장에서

필자는 세 문장에 거의 눈길이 많이 갔습니다. 눈송이가 내리다가 멈춘 딱 한 문장, 그것이 무엇이었을까요? 책이 되지 못한 한 문장은 아닐 테고 활자, 색인을 응시한 것일까요? 그렇지요. 책을 읽다보면 책이 아니라 한 문장, 한 단어, 한 개념에 응시하는 경우가 있습니다. 책을 읽지 못하고 이내 닫고 맙니다.

예수님은 토씨를 붙일 수 없을 만큼 완전한 인격, 완전한 존재라는 것을 고백하게 될 때, 예수에 대한 해석은 멈추게 됩니다. 해석불가능성인 것입니다. 동사보다 더 무서운 것은 마침표이고, 마침표보다 더 긴장되는 것은 마침표가 없는 문장입니다. 도대체가 한없이 지면을 열어 놓은 문장은 언제 책이 끝날지 모르는 심연으로 빨려 들어갑니다. 예수님이 그렇습니다. 토씨를 붙일 수 없는 존재이면서 동시에 그는 마침표로 종언을 말할 수 없는 존재입니다. 그는 규정된 존재인 듯하지만 끝까지 규정을 거부하게 만드는 존재입니다. 그렇기 때문에 우리가 그를 시간을 다투면서 기다리고 또 기다리는 것이 아니겠습니까? 그가 시간성 안에서 현재와 미래, 혹은 미래의 어느 시점에 어떤 모양새로 등장한다는 것이 아닙니다. 매번 하나의 삶의 문장, 신앙의 문장을 완성시키기 위해서 당신이 마침표가 되어 갈무리를 하러 오신다는 것입니다.

그렇게 시간 안에서 동시에 시간 밖에서 그는 우리를 향해서 오고 있습니다. 글을 써야 할 때는 제목과 목차와 서론과 결론을 구성하려고 하지만, 응당 있어야 할 것이 없이 그 논리적 순서와 귀결을 뚫고 우리의 심연으로 들어와 당신의 현존을 일러주는 말들은 의심을 품지 않고 기다리는 사람에게는 복이 있다는 말의 확신과 전혀 다르지 않습니다. 설령 우리의 기다림이 눈송이처럼 내려 앉아 허망한 시간이 되는 듯이 보일지라도 그 눈송이가 머무는 바로 그 지점에 예수님이 하려고 했던 그 말, 그 언어, 그 행위가 기다림의 간극을 해석해 줄 것입니다. 지금도 모호할 수 있습니다. 기다린다는 것이 무의미하고 지쳐서 기다림의 시간이 텅 비어 있는 헛된 신앙 몸짓처럼 회의가 들 것입니다. 하지만 그리스도교의 역사가 기다림의 역사였던 것처럼 예수님의 기다림을 나의 신앙을 일깨우는 새로운 배열의 시간, 불가능한 가능성의 시간, 신앙의 주석을 달아가는 시간으로 살아간다면 세례자 요한과 같은 삶을 살아갈 수 있지 않을까요? 텅 빈 시간이 아니라 충족된 시간, 막막함의 시간이 아니라 예수님의 시간을 이해하는 시간, 어긋남의 시간이 아니라 각자가 예수님의 시간을 살아보려는 영원한 시간이 되지 않을까요?

63

태어난다는 것은 하나의 문장

마태 1,18-25

한 사람이 태어난다는 것은 하나의 문장이 시작되는 것과 같습니다. 이제 그의 인생은 주어가 생기는 것이고 수많은 수식어와 동사들이 등장할 것입니다. 아마도 시인 유진목의 시인 것으로 보입니다만, 그는 이렇게 말을 합니다. "매일같이 당신을 중얼거립니다. 나와 당신이 하나의 문장이었으면 나는 당신과 하나의 문장에서 살고 싶습니다." '당신'이라는 문장 프랑스 철학자 자크 데리다J. Derrida는 "생과 죽음이 대립해 있다고 말하는 것을 경계하자. 살아 있는 것은 단지 죽은 것의 한 종류일 뿐이며 아주 희귀한 종류이다"라고 말했습니다. 태어남과 살아 있음의 연쇄는 희귀성입니다. 그 희귀성을 발견하게 하는 것이 종교라면 태어남은 단순히 생물학적인 현상을 넘어서는 살아 있음의 총체적 사건을 알리는 신호탄입니다. 그런데 유독 그 태어남의 사건에서 그리스도교의 예수라는 인물의 태어남은 인류를 위해서 몸을 바치기 위한 탄생이라는 데 묘한 마력이 있습니다. 예수님의 탄생이 오늘 우리에게 신비로운 이야기로 들리는 이유는 그의 탄생이 우리의 삶의 문장과 연결되어 있다는 것 때문입니다. 그렇지 않으면 우리가 교회를 다니거나 예배를 드리는 것이 하나도 의미가 없을 것입니다. 그의 탄생으로 비롯되는 삶의 문장과 우리의 삶의 문장이 맞닿아 있으면서 하나의 신앙의 문장으로 나아가는 것입니다. 매년 혹은 매주 반복되는 전례에서 우리가 그의 탄생에 대한 이야기를 입에 올리는 것은 그의 탄생의 신비를 공유하면서 동시에 그 탄생의 문장을 끊임없이 새롭게 연장시켜 보려는 우리의 의지가 아닌가 싶습니다. 탄생의 신비로움은 인간 자신에게도 신비로움으로 표현해도 모자라지 않을 터인데, 예수님의 탄생은 우리의 무한한 신앙의 상상력을 자극합니다. 누구든 자의로 태어난 사람은 없습니다. 마찬가지로 예수님의 탄생도 자의가 아니라 초월자의 의지에 의해서 특별히 간택되어 태어났다는 것이 예수 탄생설화의 골자입니다.

더욱이 그의 탄생이 인류 역사에서 하나의 중요한 문장이 되는 것은 인간은 더는 혼자가 아니라는 것을 말해줍니다. 인류 역사의 줄기에서 문장이 되고, 인간의 각자의 인생에서 문장을 나열하는데 결코 혼자가 아니구나, 하는 것을 그의 탄생을 통해서 더욱 확신을 주고 있습니다. 이것은 그저 철학적으로 인간은 정치적 동물이다, 혹은 사회적 동물이다, 라고 선언한 아리스토텔레스의 말을 되풀이 하는 것과는 다른 차원입니다. 누군가를 위해서 자신을 희생할 준비가 된 채로 태어난다는 것은 사람을 혼자 있게 하지 않고 더불어 살고 사랑하며 살고 이상적인 가치를 위해서 살도록 자꾸 추동시켜 주는 사람이 된다는 것을 의미합니다. 그런 의미에서 중국의 철학가 순자荀子는 "나를 올바르게 꾸짖어 주는 자는 나의 스승이고, 나를 올바로 인정해 주는 자는 나의 벗이다"라고 말했는지 모릅니다. 한 번의 사실적인 탄생을 떠나서 의미적인 탄생, 내면의 탄생을 통해서 우리에게 스승이자 벗으로서 등장하는 예수님은 많은 사람들에게 소중한 문장으로 연결되어 있습니다. 우리에게 그는 어떤 문장으로 연속적으로 나열되고 있는지 점검해 볼 필요가 있습니다. 다시 말해서 그의 탄생을 어떻게 해석할 것인가, 어떻게 읽을 것인가, 하는 것을 곰곰 생각해야 합니다. 그의 탄생을 읽음으로써 드러나는 현실이 나에게 새로운 형태로 태어나는 문장이 아니라면 아무런 소용이 없습니다. 해답을 위해서 혹은 무슨 신비로움을 발견하기 위해서 읽으라는 것이 아니라 그의 탄생 그 자체가 인류를 홀로 내버려두지 않기 위한 하나의 사건이라는 것을 깨닫기 위한 텍스트가 되어야 한다는 말입니다. 그런 의미에서 그 문장은 해답의 문장이기도 하지만 또 다른 측면에서는 질문을 던지는 문장이 될 수 있습니다. 예수님의 탄생은 해답이라고 말할 사람도 있지만, 더 근본적인 의미에서는 예수님의 탄생은 질문입니다. 우리는 어떤 탄생의 문장으로 다른 사람들의 삶의 문장과 연결되기를 원하는가?, 하는 것입니다.

유진목의 또 다른 시인 「잠복」이라는 시에서는 이런 문장이 나옵니다. "갓 지은 창문에 김이 서리도록 사랑하는 일을." 사랑은 창문에 김이 서리듯이 흔적을 남기고 열정을 뿜어냅니다. 사랑은 서로 연결되어 있다는 것이고 특별한 관계를 굳이 사랑이라는 말로 표현합니다. 그런데 자크 라캉은 말합니다. 사랑의 존재론은 사랑하는 사람이 쏟는 노력에서 보여준다고 말입니다. 애당초 사랑이라는 말은 표현될 때만이 존재합니다. 그러니까 사랑은 추상개념이 아니라 행동언어가 되어야 합니다. 달리 말해서 타자에게 사랑을 낡은 개념이 아니라 항상 새롭게 탄생하는 개념으로 등장하도록 만들기 위해서는 흔적을 통해서 확인시켜 주어야 합니다. 예수님의 탄생은 그렇게 우리에게 흔적으로 다가옵니다. 역사적인 흔적, 신앙적인 흔적으로 삶의 새로운 문장을 써내려가도록 우리를 강제합니다. 탄생이라는 말 한마디가 문장을 기록해야 할 것들이 많아진다는 것을 기익해야 합니다. 탄생하면서**부터** 문장은 많아지고 그 문장은 혼자만의 것이 아니기 때문에 그렇습니다. 예수님이 우리에게 자신의 탄생을 통해서 흔적을 남긴 것은 그 탄생을 독점하지 말라는 암시입니다.

그의 이름처럼 구원을 위해서, 그리고 그는 하나님이 함께 하시는 그런 사람으로 선택되었다는 것은 더 이상 그는 자신을 위해서 존재하는 사람이 아니라 만인을 위해서 존재하기 위해서 태어났음을 방증하는 것입니다. 예수님의 탄생은 그리스도인만의 독점 사건이 아닙니다. 인류의 탄생이요 인류 정신사의 탄생과도 같은 것입니다. 그런데도 예수님의 탄생을 그리스도인만의 울림이요 그리스도인만의 구원사건으로 단정 지으려고 합니다. 예수님의 탄생은 인류의 해방이요 자유이며 궁극적인 구원을 베풀기 위해서 온 인류에게 던진 질문의 사건입니다. 탄생 자체가 그리스도인만의 특정 사건이 아니라 모든 인류를 위해서, 홀로 있지 않도록 하기 위해서 어떻게 상호 문장, 연결의 문장, 이해의 문장, 사랑의 문장이 되어야 하는가를 계속 질문하도록 합니다. 궁극적으로는 예수라는 하나의 문장 안에서 살기 위한 질문을 하는 것입니다. 우리는 이번에 어떤 문장으로 다듬어야 할까요? 새로운 행동의 문장으로 다듬어야 탄생이 단지 시작이 아니라 지속이요 영원이라는 것을 알게 해야 하는 것은 아닐까요?

필자가 좋아하는 베르톨트 브레히트B. Brecht는 「서정시를 쓰기 힘든 시대」에서 이렇게 노래합니다.

> 나도 안다,
> 행복한 자만이
> 사랑받고 있음을.
> 그의 음성은

듣기 좋고, 그의 얼굴은 잘 생겼다

…

나의 시에 운을 맞춘다면 그것은

내게 거의 오만처럼 생각된다.

  두 번째의 탄생, 끊임없는 탄생은 아니더라도 첫 번째 운에 이어 두 번째 운을 맞출 수 있는 탄생이 된다면 우리의 인생은 그래도 성공한 인생이 될 수 있을 것입니다. 하나의 문장이 완성하기 위해서는 각고의 인내와 노력이 필요합니다. 그러나 하나의 문장만 완성되면 두 번째 문장을 이어가기는 어렵지 않습니다. 문장이 또 다른 문장을 부르기 때문입니다. 탄생도 그렇습니다. 수많은 탄생이 있어 왔고 그랬기 때문에 지금의 나의 탄생도 있었던 것입니다. 역사의 문장, 인생의 문장이 나열되면서 끊이지 않고 이어왔습니다. 중요한 것은 어떤 인생의 문장을 이어줄 것인가입니다. 브레히트가 말한 것처럼 사랑의 문장을 완성하기 위해서 하나 둘씩 단어들을 조심스럽게 옮긴다면 행복한 이웃들이 늘어날 것은 자명한 이치입니다. 예수님의 탄생이 인류를 외롭지 않도록 하기 위한 사건이었다면, 우리도 이웃을 외롭지 않도록, 홀로 있지 않도록 사랑의 문장을 이어줄 차례가 되었습니다. 우리의 새로운 정신의 탄생과 끊임없는 예수님의 탄생이 연속적으로 발생하여서 예수님의 첫 번째 탄생의 시운詩韻을 계승하여 두 번째 시운으로 옮겨나가는 것은 결코 오만이 아닙니다. 그것은 그리스도인의 당연한 책무입니다.

  '예수님이 성령으로 잉태되었다'는 메타포는 예수로 하여금 새로운 문장, 새로운 텍스트를 쓰도록 만들도록 작정되었다는 말로 해석할 수 있습니다. 그는 남다른 정신 세계를 가지고 태어나도록 이미 선천적으로 자신이 세계의 문장이 되는 존재가 될 수밖에 없는 숙명이라는 것을 내포하고 있습니다. 그는 사람들을 위해서 존재하고 사람들과의 관계에서 자신이 선천적으로 부여받고 각인된 문장을 사람들과 나누어야 하는 존재입니다. 예수님의 탄생은 그런 의미에서 이미 어떤 방향성을 갖고 있는 것입니다. 탄생은 곧 새로운 삶의 문장, 새로운 삶의 의미, 새로운 삶의 이상을 나누는 것입니다. 탄생은 생명이고 구원이라는 신학적 해석은 그러한 세계와의 관계에서 이해하지 않으면 소용이 없습니다. 예수님의 탄생은 세계를 위한 증여입니다. 성령이 개입하였다는 것은 세계를 향한 하나님의 사랑의 증여를 한 사람을 통해서 나타내었다는 것을 의미합니다. 이제부터는 그러한 증여를 하나 둘씩 세어야 합니다. 우리 안에서 그리스도의 탄생이 하나, 둘, 셋, 넷 점차 늘어나면서 우리도 하나님의 사랑의 증여자로서 탄생을 전달하는 매개자가 되어야 합니다. 사람들이 그리스도교의 예수 탄생 설화를 신비로운 눈으로 보고 싶어 하는 날까지 우리 안에서 그리스도의 탄생이 하나 둘씩 일어나야 합니다. 그렇게 탄생을 바라보는 사람들은 좌절하거나 낙심하거나 죽지 않을 것입니다. 탄생은 텍스트 기호들의 연쇄입니다. 모든 기호는 해석을 요구합니다. 예수 탄생이 새롭게 해석되기를, 사람들이 우리 안에서 그리스도의 태어남을 해석하고 싶어하기를 바라야 합니다. 탄생이 부담이요 짐스러운 사태로 인식되어 버린 세상에서 그리스도교의 예수 탄생 사건이 갖는 의미는 남다릅니다. 탄생은 어떤 것의 결정이 아니라 행복과 탄복, 희망과 나눔이라는 행간을 읽으면서 모든 것이 잘 되리라는 믿음을 한 인간을 통해서 바라본다는 데 의의가 있습니다. 예수님의 탄생은 이렇듯 조바심을 내면서 웅크린 마음에서 새로운 시어를 뱉어내는 것과 같습니다. 어떤 시어를 발견하느냐에 따라서 세상이 살기도 하고 죽기도 할 것입니다. 우리는 예수 탄생을 위한 어떤 시어를 품고 있습니까?

64

말씀으로 초대된 몸/ 들리는 몸, 밝히는 몸

요한 1,1-14

작가 신달자님의 「겨울 초대장」이라는 시를 음미해보겠습니다.

당신을 초대한다
오늘은 눈이 내릴지 모른다
이런 겨울 아침에 나는 물을 끓인다
당신을 위해서
어둠은 이미 보이지 않는다
내 힘이 비록 약하여
거듭 절망했지만
언젠가 어둠은 거두어지게 된다

밝고 빛나는 음악이 있는 곳에

당신을 초대한다

가장 안락한 의자와 따뜻한 차와

그리고 음악과 내가 있다

바로 당신은 다시 나이기를 바라며

어둠을 이기고 나온 나를 맨살로 품으리라

…

눈이 내린다

눈송이는 큰 벚꽃잎처럼

춤추며 내린다 내뜰안에 가득히

당신과 나 사이에 가득히

온누리에 가득히

나는 모든 것을 용서한다

그리고 새롭게 창을 연다

함박눈이 내리는 식탁 위에

뜨거운 차를 분배하고

당신이 누른 초인종 소리에

나는 답한다

어서 오세요

이 겨울의 잔치상에"

예수님은 몸이 된 말씀, 말씀이 된 몸입니다. 애초에 그는 말씀이었지만 인류를 위해서 몸으로 초대받은 존재입니다. 따라서 예수님의 몸은 단순한 몸이 아니라 말씀인 몸입니다. 말은 태곳적의 시간성을 넘어서, 아니 시간이 아예 존재하지 않는 곳에서 존재했던 것입니다. 말이 있었습니다. 그 말은 예수를 위해서 기다리고 있었던 신성한 언어였을 것입니다. 그 말이 예수에게 덧입혀지면서 그는 육화된 존재로 나타나게 된 것입니다. 그러므로 우리는 그를 인식할 때 단지 몸이 아니라 들리는 말씀으로 보게 됩니다. 우리에게 들리는 말씀이 몸으로 현전할 때에 교회의 존재 목적이요 이유가 됩니다. 오래 전 그는 말씀으로 몸을 초대했으며 몸을 받아들인 것이나 다름이 없습니다. 우리가 말씀을 들을 때 예수님이 느껴지는 것은 그가 말씀을 초대하는 몸이기 때문에 그렇습니다. 말씀은 그가 우리를 위해서 초대하는 가시적인 몸입니다. 말씀을 우리가 단순히 소리로만 알아듣지 않고 예수님의 현존으로 인식하는 데는 다 그만한 이유가 있는 것입니다. 말씀은 음성적 발화 행위가 아니라 몸으로서 현존하는 매체라서 느끼고 보는 것입니다.

여기에서 요한복음사가의 위대한 문학적 장치를 엿보게 됩니다. 비록 예수님은 여기에 있지 않지만 말씀이라는 태곳적의 소리를 반복할 때에 우리는 예수를 말씀이라는 육체를 통해서 볼 수 있습니다. 작가 신달자가 "밝고 빛나는 음악이 있는 곳에 당신을 초대한다"고 말하고 있듯이, 예수님은 말씀이 나타나는 곳에 당신의 육체를 불러들이고 우리에게 보여주고 있는 것입니다. 말씀은 당신의 육체만 불러들이는 것이 아니라 모든 사람들을 초대하는 힘이 있습니다. 태곳적의 말씀은 사람들을 초청할 뿐만 아니라 그 말씀이 현전하는 몸으로서 또 다른 성스러운 몸이 되기를 바랍니다. 말씀이 태곳적인 말씀이 될 수 있는 까닭은 그것이 낡은 과거를 품고 있는 언어가 아니기 때문입니다. 태곳적인 말씀은 그 근원에서부터 흘러나와 늘 새로운 몸으로서의 예수를 보여주고 더불어 몸인 예수와 같이 또 다른 말씀을 불러내려고 하는 사람을 찾고 있습니다. 계속되는 현전, 그것은 끊임없이 태곳적의 말씀이 샘솟듯이 흘러나와서 몸으로 현전하는 예수를 보여주고 있습니다. 만일 우리가 예수를 말씀으로 인식하지 않는다면 환영과 환상에 빠질 수 있습니다. 하지만 그리스도교는 말씀을 통해서 불러오고 초청하고 환대하는 종교라는 것을 감안할 때 그 들리는 말씀을 통해서 바로 예수를 보기 때문에 그에 대한 실제 인식이 가능한 것입니다.

요한복음사가는 또한 말씀을 빛이라고 말합니다. 이를 달리 풀어 밝히면 예수님이 곧 빛이라는 말입니다. 빛은 다만 밝음을 뜻하는 말로는 부족합니다. 빛은 어두움을 비추는 데 목적이 있다면 빛은 너무나도 단순한 데 지나지 않습니다. 빛은 자신을 향하도록 하는 능력을 일컫습니다. 밝은 곳을 지향하고 밝은 그곳 전체의 현존이 어디에도 존재하지 않는다는 것을 알게 해줍니다. 빛이 비추는 순간, 어두움이 어두움이 아니게 되고 빛으로 향하는 눈빛과 마음빛만이 존재할 뿐입니다. 그러므로 빛은 향함입니다. 어두움은 그 어두움을 향해서 방향을 틀지어지게 할 수 없지만, 빛은 자신을 향해서 방향을 잡게 만드는 힘이 있습니다. 예수님이 빛이라면 그는 모든 것의 중심이 된다는 것을 뜻합니다. 존재의 중심이 되는 예수님은 어둠의 가여운 영혼들을 밝히는 태곳적의 빛을 발산하는 최초의 존재가 되는 것입니다. 그래서 예수를 알게 되면 나의 내면의 어두움은 물러가고 오직 밝음 속에 노출되어 있는 나 자신을 발견하게 됩니다. 우리의 가여운 영혼은 그 빛에 부끄러워 어쩔 줄 모르고 그 빛을 향해서 나아가기를 주저하지만 예수님은 자신의 빛을 향해 발걸음을 옮기도록 초대합니다. 그런 의미에서 예수, 곧 빛은 또 하나의 초대입니다.

빛을 대하면서 수치스럽거나 죄스러워서 숨으려고 할 필요가 없습니다. 빛은 초대입니다. 예수님은 우리로 하여금 빛으로 나아오라고 말하고 있습니다. 자신이 어두움을 밝히는 존재가 되기 위해서 태곳적의 말씀으로 몸을 초대한 것처럼 빛 또한 자신이 어떠한 존재가 되어야 하는가를 밝혀주는 초대의 빛인 것입니다. 여기에서 우리는 빛이신 예수에게 노출되어 있는 우리 자신을 발견하게 됩니다. 불행하게도 그 빛이 언제나 우리를 향해서 비추고 있음에도 우리는 그 빛을 받아들이지 못할 뿐만 아니라 아예 인식하지 못하고 있다는 것입니다. 빛에 의해서 노출되고 그 빛을 보게 되면 자연히 그 빛은 곧 나의 길이라고 생각해야 하는데, 다만 나의 치부만을 쳐다보고 그 길을 외면하는 것이 다반사였습니다. 빛을 받아들이고 그 빛을 나누어 줄 마음의 준비와 채비를 해야 하건만 우리는 자신을 숨기려고 하고만 있었습니다. 빛보다 어두움을 선호하는 이유가 바로 거기에 있습니다. 예수님은 밝고 빛나는 곳으로 우리를 초대하고 있습니다. 예수를 따르거나 그를 믿는다는 것은 어두움이 아닙니다. 만일 인간이 예수라고 하는 존재를 믿으면서도 여전히 어둠이 존재한다면 그것은 예수를 잘못 인식한 것입니다. 예수님은 결단코 인간을 어두움으로 초대한 적이 없습니다.

그리스도교가 존재하는데도 세상이 어둡다고 말을 합니다. 그것은 아마도 빛이신 예수를 잘 밝히기 못한 그리스도인의 책임이 크다고 할 것입니다. 사람들을 빛으로 인도하고 밝은 빛 아래에서 살 수 있도록 그들을 초대하는 일을 등한히 했다는 반증입니다. 예수님이 태고의 빛이 되고 빛으로 오기를 갈망하는 신자가 되어야 합니다. 그는 말씀으로 현존할 뿐만 아니라 빛으로 현존합니다. 말씀은 들리는 몸이요 빛은 보이는 몸입니다. 말씀과 빛은 모두가 감각적으로 느끼는 신의 현존입니다. 듣기는 들어도 보기는 보아도 그것들에서 아무런 신의 감각과 신의 현존을 느끼지 못한다면 우리는 예수로부터 어떠한 초대도 받을 수 없습니다. 그는 태고의 말로서 우리에게 지금도 다가오고 있고, 태고의 빛으로 지금도 우리를 밝히고 있음에도 여전히 우리의 신앙의 감각들은 무디기만 합니다. 이유가 무엇일까요? 들리는 거룩한 몸에 대해서, 밝히는 성스러운 몸에 대해서 그것들이 우리와 함께 하고 있다는 것을 잘 인식하지 못한 데서 기인합니다. 좀 더 엄밀하게 말한다면 그것들이 하나님에게서 기원한다는 것을 느끼지 못하고 있기 때문입니다.

　태곳적에 있었던 말씀과 태곳적에 비췄던 빛을 맨살로 품겠다는 각오가 아니라면 우리는 예수를 몸으로 만날 수가 없습니다. 예수님의 말씀이 자신의 몸을 초대하여 그 몸을 현존하게 하고, 자신의 빛을 통해서 어두움을 몰아내고 밝음을 초대하고 있지만, 우리는 그 초대에 기쁘게 응대하고 있는가를 생각해봐야합니다. 우리가 그의 초대를 기쁘게 받아들인다면 그것은 곧 예수 사건을 구원을 위한 초대장으로 생각한다는 것을 의미합니다. 예수님은 인류를 위한 자유와 구원의 초대장인 것입니다. 그런 의미에서 예수님이 들리는 몸이요 밝히는 빛이라는 것은 사랑이요 용서라는 말과도 통합니다. 예수에게서 온화한 목소리, 예수에게서 밝은 빛을 떠올린다면 이미 당신은 그분으로부터 초대를 받은 것이나 다름이 없습니다. 당신은 그 초대에 어떻게 응하시겠습니까? 우리는 전례를 통해서 당신이 찾아오기를 기다립니다. 무언가 말을 건네주기를 바라는 바도 있습니다. 예수님이 오늘도 우리를 말씀을 통해서 초대하고 있다는 것을 너무나도 잘 압니다. 비록 당신을 보고 싶어도 볼 수 없지만 말씀이 우리를 초대하고 당신의 겨울 잔치상에 함께 동석하기를 바라고 있다는 것을 느끼게 됩니다. 우리가 그 초대상에 함께 둘러 앉아 '어서 오십시오. 주님!'하고 인사를 하면 어떨까요? 그리고 소외된 이웃들과 함께 그 들리는 몸을 나누고 밝히는 몸을 나타내보는 것은 어떨까요?